SYBEX-WebBook®

Photoshop 6

Thomas Becker
Anja von Hofen

SYBEX

Projektmanager: Simone Schneider
DTP: ArtCeylan, Duisburg • info@artceylan.de
Endkontrolle: Mathias Kaiser Redaktionsbüro, Düsseldorf
Umschlaggestaltung: Guido Krüsselsberg, Neuss
Farbreproduktionen: More Colour, Meerbusch
Belichtung, Druck und buchbinderische Verarbeitung: Media-Print, Paderborn

ISBN 3-8155-0256-X
1. Auflage 2000

Printed in Germany

Inhaltsverzeichnis

Inhaltsverzeichnis

Inhaltsverzeichnis

WebBook-Kreativküche

1

Planung von Web-Projekten

Im ersten Teil dieses Kapitels geht es darum, ein Web-Projekt von der Planung bis zur Realisierung komplett durchzuspielen. Im zweiten Teil wird dann ein Überblick über die verschiedenen Stilelemente geschaffen, die zur Gestaltung der Site zur Verfügung stehen.

Eine genaue Vorbereitung des Web-Projekts zahlt sich in jedem Fall aus, denn umso schneller und unproblematischer verläuft später die Realisierung. Im folgenden Abschnitt erfahren Sie, wie Sie eine zunächst noch vage Idee immer weiter einkreisen können, sodass schließlich eine klare Zielvorstellung vorliegt, und Sie sich an die gestalterische Umsetzung machen können.

Festlegen des Ziels

Am Anfang steht das Ziel. Um ein Projekt sinnvoll zu planen, ist es wichtig, dass Sie sich ein Bild davon machen, was Sie erreichen wollen. Um sich dem Ziel anzunähern, sollten Sie sich folgende Fragen stellen:

- Was will ich inhaltlich darstellen?
- Welche Wirkung möchte ich erreichen?
- Wen möchte ich damit ansprechen?

Schreiben Sie sich die Antworten auf, und beschreiben Sie möglichst detailliert, was Ihnen dazu einfällt. Achten Sie zunächst noch nicht auf Formulierungen, und fangen Sie nicht zu früh an, Ihre eigenen Antworten zu kritisieren. Zum Schluss sollte dann allerdings eine druckreife Antwort auf alle Fragen vorliegen.

Ideen durch Brainstorming

Um zu einer Idee, mit der das ausformulierte Ziel erreicht werden kann, zu gelangen, ist **Brainstorming** sehr hilfreich. Wenn dann die markantesten Worte aus der resultierenden Liste hervorgehoben werden, sind Sie einer Lösung schon ein Stück näher gekommen.

Jetzt ist es wichtig, die beim Brainstorming zutage getretenen Ideen in konkreten Sätzen zu formulieren. Die wesentlichen Gestaltungsmerkmale und die Darstellung von Aussage und Wirkung sollten darin zum Ausdruck kommen.

Nun sollte nochmals überlegt werden, ob die formulierten Ideen auch wirklich dafür geeignet sind, das gewünschte Ziel zu erreichen:

- Entspricht die gestalterische Idee meinem Ziel?
- Ist die Gestaltungsidee für meine gewünschte Aussage gut durchschaubar?
- Sind meine gestalterischen Ideen originell und motivieren sie zum Weiterklicken?
- Stehen die Ideen für die Gestaltung in einem Gleichgewicht zum informativen Aspekt?

Navigation

Wenn das Ziel formuliert und die Ideen für die Gestaltung weitgehend feststehen, ist es jetzt an der Zeit, sich Gedanken über die **Navigation** zu machen. Eine hilfreiche Methode ist dabei das Anlegen eines Diagramms. Die Form ist Ihrem Naturell überlassen: die einen legen Wert darauf, eine sorgfältig ausgearbeitete Tabelle mit Excel aus dem Microsoft-Office-Paket anzulegen, die anderen lieben die Variante über ein visuell ansprechendes Flussdiagramm mit Illustrator, und einige begnügen sich mit einer schnellen handgefertigten Skizze auf einem weißen Blatt Papier. Wie auch immer, sich die eigene Navigation einmal direkt vor Augen zu führen und darin auch den letzten Link mit einzubeziehen, erspart sich viel Umstände, Ärger, Verwirrung und damit Zeit.

Darstellung der Navigation in einem Flussdiagramm

Im Flussdiagramm werden die einzelnen Seiten in Form von Kästchen dargestellt und erhalten eine treffende Bezeichnung. Die Verknüpfungen der Seiten zu den folgenden Unterseiten erfolgen über Pfeile oder einfache Linien. Über die Verknüpfungen lassen sich auch schon die notwendigen Buttons bestimmen. Auch können Sie sich einen Überblick verschaffen, ob Sie die einzelnen Sei-

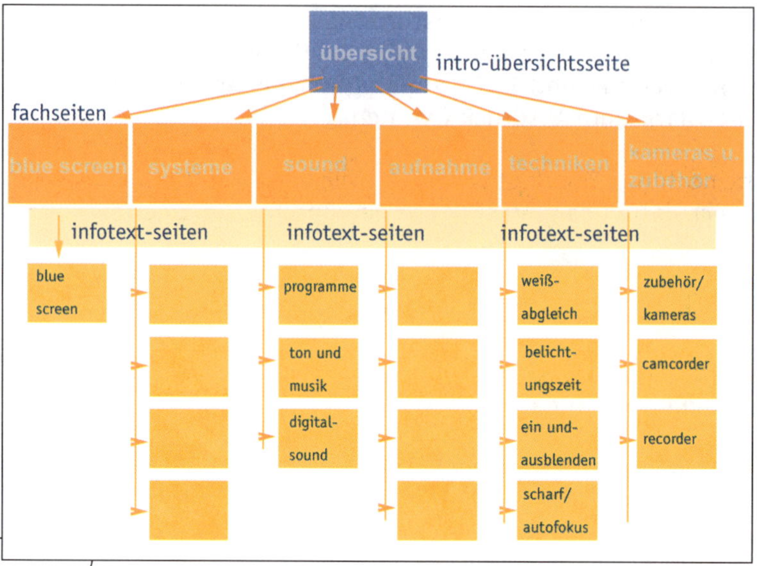

Abb. 1.1: Darstellung der Navigation in einem Flussdiagramm

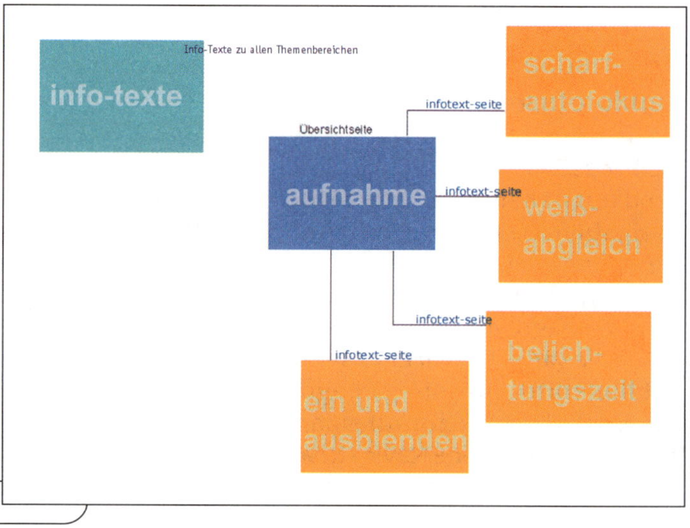

Abb. 1.2: Navigation im Überblick

ten sinnvoll und für den Anwender leicht verständlich miteinander in Verbindung gebracht haben. Navigationsfehler sind hier gut aufzuspüren und können kurzerhand behoben werden.

Tipps und Tricks für die Navigation

Ganz allgemein gilt, dass die Navigation so beschaffen sein sollte, dass sich der Besucher der Website in Ihrer Anwendung schnell zurechtfindet. Das bedeutet, dass die Navigation in ihrer Logik leicht zu erkennen sein und dem Besucher schnell eine intuitive Bedienung ermöglichen sollte. Bekannte Formen der Navigationselemente wie Pfeile und das Verwenden von üblichen Metaphern wie Bücher, Glühbirne, Stift usw. unterstützen das intuitive Bedienen der Site. Die Navigationsleiste und die einzelnen Buttons sollten an einer sinnvollen Position innerhalb der Seite untergebracht werden und nicht zur Suchaktion für den Website-Besucher werden. Daher ist es auch ratsam, die Navigationselemente, wenn sie nicht ohnehin durch ein Frameset festgelegt werden, auf den einzelnen Seiten an jeweils gleicher Stelle zu positionieren.

Skizzieren der einzelnen Websites

Wenn die Navigation formuliert ist und ein entsprechendes Diagramm einen Überblick über die Verknüpfungen der Inhalte verschafft, ist es an der Zeit, konzeptionell weiter ins Detail zu gehen.

Hier die wichtigsten Punkte, die für das Anfertigen eine Skizze von Bedeutung sind:

- Festlegen der Größe der Website
- Platzierung der Navigationselemente, Festlegung ihrer Größe
- Raum für die Überschriften und die Infotexte
- Platz für Fotos und Grafiken
- Raum für Animationen und für weitere Medien

Die Skizze kann sowohl in Form einer freien Zeichnung mit Randbemerkungen – etwa zur gewünschten Bildwirkung – angefertigt werden, als auch in Form eines konkreten Entwurfs mit Photoshop oder Illustrator. Die Skizze sollte jederzeit erweiterbar sein.

Wahl des Grundmotivs

Eine interessante Gestaltung fängt häufig mit der Wahl eines besonderen Grundmotivs an. Dazu hier einige Tipps:

- Suchen Sie nach ungewöhnliche Bildausschnitten.
- Wiederholen Sie bestimmte Ausschnitte. Kreieren Sie dabei bestimmte Rhythmen.
- Heben Sie ein oder mehrere Details durch Vergrößerung hervor.
- Kombinieren Sie das Bildmotiv mit Text.

Die Komposition

Eigentlich ist das Entwerfen einer Komposition für das Design-Projekt ein schrittweises Annähern an das endgültigen Layout. Die Einhaltung einer Reihenfolge bei der Erstellung einer Komposition erleichtert die Aufgabe und gewährleistet den Überblick bis zum letzten Schritt:

1. Flächen einteilen und Freiräume festlegen
2. Größen der Bilder (sie werden zunächst durch eine leere Fläche dargestellt) und Überschrift bestimmen und platzieren
3. Texte integrieren
4. Sämtliche Elemente in der Kombination ordnen und strukturieren
5. Tonwerte, Rhythmus und Flächenaufteilung festlegen

Mehr zum Thema *Komposition* erfahren Sie am Ende dieses Kapitels.

Stilelemente in der Gestaltung

Im Web-Design gilt es, Konventionen zu brechen; deshalb muss man sich über gewohnte Stilmerkmale im Klaren sein, um einzelne davon gezielt verletzen zu können.

Der Hintergrund

Der Hintergrund prägt den Gesamteindruck des Designs ganz entscheidend.

Er kann auf vielfältigste Art und Weise gestaltet sein z.B.:

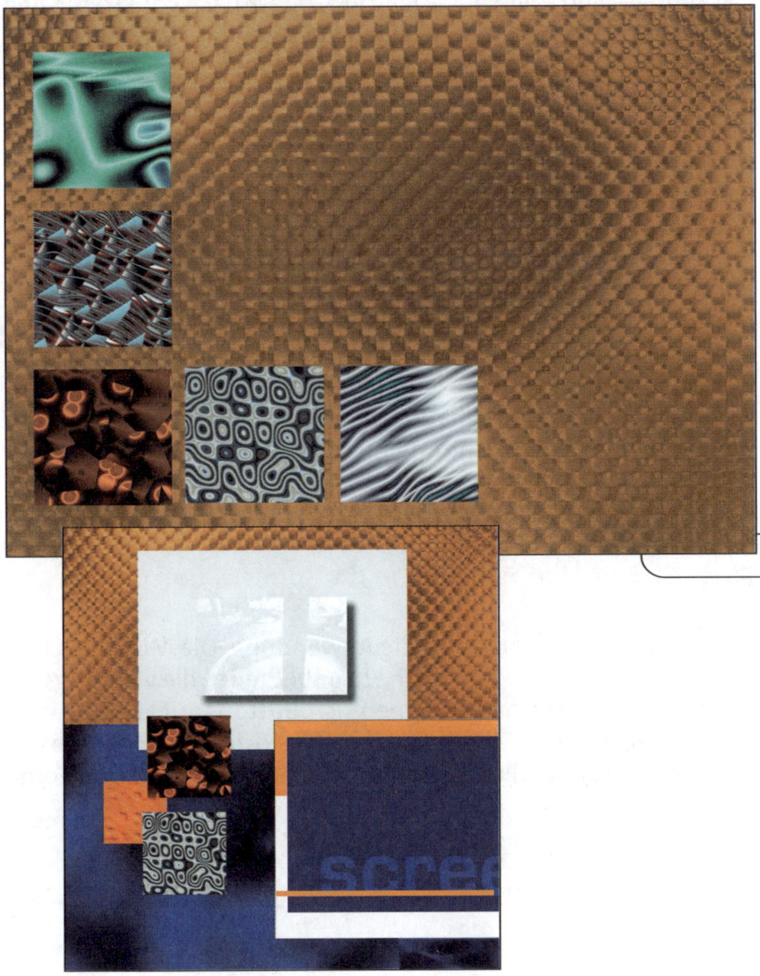

Bildmontage aus verschiedenen Hintergründen

Abb. 1.3:

- in Form eines sich wiederholenden Musters
- in Form verschiedenster Strukturen (gepunktet, geriffelt, etc.) und Oberflächen (Holz, Metall, Glas, etc.)
- aus einer einheitlichen oder aus verschiedenen Farbflächen zusammengesetzt
- aus einem Bild oder einer Bildmontage bestehend.

Die Gestaltung des Hintergrunds bildet die visuelle Basis des Screen-Designs und soll die übrigen Bildelemente in attraktiver Weise hervorheben.

Der Hintergrund sollte optisch nicht zu stark nach vorn treten und hat die Aufgabe, die anderen Bildelemente in ihrer Wirkung zu unterstützen.

Der Hintergrund kann als eine Art visueller Hinweis für den Benutzer fungieren, indem für die unterschiedlichen Themenbereiche eines Projekts jeweils ein charakteristischer Hintergrund gestaltet wird.

Bei der Verwendung mehrerer Hintergrundmotive auf verschiedenen Seiten sollte auf Wiedererkennungsmerkmale auf den verschiedenen Seiten der Anwendung geachtet werden, wie zum Beispiel das Gestalten mit ähnlichen Mustern, Strukturen, mit Farbvariationen, sich thematisch ähnelnden Bildmotiven usw., um den Benutzer der Anwendung nicht zu verwirren und um nicht vom Thema abzulenken

Buttons

dienen der Navigation durch die Anwendung. Die Möglichkeiten der Button-Gestaltung sind nahezu unbegrenzt; die vielfältigsten gestalterischen Methoden eignen sich, Buttons auf kreative Weise zu erstellen. Zahlreiche Plugins von Photoshop ermöglichen das Erstellen von originellen Buttons in schneller und einfacher Form.

Ein Button, aus Bildelementen erstellt

Abb. 1.4:

Plastisch wirkende Kugeln mit Button-Funktionalität

Abb. 1.5:

Hier einige der Möglichkeiten zur Gestaltung von Buttons:

- Buttons mit unterschiedlichen Oberflächen und plastischer Wirkung.
- Grafisch gestaltete Navigationsleiste, z.B. eine feine Linie, auf der farbige Kugeln aufgefädelt sind; durch Anklicken der Kugeln gelangt der Besucher zu den einzelnen Bereichen der Site.
- Foto-Button, aus unterschiedlichen Bildvorlagen kreiert.
- Buttons, deren Erscheinungsbild von ihrem Zustand abhängen, z.B. ein Button, der seine Farbe ändert, sobald er einmal angeklickt wurde, oder ein Rollover-Button, der einen Farbwechsel, Schattenwechsel etc. erfährt, wenn man mit der Maus darüberfährt, ohne zu klicken.

Allgemeine Regeln für das Integrieren von Buttons innerhalb einer Website:

Der Button sollte nicht vom eigentlichen Thema ablenken, d.h. in seiner Gestalt und Farbe nicht die gesamte Aufmerksamkeit auf sich lenken.

Die Bestimmung der Button-Größe sollte sinnvoll sein, d.h. so groß, dass er optisch gut im Screen zu sehen ist, aber nicht so groß, dass er zu viel Gewicht bekommt. Außerdem sollte er als Teil des Screens kompositorisch reizvoll und gleichzeitig logisch platziert sein.

Mehr zum Thema Buttons erfahren Sie im Kapitel *Web-Elemente entwerfen*.

Linien

Einfache Linie

Abb. 1.6:

Die Verwendung von Linien ist vielfältig:

- Sie können – mit einer Textur oder Farbe unterlegt – schmückenden Charakter haben.
- Linien können als Ausdrucksträger eingesetzt werden, z.B. kann eine feine harmonische Linien in Wellenform für „Etwas steht im Fluss, geht weiter“ stehen oder eine kräftige zackige Linie kann für „Spannungsgeladenheit“ stehen.
- Linien können den Screen in Themengebiete aufteilen und Trennungen vornehmen.
- Linien können andererseits auch einen verbindenden Charakter haben, z.B. können Bilder durch eine Linie assoziativ in einen Sinnzusammenhang gebracht werden.
- Linien können Bildern und Texten einen Rahmen geben, sie hervorheben, kennzeichnen und ihre Wirkung verstärken.

- Sie können zuweisen, auf etwas hinweisen, indem sie ausgehend von einem Bild oder Wort auf ein anderes Element des Screens gerichtet werden.
- Linien können sich zu unterschiedlichsten geometrischen Figuren formen: zum Kreis, zum Quadrat, zur Ellipse etc.

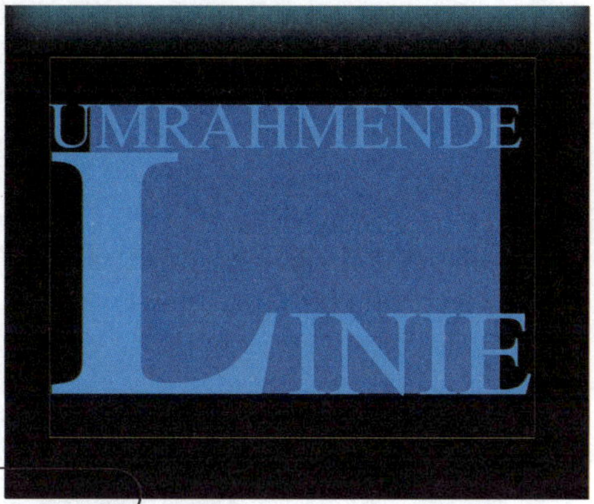

Die umrahmende Linie

Abb. 1.7:

- Aus Linien lassen sich Muster für das Web erstellen, so können beispielsweise geometrische Formen als Kachelmuster eingesetzt werden.
- Auch längliche Objekte wie z.B. ein Bleistift können die o.g. Funktionen von Linien übernehmen.

Näheres zum Thema Linien finden Sie im Kapitel *Web-Elemente entwerfen*.

Farben

Die Farbauswahl sollte in einer assoziativen Weise für das Thema der Anwendung stehen.

- Mit der Farbwahl können Sie der Website einen individuellen Ausdruck geben.
- Die Entscheidung, ob vornehmlich kühle Farben wie ein Türkis oder warme Farben wie ein warmes Gelb verwendet werden, prägt den Ausruck der Site maßgeblich. Jede

Farbe hat einen Charakter und aus der Verwendung mehrerer Farben ergeben sich immer neue Ausdrucksmöglichkeiten. Daher ist es wichtig, sich klar zu machen, welches Ziel Sie mit der Website verfolgen, wer sich angesprochen fühlen soll. Finden Sie die Farben, die diesem Anspruch am treffendsten entsprechen.

Die Reduzierung auf wenige Farben ist anzuraten, damit sich die Aussage in ihrer Qualität nicht verwischt.

Texturen

Innerhalb der Website können attraktive Texturen verwendet werden, die sich auf vielfältigste Art und Weise herstellen lassen.

Abb. 1.8: Beispiel für Texturen

- Auch Texturen können als Ausdrucksträger eine Rolle im Screen-Design spielen. So kann etwa das Einsetzen einer Plastik-Textur auf ein Hintergrundbild für den Ausdruck unserer modernen Zeit stehen.
- Durch die Anwendung von Texturen auf Hintergründe, Bilder, Buttons oder Text können *Oberflächen* simuliert werden.
- Durch den Einsatz einer Textur können Sie u.U. mit einer kleineren Farbtabelle auskommen. Das kann hilfreich sein, um Ladezeiten klein zu halten oder der Speicherplatz zu sparen.

Mehr zum Thema *Texturen* finden Sie im Kapitel *Web-Elemente entwerfen*.

Die Bildmontage

Der Einsatz von Bildmontagen ist vielfältig und ihr Spektrum nahezu grenzenlos:

- Mit dem Montieren von Motiven aus unterschiedlichen Vorlagen lassen sich aussagekräftige Bilder zu jedem Thema gestalten. Bildmontagen können Themengebiete visuell unterstreichen.
- Bildmontagen dienen auch der Gestaltung von lebendigen Hintergründen. Bei Hintergrundmontagen werden die Farben und die Helligkeit in ihrer Sättigung zurückgenommen, um Bilder und Texte im Vordergrund optisch hervortreten zu lassen.
- Aus Bildmontagen können Buttons gestaltet werden.
- Bildmontagen können in starker Verfremdung für Schmuckleisten oder Muster innerhalb eines Screens verwendet werden.

Mehr über Bildmontagen lesen Sie im Kapitel *Montieren und Kolorieren für das Web*.

Schriftgestaltung

Die Schrift nimmt bezüglich der Gestaltung eine so wichtige Rolle ein, dass ihr ein eigenes Kapitel gewidmet wurde, siehe Kapitel *Kreativer Gestalten mit Schrift*.

Sound

Der Einsatz von Sound – in Form von bestimmten Tönen wie einem Beep oder einer Hupe, von Geräuschen wie das einer Fahrradklingel oder eines Wassertropfens oder in Form von Musikunterlegung oder kurzen Sequenzen eines Musiktitels – kann helfen, sich auf der Website zurechtzufinden.

- Beim Einbinden von Geräuschen innerhalb der Website ist der Wiedererkennungswert für den Besucher von großer Bedeutung.
- Der Einsatz von Sound kann z.B. die Funktionalität von Button-Ereignissen unterstreichen.
- Auch kann die Unterlegung von Bildern mit Tönen, Geräuschen und Musik die Wirkung verstärken bzw. lenken.
- Die Kombination von Bild und Ton dient zudem der intuitiven Bedienbarkeit für den Besucher der Website.

Die Komposition

Gestalten mit unterschiedlichen Bild- und Schriftgrößen

Das Gestalten mit unterschiedlichen Größen für die einzelnen Bildelemente dienen der Betonung innerhalb eines Screens.

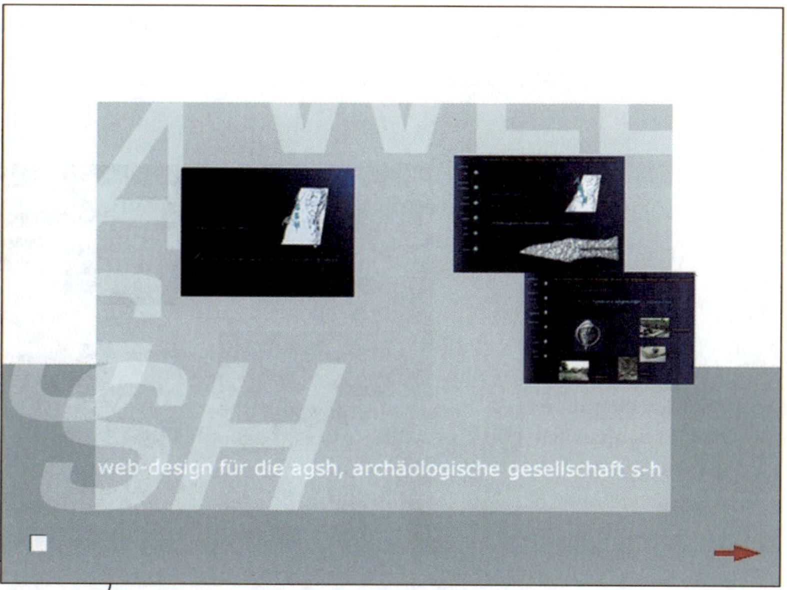

Das Gestalten mit verschiedenen Größen

Abb. 1.9:

- Größen erzielen Aufmerksamkeit: Groß erscheinen einzelne Elemente besonders bedeutungsvoll.
- Größenunterschiede bringen Spannung in die Fläche.
- Größenunterschiede können eine räumliche Wirkung erzeugen.

Gestaltungsarbeit mit Rhythmen

Ein Rhythmus entsteht durch Wiederholungen, wobei Größe und Entfernung der Elemente an bestimmten Stellen des Bilds variieren sollte:

- Es können interessante Muster entstehen.
- Ein bestimmter Rhythmus kann sich durch alle Screens der Website ziehen und dadurch für eine „klare Linie" sorgen.

Optisches Verbinden durch Einheitlichkeit

Abb. 1.10: Bildelemente, die in einem interessanten Spannungsverhältnis zueinander stehen

Die einzelnen Screens innerhalb des Designs sollten einen einheitlichen Gesamteindruck ergeben. Dafür gibt es einige Punkte zu beachten:

- Das Verwenden gleicher Farbwerte oder Tonwerte für die einzelnen Elemente auf allen Seiten
- Das reduzierte Einsetzen verschiedener Schrift- und Bildformate
- Das Angleichen und Ausrichten der Elemente an ein durchgängiges Gestaltungsprinzip
- Wiederkehrende Gestaltungselemente über die verschiedenen Seiten hinweg

Allgemein gilt die Regel, dass sich die Elemente innerhalb des Screens in einem Gleichgewicht der Kräfte halten und im gestalterischen Sinne formal ergänzen sollten.

Symmetrien

Man unterscheidet den *symmetrischen* und den *asymmetrischen* Bildaufbau.

Beim *symmetrischen* Bildaufbau sind im Gegensatz zum *asymmetrischen* die Elemente des Bilds gleichmäßig innerhalb des Screens verteilt.

Die Symmetrieform lässt sich gezielt als Gestaltungsmethode einsetzen, wenn man im Auge behält, dass der symmetrische Bildaufbau grundsätzlich harmonischer und ausgeglichener wirkt; der *asymmetrische* hingegen wirkt weniger statisch und dadurch lebendiger und unkonventioneller.

Interessante Websites mit gelungener Gestaltung

http//:www.i-dmedia.com

http//:www.sony-europe.com

http//:www.xplain.de

http//:www.elephantSeven.de

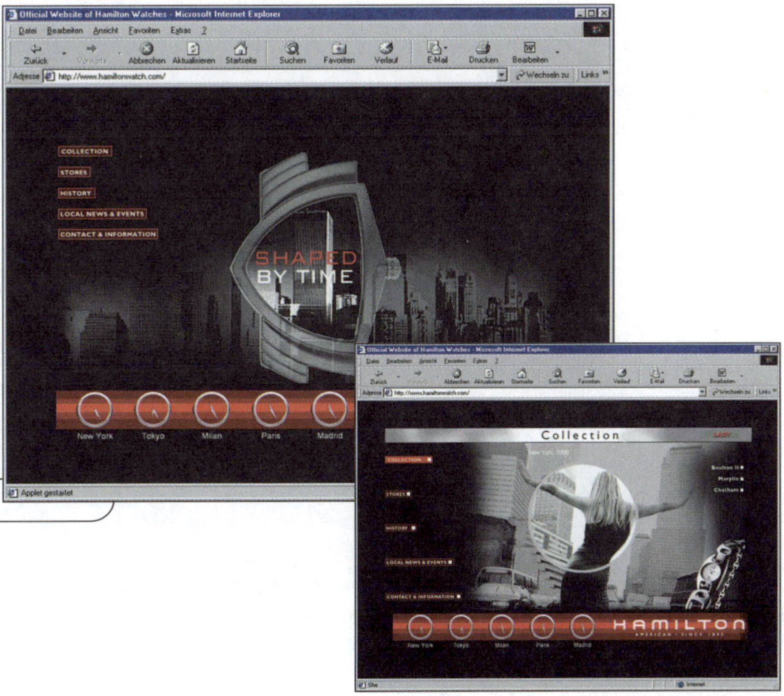

Beispiel für eine gestalterisch gelungene Website *(http://www.hamiltonwatch.com)*

Abb. 1.11:

Website zum Thema Video

2

Einführung

Gegenstand dieses Kapitels ist die Erstellung einer Website, die den Besucher in visuell ansprechender Weise rund um das Thema Video informiert. Über eine Übersichtsseite mit den einführenden Themengebieten soll der Anwender per Mausklick zu einzelnen Fachseiten gelangen.

Zwei Aspekte sollen anhand dieses Projekts demonstriert werden:

- Die Konzeption einer Website – von der Ideenentwicklung bis hin zu der Erstellung eines logisch sinnvollen Entwurfs.
- Der kreative Entwurf von Hintergründen, Bildmontagen, Buttons und Schriften für das Web unter Einsatz der Tools von Photoshop 6.0.

Die Optimierung der einzelner Bildelemente wird im Kapitel *Image Ready im Überblick* behandelt.

Die Konzeption

Ziel des Projekts

Jedes Projekt sollte damit beginnen, das Ziel des Projekts erst einmal zu formulieren, ohne dabei auf Details einzugehen:

- Welche Information soll der Benutzer aus der Website beziehen können?
- Welche Wirkung soll die Website auf den Betrachter haben?
- Welcher Personenkreis soll angesprochen werden?

Das Ziel unseres Projekts soll darin bestehen, dem Besucher der Website Sachinformation zum Thema *Video* zu verschiedenen Fachgebieten zu bieten. Eine visuell anregende äußere Form soll eine unterstützende Wirkung auf das Lesen der Infotexte haben. Die Website soll einen großen Personenkreis von Jung bis Alt ansprechen, die sich für das Thema Video interessieren und Freude an einer ästhetischen Gestaltung empfinden.

Logik und Phantasie in Form von Navigation

Im nächsten Schritt kann dann die Navigation der Website festgelegt werden.

Nach Aufruf unserer Website soll sich der Besucher zunächst auf einer Übersichtsseite befinden, auf der die angebotenen Fachgebieten aufgeführt sind. Über entsprechende Buttons gelangt der Besucher zu den jeweiligen Fachgebieten. Die Fachgebiete bieten über gestalterisch interessante Navigationselemente die Möglichkeit an, sich zu einzelnen Themen nähere Information zu holen. Diese Sachinformation soll die Form einer reinen Textseite haben. Die möglichen Themengebiete werden in einem Diagramm dargestellt.

Die beschriebene Navigation ist klar und leicht verständlich. Die gestalterische Ausführung soll nicht dem gewohnten entsprechen, ohne jedoch verwirrend zu wirken. So wird der Besucher neugierig gemacht und er kann zielgerichtet an die Information gelangen. Durch den Einsatz klarer Textseiten zur Darstellung der Sachinformation wird bewirkt, dass die Information nicht von der Gestaltung verdeckt wird.

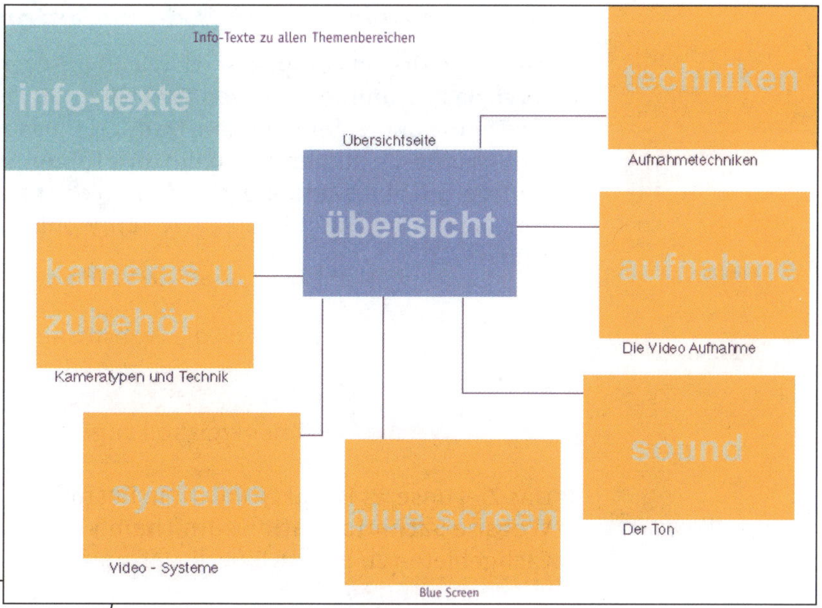

Die Erstellung eines Diagramms für die Video-Website schafft Übersichtlichkeit

Abb. 2.1:

Gestaltungsmerkmale der Übersichtsseite

Nachdem Klarheit über Ziel der Website und ihrer Navigation geschaffen wurde, kann dazu übergegangen werden, die Übersichtsseite detailliert zu planen.

Übersichtlichkeit schaffen

Für ein besonders hohes Maß an Übersichtlichkeit soll die Verknüpfung der einzelnen Seiten in Form eines Diagramms dargestellt werden. Die Platzierung von Titel und Bildelementen, Navigationselementen zunächst für die Startseite und dem folgend für die weiteren Seiten sollten – noch ohne Rechner – anhand einer Skizze grob festgelegt werden.

Klare Darstellung des Themas der Website

Wenn es um die Gestaltung einer Übersichtsseite geht, sollte an erster Stelle der Inhalt der Website deutlich werden. Das wird entweder durch eine eindeutige Titelüberschrift, ein Logo oder ein aussagekräftiges Bildmotiv oder einer Bildmontage erreicht.

Zusammenspiel von Infotext und Buttons

Wenn das Thema komplexer ist, wie in unserem Fall, kann auch durch das Zusammenspiel von Titel, Bildmotiv und Textbegriffen das Thema dargestellt werden. Damit der Besucher der Website weiß, wohin die aufgeführten Buttons führen, ist es wichtig, eindeutige Zeichen/Metaphern zu finden oder auch den Besucher durch Textinfo daraufhin hinzuweisen, wohin die Navigation ihn führen wird.

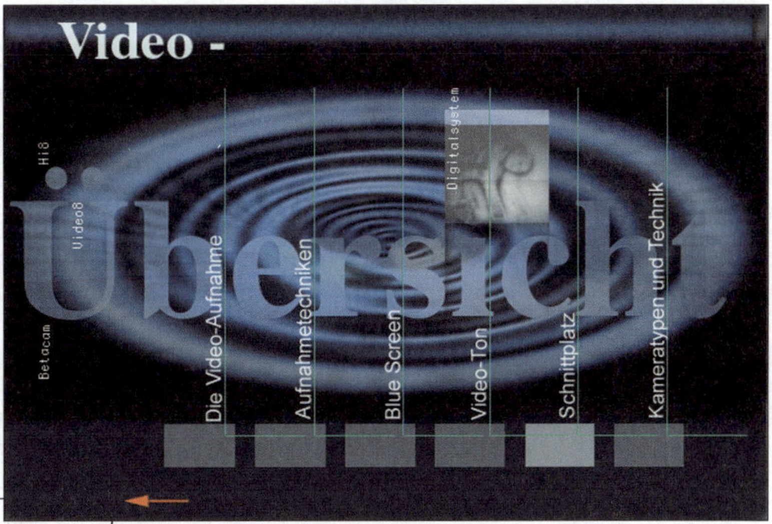

Abb. 2.2: Die Startseite der Video-Website

In unserem Fall bilden die in Reihung gesetzten rechteckigen Flächen die Navigationsleiste. Den einzelnen grauen Flächen sind die einzelnen Begriffe zu den weiterführenden Themen zugeordnet, sodass sie in einem direkten inhaltlichen Bezug stehen. So wird die Auskunft über den Inhalt der Website mit den Navigations-Buttons gekoppelt. Form und Inhalt sind einerseits visuell voneinander getrennt und stehen durch die kompositorische Flächenverteilung in einem spannungsreichen Verhältnis, inhaltlich bilden sie jedoch eine Ergänzung.

Wahl des Titelbilds

Das ausgewählte Bildmotiv für die Video-Website hat die Form eines Auges. Ihre Erscheinung ist zu den Rändern hin auseinanderfließend, es erinnert an einen Zustand im Prozess der Wandlung. Mit Farbe wird Wasser assoziiert. Das Bild soll verschiedene Aspekte des Bereichs Video wiederspiegeln: *Auge = Sehen, Wandlung = verschiedene Zustände von Bildern, Wasser = Bewegung.*

Spannung schaffen durch strenge Linien und weiche Übergänge

Die Linien, die die Begriffe und Buttons verbinden, stehen zugleich in einem spannungsreichen Verhältnis zum Titelbild: die strenge, in kühler Farbigkeit gehaltene Linie im Gegensatz zur weichen auseinanderfließenden Form des Bilds.

Umgang mit Text

Das Hintergrundmotiv der Video-Startseite erfährt eine weiche Überblendung in eine groß angelegte Schrift, die das Thema der Website beinhaltet. Der verwendete Text ist zugleich Informationsträger wie kompensatorisches Gestaltungsmerkmal. Die Textbegriffe, die in Verbindung zu den weiterführenden Buttons stehen, sind vertikal nebeneinander angeordnet. Diese Anordnung steht in einem kontrastreichen Spannungsverhältnis zur ovalen Bildform sowie zu den linear angeordneten rechteckigen Flächen.

Betonung durch kühle Farbigkeit

Die Farbigkeit der ersten Übersichtsseite ist reduziert auf kühle Blautöne. Sie ist jedoch durchsetzt mit einigen Sprenkeln aus der Palette der warmen Farben. Die Farbigkeit der Site betont mit ihren kühlen Tönen eher eine Art Sachlichkeit, strahlt jedoch in ihrer Gesamtaussage Lebendigkeit und Frische aus.

Die Umsetzung der Startseite

Während der Umsetzung kommen werden wir auf folgende Themen stoßen:

- Arbeit mit den Ebenen
- Arbeit mit dem Linien-Werkzeug
- Verwendung von Schrift, Transformieren von Schrift
- Arbeit mit der Deckkraft und der Transparenz

Bestimmen der Bildgröße

Zunächst wird die Bildgröße der neuen Datei festgelegt. Wählen Sie eine Bildgröße von 640 x 480 Pixel. Diese Auflösung stellt einen üblichen Kompromiss dar: Der Screen, eingebunden in eine HTML-Seite, wird dann im Fenster eines Browsers auf einem Bildschirm mit 800 x 600 Pixel etwa bildfüllend sein, auf einem Monitor kleinerer Auflösung muss dann gescrollt werden und auf einem Monitor größerer Auflösung bekommt das Bild einen Rahmen der Hintergrundfarbe der HTML-Seite. Damit das Screen während der Bearbeitung in etwa die Größe hat, wie er später im Browser erscheint, wird eine Auflösung von 72 dpi verwendet, denn dies ist die übliche Auflösung eines Bildschirms (die Bildschirmauflösung ist relativ unabhängig vom Bildschirm, da auf größeren Bildschirmen üblicherweise auch größere Auflösungen gefahren werden.)

Auf dieses Thema wird im Kapitel *Technische Voraussetzungen – Bildmaterial – sonstige Medien* noch weiter eingegangen.

Der Hintergrund

Der Hintergrund für die Video-Übersichtsseite besteht zunächst aus einer einfachen schwarzen Fläche.

1 Für das Einsetzen eines Hintergrundmotivs öffnen Sie das **Bild** *vid1.psd* **aus dem Ordner** *k2_works/uebers* und setzen es per Drag & Drop ein (Bild als neue Ebene mit dem Bewegen-Werkzeug der Werkzeug-Palette in die neue Datei ziehen). Platzieren Sie das Bild mittig innerhalb des neuen Screens.

2 Die erste **Titelüberschrift** *Video* wird über das Text-Werkzeug der Werkzeug-Palette eingegeben. Mit Photoshop 6.0 können Sie jetzt den Text direkt auf der Grafik eingeben: *Text* = Video, *Schriftgröße* = 48 Punkt, *Font* = Times, *Farbe* = Weiß, 75 % Prozent Deckkraft (einstellen über den Deckkraftregler der Ebenen-Palette). Die zweite Titelüberschrift *Übersicht* wird – mit 160 Punkt bedeutend größer – zunächst mittig ins Bild gesetzt.

3 Über die Erstellung einer Maskierungsgruppe wird das große Schriftbild in das Hintergrundmotiv mit eingewebt, sodass der Eindruck einer weichen Überblendung entsteht. Zur genauen Herstellung einer Maskierungsgruppe siehe grau hinterlegten Text *Erstellen einer Maskierungsgruppe* in diesem Kapitel.

4 Die verschiedenen Begriffe der einzelnen Themenbereiche werden ebenfalls direkt auf der Grafik eingegeben, die Formatierung erfolgt über die kontextsensitive Menüleiste unterhalb der konventionellen Menüleiste: *Text* = der jeweilige Begriff, z.B. *Aufnahmetechniken*, *Textgröße* = 18 Punkt, *Font* = Arial, *Farbe* = Weiß. Über den Menüpunkt *Bearbeiten>Transformieren>90° gegen den Uhrzeigersinn* wird der Text gedreht.

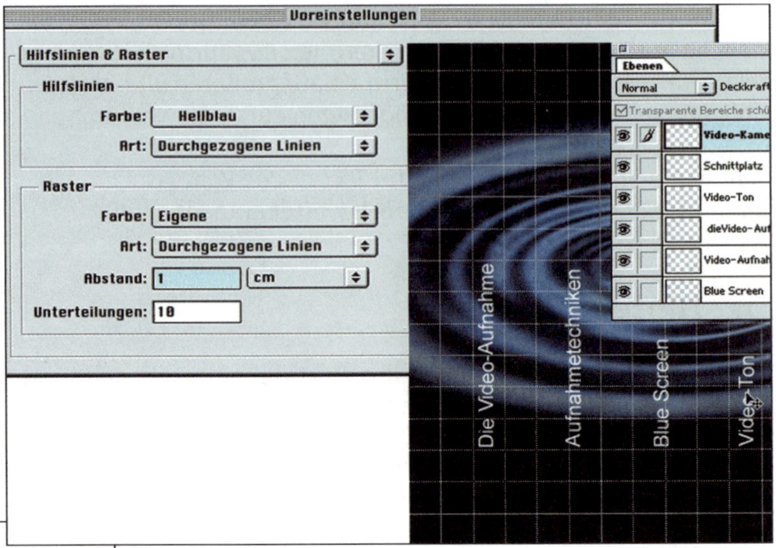

Abb. 2.3: Genaues Positionieren der Begriffe durch Einblenden des Rasters und durch Ziehen von Hilfslinien

5 Durch Ziehen der Textebene zum Papier-Symbol der Ebenen-Palette wird der um -90° gedrehte Text als *Ebene dupliziert*. Wenn Sie dabei die Alt-Taste gedrückt halten, haben Sie die Gelegenheit, vorher der Ebene einen sinnvollen Namen zu geben, ansonsten wird die Ebene mit *Neue Ebene* benannt.

Tipp Neu in Photoshop 6.0: die Ebenenverwaltung. Zur besseren Übersicht lassen sich Ebenen gruppieren. Klicken Sie dafür in der Ebenen-Palette das Symbol für Ebenen-Set an und geben Sie als Namen *Texte* an. Ziehen Sie die einzelnen Textebenen in den so geschaffenen *Texte*-Ordner. Sie können der Ebenengruppe auch eine bestimmte Farbe zuweisen, indem Sie über den oberen rechten Pfeil in der Ebenen-Palette oder über die rechte Maustaste die Ebenen-Optionen aufrufen.

6 Dieser Vorgang wird für alle Begriffe wiederholt. Die Begriffe werden dann bei markierter Textebene mit dem Bewegen-Werkzeug an die gewünschte Position verschoben.

Tipp Das Einblenden des Rasters über den Menüpunkt *Ansicht* hilft beim Festlegen der Abstände. Über die Pfeiltasten der Tastatur ist das gleichmäßige und genaue Positionieren der einzelnen Begriffe möglich.

Tipp

Die Größen der Rasterzellen lassen sich über den Menüpunkt *Datei>Voreinstellungen>Hilfslinien und Raster* einstellen.

Gestalten mit dem Linienzeichner der neuen Vektorformen-Gruppe

Mit Photoshop 6.0 gehört das Linien-Werkzeug zu einer Gruppe der Vektorformen innerhalb des Aufklapp-Menüs der Werkzeug-Palette. Die Zeichnen-Werkzeuge *Rechteck* (*scharfkantig und abgerundet*), *Ellipse*, *Polygon* und – hier im Beispiel angewendet – *Linie* erzeugen Formen, die für Ebenen, Vektormasken (auch Beschneidungspfade genannt) oder für Pixelbilder eingesetzt werden können. Mit der Aktivierung eines der Zeichnen-Werkzeuge erscheint am Kopf der Arbeitsfläche die kontextsensitive Menüleiste mit allen zu Verfügung stehenden Optionen für das gewählte Werkzeug. Mit Photoshop 5.5 wurde das bisher nur über das Aufrufen der verschiedenen Paletten erreicht.

1. Um die einzelnen Begriffe visuell miteinander zu verbinden, wählen Sie in der Werkzeug-Palette über das Vektorzeichen-Symbol den *Linienzeichner*. Achten Sie darauf, dass der Arbeitsgang auf einer neuen Ebene (Aufruf: *Menü>Ebene>Ebene neu*) passiert. Bestimmen Sie die Stärke der Linie mit 1 Pixel über die Optionen der neuen kontextsensitiven Menüleiste und wählen Sie die Farbe über die Farb-Palette. Ziehen Sie bei gedrückter [⇧]-Taste eine senkrechte Linie und eine kürzere horizontale unterhalb der erster Linie.

2. Die Ebene mit der Linie duplizieren (markierte Ebene mit gedrückter [Alt]-Taste auf das Symbol *neue Ebene* ziehen) Sie fünfmal und benennen die neue Ebenen nach den Textbegriffen, denen sie zugeordnet werden sollen.

Die bisher vollzogenen gestalterischen Schritte werden später für die Website auf die Hintergrundebene reduziert (Befehl: *Ebene>Auf Hintergrundebene reduzieren*). Die resultierende Ebene dient dann als Hintergrundbild für die Website.

Erstellen von anklickbaren Flächen

Nun werden die Buttons für die Übersichtsseite erstellt. Sie ergeben sich in diesem Screen als logische Konsequenz der bisherigen Gestaltung. Als Buttons dienen einfache rechteckige Farbflächen, die, aus Grautönen bestehend, sich harmonisch in das Gesamtlayout einfügen.

In diesem Beispiel wird das Rechteck benutzt, das zu den Grundelementen der Vektorformen gehört, die mit Photoshop ganz neu eingeführt wurden. Über die Werkzeug-Palette und über die kontextsensitive Menüleiste können Sie zwischen verschiedenen Vektorformen wählen. Des Weiteren können Sie wählen, ob die Form eine Füllung, eine geformte Ebene oder ein Arbeitspfad sein soll. Weitere detaillierte Einstellungen für die einzelnen Formen können über die kontextsensitive Menüleiste vorgenommen werden.

Arbeitsschritte zur Erstellung der Buttons

1. Erstellen Sie eine *neue Ebene* in der Ebenen-Palette.

2. Bestimmen Sie die Farbe der Button-Reihe über die Farb-Palette. Wählen Sie das *Rechteck* aus der Werkzeug-Palette über die Symbol-Palette für Vektorformen aus. Wählen Sie über die kontextsensitive Menüleiste das Symbol für Füllung. Ziehen Sie das Rechteck auf, es erscheint in entsprechender Farbfüllung der voreingestellten Farbe.

3. *Duplizieren* Sie die das fertig gestellte Rechteck fünf Mal und platzieren Sie die Rechtecke unterhalb der Themenbegriffe bei eingeblendetem Raster.

Tipp

Rufen Sie über die Ebenen-Palette einen Set-Ordner auf, benennen Sie ihn mit *Buttons* und vergeben Sie ihm eine Farbe aus dem Aufklapp-Menü des Optionsfelds für Sets. Erstellen Sie eine Button-Gruppe, indem Sie Button-Rechtecke per Drag & Drop in den Button-Ordner ziehen.

Auf die gleiche Art und Weise werden die *anklickbaren Buttons* erstellt. Die verschiedenen Button-Zustände werden in diesem Beispiel über die Zuordnung einem anderen Farbwert festgelegt.

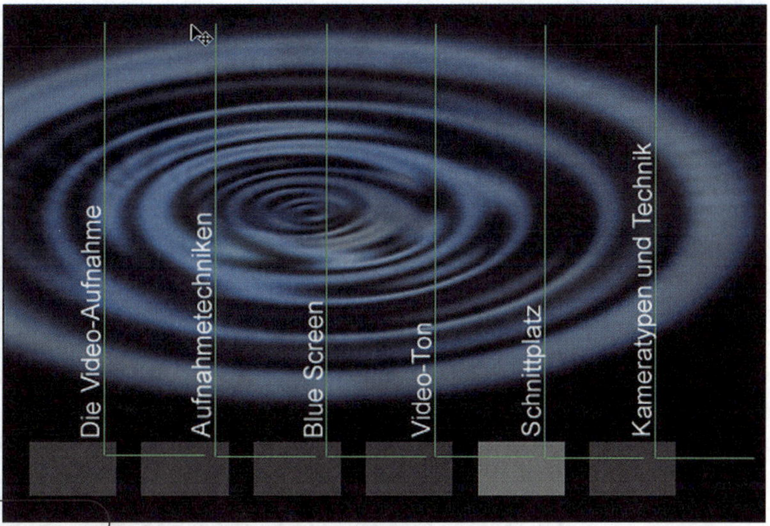

Über das Aufziehen des Auswahlrechtecks und den *Füllen*-Befehl wird ein anklickbarer Button erstellt

Abb. 2.4:

Die weiteren Arbeitsschritte dienen der Verfeinerung des Screen-Designs. Der Hintergrund soll in seiner dynamischen Wirkung verstärkt werden.

1. Eine *neue Ebene* mit dem Namen *back2* wird erstellt. Die gesamte Fläche wird mit *Bearbeiten / Fläche füllen* mit der Vordergrundfarbe – ein mittlerer Blauton – der Werkzeug-Palette gefüllt.

2. Die sich oberhalb der Ebene *back2* befindliche schwarze Fläche *back1* wird markiert. Mit dem *Auswahlrechteck* mit *weicher Auswahlkante* (über die Auswahl-Optionen 15 Pixel einstellen) wird eine Auswahl erstellt, die eine Höhe von etwa 1 cm hat und in ihrer Breite über den gesamten Screen reicht. Der Inhalt wird dann gelöscht.

3. Die *Deckkraft* der Ebene *back1* wird über die Ebenen-Palette auf 87 % reduziert, sodass die Hintergrundfläche von Ebene *back2* durchleuchten kann.

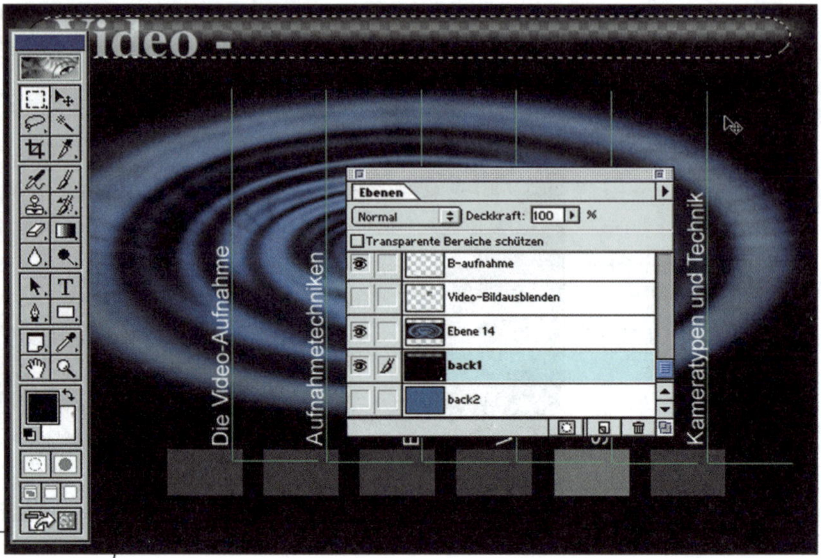

Abb. 2.5: Der dynamische Streifen verleiht dem Hintergrund eine besondere Note

Ein dynamischer blauer Streifen durchzieht jetzt das Screen und durch den durchscheinenden Hintergrund wirkt die Fläche unterhalb der Button-Reihe wesentlich frischer. Das Hinzufügen der weiteren Details (Bild *vid2.psd* bei *97 %* Deckkraft) dient dem Auflockern des Gesamteindrucks, wobei der Inhalt das Thema *Video* unterstreicht.

Mit den Ebenen arbeiten

Neue Ebenen-Optionen von Photoshop 6.0 im Schnellüberblick für Kenner:

Ebenensets:

Sie können jetzt Ebenen thematisch ordnen und in Gruppen einteilen. Dazu rufen Sie über das Ordner-Symbol in der unteren Reihe der Ebenen-Palette den Set-Ordner auf. Diesen können Sie benennen und mit einer Farbe versehen. Die Ebenen, die Sie zu einer Gruppe zusammenstellen möchten, können Sie in den Set-Ordner ziehen. Sie können diese Sets nach Bedarf ein- und ausblenden.

Ebeneneinstellungen schützen:
Wie schon von Layout-Programmen bekannt, können Sie einzelne Ebenen oder auch Ebenen-Sets vor Veränderungen durch Sperrung schützen.

Einstellungen auf Ebenensets anwenden:

Ebenenmasken, Beschneidungspfade, Deckkraft und andere Einstellungen können auf sämtliche Ebenen einer Gruppe gleichzeitig angewendet werden.

Kopieren von Ebenen-Effekten:

Sie können einen Ebenen-Effekt jetzt mit Photoshop 6.0 per Drag & Drop einer weiteren Ebene zuweisen. Ziehen das Symbol des Ebenen-Effekts von der markierten Ebene aus mit gedrückter Maustaste auf die Ebene, der Sie den Ebenen-Effekt gleichermaßen zukommen lassen wollen. Alle Einstellungen des Effekts werden übernommen. Mit Doppelklick auf den Ebenen-Effekt öffnet sich der Ebenen-Effekt-Dialog; so können Sie die Einstellungen jederzeit wieder ändern. Mit Ziehen zum Papierkorb-Symbol können Sie Ebenen-Effekte sehr unkompliziert wieder entfernen.

Schnellkurs für Ebeneneinsteiger:

Blenden Sie die Ebenen-Palette über das Menü *Fenster* ein. Mit den Ebenen können Sie bei der Erstellung einer Montage die einzelnen Bildinhalte unabhängig voneinander bearbeiten. Wenn der Screen bzw. die Bildmontage fertig gestellt ist, können Sie die einzelnen Ebenen zu einer Ebene zusammenfassen.

Die Sichtbarkeit von Ebenen lässt sich über das *Augen*-Symbol links in der Ebenen-Palette ein- und ausschalten.

Die Bildinhalte einer Ebene können über die Einstellungen des *Deckkraftreglers* unterschiedlich transparent werden.

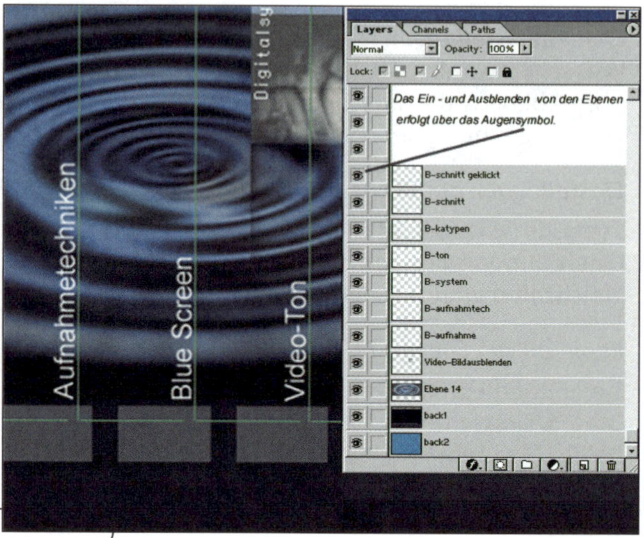

Abb. 2.6: Ein- und Ausblenden der Ebenen

Eine *neue Ebene* entsteht durch Klicken auf das Symbol *neue Ebene* unten in der Ebenen-Palette, oder durch das Aufrufen über den Pfeil *neue Ebene* oben in der Ebenen-Palette.

Eine *Ebene* kann dupliziert werden durch das Aufrufen des Befehls *Ebene duplizieren* über das Menü rechts vom Pfeil in der Ebenen-Palette oder über das Ziehen der markierten Ebene auf das Symbol *neue Ebene*.

Eine *Ebene* kann in eine neue Datei mit dem *Bewegen-Werkzeug* der Werkzeug-Palette *verschoben* werden (Pluszeichen signalisiert das Kopien der markierten Ebenen).

Verbundene Ebenen entstehen durch das Markieren einer Ebene und Klick auf die rechte Fläche rechts neben dem Augen-Symbol für die zu verbindende Ebene. *Verbundene Ebenen* können gemeinsam mit dem Verschieben-Werkzeug in eine neue Datei verschoben werden.

Um mehrere Ebenen gemeinsam in eine neue Ebene zu kopieren, werden die betreffenden Ebenen über das Augen-Symbol eingeblendet, während die übrigen ausgeblendet werden. Nun wird der Befehl *Auswahl / Alles auswählen* aufgerufen, anschließend der Befehl *Bearbeiten / Aus allen Ebenen kopieren* ausgewählt und schließlich die Ebenen mit *Bearbeiten / Einfügen* in die neue Datei eingefügt.

Ebenen sind bezüglich ihrer *Reihenfolge* durch Ziehen der Ebene an die gewünschte Position *austauschbar*. Die Bildinhalte der oberen Ebenen liegen optisch auf den Bildmotiven unterer Ebenen.

Transparente und *überblendete* Bildeindrücke lassen Sie über den Deckkraftregler der Ebenen-Palette der einzelnen Ebenen erzeugen.

Die *Ebenen-Modí* bieten ebenfalls eine umfangreiche Modifikationsmöglichkeiten für das Erscheinungsbild des Bildmotivs (siehe dazu nachfolgende Abschnitte dieses Kapitels).

Text

Text erscheint in der Arbeit mit dem Text-Werkzeug immer als separate *Text-Ebene* und kann jederzeit über die Optionen der kontextsensitiven Menüleiste bearbeitet werden.

Transparentmaske

Eine neu angelegte Ebene über den Befehl *neue Ebene* ist zunächst leer bzw. transparent. Eine Transparentmaske entsteht automatisch, wenn in die neu angelegte Ebene ein Motiv eingefügt wird.

Die *Transparentmaske* speichert quasi die Auswahlbegrenzung zwischen gefüllten und nicht gefüllten Pixeln innerhalb der neu angelegten Ebene.

Die *Transparenzmaske* wird durch Anklicken bei gedrückter Strg-Taste zu einer *aktiven sichtbaren Auswahl.*

Ebenenmaske

Mit den Ebenenmasken lassen sich sehr schöne weiche Übergänge herstellen, die sich insbesondere für Bildmontagen eignen. Mit den *Ebenmasken* können Sie einzelne Bereiche sichtbar bzw. unsichtbar machen, ohne dass sich das Motiv der Ebene wirklich verändert.

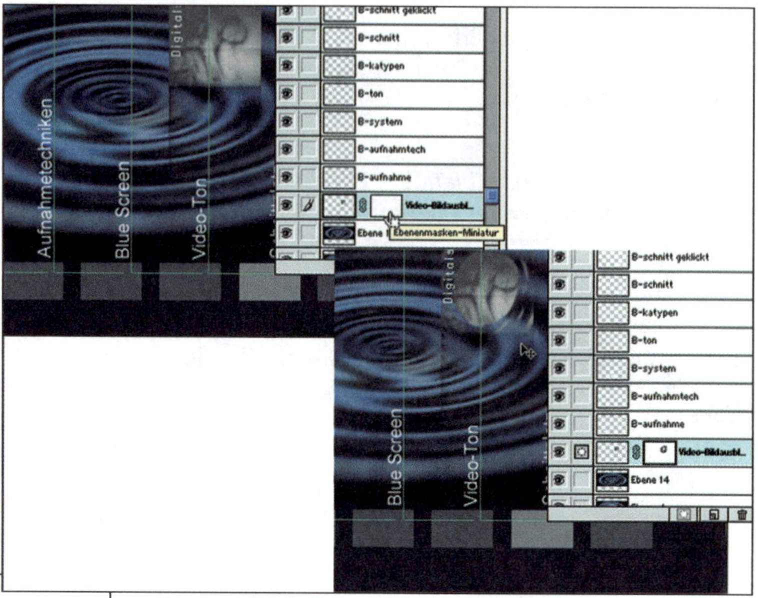

Abb. 2.7: Arbeitsschritte für die Erstellung einer Ebenenmaske

Arbeiten mit der Ebenemaske

Wenn Sie eine Maske erstellen wollen, die den Auswahlbereich anzeigt, erzeugen Sie eine Auswahl und markieren die Ebene, der Sie eine *Ebenenmaske* hinzufügen möchten. Klicken Sie auf das Symbol *neue Ebenemaske* in der Ebenen-Palette oder rufen Sie den Befehl *Ebene>Ebenenmaske hinzufügen* auf. Eine schwarz-weiße Miniatur erscheint rechts in der markierten Ebene.

Wenn Sie hingegen eine Maske erstellen wollen, die den Auswahlbereich verdeckt und den Rest der Ebene anzeigt, klicken Sie bei gedrückter [Alt]-Taste auf das Symbol *Neue Ebenenmaske*.

1. Klicken Sie auf die Miniatur der Ebenemaske, um sie zu aktivieren.

2. Wählen Sie ein Mal- oder Bearbeiten-Werkzeug aus der Werkzeug-Palette.

3. Um die *Maske zu vergrößern* oder ein Teil der Maske zu verdecken, malen Sie in der Maske mit schwarz. Um die *Maske zu verkleinern* und einen größeren Teil der Ebene anzuzeigen, malen Sie mit Weiß. Um die Ebene *teilweise anzuzeigen*, malen Sie mit Grau.

Um die Ebene anstelle der Ebenenmaske zu aktivieren, klicken Sie auf die *Ebenenminiatur* der Ebenen-Palette. Ein Pinsel-Symbol erscheint.

Die Verbindung zur Ebenenmaske wird aufgehoben durch Klick auf das *Ketten-Symbol*.

Klicken Sie mit gedrückter ⇧-Taste auf die Miniatur der Ebenenmaske, um die Ebenenmaske wieder auszuschalten – das Symbol wird durchgestrichen.

Um eine *Auswahl* in eine Ebenenmaske einzufügen, klicken Sie bei gedrückter Alt-Taste auf die Ebenenminiatur und zeigen den Masken-Kanal an. Wählen Sie *Bearbeiten>Einfügen* und ziehen Sie die Auswahl in das Bild, um den gewünschten Masken-Effekt zu erzielen.

Wählen Sie *Auswahl aufheben* und klicken Sie auf die Ebenenminiatur, um die Auswahl des Masken-Kanals wieder aufzuheben.

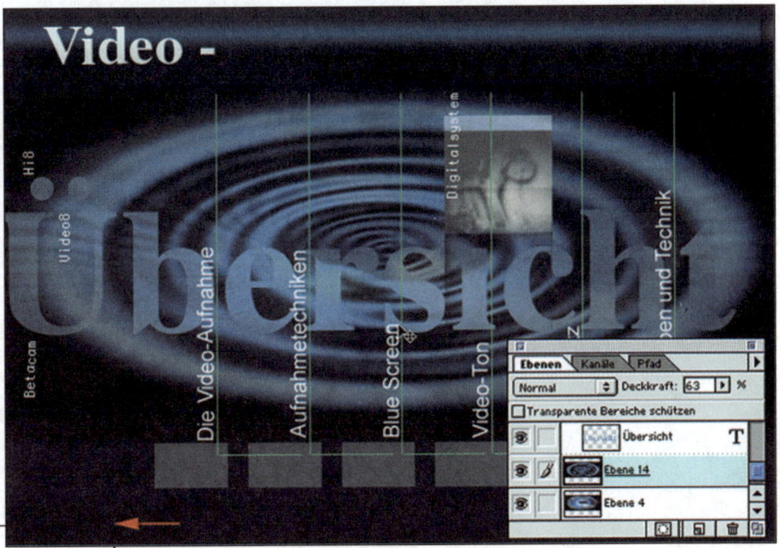

Arbeitsschritte für das Erstellen einer Maskierungsgruppe: Die Schrift erhält die Struktur und Farbigkeit des Hintergrundbilds

Abb. 2.8:

Erstellen einer Maskierungsgruppe

Klicken Sie bei gedrückter [Alt]-Taste auf die trennende Linie oder markieren Sie eine Ebene aus der Ebenen-Palette und rufen Sie *Ebene>Mit darunter liegenden Ebene gruppieren* oder *Ebene>Verbundene Ebenen gruppieren* auf.

Mit Maskierungsgruppen können Sie eine Maske als Ebene (Basisebene) für darunter liegende Ebenen definieren. Wenn sich z.B. in einer Ebene eine bestimmte Form (Kreis, Quadrat, freie Form, etc.) befindet, in der darunter liegenden eine Textur und in der obersten eine Schrift, können diese drei Ebenen eine Maskierungsgruppe bilden (siehe dazu auch Kapitel *Kreativer gestalten mit Schrift*, Abschnitt *Schriftzug mit Textur*). Wenn die Form als Basisebene fungiert, werden hier die Textur und die Schrift von der Form maskiert.

Die Maskierungsgruppe ist durch eine gestrichelte Linie gekennzeichnet Die Basisebene wird durch einen unterstrichenen Ebenennamen hervorgehoben. In einer Maskierungsgruppe bestimmt die hinterste Ebene den Modus und die Deckkraft aller Ebenen der Maskierungsgruppe.

Umsetzung der Video-Fachseite *Kameratypen und Technik*

Von allen Fachseiten, die von der Startseite heraus aufgerufen werden, wird in diesem Kapitel eine gewisse Auswahl – *Kameratypen und Technik, Blue Screen* und *Digitalsound* – beschrieben. Beginnen wir mit der Seite *Kameratypen und Technik*!

Dabei sollen folgende Techniken vorgestellt werden:

- Objekte auswählen und freistellen mit weichem Auswahlbereich mit Farbverlauf
- Ovale und rechteckige Auswahl, Zauberstab, Pfad-Werkzeug
- Erstellen von Text-Buttons, umrahmende Linien
- Erstellen eines Zurück-Buttons

Auflösung und Bildgröße

Für die Website werden wieder die gleichen Maße wie für die Startseite benutzt: 640 x 480 Pixel bei einer Auflösung von 72 Pixel/Inch. Der Entwurf *T02_01.psd* für die Website befindet sich im Ordner *technik/schritte* dieses Kapitels.

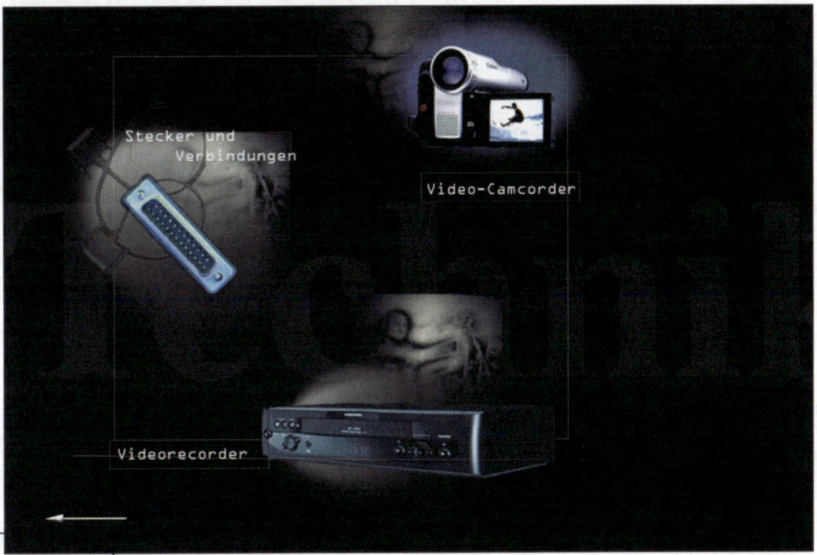

Die Web-Fachseite *Kameratypen und Technik*

Abb. 2.9:

Gestaltungsmerkmale der Fachseite

Visuell ist der schwarze Hintergrund weiterhin die Ausgangsbasis der Website. Auch auf dieser Fachseite fließt ein großes Schriftbild in den Hintergrund ein und zeigt gleichzeitig das Thema an. Die gewählten Bildmotive sind thematische Bildbeispiele für die abrufbaren Infotexte. Eine Art Lichtkegel hebt die einzelnen Objekte optisch hervor. Der rechts oder links davon platzierte umrahmte Text stellt jeweils die anklickbaren Buttons dar. Ein Pfeil weist den Weg zurück zur Startseite. Die Bildmotive entnehmen Sie der Datei *T02_01.psd* im Ordner *technik/schritte* dieses Kapitels.

Erstellen eines Zurück-Buttons

Der Zurück-Button hat für die Navigation jeder Website eine sehr wichtige Bedeutung: Der Anwender soll jederzeit problemlos zurück auf die Startseite gelangen können. Der Zurück-Button sollte dennoch schlicht gestaltet werden, damit der Anwender sich nicht geradezu aufgefordert fühlt, sofort den aktuellen Screen wieder verlassen zu müssen, um wieder auf die Startseite zurückzugehen. Der Anwender sollte den Button jederzeit schnell und intuitiv finden. Deshalb sollte der Zurück-Button auf jeder der Fachseiten an derselben Position zu finden sein.

Für diese Website wird der Zurück-Button in der Form eines neutralen Pfeils gestaltet. Damit hebt er sich genügend von den übrigen Buttons ab, die sich aus dem hinweisenden Text ergeben oder aus Bildmotiven bestehen.

1. Erzeugen Sie eine *neue Ebene* mit Klick auf das Symbol unten in der Ebenen-Palette bei gleichzeitig gedrückter [Alt]-Taste. Benennen Sie die neue Ebene mit *back*.

2. Wählen Sie – der Farbe des Pfeils entsprechend – *Weiß* als *Vordergrundfarbe* in der Werkzeug-Palette.

3. Ziehen Sie den Pfeil mit der Maus an der gewünschten Stelle im Hintergrundbild auf. Rufen Sie dafür das Linien-Werkzeug im Menü der *Vektorformen* innerhalb der Werkzeug-Palette auf. Geben Sie folgenden Optionen innerhalb der kontextsensitiven Menüleiste an: gefüllte Fläche, *Stärke* = 2 und Option *Glätten*. Rufen Sie über das schwarze Dreieck die Optionen für die Pfeilspitzen auf; wählen Sie *Pfeilspitze* = Am Anfang.

4. Durch Wahl der Option *gefüllte Fläche* innerhalb des Kontextmenüs erhält der Pfeil automatisch die Füllung der zuvor gewählten Vordergrundfarbe.

5. Für die verschiedenen Button-Zustände duplizieren Sie den Pfeil-Button. Vergleichen Sie Ihre bisherigen Arbeitsschritte mit dem Screen *T02_01.psd* im Ordner *technik/schritte*.

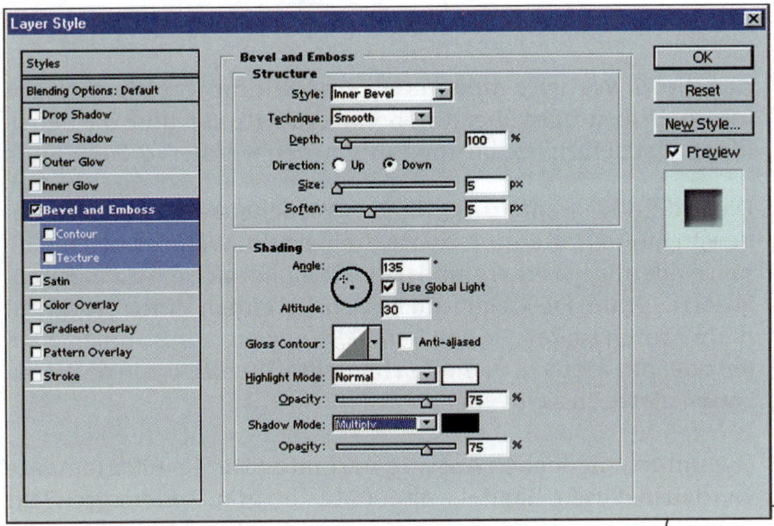

Der neue Dialog für die Ebenen-Effekte

Abb. 2.10:

6 Für das plastische Hervorheben des Zurück-Buttons rufen Sie über das Menü *Ebene>Effekte* den Dialog *Abgeflachte Kanten und Relief* auf. Geben Sie folgende Werte an: Kante *Innen, Richtung:* unten, *Technik:* für *Farbtiefe* und *Weichzeichnen* jeweils 5, *Tiefe* = 100 % *Größe* = 5 Pixel, *Winkel* = 135°, *Modus* = Normal, *Schattenmodus* = Multiplizieren, *Farbe* = Schwarz, *Deckkraft* = 75.

Tipp

Die Ebenen-Effekte können Sie jetzt mit Photoshop 6.0 auch über das Symbol *Ebenen-Effekte* innerhalb der Ebenen-Palette aufrufen.

Tipp

Mit *Drag & Drop* können Sie den eben erzeugten Ebenen-Effekt auf die anderen Pfeil-Variationen übertragen. Ziehen Sie einfach das *Effekte-Symbol* innerhalb der noch markierten Pfeilebene auf die anderen Pfeilspitzen-Ebenen.

Der Zurück-Button ist fertig und kann jetzt auch für die weiteren Sites verwendet werden. Über Einblenden der Hilfslinien und des Rasters im Menü *Ansicht* kann die Position im Screen genau festgelegt werden.

Objekte ausschneiden

Auf dieser Website dienen einzelne Bildmotive als optische Informationsträger über die Themengebiete, die über die neben ihnen platzierten Textbuttons aufgerufen werden können.

Die Bildmotive werden über die verschiedenen Auswahl-Werkzeuge von ihrem Hintergrundmotiv freigestellt. Wenn es sich um einen eindeutigen Hintergrund handelt, eignet sich das Zauberstab-Werkzeug zum Freistellen am besten. Bei einem Hintergrund mit mehr Farben sollten Sie den Befehl *Farbbereiche auswählen* wählen oder das Motiv über die Zeichenstifte-Werkzeuge in der Werkzeug-Palette ausschneiden.

Die unterschiedlichen Auswahlverfahren für die Bildelemente werden in diesem Kapitel weiter unten im grau hinterlegten Text *Verschiedene Auswahlverfahren* ausführlich beschrieben.

Lichtkegel für die ausgeschnittenen Objekte

Nach Freistellung der Technik-Motive *camcorder.psd* und *scart.psd* im Ordner *schritte/k2_works* oder auch ihrer eigenen Bildmotive verschieben Sie die Bilder per Drag & Drop mit dem Bewegen-Werkzeug in die neue Technik-Website. Verändern Sie die Deckkraft der einzelnen Ebenen (bis auf etwa 40 %) für den harmonischen Gesamteineindruck.

Um die themenbezogene Objekte optisch interessanter hervorzuheben, erstellen Sie für jedes einzelne Bildmotiv einen Lichtkegel.

1. Erzeugen Sie eine neue Ebene mit Namen *Scart* und klicken Sie auf das *Oval,* rechts neben dem quadratischem Auswahlrahmen in der Werkzeug-Palette. Doppelklicken Sie auf das Oval und geben Sie in der kontextsensitiven Menüleiste eine weiche Kante von 15 Pixeln ein. Die Ebene *Scart* sollte unterhalb des Scart-Bildmotivs angelegt werden.

2. Ziehen Sie einen Rahmen auf, der etwas über die Größe des gewähltem Bildmotivs hinausragt.

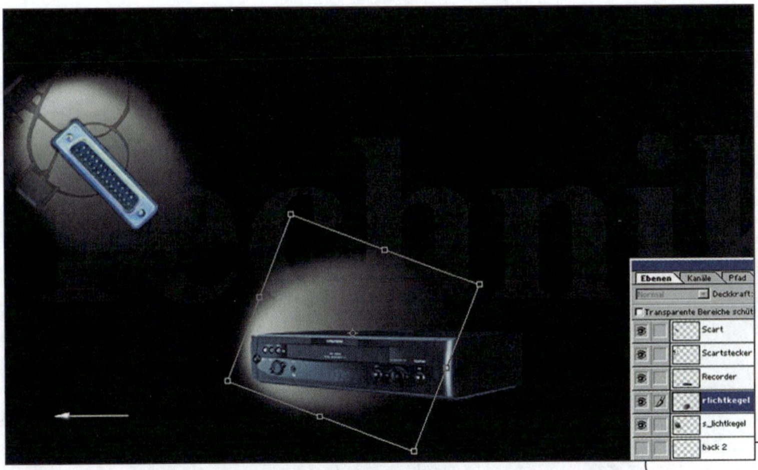

Lichtkegel umgeben Bilder und erzeugen eine besonderen Atmosphäre

Abb. 2.11:

3 Erstellen Sie einen Lichtkegel-Effekt, indem Sie einen *Farbverlauf* erzeugen. Dafür klicken Sie in der Werkzeug-Palette auf das Symbol *Verläufe* und wählen im Kontextmenü das Symbol für *Linearen Verlauf*. Wählen Sie einen Verlauf aus der Verlauf-Palette. Mit Ziehen der Maus auf den Auswahlrahmen von rechts oben diagonal nach links unten erzeugen Sie einen linearen Farbverlauf auf der neuen Ebene innerhalb des weichen Auswahlrahmens.

Tipp

Mit einem Klick auf das schwarze Dreieck innerhalb der bereits geöffneten Verlauf-Palette erhalten Sie Zugang zu den weiteren Verlaufsbeständen. Probieren Sie beispielsweise einen Verlauf aus dem Bestand *Metall-Verläufe*.

4 Mit dem Befehl *Bearbeiten>Transformieren>Skalieren* können Sie die Größe auch noch nachträglich korrigieren oder mit *Bearbeiten>Transformieren>Verzerren* in der Form verändern.

5 Drehen Sie den erzeugten Lichtkegel über den Befehl *Bearbeiten>Transformieren>Drehen*.

6 Kopieren Sie den erzeugten Lichtkegel des ersten Objekts, indem Sie die Ebene markieren und mit Alt-Taste auf das Symbol *neue Ebene* ziehen.

7 Bezeichnen Sie die neue Ebene mit einem eindeutigen Namen und passen Sie den neuen Lichtkegel mit den *Transformieren*-Befehlen dem zweiten Bildmotiv an, hier am Beispiel des Video-Recorders.

8 Wiederholen Sie die Schritte auch für das dritte Bildmotiv. Variieren Sie jedoch den Farbverlauf, indem Sie die Farbe des Verlaufs variieren.

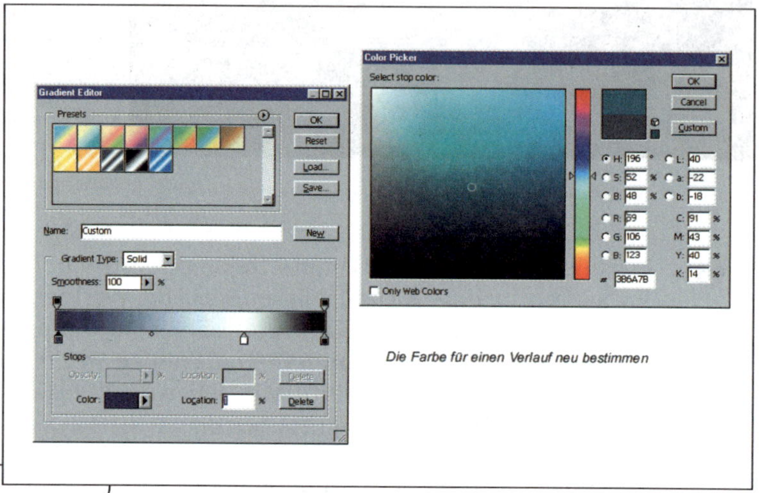

Erstellen einer Variation für einen Farbverlauf

Abb. 2.12:

Tipp

Mit einem Klick auf die Schaltfläche für Verläufe innerhalb der kontextsensitiven Menüleiste können Sie die Farben für den aktuell eingestellten Verlauf neu bestimmen. Ein entsprechender Verlaufsdialog öffnet sich.

9 Platzieren Sie die Ebenen der Lichtkegel jeweils unter den Ebenen der dazugehörigen Motive. Regulieren Sie die Deckkraft für den Gesamteindruck. Folgende Einstellungen wurden verwendet: Lichtkegel für *Scart* = 82 %, Lichtkegel für *camcorder* = 53 %, Lichtkegel für *video-recorder*= 75 %.

Lesen Sie zum Thema: *Weiche Auswahl-fließende Übergänge werden geschaffen* hier in diesem Kapitel.

Schaltflächen für die Bildinhalte

Text-Buttons im Screen-Design

Durch die Wahl des Schrift-Fonts sind selbst Text-Buttons Teil der Gestaltung. Die serifenlose Schrift in kleinen Buchstaben gibt dieser Site einen modernen Touch; die sie umgebenen kühlen strengen Linien unterstützten diesen Charakter. Im folgenden Abschnitt erzeugen Sie die Schaltflächen der Technik-Website:

1. Erstellen Sie eine neue Ebene mit gedrückter [Alt]-Taste und einem Klick auf das Symbol *Neue Ebene*.

2. Ziehen Sie einen Auswahlrahmen mit harter Kante auf.

3. Wählen Sie eine Farbe für die Kontur und rufen Sie den Befehl *Bearbeiten / Kontur füllen* auf. Wählen Sie eine Stärke von einem Pixel und für die Farbe *Vordergrund*.

4. *Duplizieren* Sie die Schaltflächeneben durch Drücken der [Alt]-Taste und ziehen Sie sie auf das Symbol *Neue Ebene* in der Ebenen-Palette. Kennzeichnen Sie die Schaltflächen mit eindeutigen Namen.

5. Wählen Sie das Symbol für *Text-Werkzeug* und geben Sie im Kontextmenü folgende Werte ein: Schriftfont = *moderner Schriftfont, z.B. Teletext*, Farbe = *Weiß*, Größe = 7 *Punkt*.

6. *Duplizieren* Sie die Textebene, und geben Sie jeweils einen neuen Text für die Schaltflächen ein.

7. Gruppieren Sie die Schaltflächen und die Texte jeweils in einem Set. Erstellen Sie dazu über das Set-Symbol zwei Ordner mit den entsprechenden Namens und ordnen Sie die Schaltflächen den Ordnern zu.

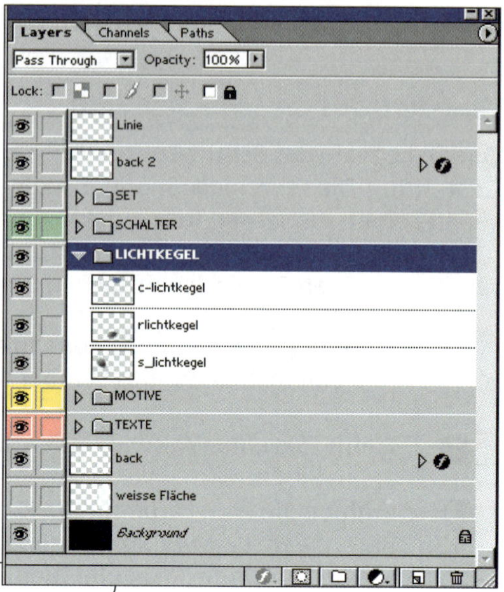

Abb. 2.13: Übersichtlichkeit mit den Ebenen-Sets

Tipp

Sie können der Übersicht halber den Sets verschiedene Farben zuweisen. Zudem sollten Sie den Sets eindeutige Namen geben.

Verbindende Linie für Buttons und Bildmotive

Für die Linie, die die Schaltflächen und die Objekte optisch mit einander verbinden soll, rufen Sie die *Rechteckform* im Menü für *Vektorformen* innerhalb der Werkzeug-Palette auf. Achten Sie darauf, dass Sie die Option für gefüllte Fläche in der kontextsensitiven Menüleiste aktiviert haben. Erstellen Sie eine neue Ebene und ziehen Sie die Form in entsprechender Größe auf. Mit einem Doppelklick erhalten Sie eine Auswahl für die Form. Über den Befehl *Bearbeiten / Kontur* wählen Sie die Stärke der Kontur (hier 1 Pixel) und die Farbe aus. Die Farbe bestimmen Sie über die Werkzeug-Palette.

Der Hintergrund für die Fachseite

Zum Schwarz des Hintergrunds wird zur Auflockerung der optischen Erscheinung ein Bild eingefügt (die Ebene *Videobild* der Datei *k2_works/technik1.psd* diese Kapitels). Dieses wird mehrmals dupliziert und taucht jeweils in leicht durchscheinender Weise hinter den themenbezogenen Bild-Objekten hervor. Zudem ist ein großes Schriftbild weich in den Hintergrund über Deckkraftregler eingebettet, das gestalterische wie thematische Aufgaben übernimmt.

Verschiedene Auswahlverfahren

Der Zauberstab

Der Zauberstab aus der Werkzeug-Palette eignet sich insbesondere für das Erstellen einer Auswahl, wenn sich das auszuwählende Motiv auf einem einfarbigen Hintergrund befindet.

Mit Klick auf das Zauberstab-Werkzeug erhalten Sie Optionen für den Zauberstab innerhalb der kontextsensitiven Menüleiste. Dort können Sie den Toleranzwert für die auszuwählenden Farbpixel als Wert zwischen 1 und 255 angeben. Für einen eindeutig weißen Hintergrund reicht der Wert 1, bei mehr Farben im Hintergrund müssen Sie den Wert entsprechend erhöhen. Mit steigender Anzahl der Farben des Hintergrunds wird eine eindeutige Auswahl immer schwieriger. Genauer wir das Ergebnis, wenn Sie mit dem Menüpunkt *Bearbeiten>Einstellen>Farbbereiche auswählen* arbeiten. Bei gleichzeitig gehaltener ⇧-Taste können mehrere Auswahlen mit dem Zauberstab zu einer Auswahl zusammengefasst werden.

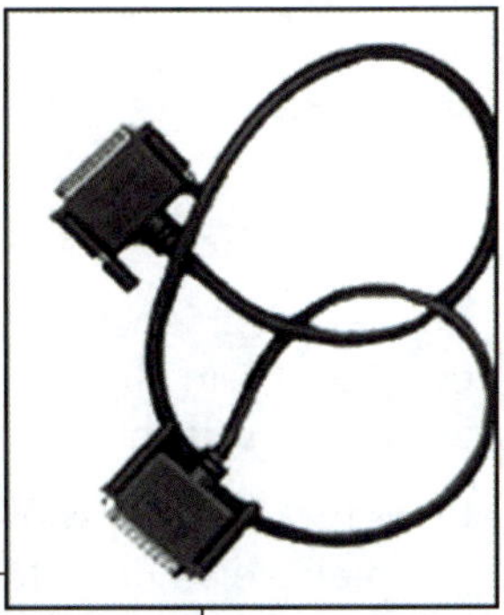

Beispiel für das Auswahlverfahren mit dem Zauberstab der Werkzeug-Palette

Abb. 2.14:

Farbe aufnehmen – eine Auswahl entsteht

Mit der Option *Aufgenommene Farben* bzw. *Farbe ersetzen* im Dialog, der über *Bearbeiten>Einstellen>Farbbereiche auswählen* erreicht werden kann, werden die Farb-Pixel aufgenommen, die Sie mit der Pipette aufsaugen. Je nachdem, welchen Toleranzwert Sie einstellen (optimale Werte liegen im Bereich zwischen 16 und 32), werden benachbarte Pixel mit ausgewählt. In der Vorschau bei *angeklicktem Auswahlbereich* sehen Sie die weißen Bereiche als ausgewählte und die schwarzen als nicht ausgewählte Bereiche. Wollen Sie an verschiedenen Orten des Bilds Bereiche auswählen, können Sie bei gehaltener Strg-Taste nacheinander die gewünschten Bereiche mit der Pipette anklicken.

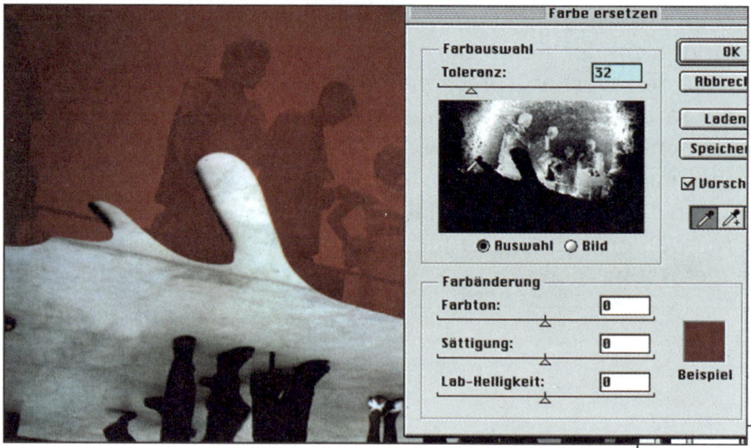

Das Auswählen einer Farbe ermöglicht das genaue Erstellen einer Auswahl

Abb. 2.15:

Pfade – ein exaktes Auswählen wird ermöglicht

Mit den diversen Pfad-Werkzeugen in der Werkzeug-Palette ist es möglich, ein Bildmotiv exakt auszuwählen, auch wenn es sich auf einem unruhigen Hintergrund befindet.

In dem aufklappbaren Menü *Zeichenstift* befindet sich beispielsweise das Pfad-Werkzeug *Freiform-Zeichenstift*. Wie mit dem Lasso wird der gewünschte Bereich bei festgehaltener Maus eingegrenzt. Die Ankerpunkte werden dabei im regelmäßigen Abstand automatisch gesetzt. Mit dem *Normal-Pfad-Zeichenstift* ist es möglich, eigene Ankerpunkte durch Klicken an die gewünschte Position zu setzen. Rundungen können dann gezielt erzeugt werden. Mit dem *Direkt-Auswahl-Werkzeug* werden die einzelnen Ankerpunkte in ihrer Position und in ihrer Kurvenform noch genauer an das Objekt angelegt. Eventuell müssen neue Ankerpunkte hinzugefügt oder gelöscht werden. Dies erfolgt mit dem Pfad-Zeichenstift-Plus bzw. dem Pfad-Zeichenstift-Minus.

- Ein geschlossener Pfad ist in der Pfad-Optionen-Palette als *Arbeitspfad* in einer Pfad-Ebene sichtbar. Im Menü der Pfad-Palette rufen Sie den Befehl *Pfad speichern* auf und speichern den entworfenen Pfad unter dem gewünschten Namen ab.
- Im Pfad-Menü können Sie den Befehl *Auswahl erstellen* aufrufen und eine *weiche Auswahlkante* auswählen.
- Bei ausgeschaltetem Pfad (*Pfad ausschalten*) wird nach dem Befehl unter *Auswahl / Auswahl umkehren* die Auswahl gelöscht. Das Objekt befindet sich jetzt auf freiem Hintergrund.

Genaues Auswählen entlang runder Formen mit dem Zeichenstift der Werkzeug-Palette

Abb. 2.16:

Auswahlen erweitern und verkleinern

Für alle Formen der erstellten Auswahl ist es nachträglich möglich, eine Auswahl zu *transformieren*, d.h. zu verkleinern oder zu vergrößern.

Auswahl vergrößern

Drücken Sie beim Ziehen der neuen hinzuzufügenden Auswahl gleichzeitig die [⇧]-Taste in unmittelbarer Nähe der bereits vorhandenen Auswahl.

Oder rufen Sie den Befehl *Auswahl / Auswahl verändern / Ausweiten* auf. Geben Sie den gewünschten Wert ein, um die sich die Auswahl ausdehnen soll.

Soll die Auswahl lediglich für Pixel gleicher Farben erweitert werden, können Sie den Befehl *Auswahl / Auswahl vergrößern* aufrufen. Diese Auswahl richtet sich nach dem eingegebenen Toleranzwert der *Zauberstab-Optionen-Palette*.

Wenn Sie eine neue erweiterte Auswahl der *aktuellen Alphamaske* bzw. *Transparenzmaske* hinzufügen wollen, rufen Sie den Befehl *Auswahl laden* auf und aktivieren die Option *zur Auswahl hinzufügen*.

Auswahl verkleinern

Zum Verkleinern der Auswahl drücken Sie beim Ziehen der abzuziehenden Auswahl gleichzeitig die [Alt]-Taste in unmittelbarer Nähe der bereits vorhandenen Auswahl, oder rufen Sie den Befehl *Auswahl / Auswahl verkleinern* auf

Wenn Sie eine Auswahl von der *aktuellen Alphamaske* bzw. *Transparenzmaske* abziehen wollen, rufen Sie den Befehl *Auswahl laden* auf und aktivieren die Option *von der Auswahl abziehen*.

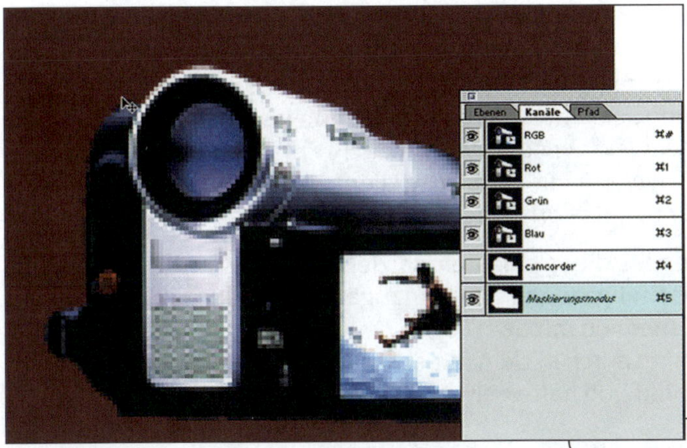

Abb. 2.17: Transformieren einer Auswahl

Kanten Glätten

Für die Auswahl-Werkzeuge *Ovale Auswahl, Lasso und Zauberstab* gibt es jeweils die Option *Auswahlkante glätten.* Beim Glätten verwischen die Kanten der Auswahlbegrenzung des ausgewählten Motivs beim Einfügen in die neue Datei mit den Hintergrundpixeln, sodass ein glatter Übergang entsteht.

Wenn Sie eine neue erweiterte Auswahl der *aktuellen Alphamaske* bzw. *Transparenzmaske* hinzufügen wollen, rufen Sie den Befehl *Auswahl laden* auf und aktivieren die Option *zur Auswahl hinzufügen*.

Ränder entfernen

Wenn bei der Erstellung einer Auswahl noch störende Hintergrund-Pixel übrig geblieben sind, können Sie bei einer transparenten oder schwebenden Auswahl den Befehl *Ebene>Hintergrund* aufrufen.

Den Befehl *Hintergrund>Schwarz* bzw. *Weiß* wählen Sie, wenn der Hintergrund Ihres Motivs aus einer schwarzen bzw. weißen Fläche besteht.

Der Befehl *Hintergrund>Rand* entfernen eignet sich, wenn der Hintergrund Ihres ausgewählten Motivs eine andere Farbe hat.

Eine weitere Methode, störende Ränder zu entfernen, besteht darin, die Auswahl zu verkleinern. Von daher ist es ratsam, jede Auswahl unter *Auswahl>Auswahl speichern* als Alpha-Kanal zu speichern, sodass diese jederzeit mit *Auswahl>Auswahl laden* wieder abrufbar und damit transformierbar bleibt.

Das Lasso – ein unumgängliches Auswahl-Werkzeug

Mit dem Lasso lassen sich *freie Auswahlen* erstellen. Über die Optionen der kontextsensitiven Menüleiste bestimmen Sie den Grad der *weichen Auswahl*. Mit der ⇧-Taste lässt sich die *Auswahl erweitern*, die Alt-Taste dient dazu, eine neue Auswahl von der bereits vorhandenen *abzuziehen*.

Drücken Sie die Alt-Taste und ziehen Sie das Lasso in den Bereich, der abgezogen bzw. hinzugefügt werden soll. Wenn Sie das Auswählen mit dem *Polygon-Werkzeug* bevorzugen, setzen die Punkte durch Klicken mit der Maus an die gewünschten Stellen im Bild und halten ebenfalls die Alt- bzw. die ⇧-Taste gedrückt.

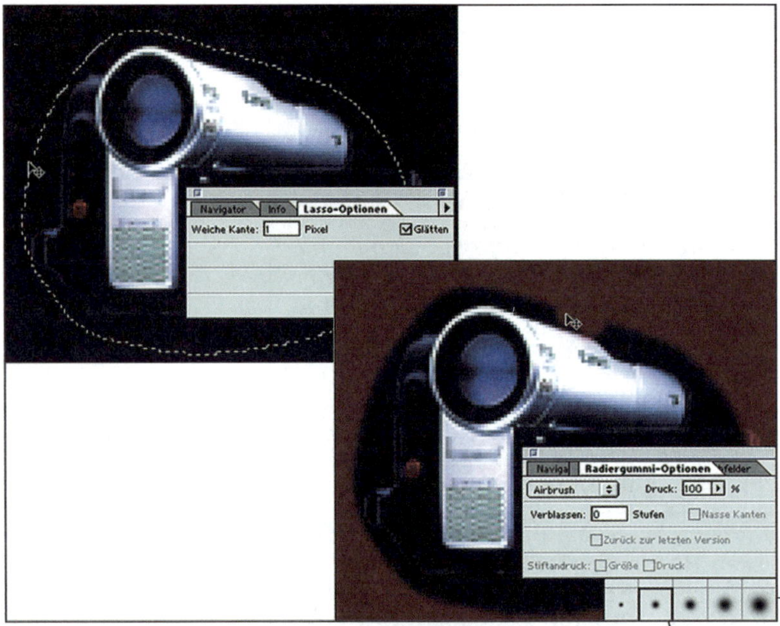

Auswahl erstellen mit dem Lasso-Werkzeug (a) und Auswahl vergrößern im Maskierungsmodus (b)

Abb. 2.18:

Alpha-Kanal erstellen

Einen Alpha-Kanal zu erstellen bezeichnet das Speichern eines ausgewählten Bereichs. Der Alpha-Kanal ist in der Kanäle-Palette als Schwarz-Weiß-Maske mit Namen aufgeführt. Der weiße Bereich ist der aktive Bereich, der schwarze ist der geschützte Bereich, auf die Änderungen keine Auswirkungen haben.

Wenn Sie eine Auswahl erstellen und diese speichern wollen, rufen Sie den Befehl *Auswahl>Auswahl speichern* auf und geben der Auswahl einen Namen. Wenn Sie sie später wieder aufrufen wollen, wählen Sie den Befehl *Auswahl>Auswahl laden* oder rufen die Kanäle-Palette auf und aktivieren das Symbol *Kanal als Auswahl laden*.

Auswahl speichern

Abb. 2.19:

Maskierungsmodus

Wenn Sie die Auswahl im Detail verfeinern wollen, wechseln Sie in der Werkzeug-Palette in den Maskierungsmodus der Werkzeug-Palette. Für das Hinzufügen oder Vergrößern der Auswahl wählen Sie eines der Mal-Werkzeuge der Werkzeug-Palette. Das *Radiergummi* eignet sich gut, wenn Sie Bildränder entfernen wollen. Klicken Sie auf das Radiergummi-Werkzeug und wählen Sie eine Werkzeugspitze. Wenn Sie die Auswahl mit dem Radiergummi verkleinern wollen, wählen Sie *Weiß* als Vordergrundfarbe in der Werkzeug-Palette. Wenn Sie die Auswahl vergrößern wollen, wählen Sie *Schwarz*. Arbeiten Sie im Maskierungsmodus, indem Sie entweder den maskierten Bereich (Rote Fläche) verkleinern oder erweitern.

Für eine *weiche Auswahl* eignen sich die Auswahl-Werkzeuge der Werkzeug-Palette *Lasso, ovale Auswahl* sowie *rechteckige Auswahl*. Mit einem Doppelklick auf das Werkzeug öffnen Sie die dazugehörige Optionen-Palette.

Eine *weiche Auswahl* erzeugen bedeutet, einen fließenden Übergang zwischen dem Hintergrundmotiv und dem ausgewählten Bereich zu schaffen. Die Deckkraft ist an den Rändern des ausgewählten Bereichs vermindert. Die Ausdehnung der weichen Kanten der Auswahlbegrenzung wird in der Auswahl-Optionen-Palette rechts vom Eintrag *weiche Kante* festgelegt.

Die *weiche Auswahl* kann auch nachträglich mit dem Befehl *Auswahl / weiche Auswahlkante* bestimmt werden.

Im einfachsten Fall ziehen Sie die Auswahl von einer bestimmten Position im Bild auf. Diese Auswahl kann durch Ziehen verschoben werden.

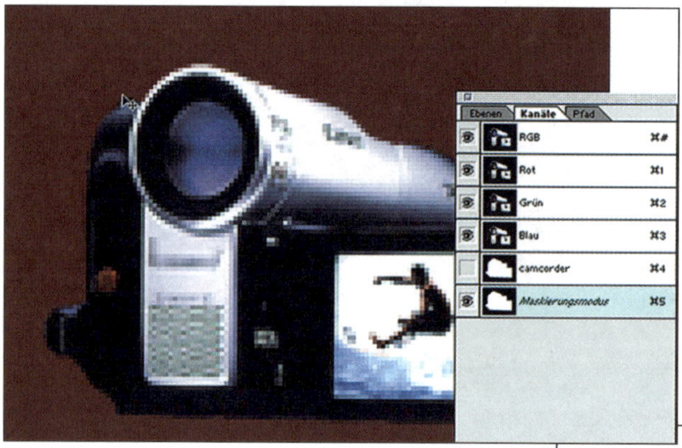

Abb. 2.20: Auswahl im Maskierungsmodus

Wünschen Sie eine zentrierte Auswahl, klicken Sie beim Aufziehen gleichzeitig die Alt-Taste.

Für eine *exakt quadratische* oder *kreisförmige Auswahl* klicken Sie beim Aufziehen gleichzeitig die ⇧-Taste.

Sie können eine bestimmte Größe für Höhe und Breite über die Optionen-Palette über den Eintrag *feste Größe* bestimmen. Sie können wahlweise auch ein vorgegebenes Seitenverhältnis eingeben.

Für ein optimales Positionieren der Auswahl blenden Sie über den Menüpunkt *Ansicht* die Hilfslinien und das Raster ein.

Umsetzung der Video-Fachseite *Blue Screen*

Für die folgenden Websites gelten die gleichen Maße wie für die anderen Seiten: 640 x 480 Pixel bei der Bildschirmauflösung von 72 Pixel/Inch, Hintergrund: schwarz.

Folgende Befehle und Funktionen sind Thema dieses Abschnitts:

- Der Airbrush in der Werkzeug-Palette
- Störungsfilter
- Vergröberungsfilter
- Bewegungsunschärfe
- Transformieren und Skalieren von Bildern
- Arbeit mit dem Alpha-Kanal und Einsetzen verschiedener Hintergründe
- Transparenter Text
- Linien als Stilelement

Darstellung des Themas

Auf dieser Site sollen nähere Informationen zum Thema *Blue Screen* abrufbar sein. Text und Bild arbeiten wieder gestalterisch eng zusammen. Schon beim ersten Blick wird das Thema deutlich. Die Bilder mit dem gleich bleibenden Porträt im Vordergrund und den wechselnden Hintergrundmotiven leiten das Thema schon im Voraus ein. Der Info-Text erscheint beim Klicken auf den nach rechts weisenden Button, der mit der Gestalt des Zurück-Buttons identisch ist.

Abb. 2.21: Der fertige *Blue Screen*

Das Hintergrundbild

Das Schwarz des Hintergrunds wird auch auf dieser Site über ein bläuliches Grau variiert. Die groß eingeblendeten Schriften lockern auch hier das Erscheinungsbild auf und geben zugleich Information über das Thema dieser Site. Die in einer Bewegung dargestellten Bilder weisen darauf hin, dass sich das Thema dieser Site um die Darstellung verschiedener Hintergründe einer sich im Vordergrund befindenden Person dreht.

Der Hintergrund besteht zunächst aus einer einfachen schwarzen Fläche, der jedoch mittels Überblendung in seiner Gestalt hinsichtlich der bisherigen Sites etwas abgewandelt wird.

1. Doppelklicken Sie auf die schwarze Hintergrundfläche, um die Möglichkeiten einer aktiven Ebene nutzen zu können (Ebene 0).

2. Erzeugen Sie eine *neue Ebene* für eine weitere Hintergrundfläche. Stellen Sie ein helleres Blau für die Vordergrundfarbe und ein dunkleres für die Hintergrundfarbe ein. Rufen Sie anschließend den Filter *Renderingfilter> Wolken* auf.

3 Platzieren Sie die Fläche in die unterste Ebenenreihenfolge und stellen Sie für die schwarze darüber liegende Ebene eine Deckkraft von 81 % ein.

4 Erzeugen Sie nacheinander zwei Auswahlrahmen, die quer über den gesamten Screen gezogen werden, mit einer weichen Kante von 5 Pixeln: einen schmalen, recht weit oben im Screen, den anderen etwas breiter ganz unten im Screen. Löschen Sie die Auswahl.

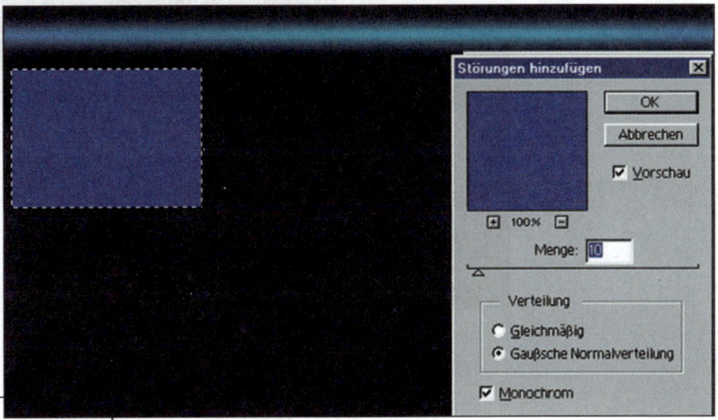

Auswahl erstellen

Abb. 2.22:

Blue Screen- eine Fläche als Symbolträger

Eine blau flimmernde Fläche, mit neonfarbener Linie umrahmt, dient als Symbolträger des Blue Screens. Die blaue Fläche stellt einen Teil des Hintergrundbilds dar, zieht aber durch die leuchtende Farbigkeit und die sie umgebene große dunkle Fläche viel Aufmerksamkeit auf sich.

Füllen Sie die untere Auswahl über den Befehl *Bearbeiten>Fläche füllen mit Vordergrundfarbe*, hier ein Grau-Blauton (*R* = 32, *G* = 44, *B* = 70).

1 Erstellen Sie eine neue Ebene und benennen Sie diese mit *quadrat*. Ziehen einen *Auswahlrahmen* ohne weiche Auswahlkante auf und füllen Sie das Quadrat mit einem Blauton (R = *512*, G = *0*, B = *204*) mit dem Farbeimer der Werkzeug-Palette.

2 Rufen Sie für die Ebene *quadrat* den Filter *Störungen hinzufügen* auf. Geben Sie folgende Optionen ein: *Menge* = 11, *Gaußsche Normalverteilung*, *monochrom*. Probieren Sie auch andere Einstellungen.

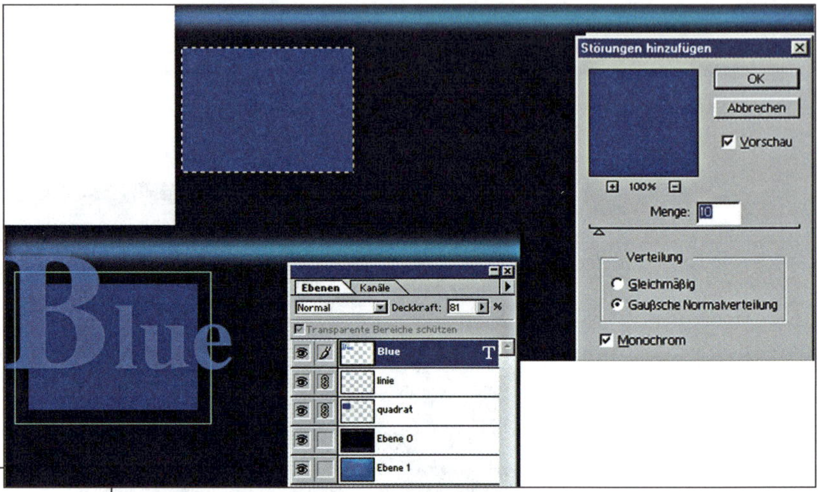

Screenshots der einzelnen Arbeitsschritte

Abb. 2.23:

Grelle Linie mit Space-Charakter

3 Erstellen Sie eine weitere *neue Ebene* und benennen Sie diese mit *Linie*. *Ziehen* Sie einen Auswahlrahmen ohne weiche Kante um die blaue Fläche auf, rufen Sie den Befehl *Kontur füllen* auf und geben Sie für die Stärke *1* ein. Stellen Sie die Vordergrundfarbe zuvor auf die Werte *R* = 38, *B* = 246, *B* = 185 ein.

Unterstützendes Schriftbild gibt Thema frei

Die große blaue Schrift *Blue* wird kompensatorisch interessant durch das Spiel mit verschiedenen Schriftgrößen innerhalb eines Worts in die Fläche eingebunden. Sie lockert die Kühle der blauen Fläche und der strengen Linie auf und weist zusätzlich auf das Thema dieser Site hin.

4 Klicken Sie auf das Symbol *Text-Werkzeug* der Werkzeug-Palette und Klicken Sie dann auf die Hintergrundfläche. Innerhalb der kontextsensitiven Menüleiste für Text geben Sie folgende Optionen ein: *Font* = Times, *Farbe* = Blau, *R* = 926, *G* = 131, *B* = 243. Markieren Sie den Buchstaben *B*

und stellen Sie *Größe* = 160 Punkt; markieren Sie die Buchstaben *lue* und stellen Sie *Größe* = 90 Punkt ein.

5 Markieren Sie die Textebene und legen Sie über den *Deckkraftregler* der Ebenen-Palette die Deckkraft auf 81 % fest. Verschieben Sie den Schriftzug mit dem Bewegen-Werkzeug auf die gewünschte Position im Hintergrundbild.

Die beiden Worte *Blue* und *Screen* erfahren trotz unterschiedlicher Größe, Positionierung und Farbigkeit automatisch einen inhaltlichen Zusammenhang, da diese Wortkombination einen bekannten Begriff darstellen. Durch das Verteilen dieses Begriffes auf das gesamte Screen wird eine irritierende Spannung erzeugt, die gleichzeitig auf das Thema dieser Site hinweist.

6 Wiederholen Sie diese Arbeitsschritte auch für das Wort *Screen*. Während Font und Farbe wie beim Schriftzug *Blue* eingestellt wird, erhält das *S* eine Größe von 180 Punkt und das *creen* eine Größe von 90 Punkt.

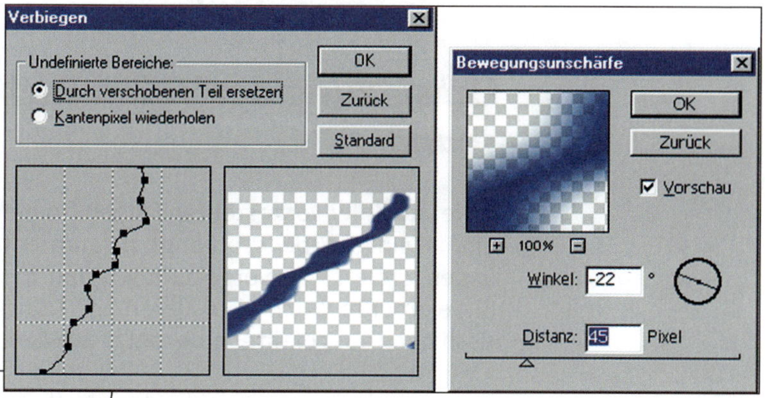

Abb. 2.24: Der Einsatz der Filter *Verzerren* und *Bewegungsunschärfe*

Dynamik erzeugen mit dem Airbrush-Werkzeug

Eine dynamische Wellenform durchquert den Screen. Zu der statischen Anordnung der rechteckigen Fläche im Screen stellt diese weiche fließende Form eine erfrischende Belebung für die Komposition dar.

7 Rufen Sie eine *neue Ebene* mit dem Namen *airbrush* auf. Wählen Sie eine Farbe in der Farb-Palette (*R* = 22, *G* = 49, *B* = 126) und klicken Sie auf das Symbol *Airbrush* in der Werkzeug-Palette.

8. Geben Sie in der Optionen-Palette einen Druck von *50 %* an und wählen Sie eine weiche mittlere Werkzeugspitze aus der Optionen-Palette aus. Malen Sie eine kurvige Linie diagonal durch das Screen.

9. Rufen Sie den Filter *Verzerrungsfilter>Verbiegen* auf und platzieren Sie die Ankerpunkte im Dialog so, dass Sie mit der entstehenden Form, die Sie in der Vorschau mitverfolgen können, zufrieden sind.

10. Rufen Sie den Filter *Bewegungsunschärfe* auf und stellen Sie den Winkel auf *-22* und die Distanz auf *45* ein.

Der Hintergrund der Site ist soweit fertig. Jetzt werden noch zwei anklickbare Bild-Buttons mittig innerhalb des Screens hinzugefügt. Diese navigieren zu den weiteren Infotextseiten. Die Buttons bestehen jeweils aus einer Bildmontage mit Porträt und Hintergrundmuster, und geben das Thema Blue Screen visuell wieder. Zum Thema Bildmontage erfahren Sie mehr im Kapitel *Montieren und Kolorieren für das Web*.

Umsetzung der Video-Fachseite *Digitalsound*

Im letzten hier vorgestellten Screen für die Website werden noch einmal einige Arbeitsvorgänge zusammenfassend wiederholt, die in den letzten Sites vorgestellt wurden. In diesem Screen sind die Bildelemente durch Duplizieren und Transformationen gestalterisch noch ausgefeilter eingesetzt worden.

Für die folgenden Websites gelten weiterhin die Maße wie für die anderen Sites: 640 x 480 Pixel bei der Bildschirmauflösung von 72 Pixel/Inch, Hintergrund Schwarz.

Folgende Befehle und Funktionen sind Thema dieses Abschnitts:

- Bilder vom Hintergrund befreien mit magischem Radiergummi
- Transformieren und Skalieren der Bildelemente
- Bildmotive erstellen mit Screenshots

- Einfärben von Motiven
- Einfügen von transparenter Schrift
- Linienform erstellen mit Zeichenstift

Darstellung des Themas

Auf dieser Site sollen nähere Informationen zum Thema Digitalsound abrufbar sein. Die Bildmotive sind so gewählt, dass der Anwender sofort erkennt, dass es auf dieser Seite um den Sound geht, die Maus als Bildmotiv verweist auf die digitale Bearbeitung von Sound für den Video-Bereich. Die Linien in diesem Screen sind verspielter aufgefasst als in den anderen Screens, besitzen jedoch gleiche Stärke, Farbigkeit und den rahmenden Charakter für die verwendeten Bilder auf der Site. Screenshots aus einem Soundbearbeitungsprogramm verhelfen hier zu interessanten Bildmotiven.

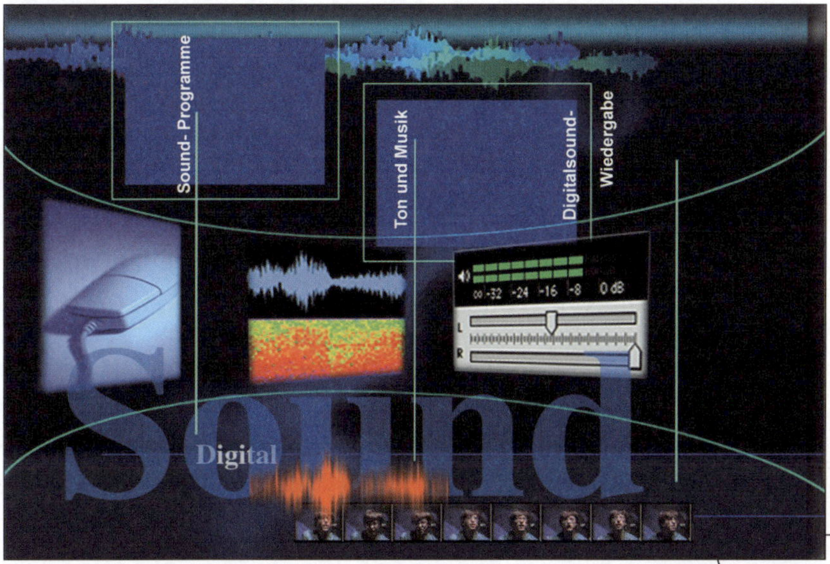

Abb. 2.25: Der Screen *Digitalsound*

Hintergrundbild für die Digitalsound-Website

Das Schwarz des Hintergrunds wird für diesen Screen aus dem Blue Screen entnommen, d.h. per Drag & Drop in die neue Datei *Digitalsound* kopiert. Die groß eingeblendeten Schriften lockern auch hier das Erscheinungsbild auf und geben zugleich Informationen über das Thema dieser Site. Die Verwendung von großer und kleiner Schrift zeigen hier ein Beispiel für die Gestaltung mit der Schrift (siehe das Kapitel *Kreativer gestalten mit Schrift*). Die verwendeten Bildformen entstanden mit dem Transformieren-Befehl *Skalieren*.

Buttons zum Weiterklicken

Als Buttons dienen die auf einer dünnen Linie platzierten und um 90° gedrehten blau hinterlegten Schriften der von der Seite *Blue Screen*. Auch hier wird wieder der Pfeil als Zurück-Button eingesetzt.

Verwendete Bildmotive

Besonders interessant auf dieser Seite sind die durch Screenshots entstandenen Motive aus einem Soundprogramm. Mit den Tastatur-Befehlen für Windows [Strg]/[Alt] und [Druck]-Taste sowie für Mac mit [Strg] / [⇧] und [3] werden nacheinander Screenshots eines geöffneten Soundprogramms erstellt und mit dem Befehl *Bearbeiten>Einfügen* in eine neue Datei kopiert. Anschließend werden die Screenshots mit den Ausschneide- und Freistellen-Werkzeugen in Photoshop von störenden Details befreit und mit weiteren Photoshop-Tools bearbeitet.

Arbeitsschritte des Screens Digitalsound

1. Zunächst werden der Hintergrund, die blaue Fläche mit dem schmalen grünen Rahmen und das längliche Bildmotiv der Videosequenz per Drag & Drop aus der geöffneten Datei *BlueScreen.psd* in die neue Datei *Digitalsound.psd* kopiert und wie im Übersichtsbild angeordnet.

2. Auch die groß eingeblendete Schrift wird mit dem Bewegen-Werkzeug herübergezogen. Per Doppelklick auf die Textebene wird der Schriftzug in *Sound* geändert. Als Farbe wird ihm zunächst der Farbton der grau hinterlegten Fläche zugewiesen. Anschließend wird die Textfläche über den Deckkraftregler aufgehellt.

3 Der weitere Textinhalt *Digital* wird in wesentlich kleinerer Schrift und weißem Ton als neue Textebene über der Sound-Textebene erstellt, und die beiden Texte – wie auf dem Übersichtsbild zu sehen – platziert.

4 Die umrahmte blaue Fläche wird dupliziert und jeweils an verschiedenen Positionen im Screen platziert.

Erstellen der blauen Flächen und Schriften

Abb. 2.26:

5 Als Schriftart für die Texte *Sound*, *Programme* und *Ton* werden über die Text-Optionen der serifenlose Bildschirm-Schriftfont *Verdana* in kleiner Größe gewählt. Die schriftzüge werden mit dem Transformieren-Befehl *Bearbeiten>Transformieren>90°gegen den Uhrzeigersinn* gedreht. Sie werden innerhalb der blauen Flächen separat voneinander platziert.

6 Mit dem Linien-Werkzeug wird bei gedrückter ⇧-Taste eine grüne Linie der Stärke *1* innerhalb einer neuen Ebene erstellt, zwei Mal kopiert und entsprechend platziert.

7 Eine weitere runde Linie, die quer über die gesamte Site verläuft, wird mit dem Zeichenstift der Werkzeug-Palette erstellt. Dafür wird der erste Ankerpunkt links am äußerstem Rand des Screens gesetzt. Der zweite Ankerpunkt wird genau gegenüber am rechten Rand des Screens gesetzt. Dabei wird die Maus jedoch noch nicht losgelassen sondern die runde Form durch Ziehen des zweiten Ankerpunkts mit der Maus erreicht.

8 Der entstandene Arbeitspfad wird in der Pfade-Palette über den Befehl *Unterpfadkontur füllen* mit dem grünen Ton der anderen Linien versehen. Mit *Pfad ausschalten* erhalten Sie die gewünschte Halbkreisform.

9 Die gebogene Linie wird mit *Ebene duplizieren* ein zweites Mal erstellt. Anschließend erhalten Sie mit dem Befehl *Bearbeiten>Vertikal spiegeln* eine Gegenform dieser Linie, die Sie mit einem Abstand von ca. 5 cm unterhalb der anderen Form positionieren.

10 Für die Screenshots aus einem Soundprogramm wird das zu Verfügung stehende Soundprogramm geöffnet. Mit den Tastatur-Befehlen für Windows [Strg]/[Alt] und [Druck]-Taste bzw. für Mac mit [Strg]/[⇧] und [3] wird ein Screenshot erstellt und mit dem Befehl *Bearbeiten>Einfügen* in eine neue Datei kopiert.

11 Anschließend werden die Screenshots-Motive mit den Ausschneide- und Freistellen-Werkzeugen in Photoshop von störenden Details befreit.

12 Hier in diesem Beispiel wurde eine Tonsequenz freigestellt und in einer separate Ebene abgelegt. Das Duplikat dieser Ebene wurde mit dem Befehl *Bearbeiten>Farbton>Sättigung* im Farbton variiert und versetzt über das Original oben im Screen angeordnet.

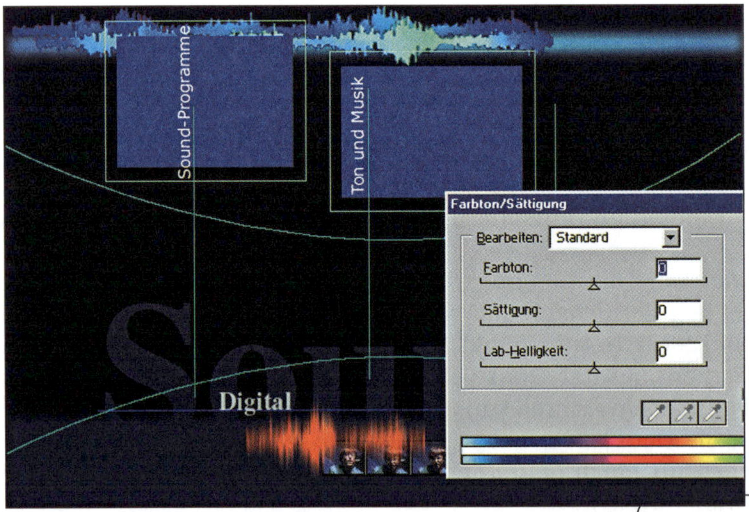

Screenshot des Dialogs *Ton/Färben*

Abb. 2.27:

Kreativer Gestalten mit Schrift

3

Rund-um-Blick: Schrift

Buchtipps: Wolfgang Weingart: Typographie. Wege zur Typographie. ISBN: 3-907044-86-X

Stefan Weidmann: Schrift der Typografie. Die Sprachen der klassischen Schriften. ISBN: 3-7212-0356-9

Hans-Peter Willberg u. Friedrich Forrsmann: Erste Hilfe in Typografie. ISBN: 3-87439-474-3

Gestaltung fängt bei der Typografie an, auch bei der Erstellung von Websites. Wenn zugleich nicht alle Möglichkeiten der Schriftgestaltung im Web voll ausgeschöpft werden können, so gibt es jedoch noch genügend eindrucksvolle gestalterische Nischen. Das Reduzieren auf das Wesentliche unter Einsatz weniger Mittel hat seine eigenen bewährten Stärken. Und wer den Wert von interessanter Gestaltung mit der Schrift erkannt hat, kommt auch ohne viele Bilder im Web aus, was der schnellen Ladezeit zugute kommt. Die vielfältigen Möglichkeiten durch den Einsatz von Schrift werden hier anhand allgemeiner Gestaltungsmerkmale und durch Bildbeispiele demonstriert.

Kurzer Rückblick

Das Ursprungsalphabet unserer abendländischen Schrift entstammt dem griechischem Zeichensystem, das anfänglich als Steinschrift aus nacheinander gesetzten Großbuchstaben ohne Worttrennungen bestand. Über die Jahrhunderte hinweg ging es in der Entwicklung der Schrift um die Optimierung ihrer Schreib- und Lesbarkeit. Mit dem Renaissance-Antiqua-Schriftsystem im 14. Jahrhundert war deren Vollendung erreicht, sodass die Schrift seitdem lediglich einem stilistischen Wandel unterliegt. In jüngster Zeit wird die Schrift nicht nur als Mittel der Kommunikation verstanden, sondern dient zudem als Ausdrucksträger unserer Zeit. Jeden Tag werden neue Schriftarten von Schriften-Designer entworfen. Deren Einsatz bietet eine unendliche Vielfalt für die Gestaltung, auch für das Screen-Design.

Einblicke in die Schrift

Schriftsatz

Ein Schriftsatz besteht zunächst aus den Buchstaben, Zeichen und Symbolen einer bestimmten Schriftart bzw. eines Schriftfonts. Nach der Wahl des Schriftfonts gibt es die Möglichkeit, den Schriftschnitt zu bestimmen, d.h. ob die Schrift normal, fett, kursiv o.Ä. erscheint. Die Anzahl der verfügbaren Schriftschnitte hängt vom jeweiligen Schriftfont ab.

Serifen

Die Einteilung der verschiedenen Schriften erfolgt in die serifenbetonten Antiqua-Schriften, z.B. Times, und in die serifenlosen Grotesk-Schriften, z.B. Arial.

Abb. 3.1: Der Schriftsatz und die Schriftenfamilien

Typografie am Computer

Für die Darstellung von Schrift am Bildschirm eignen sich serifenlose Schriften wie der für den Bildschirm optimierte Schriftfont Arial besser als serifenbetonte Schriften. Die speziell für den Bildschirm entwickelten Schriftarten sind ab einer Punktgröße von 12 gut lesbar, beliebig in ihrer Größendarstellung und benötigen wenig Speicherplatz. Für das Webdesign sollte jedoch darauf geachtet werden, Fonts zu verwenden, die allgemein als Standard auch auf anderen Plattformen gelten und/oder mehrere Fonts zur

Auswahl anzubieten. Bei der Verwendung spezieller Schriftfonts gibt es zudem die Möglichkeit, einen Schriftzug innerhalb des Layouts als Grafik einzubinden.

Siehe Thema *Schrift als Bild* in diesem Kapitel.

Schriftgrade

Der Schriftgrad bezeichnet die Größe einer Schrift in Punkten. Die erste Entscheidung für den Webentwurf sollte sich auf die Festlegung der Größe für die Grundschrift beziehen, auf die die Größen aller weiteren Überschriften aufgebaut werden können. Die ideale Größe für die Bildschirmtypografie ist 12 Punkt, wohingegen die Grundschriftgrößen für den Entwurf einer Broschüre zwischen 9 und 12 Punkt variieren. Bei der Entscheidung über die Größe der Grundschrift fängt steht zunächst die Unterbringung gewünschten Textmenge im Vordergrund; daran schließt sich die Idee der Gestaltung, das Zielpublikum und die gewünschte Aussagewirkung an.

Überschriften

Die Überschriften haben zunächst die Aufgabe, zu ordnen, zugleich wird mit ihnen auch das Ziel verfolgt, Aufmerksamkeit zu erregen. Die Beschränkung auf maximal drei Überschriftgrößen ist ratsam, da sich sonst unter Umständen ihre ordnende und visuell ansprechende Wirkung in das Gegenteil verkehren könnte. Das Einsetzen einer auffällig großen Schrift innerhalb einer Website ist eine gute gestalterische Methode, sobald diese Schrift als Ausdrucksträger innerhalb der Komposition eine wichtig Position einnimmt.

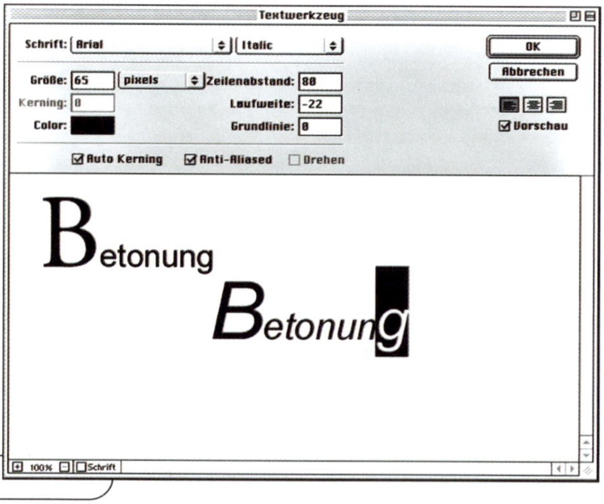

Möglichkeiten der Hervorhebung durch die Verwendung von verschiedenen Schriftgrößen

Abb. 3.2:

Formen der Betonung

Für das Hervorheben und Ordnen von Textmengen gibt es anstelle des Einsatzes unterschiedlicher Schriftgrößen zahlreiche Alternativen. So besteht die Möglichkeit der Betonung über die Schrift etwa im Einsatz von KAPITÄLCHEN (nur Großbuchstaben), von **Fett** oder *Kursivschrift*, unterstrichenem Text oder durch den Wechsel von der **serifenbetonten** zur **serifenlosen** Schrift. Auch die Einbindungen von Initialen bietet eine gestalterisch reizvolle Möglichkeit, Text zu gliedern. Hier wird bei jedem neuen Absatz ein beliebig großer Buchstabe an den Anfang des ersten Worts gesetzt. Auch die Verteilung der Schrift über die Fläche in Form von *Schrift-Blöcken* ist ein Weg, Ordnung und Übersichtlichkeit in den Entwurf zu bekommen.

Der Einsatz vieler unterschiedlicher *Schriftgrößen* kann andererseits auch einen stilistischen Zug innerhalb der Gestaltung bekommen. Wenn die Schrift als der reine Träger eines Ausdrucks fungiert und einer visuell anregenden Aufgabe unterliegt, kann diese Form eine ansprechende Abwechslung im Umgang mit der Schrift und innerhalb des Webdesigns sein. Auch die Unterlegung einer farbigen Fläche oder die Umrahmungen von einzelnen Worten bieten spannende Möglichkeiten der Betonung.

Formen der Betonung durch den Wechsel von Groß- und Kleinschreibung einzelner Worte und durch die Verwendung unterschiedlicher Schriftgrößen

Abb. 3.3:

Gestaltung per Laufweite

Sämtliche Schriftarten haben unterschiedliche *Laufweiten*; damit ist der Abstand zwischen den einzelnen Buchstaben gemeint, der anhand des Buchstabeninnenraums (auch als Punzenbreite bezeichnet) bestimmt wird. Die Standardlaufweite ist von Schriftfont zu Schriftfont sehr unterschiedlich. Dadurch kann ein Text bei Wechsel des Schriftfonts – obwohl die Schriftgröße beibehalten wurde – plötzlich sehr viel mehr Platz in Anspruch nehmen. Die gängigen Schriftfonts Helvetica und Times sind auch deshalb so beliebt, weil ihre Laufweiten bei guter Lesbarkeit sehr eng sind und so auf wenig Raum viel Text untergebracht werden kann.

Die Laufweite sollte nicht zu weit gewählt werden, sodass zu große Lücken zwischen den Worten auftauchen, und nicht zu eng, damit der Lesefluss nicht gehemmt wird und die Gestaltung nicht gequetscht erscheint.

Im Allgemeinen gilt, dass fette Schriften enger gesetzt werden können als dünne Schriften, und je größer die Schriften, desto größer dürfen die Wortabstände sein.

Im gewohnten Sinne sollten Wortabstände optisch einheitlich sein, aber bewegte Laufweiten und unterschiedliche Wortabstände können auch hier als Ausdrucksträger gezielt eingesetzt werden. Das gilt vor allem bei dem Entwurf einer Überschrift, beispielsweise für die erste Seite einer Website.

Abb. 3.4: Spiel mit der Laufweite und dem Zeilenabstand

Anregungen für das Spiel mit der Laufweite:

- Das Kombinieren verschieden eingesetzter Laufweiten schafft extreme Spannung, vor allem wenn sie in Form eines bestimmten Rhythmus' eingesetzt werden.
- Verdichtung der Buchstaben in Form einer extremen Verringerung der Laufweite.
- Verzerrungen der Worte und deren Sinnbildung durch eine extreme Erhöhung der Laufweite.

Abb. 3.5: Möglichkeiten der Betonung durch Schriftblöcke

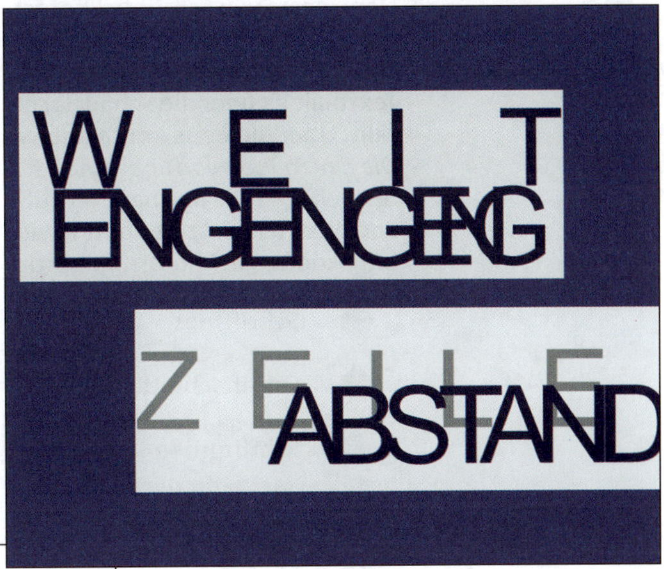

Beispiel für die Gestaltung mit der Laufweite und dem Zeilenabstand

Abb. 3.6:

Die Zeilen untereinander

Der Zeilenabstand dient zum einen der Lesbarkeit und der Gliederung von Text, zum anderen der äußeren Unterstützung vom Textinhalt. Der Zeilenabstand wird von Schriftlinie zu Schriftlinie gemessen und bestimmt die äußere Gestaltung erheblich. Der optische Zeilenabstand sollte in etwa den Mittellängen des eingesetzten Schriftfonts entsprechen; diese beiden Größen sollten in einem ausgewogenem Verhältnis zueinander stehen (dies ist der Fall, wenn der Text aus der Entfernung zu einer grauen Fläche verschmilzt). Die verschiedenen Schriften haben bei einem gleichen numerischen Zeilenabstand unterschiedliche Zwischenräume, deshalb muss beim Einsatz eines neuen Schriftfonts erneut der optimale Zeilenabstand ermittelt werden. Solange es um die Informationsverbreitung geht, sollten die typografischen Regeln befolgt werden; wenn es erstrangig um die Gestaltung einer Website geht, können solche Allgemeingültigkeiten gern über Bord geworfen werden. Da kann ruhig spielerisch mit dem Zeilenabstand umgegangen werden und die Möglichkeiten für die Gestaltung voll ausgeschöpft werden.

Das Gestalten von Text in Photoshop

Der Einsatz von Schrift in Photoshop 6.0 hat sich um einige Funktionen erweitert. Dies fängt bei der Eingabe des Schriftzugs an: Der Text wird jetzt direkt auf der Grafik editiert. Das Aufrufen des Textdialogs über die Schaltfläche *T* in der Werkzeug-Palette entfällt. Über die neue kontextsensitive Menüleiste – siehe Kapitel *Die neuen Tools von Photoshop 6.0* – werden ähnliche Möglichkeiten geboten wie in einem Layout-Programm wie Adobe Illustrator oder in einem Satzprogramm wie Adobe InDesign. Folgende Attribute können in Photoshop bestimmt werden:

- Schriftfont
- Schriftschnitt
- Schriftgröße
- Schriftfarbe
- Laufweite
- Zeilen-und Buchstabenabstand
- Abstand von der Grundlinie
- Glätten-Option
- Auto-Kerning: Auto-Kerning bezeichnet den Abstand von Zeichenpaaren z.B. ist der Abstand zwischen A und W geringer als der zwischen A und F. Wählen Sie den gewünschten Wert des Abstands, markieren Sie den Text und wenden Sie das Auto-Kerning an.

Mit Photoshop 6.0 kommen folgende Optionen hinzu:

- Verzerren von Text durch Drehen und Verbiegen
- Buchstaben eines Worts können unterschiedliche Farben zugewiesen werden.
- Einzelne Buchstaben eines Worts können vertikal und horizontal skaliert sowie hoch- und tiefgestellt werden.
- OpenType-Schriften in allen Variationen wie Versalien, Kapitälchen
- Ausrichtung
- Zeileneinschübe rechts, links und für die erste Zeile pro Absatz
- Auto-Zeilenabstand
- Minimal-, Maximal- und Idealwerte für Laufweite, Kerning und Schriftzeichenskalierung können festgelegt werden.

Text kann links, rechts oder zentriert ausgerichtet werden

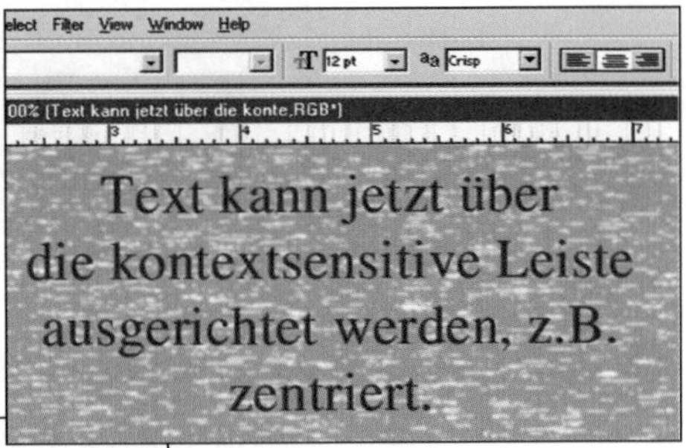

Abb. 3.7:

Die Zeichen-Palette ist der von Adobe Illustrator angepasst

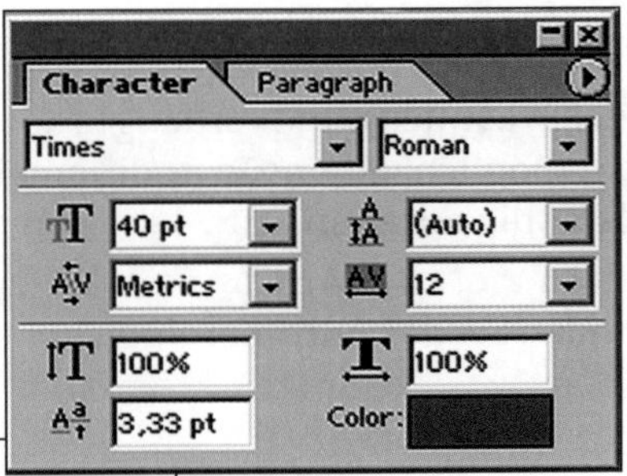

Abb. 3.8:

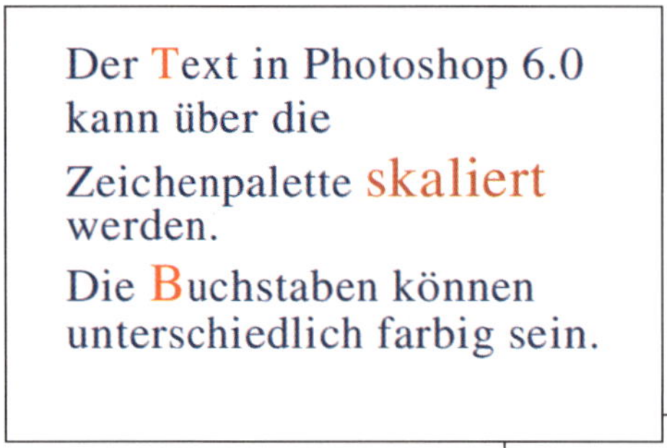

Abb. 3.9: Die einzelnen Buchstaben können unterschiedlich farbig sein

Abb. 3.10: Beispiel für das Hochstellen von Buchstaben

Die neuen Text-Optionen

Transformierter Text bleibt editierbar

Alle Schrift-Optionen können ohne vorheriges Rendering durchgeführt werden; die Möglichkeit des Texteditierens bleibt nach jedem Schritt vollständig erhalten.

Der Text wurde skaliert und gedreht, die Textattribute können trotzdem weiterhin verändert werden

Abb. 3.11:

Das Spiel mit der Schrift als Background

Abb. 3.12:

Text als Ebene

Text erscheint in Photoshop als eigene Ebene in der Ebenen-Palette.

Der eingegebene Text kann über den Deckkraftregler der Ebenen-Palette in seiner Transparenz reguliert werden.

Ausrichtung

Mit der *Ausrichtung* können unterschiedliche Satzformen entstehen:

- Mit der Ausrichtung *Links* wird jede Textzeile am Einfügepunkt begonnen.
- Mit der Ausrichtung *Zentriert* wird der Text um den Einfügepunkt zentriert.
- Mit der Ausrichtung *Rechts* wird jede Textzeile am Einfügepunkt beendet.

Glätten

Mit der Option *Glätten* können Sie glatte Kanten erzeugen, indem die Kantenpixel teilweise mit der vorgegebenen Hintergrundfarbe verschmelzen.

Transformierung von Text

Der Text lässt sich über den Menübefehl *Bearbeiten/Transformieren:*

- Verzerren
- Perspektivisch verzerren
- Drehen
- Skalieren
- Neigen

Die neue Verformen-Palette für Text innerhalb der kontextsensitiven Menüleiste bietet vorgefertigte Textverformungen an, beispielsweise die Formen:

- Bogen
- Welle
- Fisch etc.

Diese Formen können innerhalb des Verformen-Dialogs weiter variiert werden.

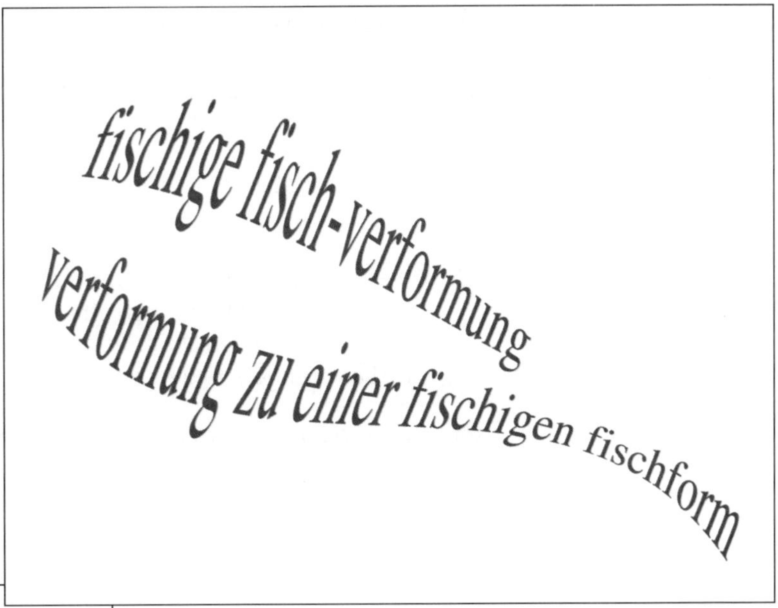

Abb. 3.13: Über die neue Text-Verform-Palette kann ein Text auch einmal zum Fisch mutieren

Abb. 3.14: Transformation eines Textes und die Anwendung des Schlagschatten-Effekts sowie des Filters *Bewegungsunschärfe*

Effekte für Text

Über das Symbol *Ebenen-Effekte* können auf den Text unterschiedliche Effekte wie z.B. ein Schatten angewendet werden. Die Möglichkeiten der Ebenen-Effekte hat sich mit Photoshop 6.0 erheblich erweitert – siehe dazu auch Kapitel *Die neuen Tools von Photoshop 6*. Folgende Effekte sind hinzugekommen, die auch auf Text angewendet werden können:

- Konturen
- Überzüge (Vollfarbe, Muster, Verlauf und Satinbezüge)
- Diverse Überblend-Optionen

Und die schon bekannten Ebenen-Effekte sind um einige Funktionen erweitert worden:

- Schlagschatten/Schatten innen: *Umfang* und die *Intensität* kann jetzt festgelegt werden.
- Schein nach innen und nach außen: Die neuen Optionen für die Schein-Effekte betreffen den *Grad der Störung*, die *Intensität* und den *Umfang*. Auch kann jetzt eine *Verlaufsfarbe* vorgegeben werden.
- Abgeflachte Kante und Relief: Die Auswahl der Kantentechnik ist um drei erweitert worden: *Glätten*, *Hart meißeln* und *Weich meißeln*. Außerdem können *Texturen*, *Ränder* und *Metallic-Effekte* erzeugt sowie die *Schattierung* präziser gesteuert werden.

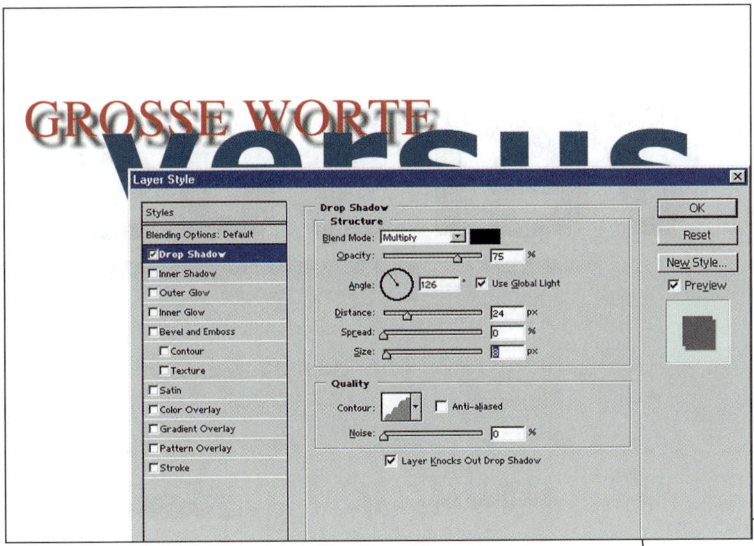

Dem Text wurde innerhalb des Formate-Dialogs ein Schlagschatten mit einer bewegten Kontur zugewiesen

Abb. 3.15:

Mehrere Effekte auf einen Text anwenden

Es ist möglich, mehrere Effekte nacheinander auf Text anzuwenden. Die verschiedenen Effekte, die auf einen Text angewendet wurden, sind dann über die Ebenen-Palette erreichbar – durch Klicken auf das kleine schwarze Dreieck links vom Ebenen-Effekt-Symbol.

Dem Text wurde ein Schlagschatten mit einer bewegten Kontur zugewiesen

Abb. 3.16:

Abb. 3.17: Anwenden eines Musters auf die hervorgehobene Schrift

Bibliotheken für Text-Effekte

Nach der Erstellung eines Ebenen-Effekts können Sie diesen als Format abspeichern, um später nach Bedarf darauf zurückgreifen zu können. Diese werden einer Bibliothek zugefügt, in der bereits ein „Grundbestand" an Formaten enthalten ist. Diese Formate-Bibliotheken können an andere weitergegeben werden, beispielsweise an den Arbeitskollegen, und sind auch mit Adobe ImageReady kompatibel.

Die Bibliotheken sind per Mausklick über den Preset-Manager im Menü der Formate-Palette oder auch über die kontextsensitive Menüleiste abrufbar. Das Anwenden eines der Ebenen-Effekte gestaltet sich dann – beispielsweise über die Formate-Palette – als sehr komfortabel: Sie erstellen einen Text und klicken dann einfach auf eine Vorlage in der Formate-Palette.

Der Text lässt sich selbstverständlich nach dieser Anwendung uneingeschränkt weiter bearbeiten und bleibt editierbar.

Abb.3.18: Text kann beliebig transformiert werden und bleibt dabei editierbar. Beim Anwenden von Filtern auf Text muss der Text gerendert werden und ist dann nicht mehr editierbar.

Filter auf Text anwenden

Sämtliche Photoshop-Filter lassen sich auf einen Text anwenden, nachdem der Menüpunkt *Ebene>Text rendern* auf die Schrift angewendet wurde. Der Textinhalt lässt sich dann allerdings nicht mehr verändern.

Verwenden von Schriften aus einem Vektorprogramm

Sie können Schriften, die in einem Vektorprogramm wie Adobe Illustrator erstellt wurden, nach Photoshop importieren und dort weiterbearbeiten. In dem Vektorprogramm wird die Schrift – sofern es die Möglichkeiten des Programms erlauben – in Textfarbe Schwarz auf transparenter Fläche erstellt. Die weiteren Schritte werden hier am Beispiel Adobe Illustrator erläutert:

1. Der Text wird in Pfade umgewandelt – Menüpunkt *Text in Pfade umwandeln*.
2. Importieren Sie den Text mit *Copy* & *Paste* über die Zwischenablage nach Photoshop. Bei Dialog-Abfrage *Text als Pfad einfügen* anklicken.

Die weiteren Schritte erfolgen dann in Photoshop:

3. Öffnen Sie die gewünschte Bildvorlage und bestimmen Sie über den Deckkraftregler bei einer darunterliegenden weißen Hintergrundfläche die Helligkeit.
4. Der Text erscheint dann in der Pfad-Palette als Arbeitspfad.

Abb. 3.19: Schriften in Illustrator entworfen und in Photoshop weiterbearbeitet

5. Blenden Sie die Pfad-Palette über das Menü *Fenster* ein.

6. Markieren Sie den *Arbeitspfad 1* und rufen Sie über den Pfeil der Pfad-Palette den Befehl *Pfad speichern* auf.

7. Mit dem Zeichenstift-Werkzeug/Direktauswahl-Werkzeug aus der Werkzeug-Palette können Sie einzelne Buchstaben auswählen und diese über die Symbole der Pfad-Palette *Unterpfadfläche füllen* und *Unterkonturflächen füllen* einfärben. Die gewählte Vordergrund- und Hintergrundfarbe der Werkzeug-Palette bestimmen die Farbgebung.

8. Rufen Sie den Befehl *Auswahl erstellen* und *Pfad ausschalten* über die Pfad-Palette auf. Achten Sie darauf, dass der ausgewählte Text auf transparenter Ebene liegt.

9. Wählen Sie nun im Menü *Ebenen>Ebeneneffekte>Abgeflachte Kante* und *Relief>Relief an allen Seiten* auf.

Das Schriftbild ist fertig, probieren Sie auch andere Ebenen-Effekte zu diesem Beispiel.

Es gilt noch zu erwähnen, dass die Möglichkeiten in Photoshop 6.0 Text zu gestalten sich enorm verbessert haben, und sich der Zwischenschritt, Text beispielsweise in Adobe Illustrator vorzubereiten, um diesen dann in Photoshop nachzubearbeiten, in vielen Fällen erübrigt. Versuchen Sie die Möglichkeiten der Textgestaltung in Photoshop auszureizen. Im nächsten Abschnitt werden weitere Beispiele dazu aufgeführt.

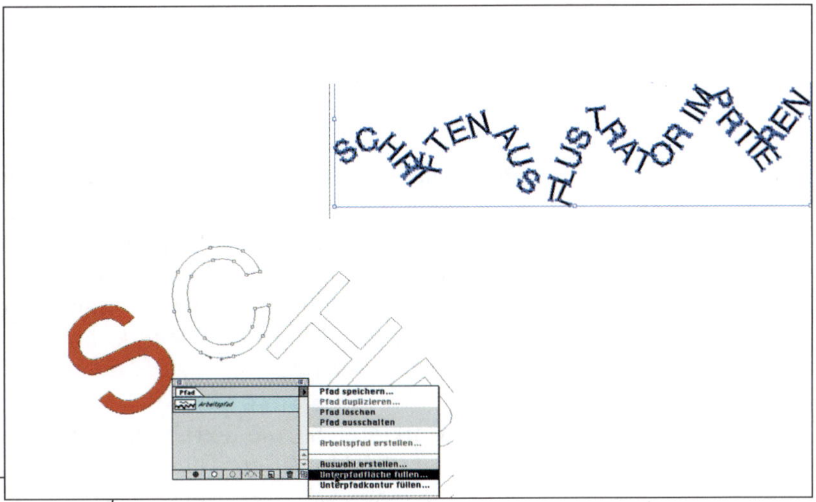

Abb. 3.20: Markieren des Arbeitspfads und der *Füllen*-Befehl aus der Pfad-Palette

Schriften gestalten mit Ebenen-Effekten

Mit den Ebenen-Effekten von Photoshop lassen sich verschiedenartigste Schriftbilder erzeugen: mit Schatten-Effekten, Reliefschriften, in den Hintergrund gestanzte Schriftform, Leuchtschriften etc. Im Folgenden werden einige Methoden aufgezeigt, mit denen sich durch Kombination verschiedener Effekte wirkungsvolle Schriften auf einfache Weise realisieren lassen.

Interessante Schriftzüge mit Schlagschatten

1. Öffnen Sie das Bild *wand.psd* aus dem Ordner *Fotos* im *Kapitel 3* der CD-Rom oder auch eine Bildvorlage Ihrer Wahl.

2. Reduzieren Sie die Auflösung auf 72 Pixel/Inch. Speichern Sie das Bild als eigene Datei (hier: *Wand2.psd* im *e-effect*-Ordner). Zoomen Sie auf 300 %, um eine gute Arbeitsgröße zu haben.

3. Rufen Sie in der Werkzeug-Palette das Text-Werkzeug auf und klicken Sie auf *Hintergrundbild*. Wählen Sie einen serifenlosen Schriftfont wie Helvetica oder Arial und stellen Sie eine Schriftgröße von 50 Pixeln ein. Die Schriftfarbe

sollte deutlich heller als das Hintergrundbild sein. Rufen Sie in der kontextsensitiven Menüleiste die Zeichen-Palette auf. Erweitern Sie die Laufweite gegebenenfalls auf 14.

4 Die Schrift erscheint in der Ebenen-Palette als eigene Textebene. Markieren Sie die Hintergrundebene und verbinden Sie diese mit der Textebene. Unter *Ebene>Mit verknüpfter Ebene ausrichten* und dem Aufruf *Horizontale Mitte* und *Vertikale Mitte* können Sie den Schriftzug mittig setzen. Lösen Sie die Verknüpfung der Ebene wieder auf.

5 Markieren Sie die Textebene und rufen Sie über die Ebenen-Effekte *Verlauf-Überzug* auf. Im Dialogfeld erstellen Sie einen Schwarz-Weiß-Verlauf bei 75 % Deckkraft. Geben Sie einen linearen Verlauf an und einen Winkel von 90°. Probieren Sie verschiedene Eingaben.

6 Klicken Sie nun das Kästchen *Schlagschatten* an. Stellen Sie den *Winkel* auf 135°, die *Transparenz* auf 65 und *Distanz* und *Weichzeichnen* jeweils auf 15 ein.

Abb. 3.21: Erzeugen eines Schrift-Effekts

Die Farbe und die Schrift können Sie nachträglich nach Ihren Wünschen verändern. Auch können Sie den Text mit dem Menüpunkt *Bearbeiten>Transformieren* drehen, skalieren und neigen.

Schriftzug mit Textur

1 Öffnen Sie das Bild *wand2.psd* aus dem Ordner *k3_works/Fotos* oder markieren Sie die Textebene der eben erzeugten Schrift. Die Verbindung zur Hintergrundebene muss aufgehoben sein.

2 Fügen Sie zu den eben erstellten Ebenen-Effekten zwei weitere hinzu. Klicken Sie dazu das Kästchen der Option *Kante und Relief* an. Wählen Sie *Kante und Relief innen* für *Stil* im Ebenenformat-Dialog und belassen Sie die weiteren Voreinstellungen. Aktivieren Sie im Untermenü von *Kante und Relief* die beiden Optionen *Kontur* und *Textur*.

3 Markieren Sie die Option *Textur* und wählen Sie im Aufklapp-Menü das Muster *Satin*. Belassen Sie die weiteren Optionen bei den von Photoshop gewählten Voreinstellungen.

Eine strukturierte Oberfläche im Schriftzug kann mit den Ebenen-Effekten des Ebenenformate-Dialogs erzielt werden

Abb. 3.22:

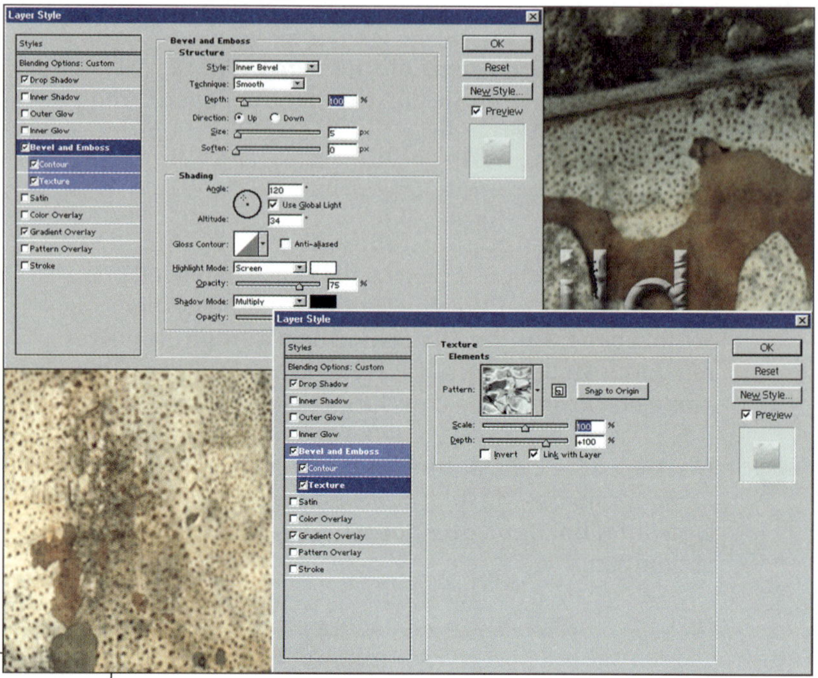

Abb. 3.23: Die Einstellungen für den Schriftzug mit der Textur

Erzeugen Sie weitere interessante Effekte mit den Ebenen-Effekten von Photoshop. Experimentieren Sie ein bisschen mit dem Dialog *Kante und Relief*. Es können damit sehr schöne Schriftzüge entstehen.

Gestanzte Bilderschrift

Im Folgenden wird das Beispiel für den Stanz-Effekt an dem Schriftzug an einer abgebröckelten Mauerwand demonstriert.

- Öffnen die Datei *wand3.psd* im Ordner *K3_works* und markieren Sie die Textebene der Ebenen-Palette. Rufen Sie die Ebenen-Effekte über das Symbol *Ebenen-Palette* auf.

- Deaktivieren Sie den *Schlagschatten*-Effekt durch Klick auf das entsprechende Kästchen.

- Aktivieren Sie *Abgeflachte Kante und Relief* und stellen Sie im Dialog die Option *Relief an allen Kanten* mit der Option *Unten* ein. Deaktivieren Sie auch gegebenenfalls die Optionen *Kontur* und *Textur*. Jetzt wird die Kontur der Schrift herausgestanzt.

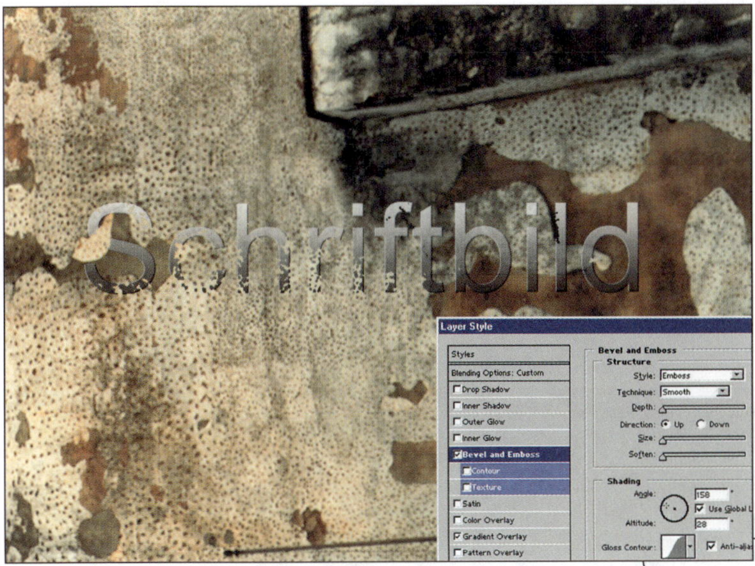

Abb. 3.24: Gestanzter Schriftzug

Experimentieren Sie mit weiteren Möglichkeiten, Stanz-Effekte zu erzeugen. Den Einfällen sind keine Grenzen gesetzt.

Schrift weich einblenden

Text kann mithilfe einer Ebenenmaske und des Verlauf-Werkzeugs der Werkzeug-Palette innerhalb einer Bildmontage weich eingeblendet werden. Hier ein Beispiel für einen Detail-Ausschnitt des Fotos *New York* von Gerhard Hoelzner.

1. Öffnen Sie das Bild *york.psd* aus dem *Kapitel 3* der CD-ROM oder wählen Sie eine Bilddatei nach Ihren Wünschen.

2. Erstellen Sie einen beliebigen Text mit dem Textdialog der Werkzeug-Palette.

3. Bei markierter Textebene klicken Sie auf das Symbol für die Ebenenmaske.

4. Die Ebenenmaske wird automatisch ausgewählt (zu erkennen am Kreis-Symbol links vom Ebenenetikett). In der Werkzeug-Palette wird das Zeichen für Verlauf angeklickt und über die kontextsensitive Menüleiste die Option *Schwarz-Weiß-Verlauf* gewählt.

5 Ziehen Sie den Verlauf nach Ihren Vorstellungen über das Hintergrundbild. Automatisch wird eine Verlaufsmaske erzeugt, die die Schrift von einem maskierten Bereich (Schwarz) ausgehend weich in den vollständig sichtbaren Bereich (Weiß) einblendet.

Mit einer mit Pinsel oder Airbrush handgemalten Maske ist es möglich, die Überblendungen frei zu gestalten und zu überarbeiten. Dies kann beispielsweise dann sinnvoll sein, wenn die Schrift teilweise vor und hinter einem anderen Bildelement erscheinen soll.

Beispiel für eine in den Hintergrund weich eingeblendete Schrift

Abb. 3.25:

Schrift mit Textur

1 Öffnen Sie das Hintergrundbild *fenetre.psd* aus dem Ordner *k3_works*. Reduzieren Sie die Bildauflösung über das Menü *Bild>Bildgröße* auf *72 Pixel/Inch*.

2 Wählen Sie in der Werkzeug-Palette das Text-Werkzeug aus, und legen Sie in der kontextsensitiven Menüleiste den *Text als Auswahl* fest. Erstellen Sie eine neue Auswahl für die Ebene. Geben Sie die Größe, den Font, Schnitt etc. ein. Experimentieren Sie mit den Wortabständen und der Laufweite.

3 Wiederholen Sie diesen Vorgang, wenn Sie einzelne Worte unterschiedlich bearbeiten möchten. Speichern und benennen Sie die einzelnen Textauswahlen mit *Auswahl> Auswahl speichern*.

4 Füllen Sie die Textauswahl mit dem Befehl *Fläche füllen mit Weiß* und wählen Sie für die Textebene den Modus *Sprenkeln*, dessen Transparenz mit dem Deckkraftregler beliebig eingestellt werden kann. Heben Sie die Textauswahl auf.

5 Fügen Sie zwischen die Hintergrundebene und die Textebenen eine neue Ebene ein, die Sie mit Schwarz füllen .

6 Reduzieren Sie die Textebene mit der darunter liegenden schwarzen Fläche mit *Auf darunterliegender Ebene reduzieren*.

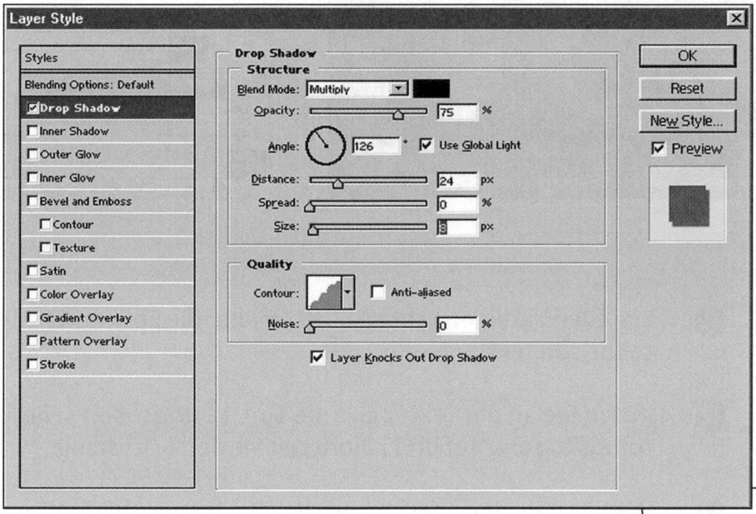

Abb. 3.26: Der Ebenen-Effekte-Dialog, um einen Schlagschatten zu kreieren

7 Rufen Sie *Filter>Weichzeichnen>Bewegungsunschärfe* auf und stellen Sie den *Winkel* auf 2 und die *Distanz* auf den Wert 10 ein.

8 Laden Sie die einzelnen Auswahlen (*Auswahl>Auswahl laden*) und erweitern Sie sie um 2 Pixel mit dem Menüpunkt *Auswahl transformieren*, sodass die Buchstaben vollständig ausgewählt werden.

9. Kehren Sie die Auswahl mit *Auswahl>Auswahl umkehren* um und drücken Sie auf die [Entf]-Taste.

10. Wählen Sie die Buchstaben durch erneutes Anwenden von *Auswahl>Auswahl umkehren* aus.

Abb. 3.27: Schlagschatten und Kolorieren für die Schrift-Textur

11. Erstellen Sie einen Schlagschatten über die Ebenen-Effekte für den Text.

12. Rufen Sie an der Textebene die Einstellungsebene *Farbton/Sättigung* auf und kolorieren Sie den Schriftzug.

13. Wenden Sie den Gaußschen Weichzeichner auf den Text an und erhöhen Sie die Kontraste für den Schriftzug mit dem Befehl *Helligkeit/Kontrast*.

Jetzt haben Sie eine interessante Text-Textur erstellt. Sicher haben Sie Lust bekommen, an dieser Stelle weiter zu machen. Der Weg zu eigenen Gestaltungsideen ist geebnet. Experimentierfreude schult die Phantasie und schafft Routine.

Web-Elemente entwerfen

4

Rund um den Button

Eindrucksvolle Buttons – leicht erstellt

Buttons, ob innerhalb einer Navigationsleiste oder als freie Schaltfläche, dienen der Navigation auf der Website. Es gibt eine Vielfalt an Möglichkeiten, an vorgefertigte Buttons für die eigene Site zu gelangen (CD-ROMs, Downloaden aus dem Netz, etc.), aber oft haftet ihnen doch der Charakter eines Massenprodukts an. Auch gerade, wenn der eigene Stil für die Website schon gefunden wurde, ist es wichtig, eine individuelle Form, Farbe und Textur zu kreieren, sodass der Button passt und nicht wie ein Fremdkörper aus der Site herausragt. Hier werden nun einige Möglichkeiten vorgestellt, eigene Buttons zu gestalten: sei es in der recht schlichten Weise über die Benutzung von Plugins oder in Ausnutzung des breiten Spektrums von Photoshop-Befehlen.

Buttons mithilfe der Ebenen-Effekte erzeugen

Mit den Ebenen-Effekten von Photoshop ist es sehr einfach geworden, die selbst entworfenen Texturen, Symbole, Zeichen, Bilder etc. in eine Schaltfläche zu verwandeln. Der Vorgang wird hier an einigen Beispielen demonstriert.

Die Möglichkeiten, einen eindrucksvollen Button über die Ebenen-Effekte zu gestalten, sind immens

Abb. 4.1:

Allgemeine Vorgehensweise

1. Rufen Sie eine neue Datei in der Maßeinheit Ihrer Wahl auf; z.B. 3 cm x 4 cm bei 72 Pixel/Inch.

2. Wählen Sie eine Vektorform (Rechteck, Oval etc.) aus der Werkzeug-Palette und aktivieren Sie die Option *Füllung*. Die Farbe der Füllung nimmt die zuvor gewählte Farbe an.

Tipp

Bei gewähltem Bewegen-Werkzeug können Sie die Form noch nachträglich über die Transformieren-Option (Schaltfläche *Anzeigen des Begrenzungsrahmen* anklicken) der kontextsensitiven Menüleiste verändern.

3. Rufen Sie jetzt per Doppelklick auf die markierte Ebene die Ebenenstile, auch als Ebenen-Effekte bekannt, auf.

4. Aktivieren Sie Kante und Relief über das Anklicken des entsprechenden Kästchens.

Jetzt hat die zuvor plane Fläche schon einmal das plastische Äußere einer Schaltfläche erhalten.

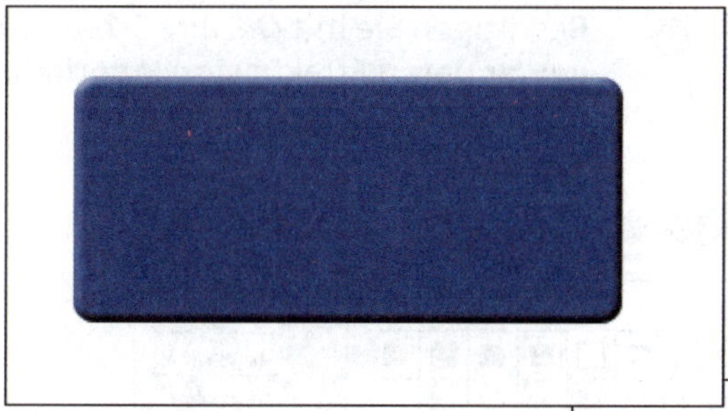

Der Button in seiner schlichtesten Gestalt-Basis für den Kreativ-Button

Abb. 4.2:

Zugriff auf die Bibliotheken

Über die Bearbeitung des Buttons mit den Ebenen-Effekten fängt die Vielfalt an. Nehmen Sie sich Zeit und experimentieren Sie mit den verschiedenen Einstellungsmöglichkeiten. Die einfachste Arbeitsweise, die bisher noch schlichte Schaltfläche in einen interessanten Button zu verwandeln, ist der Zugriff auf eine der Stile-Bibliotheken. Diese sind nach Themen geordnet und enthalten vorab schon eine kleine Auswahl an Button-Kreationen. Diese Bibliotheken können mit Ihren eigenen Entwürfen beliebig erweitert werden. So gehen gelungene Button-Effekte nie verloren. Die verwendeten Einstellungen werden über das Symbol für Button-Effekte (schwarzer Kreis mit weißem f) innerhalb der Ebenen-Palette angezeigt.

1. Für das Anwenden eines Stils auf die zuvor erstellte Schaltfläche klicken Sie auf die *Stile-Fläche* links oben im Dialog für die Ebenen-Effekte.

2. Wählen Sie eine *Stile-Palette* über das kleine Dreieck innerhalb des Stile-Dialogs, hier *Textur-Effekte*.

3. Wählen Sie einen Textur-Effekt aus der neu geöffneten Bibliothek, in diesem Fall *Chrom-Effekt*.

4. Bestätigen Sie mit *OK*, Ihre Schaltfläche ist fertig. Die angewendeten Effekte sind innerhalb des Effekte-Dialogs durch Häkchen gekennzeichnet.

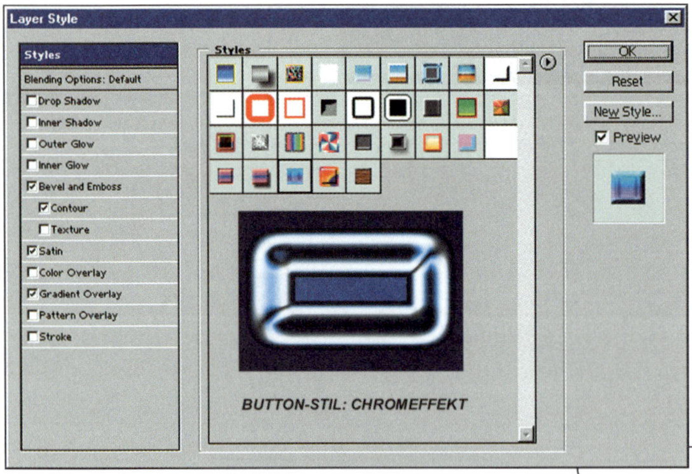

Abb. 4.3: Das Anwenden eines Stils auf eine Schaltfläche über die Stile-Paletten

Eine Schaltfläche mit einem Muster überziehen

Wenn Sie eine Schalfläche mit einem bestimmten Muster versehen wollen, doppelklicken Sie auf die kleine Schaltfläche *Muster* im Dialog der Ebenen-Effekte. Wählen Sie aus dem sich öffnendem Dialog ein fertiges Muster ihrer Wahl. Über den *Skalieren*-Regler können Sie das ausgewählte Muster noch in seiner Größe variieren.

Gleichgültig, welchen der Ebenen-Effekte Sie auf die Schaltfläche anwenden, es wird immer nach dem beschriebenen Prinzip vorgegangen.

Tipp

Selbst entworfene Muster speichern Sie über den Aufruf *Neuer Stil* unter einem Namen, den Sie selbst festlegen können, ab. Dieses Muster steht Ihnen dann unter diesem Namen jederzeit zu Verfügung.

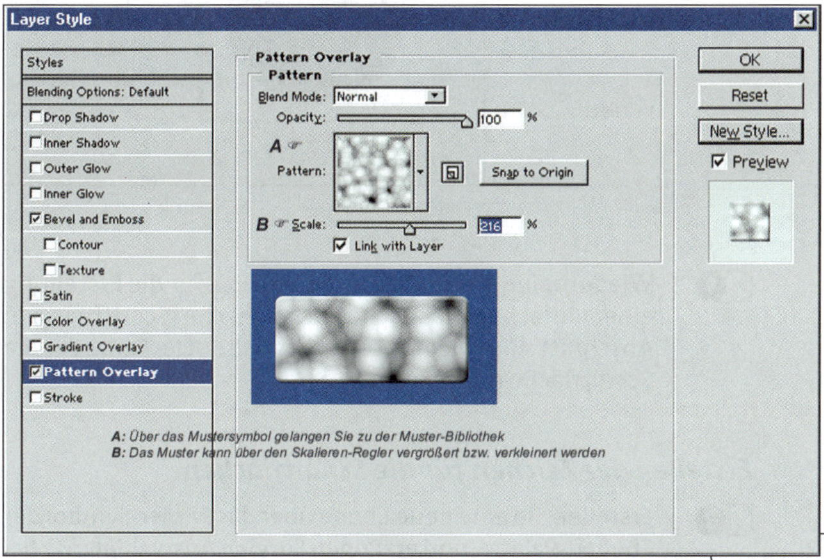

Abb. 4.4: Der Button wird innerhalb des Ebenen-Effekte-Dialogs mit einem Muster versehen

Gestalten von Button-Symbolen

Im folgenden Abschnitt wird das Erstellen von Buttons aufgezeigt, die Symbole enthalten und auf interessante Weise auf der Website platziert werden können.

Symbolhafte Zeichen auf den einzelnen Schaltflächen

Abb. 4.5:

1. Wiederholen Sie zunächst die Schritte für die Erstellung einer einfachen plastischen Schaltfläche (Schritte 1 - 4 in Abschnitt *Allgemeine Vorgehensweise*). Die Farbe für die Schaltfläche ist Weiß.

Erstellen der Zeichen für die Schaltflächen

2. Erstellen Sie eine neue Ebene über das Papier-Symbol der Ebenen-Palette, und erzeugen Sie eine Auswahlellipse bei gedrückter [⇧]-Taste. Speichern Sie die Auswahl mit *Auswahl>Auswahl speichern* unter einem sprechenden Namen ab.

3. Füllen Sie die Auswahl mit einer dunklen Farbe über den Befehl *Bearbeiten>Fläche füllen*.

4 Erzeugen Sie eine weitere Ebene und zeichnen Sie ein Symbol Ihrer Wahl mit dem Linienzeichner der Werkzeug-Palette. Weitere Formen können mit den Auswahlformen *Rechteck* und *Oval* erstellt werden. Wählen Sie die Farben vorher aus der Werkzeug-Palette aus, und verwenden Sie die Option in der kontextsensitiven Leiste für die Konturenstärke. Füllen Sie die Flächen mit *Bearbeiten>Füllen* .

Tipp

Mit den neuen Funktionen von Photoshop 6.0 bietet sich für das Entwerfen einer Schaltfläche als sinnvolle Alternative an, mit dem Rechtecktool aus der Reihe der Vektorformen mit der Option *gefülltes Rechteck* in der Werkzeug-Palette zu arbeiten (siehe Kapitel *Die neuen Tools von Photoshop 6.0*).

Tipp

Für kompliziertere Linienformen wählen Sie den Zeichenstift der Werkzeug-Palette.

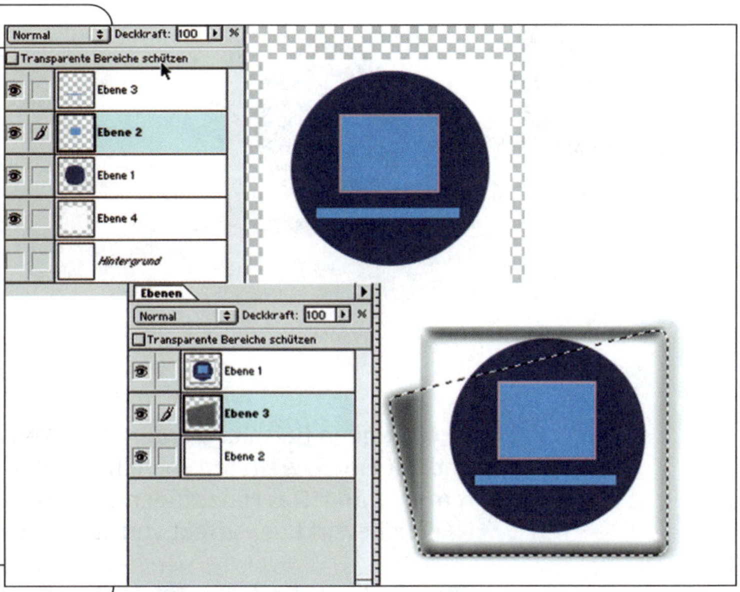

Abb.4.6a: Die verschiedenen Ebenen für den Button

Abb.4.6b: Das Verzerren des Schattens für den plastisch hervorgehobenen Button

5 Schalten Sie den Hintergrund der Ebenen-Palette über das Augen-Symbol vorübergehend aus, und wählen Sie über den rechten Pfeil der Ebenen-Palette den Befehl *Sichtbare auf eine Ebene reduzieren*.

6 Wiederholen Sie die Arbeitsschritte für alle weiteren Symbol-Buttons. Für die Form und Größe der Auswahl-Ellipse laden Sie die in Punkt 2 gespeicherte Auswahl mit *Auswahl laden*.

7 Für einen weiteren Button-Zustand, etwa für einen Rollover-Button, laden Sie die Ellipsen-Auswahl und wenden den Filter *Bewegungsunschärfe* auf den Kreis an. Speichern Sie die Buttons im *Gif89a-Format*, wenn Sie die Transparenz des Hintergrunds erhalten wollen (siehe Kapitel *Image Ready im Überblick*).

Tuning von Buttons

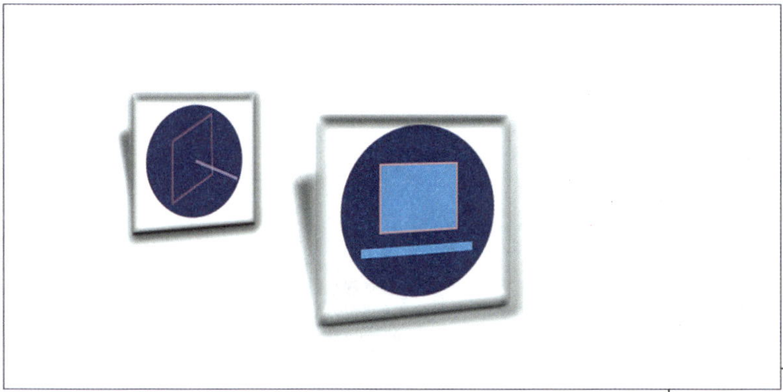

Mit dem Neigen der Buttons und dem Verzerren der Schattenflächen ergeben sich wirkungsvolle Button-Effekte

Abb. 4.7:

Im folgenden Beispiel werden die Ecken der Buttons abgerundet und mit einem weiteren Ebenen-Effekt in ihrem plastischen Äußerem verstärkt. Das Hinzufügen eines verzerrten Schattens und das Neigen bewirkt den Effekt von aufgestellten Buttons.

Plastisch und schön rund

1 Öffnen Sie die Datei *B.psd* aus dem Ordner *k4_works/but_symb*.

2 Wählen Sie das Button-Motiv mit einem *weichen Auswahlrahmen* aus. Geben Sie für weiche Kante *5 Pixeln* ein. Kopieren die Ebene.

3 Fügen Sie das kopierte Button-Motiv in einer neuen obersten Ebene ein über den Befehl *Ebene einfügen* oder durch einen Klick auf das Papier-Symbol der Ebenen-Palette.

4 Kehren Sie die Auswahl um, löschen Sie den Inhalt und wenden Sie erneut den Befehl *Auswahl umkehren* an.

5 Rufen Sie den Ebenen-Effekt *Relief an allen Kanten* über den Menüpunkt *Ebene>Effekte* auf. Wählen Sie die Technik *Weich*, klicken Sie bei *Richtung* auf *unten* und geben Sie bei *Farbtiefe* den Wert *10* ein.

Tipp

Experimentieren Sie auch mit den neuen Photoshop-6.0-Features bei den Kanten- und Relief-Optionen: Sie können beispielsweise über die Option *Schein-Kontur* eine breite Palette an Button-Variationen erzeugen, die sich anhand ihrer Schattenformen unterscheiden.

6 Reduzieren Sie die Ebenen auf eine gemeinsame Hintergrundebene. Wählen Sie das Button-Motiv erneut aus, kopieren Sie es und fügen Sie es in eine oberste neue Ebene ein.

7 Rufen Sie über den Menüpunkt *Ebene* den Effekt *Schlagschatten* auf. Tragen Sie folgende Werte ein: *Opacity* = 75, *Winkel* = 90°, *Weichzeichnen* und *Intensität* = 10.

Sie haben damit einen Button mit einem besonders effektvollen Außenrand entworfen.

Aufrechter Button mit Schatten

In diesem Abschnitt wird gezeigt, wie ein Button erstellt werden kann, der Eindruck erweckt, als stünde er aufrecht.

1 Öffnen Sie die Datei mit dem oben erstellten Button.

2 Für das Aufstellen des Buttons schalten Sie wiederum den Hintergrund aus und wählen *Sichtbare auf eine Ebene reduzieren*.

3 Rufen Sie bei markierter Button-Ebene den Menüpunkt *Bearbeiten>Transformieren>Neigen* auf und drehen Sie die Auswahl nach Ihrer Vorstellung.

4 Wählen Sie die Button-Ebene mit einem *weichen Auswahlrechteck* aus und fügen Sie eine neue Ebene unter der Button-Ebene ein.

5 Füllen Sie die Auswahl mithilfe des Befehls *Bearbeiten>Füllen>50 % Grau*.

6 Rufen Sie den Menüpunkt *Bearbeiten>Transformieren>Verzerren* auf und richten Sie den Schlagschatten so aus, dass dadurch der Eindruck eines aufgestellen Buttons entsteht.

Spielen Sie auch mit verschiedenen Größen und probieren Sie verschiedene Effekte für weitere Button-Zustände aus.

Tipp

Tipp 1: Wenn Sie eine Navigationsreihe planen, fügen Sie die einzelnen fertig gestellten Buttons in eine neue Datei ein und verbinden Sie die einzelnen Ebenen. Platzieren Sie die Buttons an die gewünschte Stelle, und wählen Sie zum Ausrichten über den Menüpunkt *Ebene>Verbundene ausrichten.*

Tipp

Tipp 2: Die verschiedenen Optionen zum Ausrichten werden zudem über die Symbole innerhalb der kontextsensitiven Menüleiste angeboten. So können die Buttons untereinander exakt ausgerichtet werden.

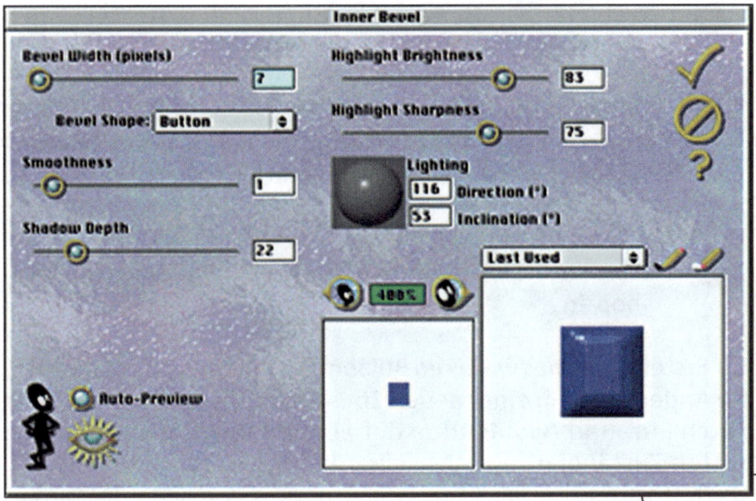

Abb. 4.8: Einstellungen des *Inner-Bevel*-Filters von *Eye-Candy*

Einsatz von Plugin-Filtern zur Erstellung von Buttons

Wenn Sie eine gezielte Vorstellung von einem Button haben, bietet sich auch die Arbeit mit den verschiedenen Plugins für Photoshop an.

Arbeiten mit den Eye-Candy-Filtern

Im folgendem Beispiel wird mit dem *Eye-Candy-Filter* von *Alien Skin* ein rechteckiger Button erzeugt.

1. Legen Sie eine *neue Datei* an mit folgenden Werten: *Breite* = 100 Pixel, *Höhe* = 100 Pixel, *Auflösung* = 72 Pixel/Inch, *Hintergrund* = transparent.

2. Füllen Sie mit *Bearbeiten>Fläche füllen* die Fläche mit einer Farbe aus der Farb-Palette der Werkzeug-Palette oder einer Textur Ihrer Wahl.

3. Rufen Sie über den Menüpunkt *Filter* aus der *Eye-Candy-Filter-Sammlung* von Alien Skin den *Inner-* oder *Outer-Bevel-Filter* auf.

4 Probieren Sie die verschiedenen Dialog-Einstellungen und bestätigen Sie mit Klick auf das grüne Häkchen.

5 Fügen Sie mit dem Text-Werkzeug einen Text auf den Button ein. Experimentieren Sie auch mit den *Symbolschriften* von Photoshop, um statt der Worte *Zeichen* zu erzeugen.

6 Wenden Sie einen *Ebenen-Effekt* auf den Text von Photoshop an.

Zur Erstellung eines weiteren Button-Zustands empfiehlt es sich, die Änderungen in einer neuen Ebene vorzunehmen. Dann kann durch Ein- und Ausblenden der Ebenen leicht zwischen den Button.Zuständen gewechselt werden. Speichern Sie Ihre Grafik im Photoshop-Format, können Sie jederzeit den Text oder Farbigkeit eines Buttons ändern.

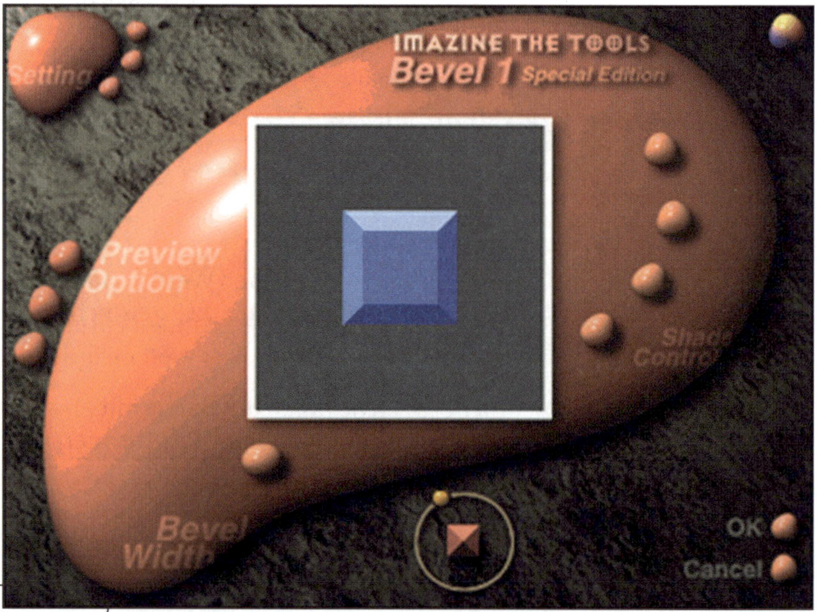

Abb. 4.9: Button mit dem Bevel-Filter von Imagedrom

Plastische Buttons mit dem Blade-Pro-Filter

Auch der Shareware-Filter *Blade Pro* von *Flaming Pear* bietet eine umfangreiche Vielfalt durch Farbwahl, Texturen und Lichtreflexe plastische Buttons verschiedener Formgebung zu entwerfen. Bei diesem Filter ist darauf zu achten, dass die Form durch die Erstellung einer Auswahl vor dem Einsatz des Filters bestimmt wird.

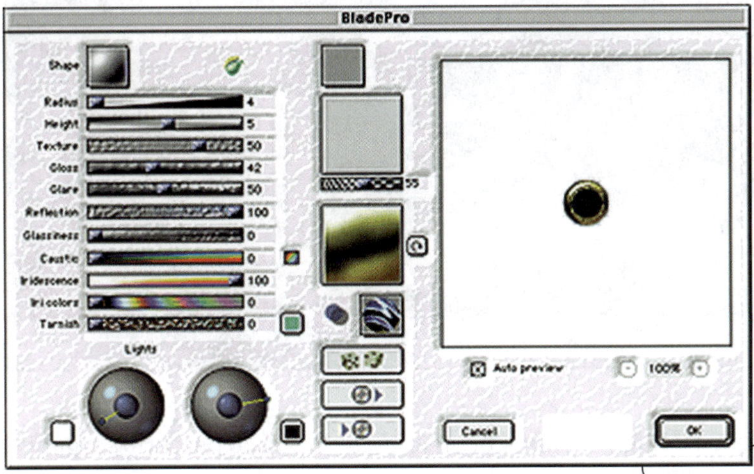

Abb. 4.10: Erstellen eines interessanten Buttons mit dem Shareware-Filter *Blade Pro*

Die KPT-Filter

Die Erwähnung der Filter von Kai's Power Tools, kurz KPT, darf bei der Vorstellung der Filter natürlich nicht fehlen! Mit dem Filter *Spheroid-Designer* ist es z.B. möglich, eine plastische Kugel farbig mit einer interessanten Textur zu entwickeln, die später als runder Button in die Website eingebaut werden kann.

Auch für die Erstellung farbiger Variationen für die verschiedenen Button-Zustände wie Normal-, Rollover- und angeklickter Button bietet sich die Arbeit mit den Photoshop-Ebenen und dem PSD-Format an. Für die Beschriftung einer plastischen runden Form sollten Sie den Text rendern und dann mit dem Filter Wölben die gewölbte Form vorgeben.

Tipp

Probieren Sie auch die neuen Verformungsmöglichkeiten von Text in Photoshop 6.0 aus. Sie können aus der Verformen-Palette für Text eine entsprechende Form auswählen und diese über die Einstellungsoptionen ihrer gewünschten Form anpassen. Der Vorteil ist, dass der Text editierbar bleibt, und Sie die Form des Textes nachträglich immer wieder verändern können.

Abb. 4.11: Die Kugel als Button mit dem Spheroid Designer der KPT-Filter

Um die Kugel entsprechend ihrer Rundung zu beschriften, gehen Sie folgendermaßen vor:

1. Erstellen Sie einen Text mit dem Text-Werkzeug und positionieren Sie den Text in der Mitte der Kugel.
2. Rufen Sie *Ebenen>Text>Ebene rendern* auf.
3. Rufen Sie den Menü-Punkt *Filter>Verzerrungsfilter> Wölben* auf und spielen Sie mit den verschiedenen Optionen, bis Sie mit der Form zufrieden sind.

Buttons mit der Filtersammlung von Extensis

Mit den *PhotoButton-Tools* von *Extensis* können Sie interessante dreidimensionale Buttons unterschiedlicher Farbigkeit und Struktur erzeugen. Wenn es schnell gehen soll, wählen Sie aus der Listen der vorgefertigten Buttons einen Button Ihrer Wahl aus und passen ihn in der Farbgebung, Form etc. dem Stil Ihrer Website an. Sie können jedoch auch ein vollkommen eigenes Design erschaffen:

1. Erstellen Sie neue Datei in Photoshop mit folgenden Werten: *Breite* = 200 Pixel, *Höhe* = 300 Pixel, *Auflösung* = 72 Pixel/Inch, *Hintergrund* = Weiß.

2 Öffnen Sie in der Menüleiste von Photoshop unter Extensis den Dialog von PhotoButton.

3 Zur Festlegung der Button-Form wählen Sie unter dem Punkt *Form wählen* eine Form, z.B. *Stern*. Sie können diese Form durch Ziehen der Ankerpunkte in der Vorschau beliebig transformieren.

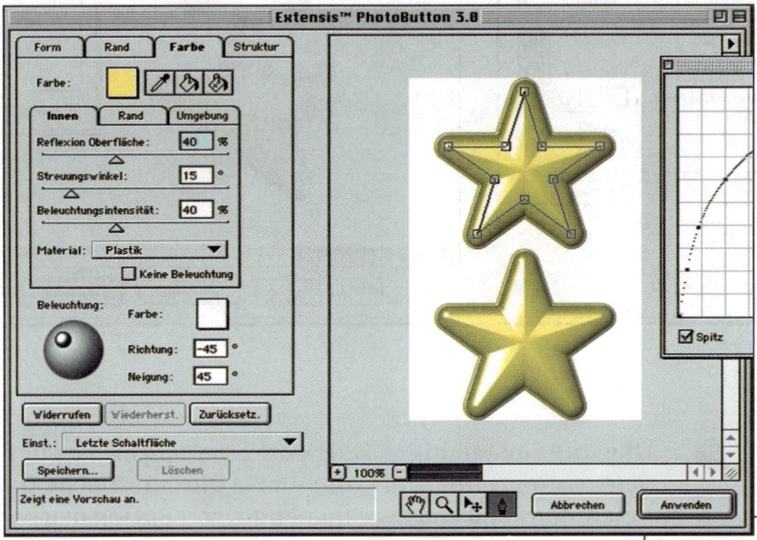

Entwurf eines Buttons mit PhotoButton von Extensis

Abb. 4.12:

4 Verschiedene Zustände des Buttons können leicht erstellt werden, indem im Dialog *Farbe*, *Textur* oder *Form* verändert werden. Für weitere Buttons, die sich aus dem Ersten ergeben, tragen Sie über den Punkt Anzahl die gewünschte Menge ein, hier für *horizontal* 1 und bei *vertikal* 2.

5 Über das Aufrufen von *Rand* im Dialogfeld *Photobutton* können Sie die Randform Ihrer Button bestimmen. Probieren Sie die verschiedenen Einstellungen für Randhöhe, -breite und Innenfläche sowie für einen weichen Randübergang.

6 Jetzt verändern Sie die Button-Farbe über den Dialog *Farbe*. Sie können die Buttons entweder mit einer gemeinsamen Farbe versehen (auswählen über das Tastenkürzel Alt/⇧) oder sie mit der Farbauswahl der aufrufbaren Farb-Palette einzeln mit Farbe füllen.

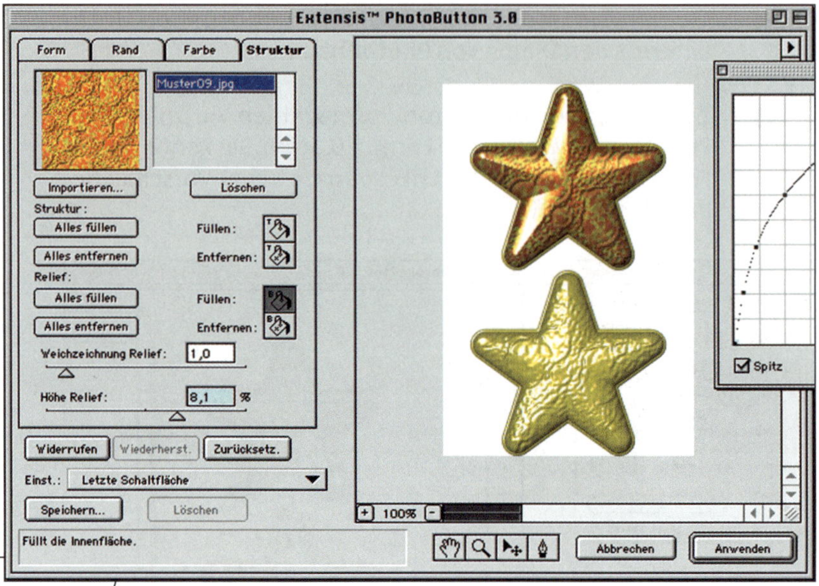

Abb. 4.13: Der Button erhält Farbe und Struktur

7 Über die Einstellungen *Reflexion*, *Streuungswinkel* und *Beleuchtungsintensität* können Sie die Oberfläche für Innen, den Rand und der Umgebung ihrer Button neu bestimmen.

8 Wenn Sie Ihre Buttons noch zu einer Struktur verhelfen wollen, benötigen Sie ein Muster im JEPG-Format. Über den Befehl *Importieren* laden Sie das Muster in das Dialogfeld von PhotoButton.

9 Über den Befehl *Relief>Alle füllen* erhalten Sie eine lebendige reliefartige Oberfläche, die Sie über verschiedene Regler noch verfeinern können.

10 Klicken Sie auf *Anwenden* rechts im Dialogfenster; damit finden Sie die Einstellungen in Ihrer Datei wieder.

Buttons mit PhotoGroove

Mit einem weiteren Tool von Extensis, dem PhotoGroove, lassen sich in Photoshop Buttons mit besonderen Rändern erstellen. Dieses Plug-In eignet sich auch für die Herstellung von Texturen, Hintergründen, Bilderrahmen etc.

1. Erstellen Sie eine neue Datei mit einer Höhe von *300 Pixeln* und einer Breite von *200 Pixeln* bei einer Bildschirmauflösung von *72 Pixel/Inch* und *weißem Hintergrund.*

2. Struktur erzeugen: Füllen Sie die Datei mit einer Struktur. Dafür wählen Sie beispielsweise eine hellere Vordergrundfarbe aus der Farb-Palette der Werkzeug-Palette sowie eine dunklere Hintergrundfarbe und wenden den Filter *Renderingsfilter>Wolken* auf die Datei an. Oder Sie erzeugen eine Textur über *Extensis> Phototexture* (siehe dazu weiter hinten in diesem Kapitel Abschnitt *Texturen aller Art*).

3. Erstellen Sie unter *Auswahl>Alles auswählen* eine Auswahl und öffnen Sie den Dialog über den Menüpunkt *Extensis>PhotoGroove.*

4. Randform: Sie können mit den Einstellungen von *PhotoGroove* verschiedene vorgefertigte Randformen verwenden oder eine eigene über den *Graphen Randform* festlegen.

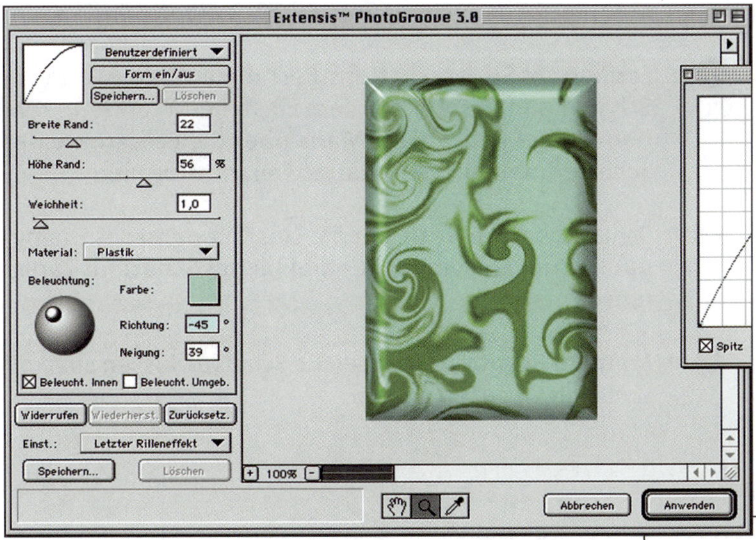

Abb. 4.14: Verschiedene Randformen mit PhotoGroove kreieren

5 Sie können den Graphen mit *Form im PhotoGroove-Fenster* ein- oder ausblenden. Klicken Sie auf den Graphen um neue Bearbeitungspunkte hinzuzufügen. Verschieben Sie mit der Maus die Punkte so lange, bis Sie mit der neuen Randform des Button zufrieden sind.

6 Experimentieren Sie mit den verschiedenen Kurven und verändern Sie auch die Werte für die *Breite*, *Höhe*, *Weichheit* und *Beleuchtung*.

7 *Speichern* Sie den neu kreierten Button im Listenfeld, um diese Form jederzeit wieder aufrufen zu können. Wenden Sie zum Schluss die Einstellungen des Dialogs *PhotoGroove* an.

Schatten für Buttons mit PhotoShadow

Mit *Photoshadow* von *Extensis* lassen sich frei skalierbare Schatten-Effekte für Bildelemente erzeugen; deshalb eignet sich dieses Tool besonders, um Buttons verschiedener Zustände zu erstellen.

1 Öffnen Sie einen beliebigen Button und rufen Sie in der Menüleiste den Menüpunkt *Extensis>PhotoShadow* auf.

2 Formen des Schlagschattens: Bestimmen Sie die Form des Schattens über *Form*. Mit dem Einstellen-Werkzeug können Sie bei gedrückter Maus über die Eckpunkte des Schattenrahmen den Schatten frei transformieren.

3 Schlagschatten-Stil: Über die Einstellungen des Dialogpunkts *Stil* lässt sich der Charakter des Schattens variieren.

4 Mehrere Schatten: Zusätzliche Schatten lassen sich mit *Schatten hinzuf* erzeugen.

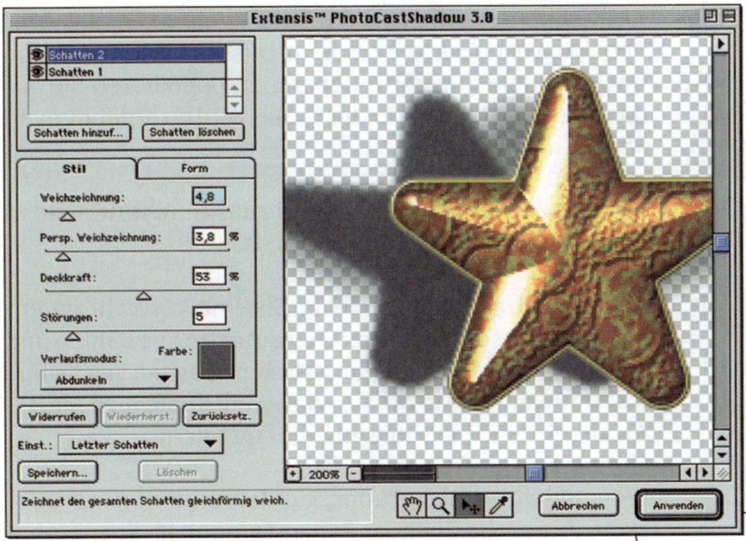

Freie Schattenform für den Button

Abb. 4.15:

Probieren Sie auch die weiteren Einstellungen des *PhotoCast-Shadow*-Dialogs aus.

Buttons aus Bildvorlagen

Bei der Erstellung von Buttons aus Fotos ist es wichtig, die Vorlage so zu abstrahieren, dass der Bildinhalt nicht von der eigentlichen Funktion des Buttons ablenkt und dass der Button in das Design der Website passt. Auch sollte bei der Verwendung verschiedener Vorlagen, darauf geachtet werden, dass die Erscheinungsform einem zuvor festgelegtem Stil entspricht. In dem folgenden Beispiel wird das Foto einer alten Kamera nun in einen Button verwandelt.

Die fertigen Bild-Buttons mit den Schlagschatten-Effekten im Modus *Sprenkeln*

Abb. 4.16:

1. Aktive Ebene: Öffnen Sie die Datei *kamera1.jpg* des Ordners *k4_works/buttons/kamera*. Das Motiv befindet sich noch auf der Hintergrundebene. Doppelklicken Sie auf das Ebenen-Etikett und die Ebene wird zu einer *aktiven Ebene*.

2. Modus umwandeln: Wandeln Sie das Graustufenbild in ein RGB-Bild um mit *Bild>Modus>RGB*.

3. Das Motiv freistellen: Erstellen Sie eine Auswahl, indem Sie den Zauberstab der Werkzeug-Palette auswählen und auf den weißen Hintergrund klicken. Löschen Sie die Fläche und kehren Sie die Auswahl um. Speichern Sie die Auswahl des Motivs mit *Auswahl speichern*.

4. Erstellen des Hintergrunds: Für das neue Hintergrundmotiv fügen Sie über das Papier-Symbol der Ebenen-Palette eine neue Ebene als unterste Ebene ein. Wählen Sie eine Farbe über die Farb-Palette der Werkzeug-Palette und rufen Sie den Befehl *Bearbeiten / Fläche füllen mit Vordergrundfarbe* auf.

5. Abstrahieren des Kamera-Motivs: Duplizieren Sie das Kamera-Motiv über *Ebene duplizieren*. Das Duplikat befindet sich auf oberster Ebene. Rufen den Dialog *Helligkeit/ Kontrast* auf und stellen Sie *Helligkeit* = +20 und *Kontrast* = +73 ein. Diese Ebene wird vorerst durch einen Klick auf das Augen-Symbol ausgeblendet und das Original mit der *Tonwertkorrektur* bearbeitet: Der Weißpunkt wird über den Schieberegler nach links verschoben. Die oberste Ebene wird wieder eingeblendet und in der *Deckkraft* auf 37 reduziert. Am Original-Kamera-Motiv wird der Filter *Bewegungsunschärfe* mit folgenden Werten angewendet: *Winkel* = –25, *Stärke* = 23 Pixel.

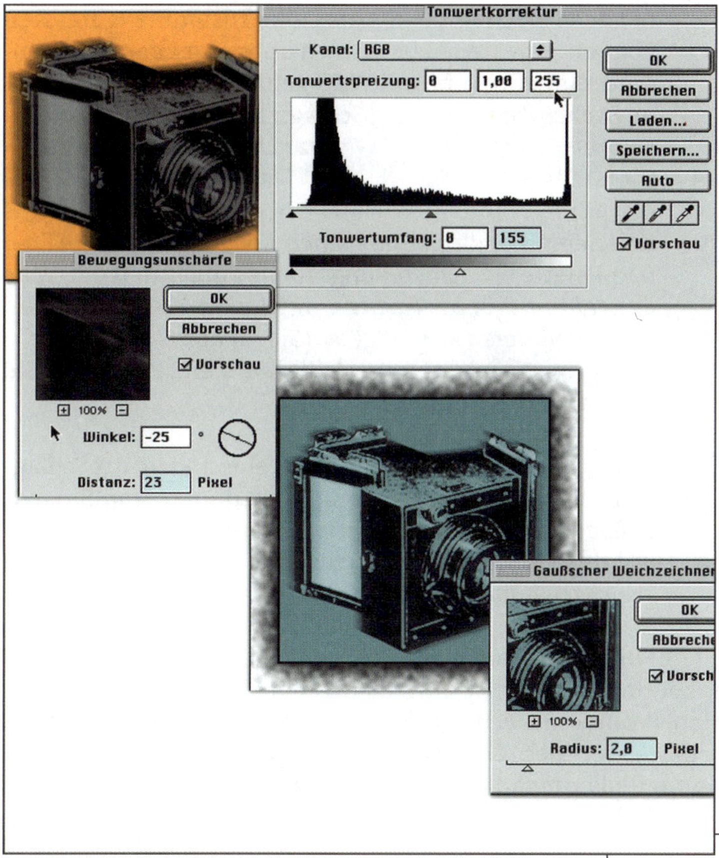

Verschiedene Abstraktionsschritte

Abb. 4.17:

6 Einfügen des Bildrahmens: Eine neue Ebene wird an oberster Stelle eingefügt und die Tastenkombination Strg/A betätigt. Über *Bearbeiten / Kontur füllen* wird ein Rahmen Ihrer Wahl erstellt. Die Farbe der Kontur entstammt der Vordergrundfarbe aus der Werkzeug-Palette.

7 Arbeitsfläche erweitern: Für das Hinzufügen eines Schlagschattens wird eine größere Fläche benötigt. Mit dem Befehl *Bild>Arbeitsfläch*e erweitern, ist es möglich, die umgebende Fläche separat in Höhe und Breite prozentual oder per Maßangabe zu erweitern.

8 Schlagschatten erstellen: Eine neue Ebene wird an oberster Stelle der Ebenen-Palette eingefügt. Bei gehaltener Alt-Taste wird *Sichtbare auf eine Ebene reduzieren* aufgerufen und ihr der Name *Ebenen-Kopie* gegeben. Als oberste Ebene erscheint eine Kopie aller zusammengefassten Ebenen. Eine neue Ebene wird unter der Ebene *Ebenen-Kopie* eingefügt und mit Weiß gefüllt. Bei markierter Ebene *Ebenen-Kopie* wird ein Schlagschatten mit den Werten *Winkel* = 20, *Distanz* = 1, *Weichzeichnung und Intensität* = 15 erstellt.

9 Kolorieren: Für die Ebene *Ebenen-Kopie* wird über die Ebenen-Palette eine Einstellungsebene aufgerufen mit *Neue Einstellungsebene>Farbton/Sättigung*. Klicken Sie den Punkt *Kolorieren* an und geben Sie für den *Farbton* 187, die *Sättigung* 25 und für die *Helligkeit* 0 ein. Probieren Sie auch andere Farbtöne.

10 Schlagschatten-Modus: Wenn Sie eine andere Art Schlagschatten ausprobieren möchten, dann rufen Sie mal *Ebene>Effekte>Schlagschatten* auf und probieren es z.B. mit den Einstellungen *Modus* = Sprenkeln, *Opacity* = 95, *Weichzeichnung* = 35 und *Intensität* = 50.

Ihr erster Bildmotiv-Button ist fertig. Für Variationen dieses Buttons können Sie über die Einstellungsebene neue Farbtöne einstellen. Probieren Sie, die verschiedenen Zustände des Buttons über das Ändern des Schlagschatten-Effekts oder über das Anwenden anderer Photoshop-Filter zu erreichen.

Interessante Rollover-Zustände kreiert mit den KPT-5.0-Filtern *FraxFlame* und *RadWarp*

Abb. 4.18:

Texturen aller Art

Texturen mit KPT-Filtern

Das Plug-In *Strukturforscher* aus der Sammlung der Kai's-Power-Tool-Filter, kurz KPT, bietet für das Gestalten von Texturen für Hintergründe und Buttons ein scheinbar unendliches Spektrum an Möglichkeiten. Hier ein kurzer Einblick in die Welt der Strukturen und Texturen.

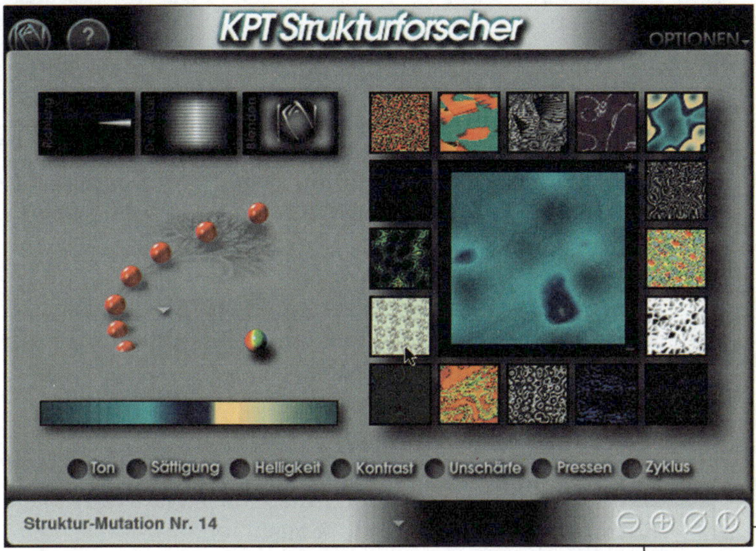

Texturen erzeugen mit dem Dialog von Kai´s Power Tools

Abb. 4.19:

Der Dialog Strukturforscher

Der *Strukturforscher* ist sehr einfach und auf eine intuitive Weise zu bedienen. Der Dialog wird über den Menüpunkt *Filter>KPT> Strukturforscher* aufgerufen.

Erzeugen Sie eine neue Datei mit den Daten: 3 cm x 3 cm, 72 Pixel/ Inch, weißer Hintergrund und rufen Sie den Dialog auf.

Die aktuelle Textur kann in ihrer Erscheinung über die Menüpunkte:

- Ton
- Sättigung
- Helligkeit
- Kontrast
- Unschärfe
- Pressen
- Zyklus

oder durch Anklicken der zur Auswahl stehenden Flächen, die ringsum die aktuelle Auswahl in der Mitte angeordnet sind, verändert werden.

- Oberhalb der Textur-Kästchen gibt es die Möglichkeit, die *Richtung*, die *Deckkraft* und den *Blendenmodus* für die aktuelle Auswahl einzustellen.
- Über die verschiedenen großen roten Kugeln links neben den Textur-Flächen erfolgen die Einstellungen für die Variationen der aktuellen Textur, die je nach Wahl des Kugel-Buttons unterschiedlich stark ausfallen.
- Zudem gibt es die Möglichkeit, über den Pfeil links unten über einen *Zufallsgenerator* zu der gewünschten Textur zu gelangen, die durch Klick ausgewählt wird.
- Wenn Sie sich für eine Textur entschieden haben, bestätigen Sie einfach durch einen Mausklick auf das Häkchen.

Tipp

Wenn Sie Texturen erstellt haben, die Sie auch später wieder einsetzen möchten, speichern Sie diese in einer der Bibliotheken ab. Wenn Sie eine Textur ohne Auswahl einrichten, gilt das Dokument als Basis, die Textur wird entsprechend nach dem Dokument benannt.

Kacheln erstellen aus einer Bildvorlage

Wenn Sie von einem Foto ein Kachelmuster für den Hintergrund Ihrer Webseite gestalten wollen, probieren Sie auch den KPT-Filter *Seamless Welder*. Mit diesem Filter ist es möglich, ein Muster ohne störende Trennlinien zu erzeugen.

- Öffnen Sie ein Foto Ihrer Wahl und erzeugen Sie über das Auswahl-Werkzeug eine Auswahl in gewünschter Kachelgröße.
- Rufen Sie über den Menüpunkt *Filter* den KPT-Filter *Nahtloses Schweißen* auf. Probieren Sie verschiedene Einstellungen und bestätigen Sie Ihr Ergebnis mit einem Klick auf den grünen Button.
- Stellen Sie die eben erzeugte Kachel über den Menüpunkt *Bild>Freistellen* frei.

Abb.4. 20: Aufruf des Befehls *Fläche füllen mit Muster* nach dem Herstellen einer nahtlosen Kachel

- Sie können Ihre Kachel nach dem nahtlosen Übergang überprüfen, indem Sie über *Menü>Bearbeiten>Muster festlegen* die Kachel zu einem Muster umwandeln. Erzeugen Sie eine neue Datei, beispielsweise in den Maßen 12 cm x 12 cm, und rufen Sie den Befehl *Bearbeiten>Fläche füllen>mit Muster* auf.

Erstellen eines Hintergrund-Bilds mit Image Ready

Sie können mit dem Programm *ImageReady* (ab der Version 5.5 im Photoshop-Paket enthalten) eine *HTML-Datei* erzeugen, die das aktuelle Bild in einem Browser als *Kachelmuster* für den Hintergrund anzeigt.

Mit dem Filter *Kacheln erstellen* können Sie ein Bild für die Verwendung als *Hintergrundkachel* vorbereiten. Dieser Filter verwischt die Kanten des Bilds und erzeugt dadurch einen nahtlosen Hintergrund.

Mit dem Filter *Kachel erstellen* lässt sich darüber hinaus ein *kaleidoskopisches Hintergrundmuster* erstellen, bei dem ein Bild oder ein Bildausschnitt horizontal und vertikal gespiegelt wird, um eine *abstrakte Oberfläche* zu erzeugen.

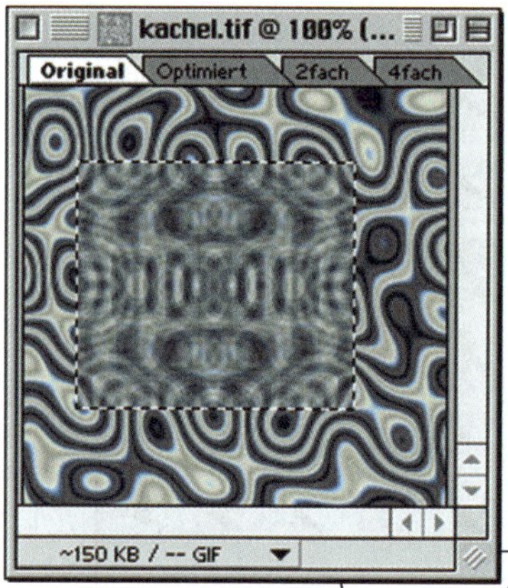

Kachelmuster erstellen mit Auswahlrechteck

Abb. 4.21:

Kachelmuster erstellen

- Öffnen Sie das Bild *kachel.tif* im Ordner *k4_works/kachel* und rufen Sie den Befehl *Datei>Springen zu>ImageReady* auf.

- Um ein Bild als *Kachelmuster* zu erstellen, öffnen Sie das Bild in ImageReady und wählen mit dem *Auswahlrechteck* der Werkzeug-Palette den gewünschten Bildbereich aus.

- Wählen Sie *Filter>sonstige Filter>Kacheln erstellen* und wählen Sie bei der Option *Kanten verwischen* einen Wert zwischen 5 % und 15 %.

- Kaleidoskop-Kachel: Hier wird der ausgewählte Bereich des Bilds dupliziert und horizontal sowie vertikal gespiegelt, wodurch ein abstraktes Kachelmuster entsteht.

Abb. 4. 22a:

Einfaches Kachelmuster mit dem Befehl *Filter/Kacheln*

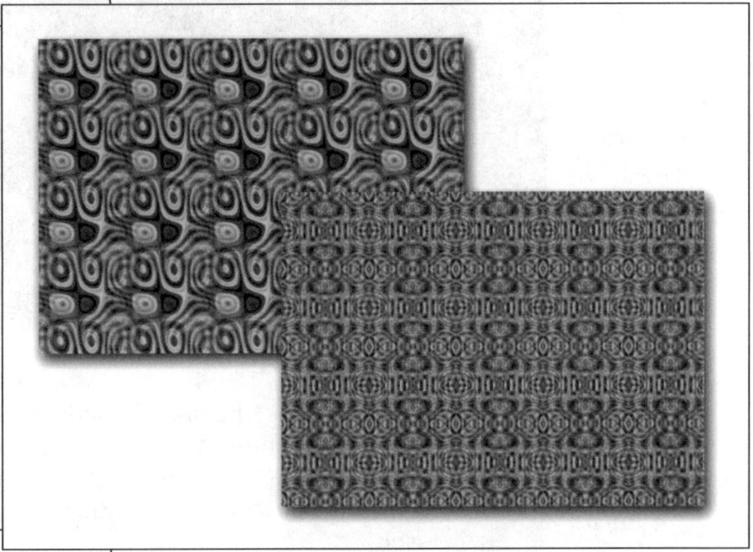

Kaleidoskopisches Kachelmuster mit ImageReady-Befehl

Abb. 4.22b:

- Bestätigen Sie mit *O.K.* und wählen Sie *Freistellen* oder *Löschen,* um das Bild auf den ausgewählten Bereich als Kachelmuster einzuschränken.

- Optimieren Sie den als Kachelmuster dienenden Bildbereich mit den üblichen Schritten für die Optimierungseinstellungen. Sie können die Einstellungen vor oder nach dem Festlegen des Kachelmusters bestimmen.

- Um das Kachelmuster zu überprüfen, rufen Sie den Befehl *Bearbeiten>Muster definieren* auf.

- Erstellen Sie eine neue Datei in der Größe 640 x 480 Pixel, und rufen Sie den Befehl *Bearbeiten>Fläche füllen>mit Muster* auf.

Verfremdetes Hintergrundbild mit KPT-Filter

Abb. 4.23: Verfremdung mit dem KPT-Filter *FiberOptix*

Mit dem KPT-Filter *Fiberoptix* lassen sich Bilder zu einem interessantem Hintergrundmotiv verfremden. Sie können plastische Effekte durch die Einstellungen der Lichtpositionen erzielen, das Bild auf die witzigste Art verzerren und ihm interessante Strukturen zuweisen.

Texturen mit Photoshop-Filtern

Die in Photoshop integrierte Filtersammlung ermöglicht es, ganz gezielte eigene Texturen zu erstellen. Sei es in der Anwendung eines einzigen Filters oder in dem Kombinieren aufeinanderfolgender Filteranwendungen. Vorerst, um einen genauen Einblick über die Charaktereigenschaften der einzelnen Filtergruppen zu erhalten, werden Sie Beispiele in der Anwendung weniger Filter für die Entstehung einer Textur kennen lernen.

Die Kunstfilter von Photoshop

Für die erste Textur wird der Filter *Aquarell* angewendet. Er gehört wie die Filter *Buntstiftschraffur, Diagonal verwischen, Farbpapiercollage, Fresko* etc. zu den *Kunstfiltern*. Diese Filter unterscheiden sich vor allem in ihrer Darstellung des Farbauftrags und in ihrer fleckenhaften Farbflächenverteilung. Sie verkörpern geradezu die Darstellungsformen verschiedener Mal- und Zeichentechniken. Deren Ergebnisse könnten nach Anwendung auf das eigene Bild allesamt aus einem Künstleratelier stammen. Mit dieser Filtersammlung von Adobe sind der Experimentierfreude für die Erstellung von Texturen für Hintergründe und Buttons keine Grenzen mehr gesetzt.

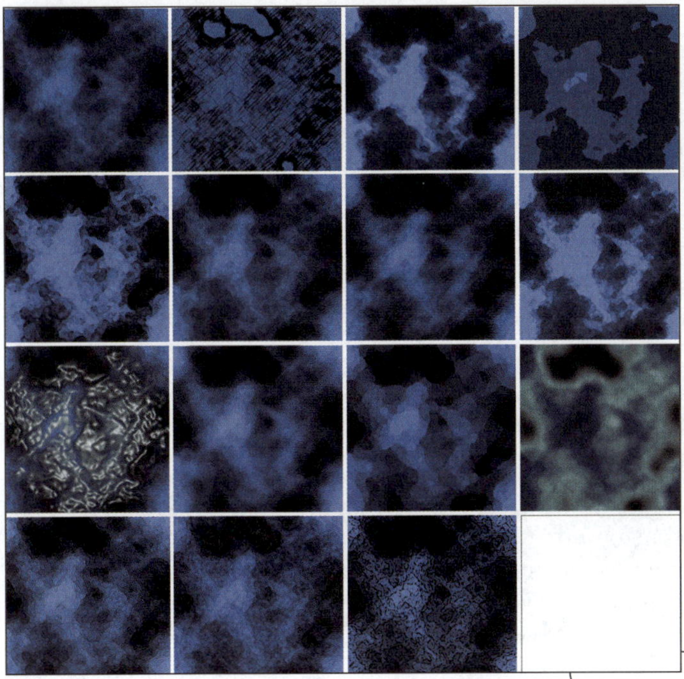

Die verschiedenen Kunstfilter zum Erzeugen unterschiedlicher Texturen aus der Farbe Blau

Abb. 4.24:

Die 15 Kunstfilter von Photoshop von links oben nach links unten:
1. Aquarell, 2. Buntstift, 3. Diagonal verwischen, 4. Farbpapiercollage, 5. Fresko, 6. Grobe Malerei, 7. Grobes Pastell, 8. Körnung und Aufhellung, 9. Kunststoffverpackung, 10. Malgrund, 11. Malmesser, 12. Neonschein, 13. Ölfarbe getupft, 14. Schwamm, 15. Tontrennung/Kanten betonen

Für die Erstellung nachfolgender Texturen wurde eine neue Datei mit den Werten 3 cm x 3 cm bei 72 Pixel/Inch erstellt und in der Werkzeug-Palette wurden für Vorder- und Hintergrundfarbe jeweils zwei unterschiedlich helle Farbtöne verwendet.

Daraufhin wurde für eine weiche Durchmischung der gewählten Farbtöne der Filter *Renderingfilter>Wolken* aufgerufen.

Für die erste Textur wurde zunächst der Kunstfilter *Aquarell* gewählt, auf die dann jeweils einer der Filter dieser Sammlung angewendet worden ist (siehe die einzelnen Filter und ihre spezifischen Dialog-Einstellungen unter *k4_works/texturen/kunstfil)*.

Buntstift: Zeichnet Bilder mit Buntstiften auf deckendem Hintergrund. Wichtige Kanten werden beibehalten und erzeugen eine grobe Kreuzschraffur; die Hintergrundfarbe scheint durch die weicheren Bereiche durch.

Farbpapier-Collage: Stellt ein Bild dar, als wäre es aus unregelmäßigen Farbpapierstückchen zusammengesetzt. Kontrastreiche Bilder erscheinen silhouettenhaft, während farbige Bilder aus mehreren Ebenen farbigen Papiers zusammengesetzt sind.

Grobe Malerei: Malt die Kanten des Bilds mit einem Verfahren, das zwischen Öl- und Wasserfarben anzusiedeln ist. Der Filter vereinfacht das Bild, indem er dessen Farbbereiche auf Bereiche mit einheitlicher Farbe reduziert.

Körnung & Aufhellung: Wendet ein gleichförmiges Muster auf die Schatten und Mitteltöne eines Bilds an. Den helleren Bildbereichen wird ein weicheres, gesättigteres Muster hinzugefügt. Mit diesem Filter lässt sich die Streifenbildung verringern und Elemente von verschiedenen Quellen optisch besser vereinigen.

Fresko: Malt ein Bild in groben Zügen mit kurzen, runden und in Eile angewendeten Farbtupfen.

Neonschein: Fügt den Objekten in einem Bild verschiedene Arten von Schein hinzu und eignet sich zum Einfärben eines Bilds beim gleichzeitigen Weichzeichnen. Zum Auswählen einer Farbe klicken Sie auf das Feld *Farbe* und wählen eine Farbe aus dem Farbwähler.

Ölfarbe getupft: Mit diesem Filter können Sie zwischen verschiedenen Pinselgrößen (1 bis 50) und Pinselarten wählen, um einen handgemalten Effekt zu erzielen. Zu den Pinselarten zählen: *Einfach, Aufhellend rauh, Abdunkelnd rauh, Breit härter, Breit weicher* und *Sprenkeln*.

Malmesser: Reduziert das Detail in einem Bild und gibt den Anschein einer dünn bemalten Leinwand, die die darunter liegende Struktur zum Vorschein bringt.

Kunststoffverpackung: Beschichtet das Bild mit einer glänzenden Kunststofffolie, die das Oberflächendetail stärker zum Ausdruck bringt.

Tontrennung & Kantenbetonung: Reduziert die Anzahl der Farben (Tontrennung) eines Bilds entsprechend der eingestellten Tontrennung, findet die Kanten das Bilds und malt schwarze Linien darauf. Große einheitliche Bereiche des Bilds besitzen eine einfache Schattierung, während dunkle Details auf das ganze Bild verteilt werden.

Grobes Pastell: Erweckt den Anschein, als wäre mit farbiger Pastelkreide auf dem strukturierten Hintergrund gezeichnet worden. In Bereichen mit einer hellen Farbe erscheint die Kreide dick und mit wenig Struktur; in dunkleren Bereichen erscheint die Kreide abgekratzt und gibt den Blick auf die Struktur frei. Weitere Informationen zu den Filter-Optionen finden Sie unter *Hinzufügen von Strukturen*.

Diagonal verwischen: Dient zum Weichzeichnen eines Bilds mit kurzen, diagonalen Strichen, mit denen die dunkleren Bereiche des Bilds verwischt werden. Hellere Bereiche werden noch heller und verlieren an Detail.

Schwamm: Erzeugt Bilder mit hochstrukturierten Bereichen kontrastierender Farben, die wie mit einem Schwamm gemalt erscheinen.

Malgrund: Malt das Bild auf einem strukturierten Hintergrund und malt dann das eigentliche Bild darüber. Weitere Informationen zu den Filter-Optionen finden Sie unter *Hinzufügen von Strukturen*.

Aquarell: Malt das Bild als Aquarell unter Verwendung einer mittleren Werkzeugspitze, die mit Wasser und Farbe getränkt ist, und vereinfacht dadurch die Details in dem Bild. Wo an Kanten bedeutende Tonwertänderungen auftreten, wird die Farbe vom Filter gesättigt.

Kreative Texturen mit den Malfiltern

Bei der Sammlung der Malfilter geht es ganz explizit um die Darstellung des Duktus, d.h. die Art, wie in einem Bild die Farbe gesetzt wird. Man stelle sich einen Kunstmaler vor seinem noch fast leerem Leinwandbild vor. In der einen Hand hält er die Palette mit Farben, in der anderen den Pinsel oder den Malspachtel. Die Art, wie er die Farbe auf die Leinwand aufträgt, hängt von seinem Temperament und von seiner Bildidee ab. Die Farbe kann wie auf das Bild gespritzt erscheinen (Filter *Spritzer*) oder das Motiv durch die Kreuzschraffur weiche glatte Übergänge erfahren (*Gekreuzte Malstriche*). Durch Betonung der Kanten kann das Bildmotiv plastisch hervorgehoben werden (Filter *Kanten betonen*) oder in Form von zittrigen Strichen wie verwackelt erscheinen (Filter *Verwackelte Striche*).

Texturen erzeugen mit den Malfiltern von Photoshop

Abb. 4.25:

Die acht Malfilter von Photoshop von links oben nach links unten:
1. Dunkle Malstriche, 2. gekreuzte Malstriche, 3. Kanten betonen, 4. Konturen nachzeichnen, 5. Kreuzschraffur, 6. Spritzer, 7. Sumi-e, 8. verwackelte Striche.

Für die Erstellung obiger Texturen wurde eine neue Datei mit den Werten 3 cm x 3 cm bei 72 Pixel/Inch erstellt und in der Werkzeug-Palette wurden zwei jeweils unterschiedlich helle Farbtöne für Vorder- und Hintergrundfarbe verwendet.

Dann wurde für die weiche Durchmischung der gewählten Farbtöne wiederum der Filter *Renderingfilter>Wolken* aufgerufen.

- Daraufhin wurde der *Vergröberungsfilter>Kristallisieren* angewendet, um wieder mehr Kontraste im Bild zu haben.

- Auf diese Datei wurde daraufhin jeweils einer der oben aufgeführten Malfilter angewendet.

Kanten betonen: Betont die Kanten eines Bilds. Wenn die Helligkeit auf einen hohen Wert eingestellt ist, erinnert die Betonung an weiße Kreide; ist sie hingegen auf einen niedrigen Wert eingestellt, wirkt sie wie schwarze Druckfarbe.

Gekreuzte Malstriche: Malt ein Bild unter Verwendung diagonaler Striche neu. Die helleren Bereiche des Bilds werden mit Strichen in eine Richtung gemalt, die dunkleren Bereiche mit Strichen, die in die entgegengesetzte Richtung führen.

Kreuzschraffur: Schützt die Details und Eigenschaften des OriginalBilds, fügt jedoch Struktur hinzu und macht die Kanten der farbigen Bereiche in dem Bild mit simulierten Bleistiftstrichen etwas unschärfer. Mit der Option *Stärke* wird die Anzahl der Schraffurstriche festgelegt.

Dunkle Malstriche: Malt große dunkle Bereiche eines Bilds mit kurzen, eng anliegenden Strichen und die helleren Bereiche mit langen, weißen Strichen.

Konturen nachzeichnen: Malt ein Bild, ähnlich einer Federzeichnung, mit sehr feinen Linien über den ursprünglichen Details nach.

Spritzer: Erzielt den Effekt einer Spritzpistole. Durch Erhöhen der Werte wird der Gesamteffekt verstärkt.

Verwackelte Striche: Malt ein Bild mit der dominanten Farbe mit schrägen, verwackelten Farbstrichen nach.

Sumi-e: Malt ein Bild im japanischen Stil, als würden Sie mit einem in schwarze Tinte getränkten Pinsel auf Reispapier malen. Das Ergebnis sind weiche, unscharfe Kanten in tiefem Schwarz.

Metall-Effekte erzeugen mit den Photoshop-Filtern

Metallischer Glanz, erzeugt mit den Photoshop-Filtern

Abb. 4.26:

Für den Eindruck unterschiedlicher *Metalloberflächen* sorgen die verschiedenen Farbkombinationen im *Farbverlauf*-Dialog (Symbol *Verlauf* anklicken und im sich öffnenden Dialog eine Vorauswahl für Verläufe mit Metall-Effekt treffen). Variieren Sie diese Verläufe in der Farbgebung und in der Oberflächenbeschaffenheit.

Über den Aufruf des Filters *Störungen hinzufügen>Monochrom* sowie die richtige Anwendung des Filters *Weichzeichner/Bewegungsunschärfe* verschaffen Sie dem Metall-Effekt einen weiteren Echtheitsgrad.

Relief-Texturen mit Strukturierungsfilter

Texturen mit den Strukturierungsfiltern von Photoshop

Abb. 4.27:

Reliefartige Strukturen lassen sich mit den sechs verschiedenen Strukturierungsfilter *Buntglas-Mosaik, Kacheln, Körnung, mit Struktur versehen, Patchwork* und *Risse* erstellen. Hier im Beispiel wurden die oben aufgeführten Texturen mit den Filtern folgenden Filtern versehen: a) *mit Struktur versehen>Sandstein, b) Risse, c) mit Struktur versehen>Sackleinen und Bewegungsunschärfe, d) Kacheln, e) mit Struktur versehen>Sackleinen>Variation über die verschiedenen Tönen angewendet.*

Risse: Malt ein Bild auf einer grob verputzten Wand, wodurch ein feines Netz von Rissen entsteht, die den Konturen des Bilds folgen.

Körnung: Fügt Struktur zu einem Bild hinzu, indem verschiedene Körnungsarten simuliert werden.

Kacheln: Zeichnet das Bild, als würde es aus zahlreichen kleinen Steinchen oder Kacheln bestehen, und fügt Mörtel zwischen den Kacheln ein

Patchwork: Bricht ein Bild in Quadrate auf, die mit der dominierenden Farbe in diesem Bildbereich gefüllt werden.

Buntglas-Mosaik: Malt ein Bild als einfarbige nebeneinander liegende Zellen, deren Konturen mit der Vordergrundfarbe gezeichnet werden.

Mit Struktur versehen: Wendet eine gewählte oder von Ihnen erstellte Struktur auf ein Bild an.

Texturen mit den Vergröberungsfiltern

Die Vergröberungsfilter erzeugen scharfe Abgrenzungen einer Auswahl, indem sie Pixel mit ähnlichen Farbwerten zu größeren Einheiten zusammenfassen. Hier wurden die Filter nacheinander auf die zuvor einfarbige Datei angewendet.

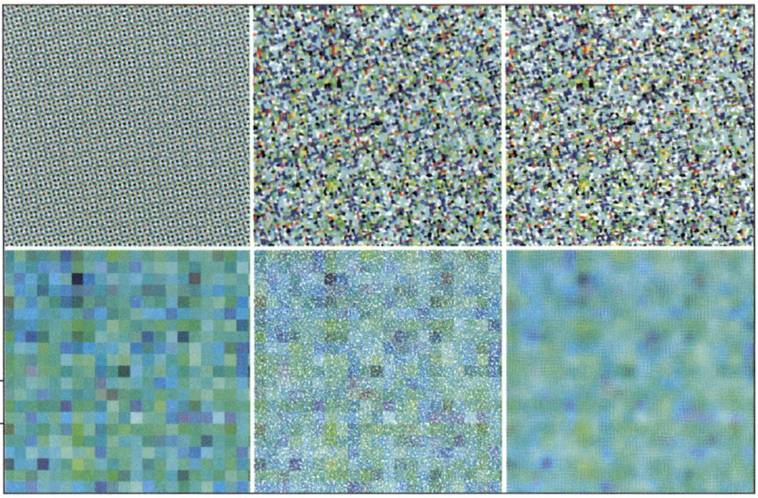

Abb. 4.28: Vielfältige Strukturen mit den Vergröberungsfiltern

Die 6 von 7 Vergröberungsfilter-Effekte von links nach rechts:

Farbraster, Kristallisieren, Mezzotint, Mosaik, Punktieren und Verwackelungs-Effekt.

Farbraster: Simuliert die Wirkung einer sehr groben Rasterung in jedem Kanal. Der Filter teilt das Bild in jedem Kanal in Rechtecke auf und ersetzt jedes Rechteck durch einen Kreis. Die Größe des Kreises verhält sich proportional zur Helligkeit des Rechtecks. Im Dialogfeld legen Sie einen Pixelwert (von 4 bis 127) für den maximalen Radius eines Rasterpunkts fest. Geben Sie eine Rasterwinkelung (Winkel zwischen Punkt und Horizontalen) für jeden Kanal wie folgt ein:

Graustufenbilder verwenden nur Kanal 1. Bei RGB-Bildern entsprechen die Kanäle 1, 2 und 3 den Kanälen Rot, Grün und Blau. Bei CMYK-Bildern entsprechen die vier Kanäle den Farben Cyan, Magenta, Gelb und Schwarz.

Kristallisieren: Bewirkt die flächige Zusammenfassung von Pixeln zu einer Volltonfarbe.

Facetten-Effekt: Bewirkt die flächige Zusammenfassung von Pixeln mit Vollton- oder ähnlichen Farben zu Blöcken mit ähnlich gefärbten Pixeln. Sie können mit diesem Filter ein eingescanntes Bild wie handgemalt erscheinen lassen oder ein realistisches Bild in ein abstraktes Gemälde verwandeln.

Verwackelungs-Effekt: Erstellt vier Kopien der Pixel im Auswahlbereich, berechnet ihren Mittelwert und setzt sie voneinander ab.

Mezzotint: Konvertiert ein Bild in ein Zufallsmuster von Schwarzweißbereichen oder von voll gesättigten Farben in einem Farbbild. Um den Filter zu verwenden, wählen Sie die einzelnen Punktmuster oder die verschiedenen Linienlängen aus dem Menü .

Mosaik: Fasst Pixel zu quadratischen Blöcken zusammen. Alle Pixel in einem gegebenen Block haben die gleiche Farbe, und die Farben der Blöcke repräsentieren die Farben in der Auswahl.

Punktieren: Unterteilt die Farbe in einem Bild in per Zufallsprinzip platzierte Punkte, wie in einem Punktgemälde, wobei die Hintergrundfarbe als Leinwand zwischen den Punkten erscheint.

Texturen mit den Verzerrungsfiltern

Verzerrungsfilter verzerren ein Bild geometrisch und können zum Erzeugen eines 3-D- oder anderen plastischen Effekts verwendet werden.

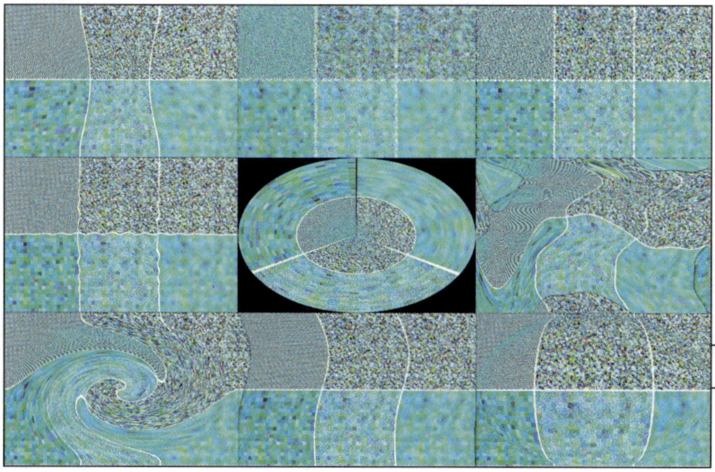

Interessante Strukturen mit den Verzerrungsfiltern

Abb. 4.29:

Die verschiedenen Verzerrungsfilter: *Distortion, Glas (hier Riffelglas-Effekt), Kräuseln, Ozeanwellen, Polarkoordination, Schwingungen, Strudel, Verbiegen, Wellen, Wölben.*

Weiches Licht: Verändert ein Bild, als würden Sie es durch einen weichen Lichtfilter betrachten. Der Filter fügt durchsichtige weiße Störungen zu einem Bild hinzu, wobei der Schein von der Mitte einer Auswahl nach außen hin abnimmt.

Versetzen: Verwendet ein zweites Bild (genannt *Verschiebungsmatrix*), um zu bestimmen, wie die Auswahl verzerrt wird.

Versetzen: Der Filter verschiebt eine Auswahl anhand eines Farbwerts aus der Verschiebungsmatrix. Ein Wert von 0 ist die maximale negative, ein Wert von 255 die maximale positive Verschiebung. Ein Grauwert von 128 bewirkt gar keine Verschiebung. Wenn die Matrix aus einem Kanal besteht, wird das Bild entlang einer Diagonalen verschoben, die durch das horizontale und vertikale Seitenverhältnis definiert wird. Umfasst sie mehr als einen Kanal, kontrolliert der erste Kanal die horizontale, der zweite Kanal die vertikale Verschiebung.

Glas: Bewirkt, dass ein Bild aussieht, als würden Sie es durch verschiedene Arten von Glas betrachten. Sie können einen Glas-Effekt wählen oder Ihre eigene Glasoberfläche als Photoshop-Datei erstellen und anwenden. Sie können die Skalierung, Verzerrung und Glättung einstellen.

Ozeanwellen: Fügt in unregelmäßigen Abständen Wellen auf der Bildoberfläche hinzu, sodass das Bild aussieht, als befände es sich unter Wasser.

Distorsion: Drückt eine Auswahl zusammen. Ein positiver Wert von bis zu 100 % staucht die Auswahl zum Mittelpunkt hin. Ein negativer Wert von bis zu -100 % dehnt sie nach außen.

Polarkoordinaten: Konvertiert eine Auswahl je nach eingeschalteter Option von rechteckigen in Polarkoordinaten und umgekehrt.

Kräuseln: Erzeugt ein wellenförmiges Muster auf einer Auswahl, wie die Wellen auf einer Wasseroberfläche. Falls Sie exaktere Einstellungsmöglichkeiten benötigen, sollten Sie statt dessen den Filter *Schwingungen* verwenden. Einstellbar sind die Stärke und Größe der Kräuselung .

Verbiegen: Verzerrt ein Bild entlang einer Kurve. Legen Sie die Kurve fest, indem Sie die Linie in dem Feld ziehen, bis sie die gewünschte Verzerrungskurve bildet. Sie können jeden Punkt entlang der Kurve verändern.

Wölben: Verleiht Objekten einen 3-D-Effekt, indem eine Auswahl auf eine Kugeloberfläche projiziert wird. Das Bild wird verzerrt und an die Form der gewählten Kurve angepaßt.

Strudel: Bewirkt eine wirbelförmige Auswahlverzerrung, die in der Mitte ausgeprägter als an den Kanten ist. Durch Angabe eines Winkels wird ein Strudelmuster produziert.

Schwingungen: Arbeitet ähnlich wie der Filter *Kräuseln*. Bestimmen lassen sich die Anzahl der Generatoren, die Wellenlänge (also die Entfernung vom Kamm einer Welle zum nächsten), die Höhe der Welle und die Wellenform: Sinus (rollend), Dreieck oder Quadrat. Die Option *Zufallsparameter* wendet Zufallswerte an. Sie können außerdem bestimmen, wie die nicht verzerrten Bereiche gehandhabt werden.

Wellen: Erzeugt eine kreisförmige Verzerrung der Auswahl, abhängig vom Radius der Pixel im ausgewählten Bereich. Die Option *Wellen* bestimmt die Anzahl der Richtungswechsel des Zickzacks von der Mitte der Auswahl bis zur Außenkante. Sie können weiterhin angeben, wie die Pixel verschoben werden sollen: *Kreisförmig um die Mitte* verschiebt die Pixel nach oben links oder unten rechts, *Konzentrisch aus der Mitte* verschiebt die Pixel von der Mitte der Auswahl weg bzw. zu ihr hin, *Diagonal wellenförmig* dreht Pixel um die Mitte der Auswahl.

Texturen mit den Tools von extensis

Der Filter *PhotoTexture* von *extensis PhotoTools* bietet ebenfalls ein reichhaltiges Angebot an interessanten Strukturen für die Erstellung von Kacheln und anderen Hintergrundbildern.

Malerische Webkacheln erstellt mit dem Filter *PhotoTexture* von *extensis*

Abb. 4.30:

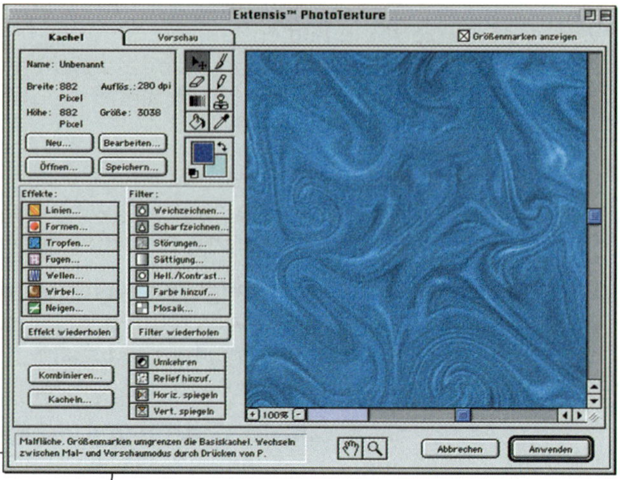

Abb. 4.31: Der Extensis-Dialog für die Erstellung einer Textur

Für das Erstellen einer Textur mit PhotoTexture erstellen Sie eine neue Datei in Photoshop und rufen dann den Filter *PhotoTexture* aus dem Menü *extensis* auf. Mit Klick auf die Option *Leer* können Sie im zunächst leeren Arbeitsfeld eine neue Struktur kreieren, deren Maße sich aus der in Photoshop erstellten Datei ergeben. Erstellen Sie die Struktur mit den angebotenen Effekten, Filtern und Werkzeugen des PhotoTextures-Dialogfelds. Geben Sie zunächst *Farbe>Farbe hinzufügen* und *Effekt* vor und wenden dann die *Filter* darauf an. Sie können Ihre erstellte Textur mit Klick auf die Schaltfläche auf die Photoshop-Datei anwenden oder direkt in PhotoTexture als JPEG-Datei speichern, um die Textur nach PhotoButton zu exportieren.

Linien erzeugen mit Photoshop

Trennlinien

Linien sind eine optisch ansprechende Möglichkeit, eine Website gestalterisch sinnvoll zu gliedern. Ein simpler HTML-Tag macht es zwar möglich, eine einfache Linie im Web-Editor aufzurufen, wenn Sie jedoch Wert auf eine optisch anspruchsvollere Linie legen, sollten Sie diese in Photoshop als Grafik selbst kreieren. Da Linien nur wenige Pixel für die Breite benötigen, verbrauchen sie auch nur wenig Speicherplatz. Im Gegensatz zu einer mit HTML erzeugten Linie, die sich automatisch der Breite des Fensters anpasst, müssen Sie bei grafischen Linien deren Länge festlegen. Diese liegt im Allgemeinen zwischen 500 bis 800 Pixel. Welches Dateiformat, also GIF oder JPEG, sich am besten eignet, hängt von der Bearbeitung ab. Testen Sie, bei welcher Kompression Ihre Linie am wenigsten KByte verbraucht und doch optimal aussieht. Wenn Sie Transparenzen benutzen, z.B. für eine gestrichelte Linie, gilt hier auf jeden Fall das GIF-Format.

Linien erzeugen mit Photoshop

Mit HTML-Tags ist es zwar möglich, Trennlinien innerhalb von Websites zu erzeugen, um einzelne Bildelemente übersichtlich zu gestalten, aber gestalterisch aufregender sind die selbst entworfenen Linien allemal. Mit diversen Plug-Ins von Photoshop sind sie leicht erstellt, und Speicherplatz kosten sie auch nicht unmäßig. Wiederholen Sie Ihre Trennlinien auf einer Site, das verhilft neben einem überschaubaren und einheitlichen Design zu einem schnellen Laden der Webseite, da die Grafik dann auch nur einmal geladen werden muss.

Horizontale Linien

Um kreative Linien herzustellen, bieten sich wieder eine Vielzahl von Möglichkeiten an.

1. Erstellen Sie eine neue Datei in Photoshop mit den Werten 800 x 10 Pixel bei 72 Pixel/Inch.

2. Auf diese Datei können Sie die im Abschnitt *Textur* angewendeten Tools übertragen. Schöne Ergebnisse erzielen Sie, wenn Sie eine farbige Linie mit einem Strukturfilter bearbeiten, zusätzlich können Sie mit einem Bevel-Filter noch einen 3-D-Effekt erzeugen.

Für einfache Farbverläufe benutzen Sie das Verlauf-Werkzeug der Werkzeug-Palette, für schrille bunte Linien eignet sich der KPT Verlaufsdesigner hervorragend.

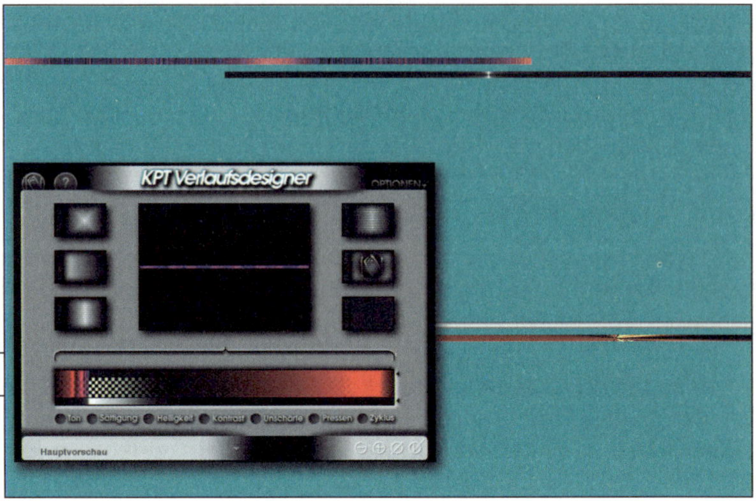

Vielseitige Linien erstellen mit den Plugins von Photoshop

Abb.4.32:

Linien aus gescannten Vorlagen

Eine weitere Möglichkeit, Ihre Site optisch aufzuwerten und zu gliedern ist die Verwendung von freigestellten Grafiken: längliche Objekte wie beispielsweise Lineale, Kabel, Bleistifte usw. Diese Formen müssen transparent gemacht werden, da sie unregelmäßige Umrisse haben. Am besten eignet sich neutrales Grau, RGB = 192,192,192, das im GIF'89-Export von Photoshop schon vorgegeben ist. Eine besonders schöne Optik für einen Schwebe-Effekt erreichen Sie mit den Schlagschatten-Effekten von Photoshop.

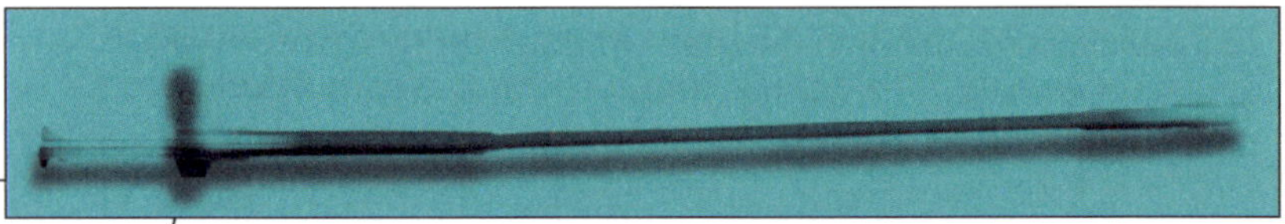

Eine Grafik als Linie

Abb.4.33:

1. Scannen Sie ein Objekt Ihrer Wahl, in diesem Beispiel handelt es sich um einen Selbstauslöser für eine Fotokamera.

2. Erzeugen Sie eine farbige Hintergrundfläche auf unterster Ebene und stellen Sie Ihr Objekt mit dem Zauberstab der Werkzeug-Palette frei.

3. Markieren Sie Ihr Bildmotiv auf transparenter Ebene und experimentieren Sie mit den verschiedenen Modi der Ebenen-Palette.

Modi der Ebenen-Palette

Sie können festlegen, welche Pixel bei der Wahl eines Modus für die Grafik verändert werden, indem Sie bei markierter Ebene links oben in der Ebenen-Palette einen Modus auswählen. Im Folgenden ein kurzer Überblick über die Wirkung der verschiedenen Modi. Allgemein gilt:

- Ausgangsfarbe ist die Originalfarbe des Bilds.
- Farbauftrag ist die mit dem Mal- oder Bearbeitungs-Werkzeug aufgetragene Farbe.

Zielfarbe ist die Farbe, die durch den Farbauftrag entsteht.

Normal: Dies ist die Standardeinstellung.

Sprenkeln: Die Pixel werden mit der Ausgangsfarbe oder dem Farbauftrag per Zufallsverteilung durch die Zielfarbe ersetzt, abhängig von der Deckkraft der einzelnen Pixel. Dieser Modus kommt am besten mit den Pinsel oder der Airbrush und großen Werkzeugspitzen zur Geltung.

Dahinter auftragen: Bearbeitet nur den transparenten Teil einer Ebene. Dieser Modus funktioniert nur auf teilweise transparenten Ebenen. Wenn Sie Farbe auftragen, entsteht ein Effekt, als würden Sie hinter den transparenten Bereichen auf einer Art Folie malen.

Löschen: Jeder Pixel, über den gemalt oder der bearbeitet wird, erscheint transparent. Dieser Modus ist für den Linienzeichner, das Füll-Werkzeug, und die Befehle unter Füllen verfügbar. Er kann nur im Zusammenhang mit Ebenen verwendet werden.

Multiplizieren: Prüft die Farbinformationen in jedem Kanal und multipliziert die Ausgangsfarbe mit dem Farbauftrag. Dabei entsteht stets eine dunklere Farbe. Wenn Sie eine Farbe mit Schwarz multiplizieren, entsteht Schwarz, beim Multiplizieren einer beliebigen Farbe mit Weiß ändert sich die Farbe nicht. Wenn Sie mit einer anderen Farbe als Schwarz oder Weiß malen, werden die Farben zunehmend dunkler, je häufiger Sie mit einem Mal-Werkzeug über eine Stelle malen.

Negativ multiplizieren: Prüft die Farbinformationen in jedem Kanal und multipliziert die umgekehrten Werte von Ausgangsfarbe und Farbauftrag. Die Zielfarbe ist immer heller. Mit

Schwarz bleibt die Farbe unverändert, mit Weiß entsteht Weiß. Dieser Effekt ist vergleichbar mit dem Malen mit einem ausbleichenden Mal-Werkzeug.

Ineinanderkopieren: Multipliziert die normalen oder die umgekehrten Farbwerte, abhängig von der Ausgangsfarbe. Muster oder Farben werden auf die vorhandenen Pixel aufgetragen, wobei die Lichter und Tiefen der Ausgangsfarbe erhalten bleiben. Die Ausgangsfarbe wird nicht ersetzt, sondern vermischt sich mit dem Farbauftrag, um die hellen und dunklen Bereiche der Originalfarbe widerzuspiegeln.

Weiches Licht: Dunkelt die Farben ab oder hellt sie, je nach Farbauftrag, auf. Der Effekt ist vergleichbar mit dem Beleuchten eines Bilds mit diffusem Licht.

Hartes Licht: Multipliziert die normalen oder umgekehrten Farbwerte, abhängig vom Farbauftrag. Dieser Effekt ist vergleichbar mit dem Beleuchten eines Bilds mit grellem Licht.

Farbig abwedeln: Untersucht die Farbinformation in jedem Kanal und hellt die Ausgangsfarbe auf, um den Farbauftrag wiederzugeben. Beim Malen mit Schwarz bleibt die Farbe unverändert.

Farbig nachbelichten: Untersucht die Farbinformation in jedem Kanal und dunkelt die Ausgangsfarbe ab, um den Farbauftrag wiederzugeben.

Farbton: Erzeugt eine Zielfarbe aus Luminanz und Sättigung von Ausgangsfarbe und Farbton des Farbauftrags.

Abdunkeln: Untersucht die Farbinformation in jedem Kanal und wählt von Ausgangsfarbe oder Farbauftrag die dunklere Farbe als Zielfarbe. Pixel, die heller als der Farbauftrag sind, werden ersetzt; Pixel, die dunkler sind, bleiben unverändert.

Aufhellen: Untersucht die Farbinformation in jedem Kanal und wählt von Ausgangsfarbe oder Farbauftrag die hellere Farbe als Zielfarbe. Pixel, die dunkler als der Farbauftrag sind, werden ersetzt; Pixel, die heller sind, bleiben unverändert.

Differenz: Untersucht die Farbinformation in jedem Kanal und zieht entweder den Farbauftrag von der Ausgangsfarbe oder die Ausgangsfarbe vorn Farbauftrag ab, je nachdem, welche Farbe den höheren Helligkeitswert hat.

Ausschluss: Erzeugt einen ähnlichen, jedoch weicheren Effekt als der Differenz-Modus. Bei einem weißen Farbauftrag werden die Werte der Ausgangsfarbe umgekehrt. Bei einem schwarzen Farbauftrag bleiben die Werte unverändert.

Sättigung: Erzeugt eine Zielfarbe aus Luminanz und Farbton der Ausgangsfarbe und Sättigung des Farbauftrags. Wenn Sie mit diesem Modus in einem Bereich mit einer Sättigung von Null (Grau) malen, verändert sich nichts.

4 Für den Selbstauslöser wurde der Modus *Farbig nachbelichten* bei einer Ebenendeckraft von 80% gewählt.

5 Daraufhin wurde der Filter *Renderingsfilter>Differenzwolken* auf das Bildmotiv angewendet.

6 Nacheinander wurden die verschiedenen Filter aus der Photoshop-Sammlung ausprobiert, um den geeigneten Effekt zu erzielen:

- Leuchtende Konturen
- Störungen hinzufügen>Menge = *70 Pixel*>Monochrom
- Vergröberungsfilter>Verwackelungs-Effekt

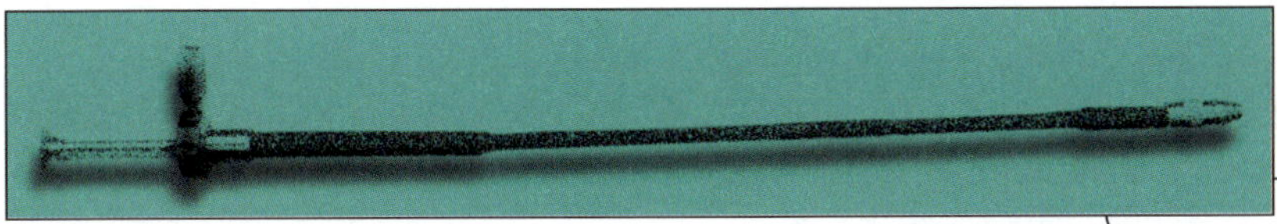

Leuchtende Konturen und Störungen für die Verfremdung des Drahtauslösers

Abb. 4.34:

Weiches Einbinden in die Site

Damit die Grafik als Linie nicht die Website dominiert, wird sie im nächsten Beispiel weichgezeichnet und in den Tonwerten reduziert.

1 Rufen Sie den Filter *Weichzeichner>Bewegungsunschärfe* auf und wählen Sie einen geeigneten Winkel und die Stärke für die Bewegungsunschärfe.

2 Wählen Sie über *Bearbeiten>Einstellen* die *Tonwertkorrektur* auf. Ziehen Sie den weißen Balken nach links. Überprüfen Sie die Stärke der Verblassung und versuchen Sie es gegebenenfalls erneut.

Arbeiten mit der Bewegungsunschärfe und Verblassen mit den Einstellungen der Tonwertkorrektur

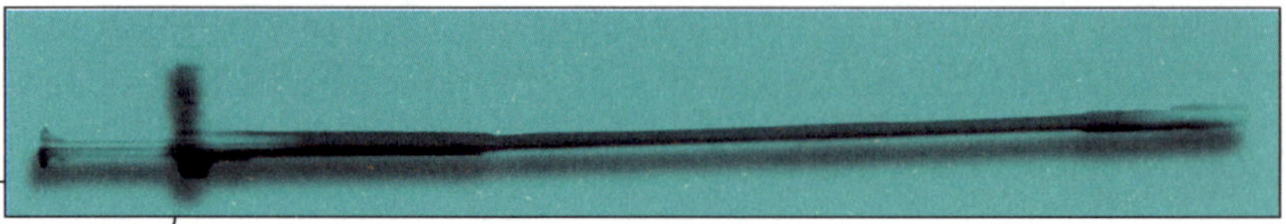

Abb. 4.35:

Linien als Hintergrundbild

Linien eignen sich auch sehr gut dazu, Platz sparend Farbverläufe auf Ihrer Site zu erzeugen, entweder horizontal oder vertikal. Bei einem vertikalen Farbverlauf müssen Sie auf einer Seite, die viel Informationen enthält und gescrollt werden muss, aufgrund des Kachel-Effekts darauf achten, dass die Grafik lang genug ist. So können das bei großen Sites allerdings schon mal mehr als 2.000 Pixel werden. Dafür sollten Sie den Verlauf so erzeugen, dass am Ende der Linie wieder dieselbe Farbe wie am Anfang steht. Auch hier sind speziell mit KPT Gradient Designer der Kreativität keinerlei Grenzen gesetzt.

Montieren und Kolorieren für das Web

5

Rund um Bildmontagen

Das Kriterium, um das sich alles dreht: die Dateigröße

Ein Hauptkriterium für Bilder im Web stellt deren Dateigröße dar. Immer noch muss man davon ausgehen, dass der ein oder andere Website-Besucher ein langsames 14.4-K-Modems besitzt. Auch wenn so mancher mittlerweile über ein schnelleres Modem verfügt, gibt es auch dann noch genug Ursachen für Verzögerungen bei der Übertragung. Auch muss man damit rechnen, dass sich der Surfer die Site auf einem Monitor betrachtet, der gerade mal 256 Farben anzeigen kann. Wenn Sie die breite Masse im Auge behalten möchten, müssen Sie die Bilder Ihrer Website darauf abstellen.

Abwägen ist angesagt

Wenn für die Website das Laden mit geringen Wartezeiten oberste Priorität darstellt, sollten Sie dennoch Zeit und Überlegungen darauf verwenden, Ihre Bilder trotz – oder gerade wegen – dieser erheblichen Einschränkung attraktiv zu gestalten.

Wenn Sie der Ansicht sind, den Besuchern Ihrer Site ist ein wenig Ladezeit zuzumuten, „denn das Ergebnis lohnt sich“, sollten Sie sich trotzdem vorher die Zeit nehmen, Ihre Bilder für das Web zu optimieren. Denn es gibt eine ganze Menge sinnvoller Methoden, Dateien klein zu halten, die der Qualität der Bilder und der Kreativität der Site nicht entgegenstehen, vielleicht sogar neue Ideen ins Leben rufen.

Die wichtigen Kriterien für die Optimierung von Bilder für Websites sind die Wahl der Bit-Tiefe, der Auflösung und Bildgröße sowie des Dateiformats. In den Kapiteln *Image Ready im Überblick, Technische Voraussetzungen / Bildmaterial / sonstige Medien* und *Arbeiten mit Image Ready im Detail* erfahren Sie alles eingehend darüber. In diesem Kapitel geht es vornehmlich darum, Ideen für Bilder zu kreieren und/oder auch Kriterien für Arbeitsschritte zu entwickeln, die für das Web geeignet sind.

Reduzieren der Farbtiefe

Eine grundlegende Methode für das Kleinhalten von Dateigrößen ist die Reduzierung von Bildern auf möglichst wenig Farben. Im einfachsten Fall arbeiten Sie mit einer reduzierten Farb-Palette. Beim Aufrufen des Befehls *Indizierte Farben* werden Ihnen verschiedene Farb-Paletten zur Auswahl angezeigt, darüber mehr in den Kapiteln *Image Ready im Überblick* und *Arbeiten mit Image Ready im Detail*. Die Verwendung von monochromen Farbflächen ist zudem eine sinnvolle und beliebte Methode, mit wenigen Farben auszukommen. Für die Arbeit mit einheitlichen Farbflächen eignen sich andere Programme allerdings besser als Photoshop. Unter Ausschöpfung der Tools von Photoshop werden in diesem Kapitel vielfältige Bildbeispiele vorgestellt, bei denen das Gewicht auf das kreative Gestalten von Bildmotiven mit reduzierter Farbigkeit liegt.

Bildmontage 1: Feder

Folgende Bearbeitungsmethoden und Filter werden bei der Montage vorgestellt:

- Stilisierungsfilter *Windeffekt* und *Korneffekt*
- Zeichenfilter *Strichumsetzung*
- Arbeiten mit dem *Alpha-Kanal*
- Auswahl erstellen im *Maskierungsmodus*
- Weichzeichnungsfilter *Bewegungsunschärfe*

Abb. 5.1: Die in der Farbe reduzierten Feder im Einklang mit der Hintergrundfläche

Wir beginnen mit dem Einscannen einer Feder (siehe Thema *Scannen* in den Kapiteln *Technische Voraussetzungen / Bildmaterial / sonstige Medien* und Kapitel *Projekt 2: Kunstprojekte im Netz*).

1. Für die Gestaltung eines Hintergrundbilds für die nachfolgende Montage erstellen Sie eine neue Datei mit den folgenden Werten: *Breite* = 12 cm, *Höhe* = 10 cm, *Auflösung* = 72 dpi, *Hintergrundfläche* = Weiß.

2. Rufen Sie eine neue Ebene auf und benennen Sie diese mit *back*.

3. Ziehen Sie in *back* ein Auswahlrechteck ohne *weiche Auswahlkante* auf, das einen Großteil der Fläche einnimmt. Füllen Sie diese mit einer Farbe , z.B. ein kühles Grün, und heben Sie die Auswahl wieder auf.

Tipp

Hier bietet es sich an, den oben beschriebenen Arbeitschritt mit dem neuen Rechteck-Werkzeug von Photoshop 6.0 vorzunehmen, das sich innerhalb der Werkzeug-Palette befindet. Dabei müssen Sie beachten, die Farbe für die Füllung *vorher* festzulegen, und das Symbol für gefüllte Form in der kontextsensitiven Leiste anzuklicken.

4. Rufen Sie im Menü *Filter* den Filter *Störungen hinzufügen* auf und wählen Sie *10 Pixel* mit der Einstellung *monochrom*.

5. Wählen Sie nun mehrmals hintereinander *Vergröberungsfilter>Windeffekt>Orkan* (mindestens zwei Mal). Störende Flecken retuschieren Sie mit einer weichen Radiergummi-Spitze nach.

Monochrome Fläche für einen Montagehintergrund

Abb. 5.2:

Tipp

Probieren Sie auch Variationen mit dem Filter *Korneffekt* (10-15 Mal hintereinander aufrufen) und wählen Sie daraufhin den Filter *Verwackelte Striche*.

1. Rufen Sie den *Zeichenfilter>Strichumsetzung* (siehe Beschreibung des Filters hier in diesem Kapitel) auf und geben Sie die folgende Werte ein: *Strichlänge* 15, *Farbverhältnis* 51, *Horizontal*.

2. Wählen Sie jetzt Sie den Stilisierungsfilter *Korneffekt> Abdunkeln*.

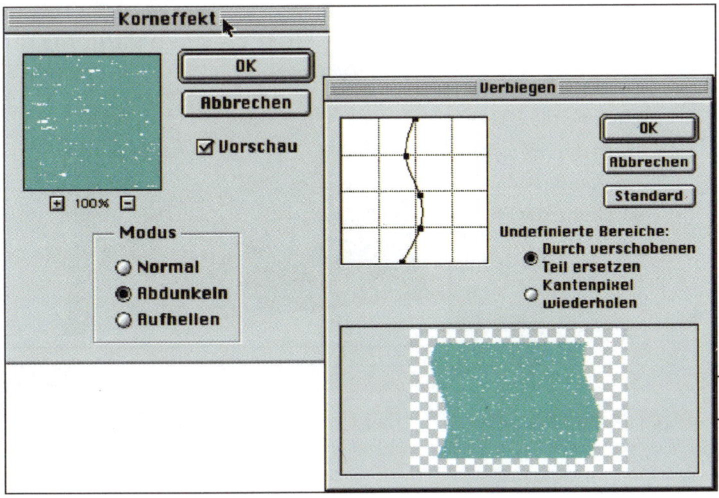

Anwendung verschiedener Filter, um einen bewegten Untergrund zu erzielen

Abb. 5.3:

3 Nachfolgend wird die erzeugte monochrome Fläche über den Menüpunkt *Bearbeiten>Transformieren* perspektivisch verzerrt und gedreht.

Abb. 5.4: Anwenden des Filters *Korneffekt*

Beim Einsatz des Stilisierungsfilter *Windeffekt und Korneffekt* werden Pixel verschoben und der Kontrast des Bilds erhöht. Beim Filter *Windeffekt* wird die Richtung und die Stärke (Wind, Sturm, Orkan) der zu verschiebenden Pixel bestimmt; der Eindruck einer unterschiedlich kräftigen Brise entsteht. Beim Filter *Korneffekt* erscheinen die einzelnen Pixel aufgeraubt, sodass ein malerischer Bildeindruck entsteht.

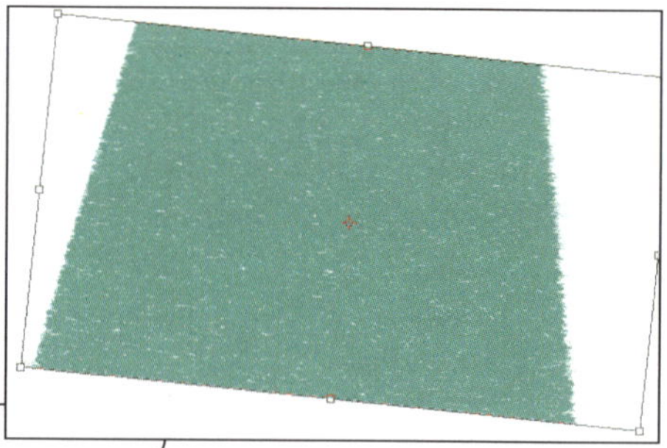

Abb. 5.5: Erstellen einer schwebende Fläche durch den *Transformieren*-Befehl und Drehung der Form

4 Der Ebene *back* wird eine *Ebenenmaske hinzugefügt* durch Klick auf das entsprechende Symbol in der Ebenen-Palette. Hier werden mit dem *Airbrush* der Werkzeug-Palette und Weiß als Vordergrundfarbe weiche Wolkenfelder innerhalb der grünen Fläche kreiert.

Vorsicht ist geboten: Der letzte Arbeitsschritt kann aufgrund der weichen Übergänge zu einer Erweiterung der Dateigröße führen. Auch bedeutet das Anwenden einer Vielzahl von Filtern ein Vergrößern der Datei.

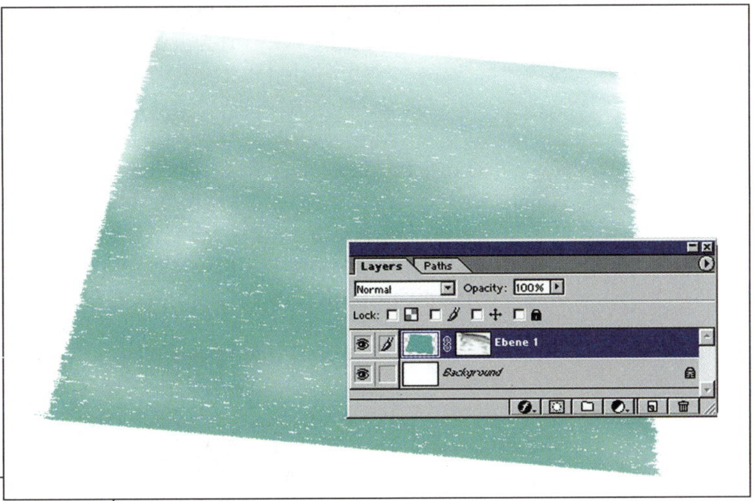

Fertige Fläche

Abb. 5.6:

Der **Zeichenfilter** *Strichumsetzung* eignet sich hervorragend für die Abstraktion von Bildvorlagen.

Beim Einsetzen dieses Zeichenfilters wird das Bild in eine Art skizzenhafte Strichzeichnung umgewandelt. Beispiel: *K5_works/flowers/farnstrich.psd.*

Federhaftes Freistellen

Das gescannte Objekt *Feder* wird auf folgende Art freigestellt:

1 In der Kanäle-Palette wird der Farbkanal mit dem stärksten Kontrast markiert, in unserem Bild Grün, und als Alpha-Kanal dupliziert.

2 Der Befehl *Bearbeiten>Helligkeit>Kontrast* wird aufgerufen und die Kontraste des Motivs weiter angehoben.

3 Die Auswahl wird durch Doppelklick auf den Alpha-Kanal geladen und der Befehl *Auswahl>Auswahl umkehren* aufgerufen.

4 Der Maskierungsmodus wird eingeschaltet und die Auswahl mit dem Radiergummi der Werkzeug-Palette perfektioniert.

5 Die neue Auswahl wird mit *Auswahl>Auswahl speichern* für die weitere Verwendung gesichert. Der ausgewählte störende Hintergrund der Feder wird mit der [Entf]-Taste entfernt.

Tipp

Das Freistellen der Feder sollten Sie parallel dazu einmal mit dem verbesserten *Extrahieren*-Dialog probieren. Für Objekte wie das einer Feder, die Haare vom Menschen oder ein Tierfell ist diese Methode des Freistellens entwickelt worden. Siehe dazu die Beschreibung im Kapitel *Die neuen Tools von Photoshop 6*.

6 Zurückgekehrt in den Arbeitsmodus wird die freigestellte Feder mit den Einstellungen des Dialogs *Farbton>Sättigung>Kolorieren* in einen einheitlichen Farbton getaucht.

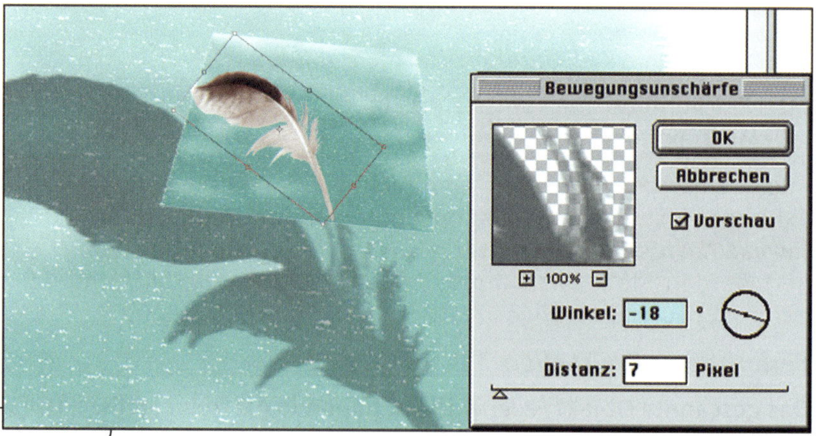

Die bearbeitete Feder verbindet sich mit der schwebenden Fläche zu einer transparenten Bildmontage

Abb. 5.7:

Federnde Montage

Die Feder soll im Folgenden als Auswahl in die grüne Fläche eingebunden werden

1. Ziehen Sie die Feder (Datei *bildfeder.psd*) per Drag & Drop in die Datei *back3.psd* des Ordners *k5_works/flowers*.

2. *Skalieren* Sie die *Feder* mit dem Aufruf *Bearbeiten> Transformieren>Skalieren*.

3. *Drehen* und *Verzerren* Sie die Feder mit den entsprechenden Transformierungsmethoden.

4. Ändern Sie die *Ebenenreihenfolge*, indem Sie die Feder unterhalb die grüne Fläche bewegen, und stellen Sie die Deckkraft der grünen Fläche auf 67 % ein. Siehe unter k5_*works/flowers/montage2.psd*.

5. Laden Sie die Auswahl *feder* und löschen Sie deren Inhalt auf der Ebene *feder*.

6. Wählen Sie eine mittleren Grauton aus der Farb-Palette und rufen Sie den Befehl *Bearbeiten> Fläche füllen* auf.

7. Rufen Sie den Filter *Weichzeichnungsfilter>Bewegungsunschärfe* auf, und stellen Sie folgende Parameter ein: *Winkel* = -18, *Distanz* = 7.

8. Mit dem Radiergummi und der *Verblassen*-Option (*12 Stufen*) der Werkzeug-Optionen-Palette können Sie den weichen Übergang von der Fläche zur gefüllten Auswahl *feder* weiter verfeinern.

Die fertige Bildmontage sollte nun mit den Optimierungsmethoden von Photoshop auf eine möglichst geringe Dateigröße reduziert werden. Siehe dazu Kapitel *Image Ready im Überblick* und *Technische Voraussetzungen / Bildmaterial / sonstige Medien*.

Bildmontage 2: Muschel im Sand

Abb. 5.8: Abstrahierte Muschelform auf einer stilisierten Fläche

Für diese Bildmontage werden folgende Tools und Filter vorgestellt:

- Menüpunkt *Tontrennung*
- Verzerrungsfilter *Strudel*
- Zeichenfilter *Strichumsetzung*
- Zeichenfilter *Conte'-Stifte*
- Weichzeichnungsfilter *Radialer Weichzeichner*

Öffnen Sie das gescannte Muschel-Objekt *muschel1.psd* aus dem Ordner *K5_works/flowers*. Erstellen Sie eine grobe Auswahl mit dem Lasso der Werkzeug-Palette.

1. Wechseln Sie in den *Maskierungsmodus* und verfeinern Sie die Auswahl unter Anwendung des Radiergummis mit einer feinen Werkzeugspitze.

2. Speichern Sie die neue Auswahl mit *Auswahl>Auswahl speichern* und löschen Sie den Hintergrund mit der [Entf]-Taste.

3. Doppelklicken Sie auf die Ebene *muschel* und rufen Sie den Befehl *Bearbeiten>Einstellen>Sättigung verringern* auf.

4. Erhöhen Sie die Kontraste mittels der *Gradiationskurve*.

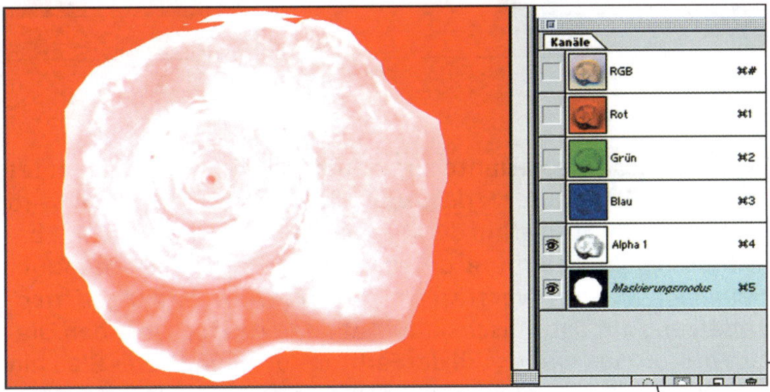

Abb. 5.9: Auswahl erstellen im Maskierungsmodus

1. Rufen Sie den Dialog *Bearbeiten>Einstellen>Farbton/Sättigung* auf und wählen Sie einen Farbton, z.B. Grün.

Tipp

Damit die Originaldatei erhalten bleibt, können Sie auch über die Ebeneneinstellungen (das schwarz-weiße Kreis-Symbol unten in der Ebenen-Palette) den Dialog *Farbton-Sättigung* aufrufen. Die Einstellungen werden dann auf die Ebene angewendet, ohne das Original wirklich zu verändern. Zudem können Sie die Einstellungen wechseln oder auch wieder löschen.

2. Laden Sie die Auswahl der Muschelebene und rufen Sie in der Ebenen-Palette die Einstellungsebene *Tontrennung* auf. Geben Sie unter *Stufen* 12 ein.

Verfremdungseffekt mit der Einstellungsebene *Tontrennung*

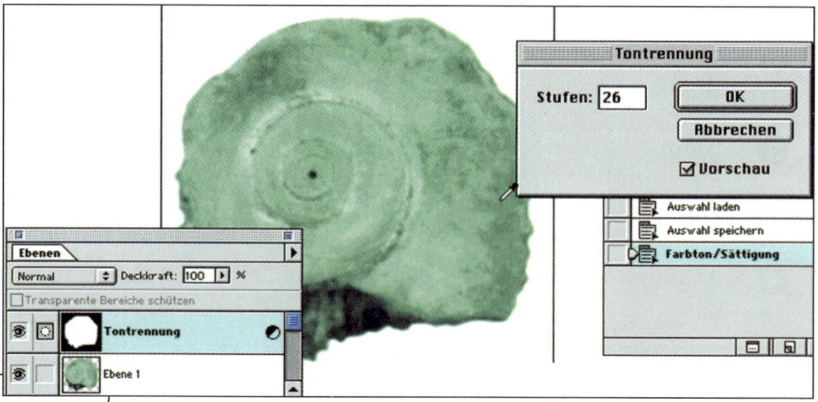

Abb. 5.10:

Tipp

Eine interessante Variante zum Effekt der Tontrennung bietet auch der Zeichenfilter *Strichumsetzung*. In diesem Beispiel wird zuvor der Filter *Strudel* auf die Muschel angewendet, dann die Ebene muschel dupliziert und deren Kontraste mit dem Menüpunkt *Helligkeit/Kontrast* verstärkt. Daraufhin wird der Filter *Strichumsetzung* auf das Muschelduplikat angewendet. Über den Dialog *Farbton/Sättigung* wird der Farbton auf ein mittleres Blau hin verschoben. Zum Schluß wird die Deckkraft der duplizierten Ebene auf 50 % reduziert.

Verfremdung mit dem Zeichenfilter *Strichumsetzung*

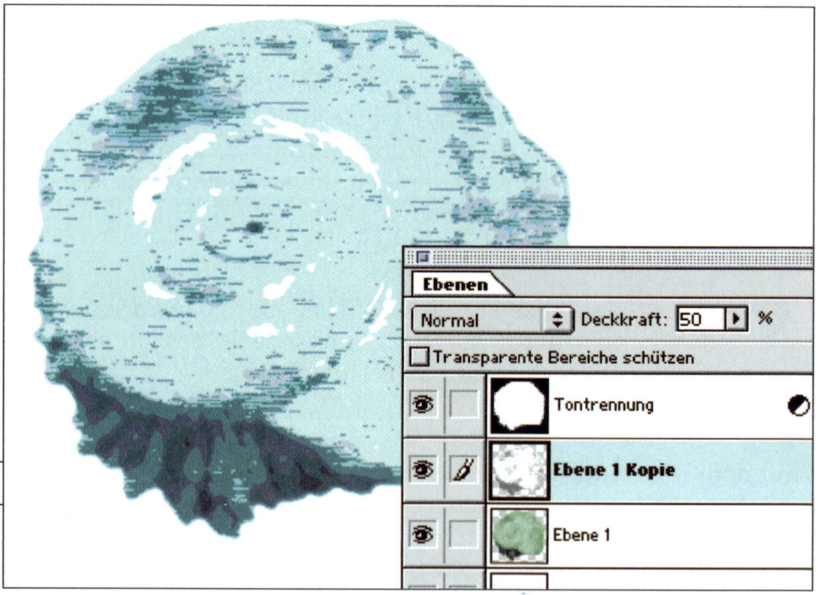

Abb. 5.11:

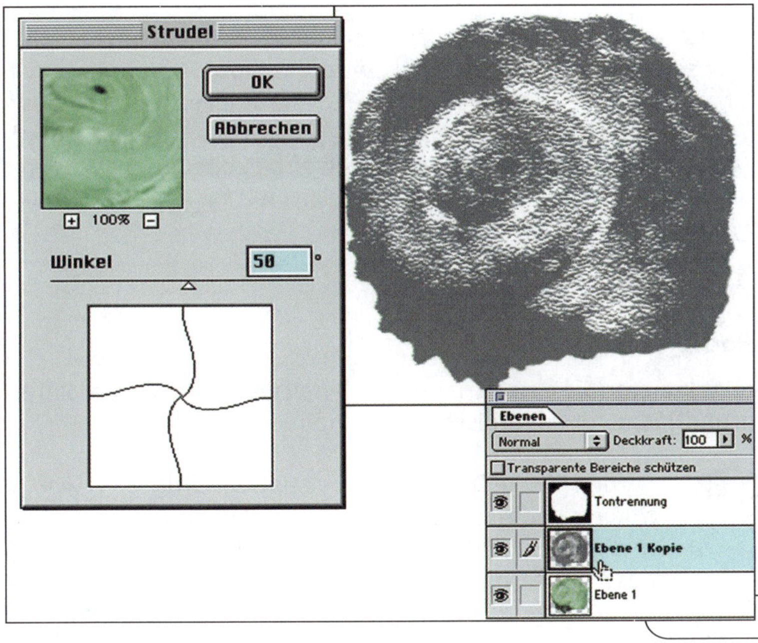

Anwenden des Zeichenfilters *Conte'-Stift*

Abb. 5.12:

1. Wenden Sie den Verzerrungsfilter *Strudel* an.

2. Rufen Sie den Zeichenfilter *Conte'-Stifte>Sandstein* auf. Anschließend geben Sie unter *Filter>Verblassen* den Modus *Ausschuss bei 77 %* ein.

3. Verändern Sie den Farbton mit den Einstellungen des Farbton-Sättigung-Dialogs.

Mit dem Befehl *Tontrennung* können Sie die Anzahl der Tonwerte für eine Bildvorlage bestimmen: Je kleiner die eingegebene Zahl ist, desto weniger Töne sind im Bild und umso grobflächiger erscheint das Motiv. Im Graustufenmodus wird der Effekt gut deutlich, wenn Sie dort nacheinander die Graustufen von 255 auf 1 verringern. Mit anschließender Kolorierung können Sie sehr geeignete Webmotive kreieren. Siehe *Kap5/works/flowers/tontrenn.psd* auf der CD-ROM.

Mit dem Verzerrungsfilter *Strudel* können Sie durch die Wahl des Winkels eine geometrische Verzerrung erlangen. *Achtung*: Die Verwendung dieses Filters kann Ihre Datei vergrößern. Beispiel: *Kap5/works/flowers/flowerstrude u. muschcont.psd*.

Der Zeichenfilter *Conte'-Stifte* versieht das Bild mit einer Struktur, sodass der Eindruck erweckt wird, das Motiv wurde auf Leinwand, Sandstein, etc. gemalt. Die Struktur errechnet sich aus der zuvor bestimmten Hinter- und Vordergrundfarbe der Werkzeug-Palette, deren Einfluss von den eingegebenen Werten im Dialog des Filters bestimmt wird. Beispiel: *K5_works/flowers/flowerconte.psd.*

Radialer Hintergrund

Jetzt kreieren Sie eine Variation der bereits angewendeten Hintergrundfläche für das stilisierte Muschelmotiv:

1. Öffnen Sie die Datei *back1.psd* aus dem Ordner *K5_works/flowers* und ziehen Sie die Auswahl *back* mit Drag & Drop in die Muscheldatei. Plazieren Sie die Fläche unterhalb des Muschelmotivs.

2. Markieren Sie die Ebene *back* und rufen Sie den Weichzeichnungsfilter *Radialer Weichzeichner* auf.

3. Auch für den Hintergrund eignet sich die Anwendung des Befehls *Bearbeiten>Einstellen>Tontrennung*. Geben Sie *4 Stufen* an.

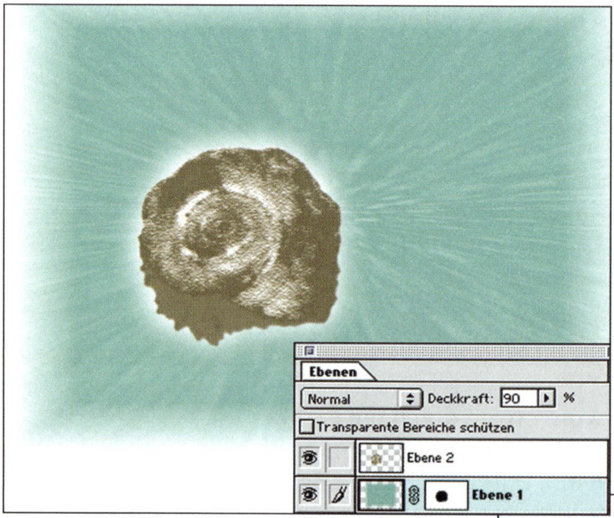

Perspektivisch-räumlicher Eindruck mit dem *radialen Weichzeichnungsfilter*

Abb. 5.13:

Lichtkranz erzeugen

1. Erstellen Sie eine runde weiche Auswahlform mit dem *Lassowerkzeug* (*15 Pixel*) um das Muschelmotiv herum, aber innerhalb der Ebene *back*. Kehren Sie die erstellte Auswahl um.

2. Fügen Sie bei aktiver Auswahl in der Ebene *back* eine Ebenenmaske hinzu. Rufen Sie den Weichzeichnungsfilter *Bewegungsunschärfe* auf. Heben Sie jetzt die Auswahl wieder auf.

3. Transformieren Sie die Form der Ebene *back* und gleichen Sie den Farbton der Fläche dem Muschelmotiv mit den Einstellungen des Dialogs *Farbton/Sättigung* an.

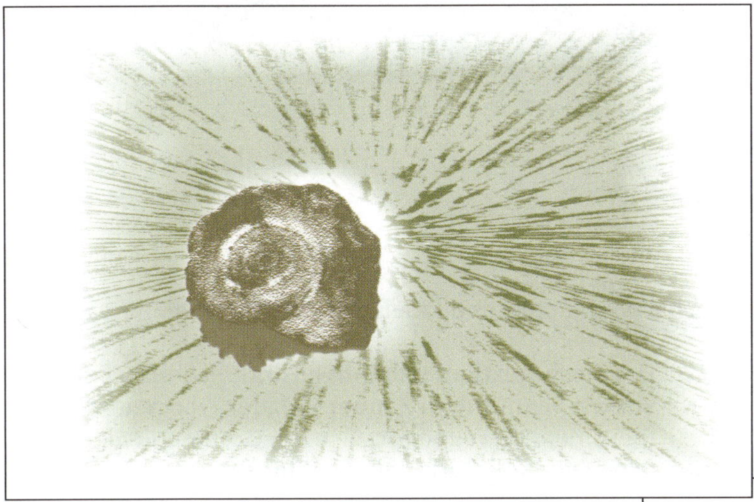

Muschel auf bewegter Oberfläche

Abb. 5.14:

Bildmontage 3: Flower Power

Folgende Tools und Filter sind Thema dieser Montage:

- Menüpunkt *Schwellenwert*
- Malfilter *sum-e*
- *Gradiationskurve*

Dialog *Farbton/Sättigung*

Farbbalance

Die abstrahierte Darstellung einer eingescannten Blume

Abb. 5.15:

Zunächst wird für dieses Bildbeispiel eine Blume eingescannt.

1. Um diese von dem störenden Hintergrund zu befreien, klicken Sie mit dem Zauberstab der Werkzeug-Palette (bei einem Wert von 100 % in der Optionen-Palette) auf den weißen Hintergrund der Blume.

2. Im Maskierungsmodus verfeinern Sie bei ausgewähltem Radiergummi-Werkzeug und kleiner weicher Werkzeugspitze die Auswahl. Das Erstellen der Auswahl mit dem Zeichenstift der Werkzeug-Palette ist in diesem Fall ebenfalls eine geeignet Methode.

3. Löschen Sie den Hintergrund und speichern Sie Ihre Auswahl, nachdem Sie sie umgekehrt haben.

4. Heben Sie die Helligkeit des Bilds mit dem Menüpunkt *Bild>Einstellen>Gradationskurve* an (siehe Kastentext *Gradationskurve*).

5 Verändern Sie die Farbigkeit über die Dialoge *Farbbalance* und *Farbton/Sättigung* (siehe Kastentexte).

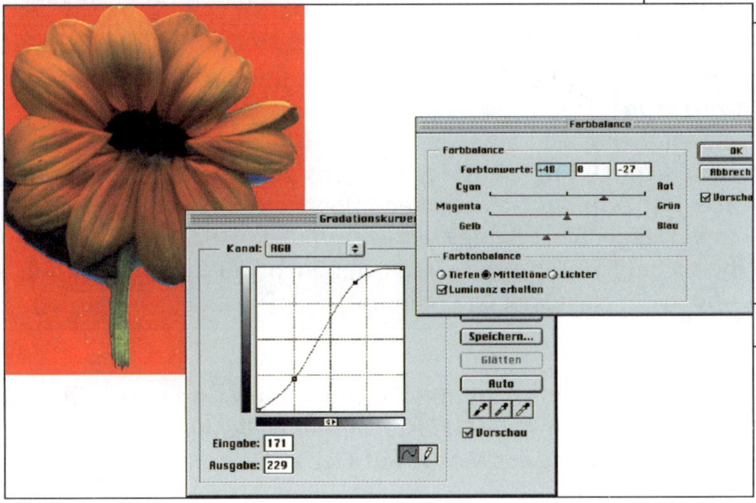

Abb. 5.16a:

Erzielen einer perfekten Auswahl im Maskierungsmodus

Abb. 5.16b:

Optimieren von Helligkeit und Farbgebung anhand des Blumenmotivs

Die *Gradationskurven* sind vor allem für die Helligkeits- und Kontrastkorrekturen in den mittleren Tönen vorgesehen.

Die verschiedenen Bildvorlagen sind oft gerade in den Mitteltönen zu hell oder zu dunkel. Bei einer Helligkeitskorrektur mit beispielsweise dem Menüpunkt *Helligkeit/Kontrast* verändern sich sämtliche Werte im Bild. Dies kann dazu führen, dass entweder im dunklen oder im hellen Bereich des Bilds Verluste in der Zeichnung auftreten. Mit der Gradationskurve ist es möglich, Veränderungen nur in den Mitteltönen vorzunehmen, die hellen und dunklen Bereiche bleiben davon unberührt. Dazu werden auf der Kurve Punkte (üblicherweise ein bis drei Punkte) gesetzt, die dann in den hellen bzw. in den dunklen Bereich leicht verschoben werden. Je nach Motiv ergibt sich eine nach oben oder nach unten leicht gewölbte Kurve oder auch eine sogenannte S-Kurve. Die Gradationskurve lässt sich für alle Farben gemeinsam oder für jede Farbe separat verändern. Dadurch ergibt sich außerdem die Möglichkeit, Farbstiche zu korrigieren, indem z.B. eine Farbe etwas verstärkt und eine andere verringert wird.

Mit dem Dialog *Farbbalance* wird das Farbmischverhältnis des Bilds eingestellt. In den ausgewählten Bereichen lassen sich die Anteile von Cyan-Rot, Magenta-Grün, Gelb-Blau über Schieberegler verändern. In der Farbbalance geschieht das gesondert für Tiefen, Mitteltöne und Lichter.

Der Dialog *Farbton/Sättigung* dient der verfeinerten Farbkorrektur. Der *Farbton-Modus* eignet sich zum Einfärben, ohne die Bildhelligkeit zu beeinflussen. Mit dem *Sättigungs-Modus* lässt sich die Intensität des Farbtons verringern bzw. verstärken. Der *Luminanz-Modus* beeinflusst die Helligkeit des Farbtons. Mit der Einstellung *Kolorieren* wird dem Bildmotiv ein einheitlicher Farbton zugewiesen, der auch hier in der Sättigung und in der Helligkeit einstellbar ist.

5. Duplizieren Sie das Blumenmotiv und rufen Sie den Menüpunkt *Bild>Einstellen>Schwellenwert* auf der unteren Ebene des Motivs auf. Geben Sie den Wert *143* ein.

Abb. 5.17: Die Umwandlung eines Farbbildes in ein Schwarzweiß-Motiv

6. Wenden Sie den *Gaußschen Weichzeichner* auf das Schwarzweiß-Motiv an und legen Sie die Deckkraft der oberen Ebene mit der farbigen Blume auf 77 % fest.

7. Probieren Sie verschiedene Malfilter. Hier wurde der Malfilter auf das farbige Blumenmotiv angewendet und mit dem Verblassen-Befehl der Modus *Luminanz* bei einer Deckkraft von 77% *eingestellt*.

Der Menüpunkt *Schwellenwert* eignet sich, um Farb- sowie Graustufenbilder in kontrastreiche Schwarzweißbilder umzuwandeln. Sie können einen bestimmten Wert als Schwellenwert festlegen. Alle Pixel, die heller als der Schwellenwert sind, werden in Weiß, alle dunkleren Pixel werden in Schwarz umgewandelt.

Der Malfilter *sum-e* verwandelt das Bild in ein wie im japanischen Malstil handgemaltes Motiv mit weichen unscharfen Kanten in tiefem Schwarz.

Abb. 5.18a:

Abstraktion des Blumenmotivs mit dem Malfilter *sum-e* (a). Erstellen einer Aura für die Blume (b)

Abb. 5.18b:

Eine Aura kreieren

1. Öffnen Sie die Fläche *back1.psd* aus dem Ordner *K5_works/flowers*.

2. Rufen Sie den Befehl *Sättigung verringern* über das Menü *Bild>Einstellen* auf.

3. Laden Sie die Auswahl *flower* mit [Alt]/[Strg] auf der Ebene *flower* und rufen Sie den Befehl *Auswahl> weiche Auswahlkante>5Pixel* auf.

4 Erweitern Sie die Auswahl mit dem Befehl *Auswahl>Auswahl verändern>Auswahl ausweiten* um 10 Pixel.

5 Erstellen Sie eine neue Ebene unterhalb der Blumenebene und füllen Sie die weiche Auswahl mit *Weiß*.

6 Rufen Sie den Filter *Bewegungsunschärfe* auf und geben Sie einen *Winkel* von -6 ° bei der *Distanz* von 210 Pixeln ein.

Die Blume vor einem aufgerauten Hintergrund ist nun von einer zart anmutenden Aura umgeben.

Der Befehl *Sättigung verringern* entfernt die Farbwerte aus dem Bild und konvertiert es in ein Graustufenbild im RGB-Modus.

Bildmontage 4: Verwunschenes Farnkraut

Fertige Bildmontage mit abstrahiertem Farn auf simulierter Wasseroberfläche

Abb. 5.19:

Folgende Tools und Filter werden vorgestellt:

- Filter *Strichumsetzung*
- *Verblassen*-Modus
- Ebenenmaske (nähere Informationen im Kapitel *Webseite zum Thema Video*)

Der Zeichenfilter *Strichumsetzung* verwendet feine, lineare Federstriche, um die Details im Originalbild zu erfassen und umzuwandeln. Der Filter ersetzt die Farben des Bilds durch die voreingestellte Vordergrund- und Hintergrundfarbe der Werkzeug-Palette.

Der Befehl *Verblassen* im Menü *Filter* schwächt den Filtereffekt ab. Sie können die Deckkraft und die Füllmethode wählen, die festlegt, wie die veränderten Pixel im Verhältnis zu den ursprünglichen Pixeln aussehen. Der Modus *Negativ multiplizieren* prüft die Farbinformationen in jedem Kanal und multipliziert die umgekehrten Werte von Ausgangsfarbe und Farbauftrag. Die Zielfarbe ist immer heller. Mit Schwarz bleibt die Farbe unverändert, mit Weiß entsteht Weiß. Dieser Effekt ist vergleichbar mit dem Malen mit einem ausbleichenden Malwerkzeug. Mit dem Modus *Ausschluss werden bei* einem weißen Farbauftrag die Werte der Ausgangsfarbe umgekehrt. Bei einem schwarzen Farbauftrag bleiben die Werte unverändert.

Motiv freistellen mit dem Zauberstab

Mit dem bereits bewährten Auswahlwerkzeug *Zauberstab* und der Weiterbearbeitung im Maskierungsmodus wird der Farn vom störenden Hintergrund befreit und die Auswahl gespeichert.

1. Bei aktiver Ebene *farn* wenden Sie den Zeichenfilter *Strichumsetzung* auf das Motiv an. Daraufhin rufen Sie den Befehl *Filter Verblassen* auf und stellen den *Modus* auf *Negativ multiplizieren* bei einer *Deckkraft* von 92 %. Eine interessante Variante für das Abstrahieren des Farnmotivs erhalten Sie durch Wahl des Modus *Ausschuss*. Siehe hierzu die Bildmontage weiter unten.

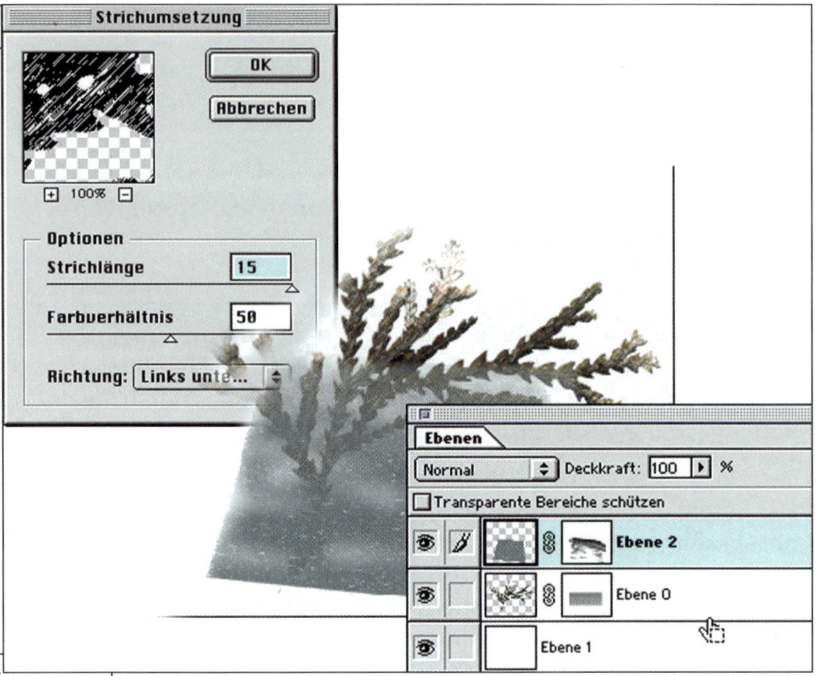

Abb. 5.20a: Der Farn wird über den Einsatz des Zeichenfilters *Strichumsetzung* abstrahiert (a). Die zuvor transformierte Fläche bekommt die Oberfläche von Wasser (b)

Abb. 5.20b:

Die Fläche transformiert zur Wasser

1. Rufen Sie die Datei *back3.psd* aus dem Ordner *works/flowers* auf und wenden Sie den Befehl *Sättigung verringern* an.

2. Rufen Sie den Dialog *Farbbalance* auf und geben Sie die Werte +31 für *Blau*, +17 für *Grün* und -19 für *Cyan* ein.

3. Rufen Sie eine Ebenenmaske für die Ebene *farn* auf und ziehen Sie ein Auswahlrechteck mit weicher Kante (8 Pixel) auf.

4. Erstellen Sie innerhalb der Auswahl einen linearen Schwarz-Weiß-Verlauf von Vorder- zu Hintergrundfarbe (in unserem Fall von Weiß nach Schwarz).

5. Heben Sie die Auswahl wieder auf und erzeugen Sie eine Ebenenmaske für die Ebene *back*. Malen Sie mit dem Airbrush-Werkzeug mit einer weichen Werkzeugspitze mit Weiß, sodass eine wasserähnlicher Eindruck entsteht.

6 Drehen und Neigen Sie die Fläche mit den *Transformieren*-Befehlen des Menüpunkts *Bearbeiten*.

Der untergetauchte Farn im Verblassen-Modus *Ausschuss*

Abb. 5.21:

Porträts künstlerisch kolorieren

Farbe ins Bild bringen, und zwar in Ausschöpfung vielfältigster Methoden – das ist das Thema im folgendem Abschnitt.

Folgende Menüpunkte und Filter werden hier näher thematisiert:

- Duplex-Modus
- Tonwertkorrektur
- Störungsfilter *Helligkeit Interpolieren*
- Scharfzeichnungsfilter *Unscharf maskieren*

Abb. 5.22: Das kleinere Schwarzweißfoto wurde mithilfe der Duplexfarben eingefärbt

Kolorieren im Duplex-Modus

Die Verwendung von Duplexfarben für die Kolorierung von Bilder, die später ins Netz gestellt werden, ist eine trickreiche Methode, um mit eingeschränkten Farbbereichen zu jonglieren. An einem Beispiel wird hier die Arbeitsweise mit Duplexfarben demonstriert.

Tonwertkorrektur: Ein optimales Foto hat einen ausgewogenen und vollen Tonwertumfang, die Details sind gut zu erkennen. Das heißt, ein Bild mit viel Detailreichtum besitzt einen vollen Grauwertumfang, der hellste Bereich des Bildes enthält ein reines Weiß und der dunkelste Bereich ein tiefes Schwarz.

Im *Histogramm* des Dialogs *Tonwertkorrektur* werden die Helligkeiten in Form von Kurvenhöhen angegeben, ohne dass dabei die Pixelposition berücksichtigt wird. Das *Histogramm* zeigt die Anzahl der vorhandenen Pixel in Form von Höhen für alle möglichen 256 Töne, die über den waagerechten Bereich verteilt sind, an. Die dunkelsten Tonwerte liegen links, die Mitteltöne in der Mitte und die hellsten Tonwerte rechts. Wenn sich die Tonwerte nicht über den gesamten Bereich verteilen, hat das Bild nicht den vollen Tonwertumfang, also weniger als 256 Graustufen. Wenn Sie beispielweise ein verblasstes Foto optimieren wollen, müssen Sie die Tonwerte durch Verschieben der Reglers des Graustufenbalkens und des Histogramms nach innen bis über die Kurvenhöhen hinaus für die Tonwertspreizung erweitern. Dadurch wird den dunklen Bildpixeln die Farbe Schwarz zugewiesen und den hellen die Farbe Weiß; die Zwischentöne werden über den größeren Tonwertbereich neu verteilt.

Versuchen Sie eine Optimierung der Tonwerte zunächst über die *automatische Tonwertkorrektur*. Sie sollte grundsätzlich für Bilder angewendet werden, die stärkere Kontraste benötigen.

Aufrufen der Duplex-Einstellungen

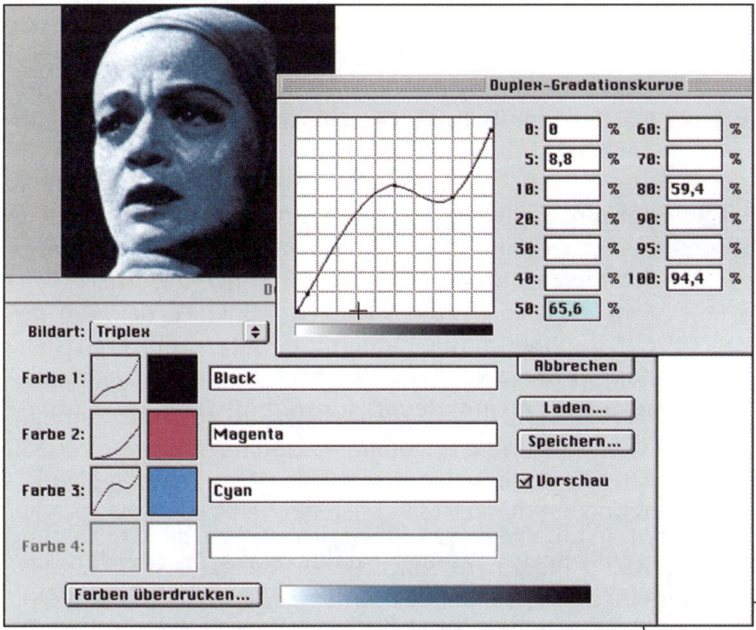

Der Duplex-Dialog

Abb. 5.23:

Zu Beginn wurde das Bild *face3.psd* des Ordners *K_works/kolorie* mit der *automatischen Tonwertkorrektur* in seinem Tonwertumfang optimiert.

1. Wichtig zu beachten ist, dass das Bild zunächst im Graustufenmodus vorliegt. Daraufhin rufen Sie den Befehl *Bild>Modus>Duplex* auf, um in den *Duplexmodus* zu wechseln.

2. Rufen Sie *Triplex* aus dem Menü *Bildart* auf.

3. Klicken Sie auf *Laden* und laden Sie *BMC blue1* aus dem Preset-Verzeichnis *Duplexkurven/Triplex*.

4. Aktivieren Sie die *Kurvendarstellung* links neben der blaue Fläche (hier: *Pantone Process Cyan*) mit einem Mausklick. Der Dialog der *Duplex-Gradiationskurve* öffnet sich. Ziehen Sie die Ankerpunkte der Kurve steil nach oben, bis Sie mit dem gewünschten Ton zufrieden sind. Sie können die Veränderung zeitgleich an Ihrem Bild mitverfolgen.

5. Wechseln Sie zurück in den *RGB-Modus* und *duplizieren* Sie die Ebene *face1*. Rufen Sie den Filter *Störungsfilter>Helligkeit Interpolieren>Radius 5* in der obersten Ebene von *face1 kopie* auf. In diesem Beispiel eignet sich der Filter für die Verfremdung des Porträts, indem die Konturen und Flächen innerhalb des Gesichts und den Händen ineinander verschmelzen.

6. Vermindern Sie die Deckkraft des mit dem Filter manipulierten Gesichts auf 77 %. Reduzieren Sie auf die *Hintergrundebene* und rufen Sie den Befehl *Indizierte Farben> Exakte Farbpalette* auf. Mit den Optionen *Für* das *Web speichern* können Sie die Dateigröße weiter reduzieren (siehe Kapitel *Image Ready im Überblick* und *Technische Voraussetzungen / Bildmaterial / sonstige Medien*).

Der Störungsfilter *Helligkeit interpolieren* reduziert Störungen in einem Bild, indem er den mittleren Helligkeitswert von Pixeln in einem Auswahlbereich ermittelt. Der Filter sucht den Radius einer Pixelauswahl nach Pixeln mit ähnlichen Helligkeitswerten ab und entfernt Pixel, die sich zu sehr von den benachbarten Pixeln unterscheiden. Er ersetzt dann den mittleren Pixel durch den mittleren Helligkeitswert der gefundenen Pixel.

Bildvariation

In diesem Beispiel wird eine weitere gestalterische Möglichkeit vorgestellt, mit reduzierter Farbigkeit die interessante Abstraktion eines Porträts zu erreichen. Dafür öffnen Sie das Porträt *face3-duplex.psd* aus dem Ordner *k5_works/faces*. Das Porträt wurde wie im oberen Beispiel zuvor *im Duplex-Modus* koloriert und muss jetzt in den *RGB-Modus* konvertiert werden.

Abb. 5.24: Die extreme Verfremdung eines Porträts

1. *Duplizieren* Sie die Ebene des Porträts und rufen Sie über *Bild>Einstellen* den Dialog *Schwellenwert* auf. Geben Sie die Zahl *200* ein und bestätigen Sie mit *OK*.

2. Reduzieren Sie die Deckkraft der in der obersten Ebene *Ebene1-Kopie* auf *50%*.

3. Markieren Sie jetzt die Originalebene und rufen über *Bild>Einstellen* die *Gradiationskurve* auf. Ziehen Sie den mittleren Ankerpunkt weit in den weißen Bereich hinein, um die dunklen Schattenpartien des Porträts aufzuhellen und um einheitliche mittelgraue Flächenpartien für Gesicht und Hände zu kreieren. Einzelne übrig gebliebene störende Pixel können Sie mit dem Stempelwerkzeug retuschieren.

4. Rufen Sie den Dialog *Farbton/Sättigung* auf, um den Ton mehr ins Bläuliche hin zu verschieben.

5. Um wieder mehr Zeichnung in das Porträt zu bekommen, rufen Sie den Dialog *Scharfzeichnen>Unscharf maskieren* auf. Stellen die eine Stärke von *50%* bei einem Radius von *1,0* ein.

6. Reduzieren Sie auf die Hintergrundebene und optimieren Sie das Bild mit den bereits erwähnten Optimierungsvorschlägen von Photoshop.

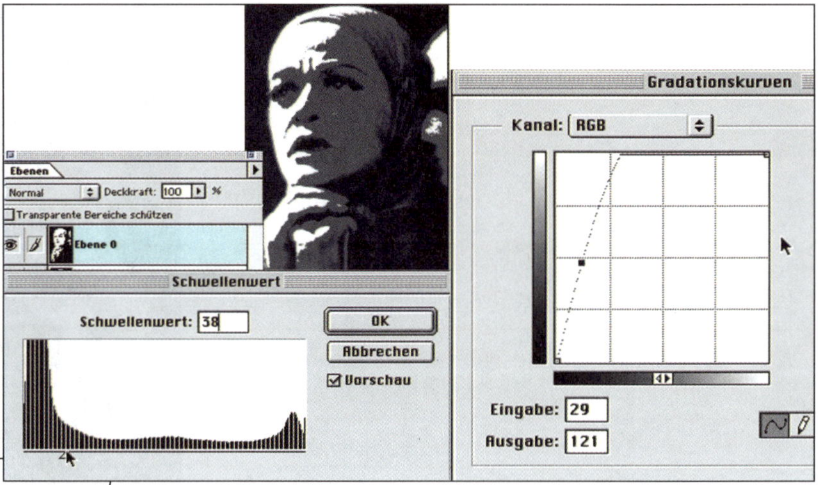

Abb. 5.25: Einstellungen der Extreme mit den Dialogen *Schwellengrad* und *Gradationskurve*

Kolorieren in Popfarben

In diesem Beispiel wird eine Methode vorgestellt, aus einem Graustufenbild eine lebendiges Popfoto zu gestalten.

Folgende Befehle werden behandelt:

- selektive Farbkorrektur
- Tonwertangleichung
- Bearbeitung eines *Alpha-Kanals*

Ein koloriertes Graustufenbild in Pop-Farben

Abb. 5.26:

Das Gaustufenbild *face1* des Ordners *k5_works/faces* wird über die automatische Tonwertkorrektur kontrastreicher.

1. Öffnen Sie Kanäle-Palette und erzeugen Sie einen Alpha-Kanal durch Ziehen auf das Papier-Symbol *Neuer Kanal erstellen*.

2. Bei markiertem Alpha-Kanal rufen Sie den Dialog *Bild>Einstellen>Helligkeit/Kontrast* auf und schieben den Helligkeitsregler auf *-99* und den Kontrastregler auf *+100*.

3. Laden Sie die Auswahl mit der Tastenkombination Strg/Alt. Der weiße Bereich wird ausgewählt. Duplizieren Sie die Ebene *face* in der Ebenen-Palette, um eine Sicherheitskopie zu erhalten. Korrigieren Sie die Auswahl im Maskierungsmodus.

4. Rufen Sie den Dialog *Gradiationskurven* auf, und erhöhen Sie die Helligkeit der ausgewählten Bereiche bis zum Weiß. Wechseln Sie in den *RGB-Modus*.

5. Kehren Sie die Auswahl um und rufen Sie den Befehl *Bild>Einstellen>Tonwertangleichung>nur im ausgewähltem Bereich* auf. Die dunklen Partien werden deutlich lichter.

Der Befehl *Tonwertangleichung* nimmt eine Umverteilung der Helligkeitswerte der Pixel in einem Bild vor, sodass sie gleichmäßiger über den gesamten Bereich der Helligkeitswerte verteilt werden. Wenn Sie diesen Befehl wählen, sucht Photoshop die hellsten und dunkelsten Werte im Bild und ermittelt den Durchschnitt aller Helligkeitswerte, sodass der dunkelste Wert Schwarz und der hellste Wert Weiß darstellt. Photoshop versucht, die Helligkeit auszugleichen – d.h., die mittleren Pixelwerte mithilfe der Graustufenskala gleichmäßig zu verteilen.

6 Kehren Sie die Auswahl um und rufen Sie den Dialog *Farbton/Sättigung* auf. Kolorieren Sie die helle Fläche des Gesichts zu einem Cyan (*Farbton* = 202, *Sättigung* = 25, *Helligkeit* = -25).

7 Kehren Sie die Auswahl um und rufen Sie die *selektive Farbkorrektur* über *Bild>Einstellen* auf. Wählen Sie beim Menüpunkt *Farben* ein *Schwarz*. Setzen Sie den Schwarz-Regler auf *+100%* und bestätigen Sie mit *OK*.

8 Rufen Sie erneut den Dialog *Farbton-Sättigung* auf und stellen Sie unter *Kolorieren* bzw. *Färben* die Helligkeit auf *-34*, die Sättigung auf *-22* und den Farbton auf *200* ein. Speichern Sie die Auswahl und heben Sie sie anschließend auf.

Die gespeicherten Auswahlen werden zu Alpha-Kanälen in der Kanäle-Palette

Abb. 5.27:

9 Erstellen Sie nun nacheinander mit dem Lasso und einer weichen Werkzeugspitze Auswahlen für die Augen und den Mund auf separaten Ebenen. Speichern Sie die Auswahlen und kolorieren Sie diese über den Farbeimer mit einer Farbe, z.B. Rosa. Probieren Sie verschiedene Einstellungen mit dem Deckkraftregler.

In diesem Beispiel wurde der Hintergrund mit dem Pinselwerkzeug und kleiner Werkzeugspitze aufgetragen, um einen improvisierten frischen Charakter zu erzielen.

Für die *Selektive Farbkorrektur* muss der Gesamtkanal aktiv sein, um den Befehl verwenden zu können. Wählen Sie die Farbe, die Sie verändern möchten, aus dem Menü *Farben,* das sich oben im Dialog befindet. Die Farbgruppen stellen die primären additiven und subtraktiven Farben plus Weiß-, Grau- und Schwarztöne dar. Verschieben Sie die Regler, um den Anteil der Komponenten in der ausgewählten Farbe zu erhöhen oder zu verringern.

Bearbeitung eines Alpha-Kanals: Zusätzlich zum Arbeiten mit temporären Masken, die im Maskierungsmodus erstellt werden, können Sie auch neue Kanäle anlegen (Alpha-Kanäle), in denen Sie Auswahlbereiche speichern und bearbeiten können, um sie später als Masken für Bilder zu verwenden.

- Sie können eine Maske in einem *Alpha-Kanal* mit den Mal- und Bearbeitungswerkzeugen bearbeiten.
- Auswahlbereiche können in einem *Alpha-Kanal* gespeichert werden, sodass sie im selben oder in anderen Bildern immer wieder verwendet werden können.

Image Ready im Überblick

6

Image Ready versus Photoshop

Image Ready vereint die Erzeugung und die Optimierung von Webgrafiken. Image Ready benutzt dasselbe Dateiformat wie Photoshop, es ist möglich während der Bearbeitung eines Bilds zwischen Image Ready und Photoshop zu wechseln. Auf den ersten Blick sieht Image Ready Photoshop sehr ähnlich. Legt man allerdings ein neues Dokument an, sieht man die ersten Unterschiede zu Photoshop. Da Image Ready die Optimierung für Webgrafiken während der Arbeit unterstützt, wurde das Dokumentenfenster um Vorschaumöglichkeiten der Optimierung erweitert.

Animation

Da im Web nicht nur statische Grafiken sondern auch kleine Animationen verbreitet sind, ist es mit Image Ready möglich Animationen zu erstellen und diese im GIF-Format oder Quicktime-Format zu speichern. Durch die Tweening-Funktion können Effekte schnell und effizient erstellt werden.

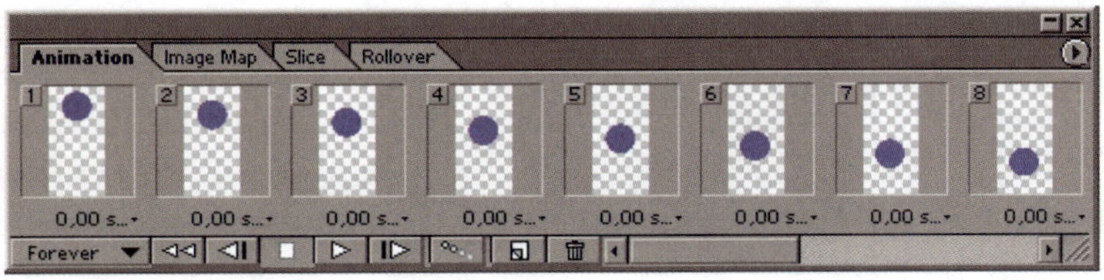

Abb. 6.1: Die Animation-Palette

Imagemap

Image Ready unterstützt das Erstellen von Imagemaps. Als Imagemap bezeichnet man im Web Grafiken, die anklickbare Bereiche besitzen. Diese Bereiche können rechteckige oder abgerundete Formen darstellen. Image Ready erleichtert die Erstellung vielfältige Funktionen innerhalb der Imagemap-Palette.

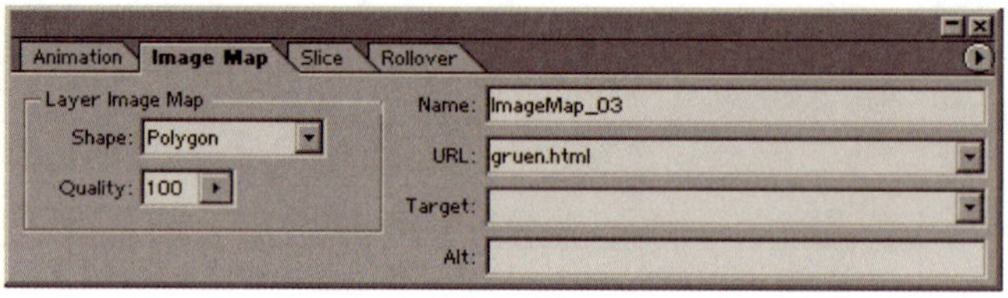

Abb. 6.2: Die Imagemap-Palette

Slicing

Eine beliebte Technik, um anspruchsvolle, interaktive Bedienelemente zu erstellen, ist das Slicing. Hierbei wird eine Grafik so in rechtwinklige Teile zerschnitten, dass sich diese Teile auf einer Webseite innerhalb einer Tabelle wieder zusammenfügen lassen. Diese Einzelteile (Slices) können dann auf der Webseite mit Links und Rollover-Effekten versehen werden. Image Ready erzeugt nach Ihren Vorgaben die nötige HTML-Datei, um die Einzelbilder wieder zusammenzufügen.

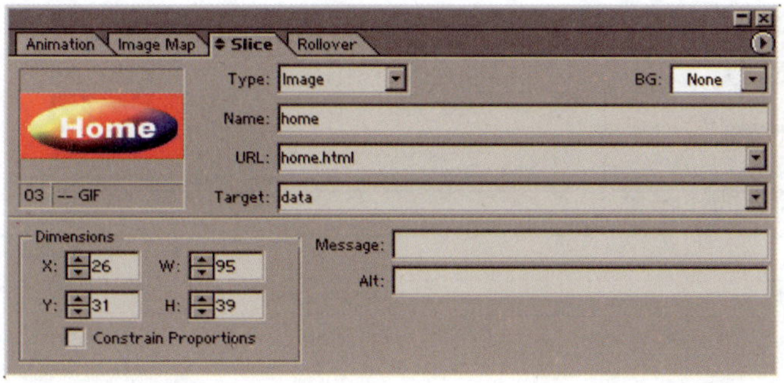

Abb. 6.3:
Die Slice -Palette

Rollover

Rollover-Effekte sind Ihnen in Form von interaktiven Schaltflächen auf Webseiten sicher schon begegnet. Diese Effekte können Sie mit Image Ready schnell und einfach erzeugen. Den für die Funktionalität erforderlichen Javascript-Code erstellt Image Ready nach Ihren Vorgaben automatisch und bindet diesen in den HTML-Tabellen-Code ein.

Abb. 6.4: Die Rollover-Palette

Werkzeug-Palette

In der Werkzeug-Palette kommen im Vergleich zu Photoshop ein paar Werkzeuge hinzu. Dazu zählen die Werkzeuge zur Bearbeitung der Slices sowie die Form-Werkzeuge, die die Möglichkeit bieten, geometrische Grundformen zu zeichnen, diese sind im Vergleich zu den Photoshop-Form-Werkzeugen etwas einfacher ausgestattet. Außerdem lässt sich über die Werkzeug-Palette zu Photoshop wechseln.

Die Werkzeug-Palette

Abb. 6.5:

Ebenen

Die Ebenenverwaltung bietet die zusätzliche Möglichkeit, zwischen den Frames einer Animation zu wechseln. Ferner kann man einer Ebene über einen Schalter Effekte zuweisen. Allerdings muss man unter Image Ready auf Einstellungsebenen verzichten. Wenn Sie ein Bild laden, das Einstellungsebenen enthält, werden die Einstellungsebenen erhalten, Sie können sSie allerdings nicht in Image Ready bearbeiten. Außerdem unterstützt Image Ready keine Hintergrundebenen, sie werden Image Ready in normale Ebenen umgewandelt.

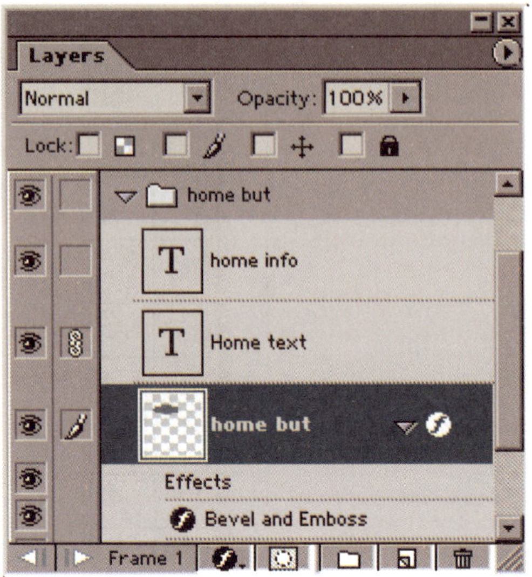

Abb. 6.6: Die Ebenen-Palette

Text

Der Text wird direkt in der Grafik erstellt und bearbeitet. Alle aus Photoshop bekannten Text-Parameter stehen innerhalb einer Optionen-Palette in Image Ready zur Verfügung.

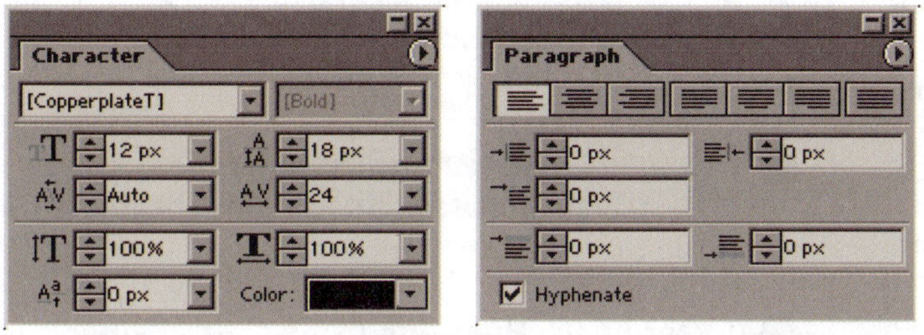

Die Text-Palette

Abb. 6.7:

Das Dokument-Fenster

Die Arbeitsfläche

Da die Arbeitsfläche von Image Ready nicht nur der Erstellung von Web-Grafiken dient, sondern auch den Optimierungsprozess während der Arbeit unterstützt, teilt sich das Dokument-Fenster in drei Bereiche.

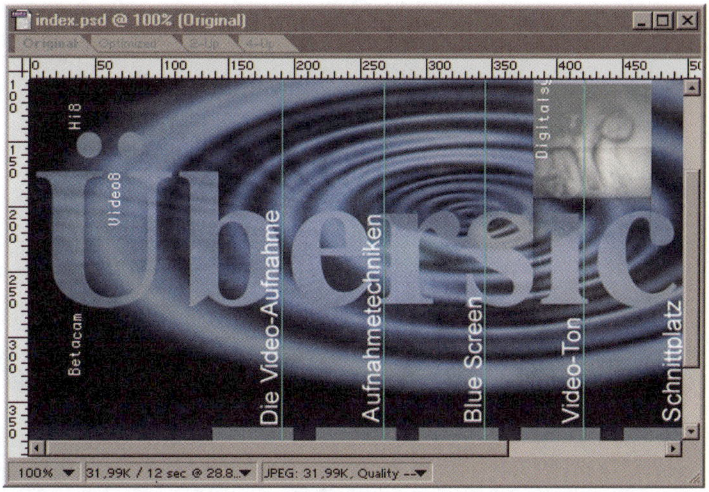

Das Dokument-Fenster in der *Original*-Ansicht

Abb. 6.8:

(1) Über die vier Tabs im oberen Rand des Fensters können Sie zwischen vier Ansichten der werdenden Grafik wählen.

- *Original*: In dieser Ansicht sehen Sie die Grafik in bester Qualität. Nur in dieser Ansicht können Sie die Grafik bearbeiten.
- *Optimiert*: Hier sehen Sie Grafik in einer optimierten Version. Die Optimierungsmethode hängt von den Voreinstellungen der Standardoptimierung ab.
- *2fach*: Hier werden Original und Standardoptimierung gegenübergestellt.
- *4fach*: Hier werden dem Original drei unterschiedlich optimierte Versionen gegenüber gestellt.

(2) Der Bildbereich.

(3) Die drei Felder der Statusleiste von links nach rechts:

- *Zoom*: Sie können hier den Zoomfaktor ablesen und einstellen.
- In den nächsten beiden Feldern werden Statusinformationen über das Bild angezeigt. Sie können selbst zwischen diversen Formaten wählen.

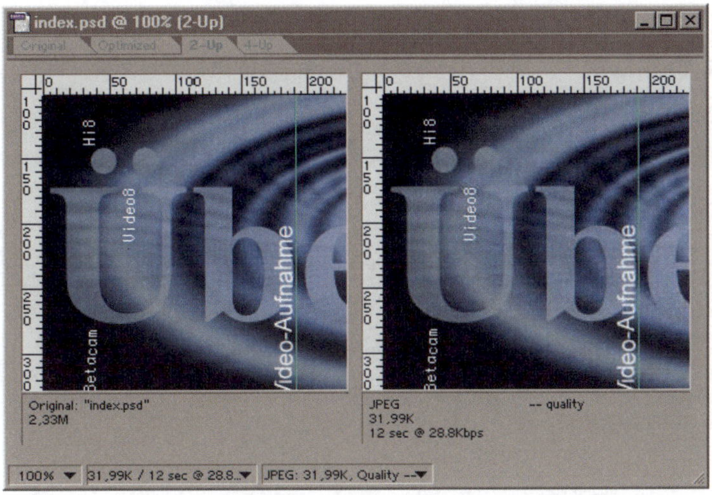

Das Dokumenten-Fenster in der *2fach*-Ansicht

Abb. 6.9:

Die Voreinstellugen

Über den Dialog *Voreinstellungen*, den Sie mit dem Befehl *Datei> Voreinstellungen* erreichen, werden die Optimierungsmethoden der Darstellung der vier Bereiche für das Dokument-Fenster voreingestellt. Hier wird auch die Methode der Standardoptimierung festgelegt, die für die Darstellung der *Optimiert*-Ansicht verwendet wird.

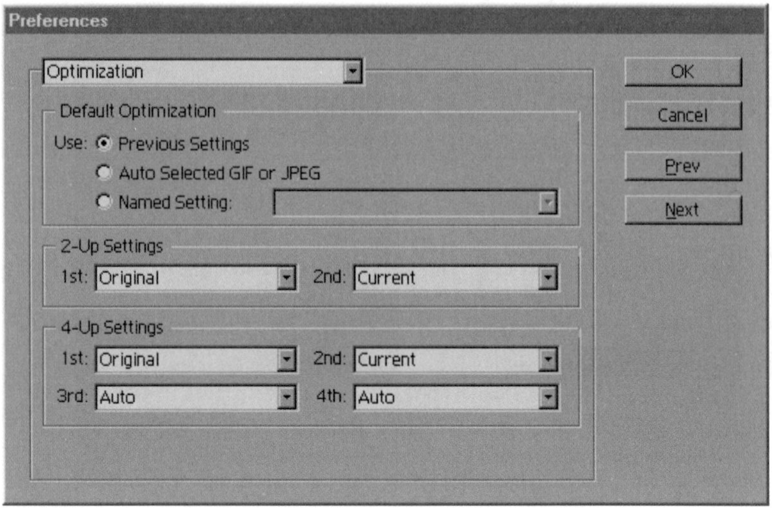

Abb. 6.10: Der Dialog *Optimierungs-Voreinstellungen*

- *Zuvor benutzte Einstellungen verwenden:* Hier werden die zuletzt benutzten Optimierungseinstellungen aus der Optimieren-Palette benutzt.
- *GIF/JPEG automatisch wählen:* Aufgrund einer von Image Ready" erstellten Bildanalyse wird zwischen GIF oder JPEG ausgewählt.
- *Benannte Einstellung verwenden:* Bei dieser Einstellung können Sie aus einem Menü die gewünschte Einstellung wählen.

Für die vier Fensterbereiche gibt es die folgenden Anzeigemöglichkeiten:

- *Original:* Diese Option steht nur für den ersten Bereich zur Verfügung. Wie vermutet zeigt, es das Original der Datei an.

- *Aktuell*: Diese Option steht für alle Bereiche zur Verfügung. Es zeigt die Datei mit den aktuell eingestellten Parametern der Optimieren-Palette an.

- *Auto*: Diese Option steht nur dem zweiten, dritten und vierten Bereich zur Verfügung. Hier generiert Image Ready aufgrund der aktuellen Parametern der Optimieren-Palette eine kleinere optimierte Bildversion.

- Benannte Voreinstellungen stehen nur dem zweiten, dritten und vierten Bereich zur Verfügung.

Per Voreinstellung ist *Autoregenerieren* für die Vorschaufenster eingestellt. Das heißt, dass nach jeder Ihrer Änderungen die optimierten Ansichten neu erzeugt werden. Diese Verhalten lässt sich in dem Menü der Optimieren-Palette einstellen. Wenn Sie *Autoregenieren* deaktivieren, erscheint nach der ersten Änderung am Bild ein kleines Ausrufungszeichen in der rechten unteren Ecke des Fenster für die optimierte Darstellung. Ein Klick auf dieses Ausrufungszeichen regeneriert die optimierten Darstellungen.

Die Datei-Informationen lassen sich mit dem Befehl *Ansicht> Optimierungsinformationen* einschalten und *Optimierungsinformationen ausschalten* manipulieren.

Sie können auch mehrere Fenster öffnen, um verschiedene Ansichten einer Datei anzuzeigen.

Die Werkzeug-Palette

Da sich die Werkzeug-Palette im Vergleich zu Photoshop nur wenig geändert hat, und sich alle Werkzeuge bis auf die neu hinzugekommenen Werkzeuge *Slice*, *Slice-Auswahl*, *Rechteck*, *Abgerundetes Rechteck*, *Oval* und dem *Ein-* bzw. *Ausblend*-Werkzeug für die Slices nicht geändert haben, werden wir hier nur auf die eben genannten Werkzeuge eingehen.

Die Form-Werkzeuge

Mit den Form-Werkzeugen lassen sich Rechtecke, abgerundete Rechtecke und Ovale zeichnen. Standardmäßig wird für jedes Objekt, das Sie zeichnen, eine neue Ebene angelegt. Auf dieser befindet sich das Objekt in Form einer Bitmap (nicht als Vektorobjekt). Auf diese Objekte können Sie alle Befehle aus dem Menü *Bearbeiten>Transformieren* und alle Filter anwenden.

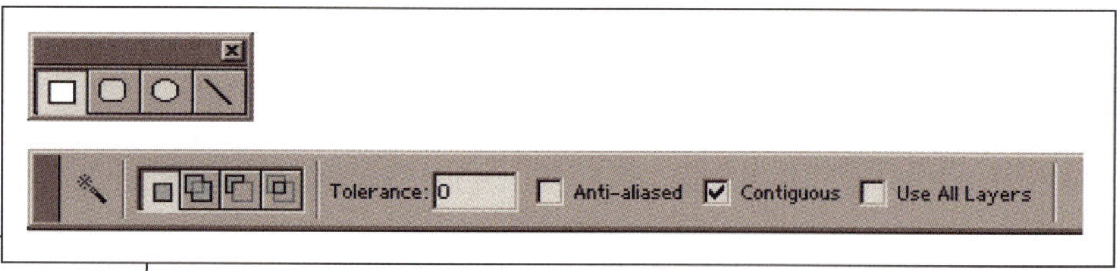

Die Optionen der Form-Werkzeuge

Abb. 6.11:

Ein Doppelklick auf das Werkzeug öffnet wie üblich die Optionen-Palette für die Form-Werkzeuge. Hier lassen sich Kopiermodus und Deckkraft einstellen. Optional lassen sich hier die Maße des Objekts einstellen. Ferner kann man hier bestimmen, ob jedes Objekt bei der Erstellung eine neue Ebene produzieren soll oder nicht.

Slicing

Die Werkzeuge *Slice* und *Slice-Auswahl* werden genutzt, um Bildbereiche (Slices) zu markieren und diese Markierungen auszuwählen, um sie zu bearbeiten.

Unter dem Farbwähler befinden sich zwei Schalter, mit dem sich die Slices ein- und ausblenden lassen. Weiteres zur Erstellung und Bearbeitung von Slices lesen Sie weiter unten.

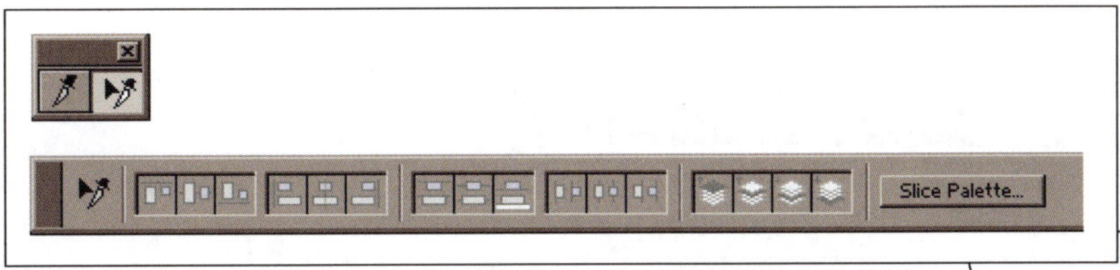

Abb. 6.12: Die Optionen der Slicing-Werkzeuge

Ebenen im Image Ready

Die Ebenen-Palette wird in Image Ready nicht nur zur Anordnung und Bearbeitung von Bildteilen genutzt, sondern spielt auch bei Erstellung und Bearbeitung von Imagemaps, Rollover und Animation eine zentrale Rolle.

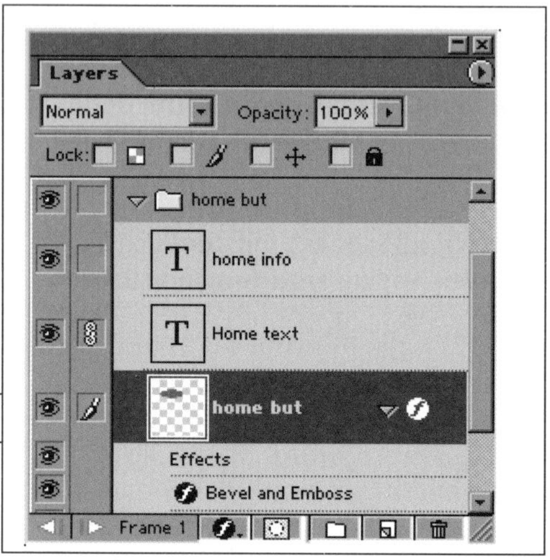

Abb. 6.13: Die Ebenen-Palette

Die Ebenen-Palette in Image Ready unterstützt die aus Photoshop bekannten Ebenentypen wie Text-Ebenen, Masken-Ebenen und Einstellungsebene, die können in Image Ready allerdings nicht bearbeitet werden. Ebenen-Effekte und -Stile gehören natürlich auch zur Ausstattung.

Neu in der Ebenen-Palette sind in der unteren Leiste der Ebenen-Palette die Schalter der Frame-Navigation, Frame-Information und ein Popup zur Vergabe von Filtern an gewählte Ebenen. Die Frame-Navigation ist bei Erstellung von Animationen recht nützlich.

Ebenfalls neu ist die Möglichkeit, die verschiedenen Sperrmechanismen über eine Button-Leiste über der Ebenenliste zu kontrollieren.

Die Palette *Ebenenoptionen* bietet jetzt die Möglichkeit, eine Ebene als anklickbaren Bereich einer Imagemap zu definieren und ihr eine URL zuzuweisen. Mehr zu Imagemaps und ihrer Erstellung finden Sie im Kapitel *Arbeiten mit Image Ready im Detail*.

Textbearbeitung

Die Textbearbeitung finden nicht wie Photoshop in einem eigenen Dialogfenster statt, sondern direkt in der Grafik. Die Aktivierung findet, wie bei Photoshop innerhalb der Werkzeug-Palette über das Text-Werkzeug statt.

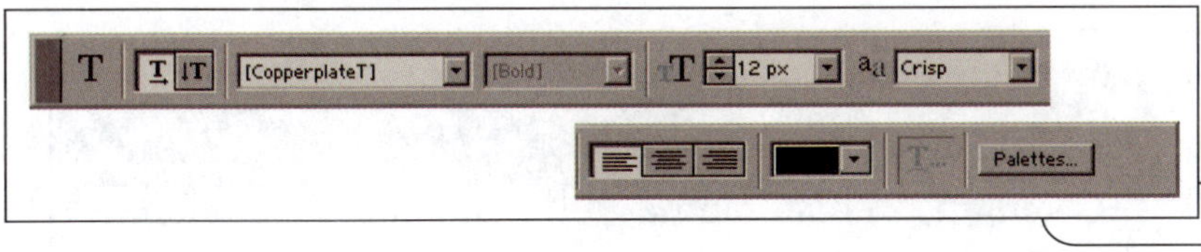

Die Text-Optionsleiste

Abb. 6.14:

Wenn Sie einen Text erstellen, fügt Image Ready eine Textebene über der aktuell gewählten Ebene ein. Sie können alle Befehle aus dem Menü *Bearbeiten>Transformieren* auf den Text anwenden, bis auf *Perspektivisch verzerren* und *Verzerrungsfilter*. Wenn Sie *Perspektivisch verzerren* und *Verzerrungsfilter* auf den Text anwenden wollen, müssen Sie den Text zuerst in eine normale Ebene umwandeln. Dasselbe gilt für alle Filterm die auf den Text anwenden möchten. Alle Einstellungen, die das Schriftbild beeinflussen, wie Font, Laufweite, Kerning, etc., werden im Text-Tab getätigt.

Gebrochene Breiten

Standardmäßig wird der Text mit gebrochener (fraktioneller) Zeichenbreiten angezeigt. Text mit gebrochener Zeichenbreite hat unterschiedliche Abstände zwischen den Buchstaben, es können also bei kleinen Schriften Abstände mit dem Bruchteil eines Pixels entstehen. Dieses führt dann zu einem Verschmieren der Schrift. Dieses Problem können Sie korrigieren, indem Sie die Option *Fraktionelle Breite* im Menü der Text-Palette deaktivieren. Nun werden die Zeichenabstände auf ein Pixel fixiert.

Glätten

Mit der Option *Glätten* können Sie den Text in vier Stufen glätten. Geglätteter Text erscheint auf Webseiten besser lesbar, besonders bei kleinem Text, der innerhalb von Grafiken auftritt. Wenn Ihnen beim Glätten der Text zusammenläuft, schalten Sie die Option *Fraktionelle Breite* aus.

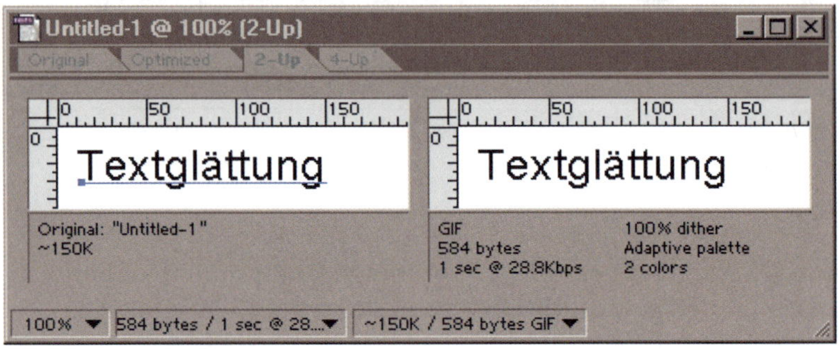

Text ohne Glättung

Abb. 6.15:

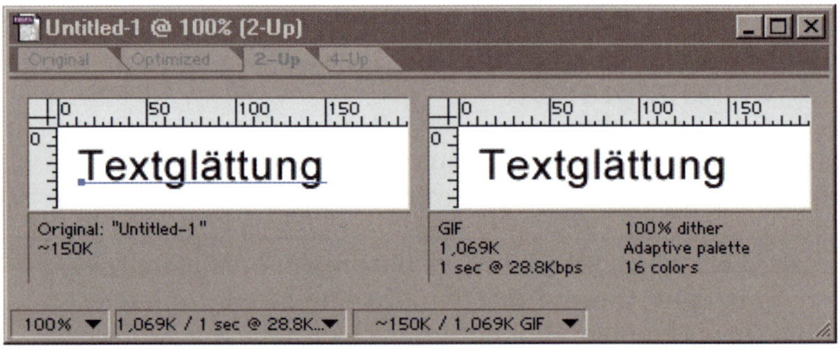

Text mit Glättung

Abb. 6.16:

Allerdings steigt mit zunehmenden Glättungsfaktor die Anzahl der Farben im Bild und somit der Speicherbedarf des Bilds.

Slicing

Das Slicing ist die einzige Arbeitsmethode, um in Web pixelgenaue Layouts mit grundlegenden (also allen Browsern bekannten) HTML-Befehlen (geschachtelte HTML-Tabellen) und GIF- oder JPEG-Grafiken zu erstellen. Hierfür wird eine Grafik, die zum Beispiel ein Menü für eine Webseite darstellt, in ihre einzelnen Menüpunkte zerlegt und als separate Bilddatei gespeichert. Die Bildschnitzel werden dann innerhalb von HTML-Tabellen wieder zu kompletten Menü zusammengefügt. Die separaten Bildteile können nun mit Hyperlinks auf andere Webdokumente versehen werden.

Wenn solche Layouts keinen HTML-Text enthalten, sehen diese Webseiten in allen Browsern gleich aus. Der HTML-Text hängt in seiner Darstellung von den Voreinstellungen des jeweils benutzten Browsers ab. Hat nun der Betrachter Ihres Layouts seinen Browser angewiesen, alle Texte möglichst groß und in einem dicken Font darzustellen, sprengt der Text das Tabellenlayout und zerreißt somit die grafische Gestaltung.

Slicing ist gleichzeitig die Grundlage für Rollover-Effekte auf Webseiten. Mithilfe von Javascript ist es möglich, für jedes Slice bestimmte Verhalten zu definieren. Mehr zu den Rollover-Effekten weiter unten im Text.

Image Ready übernimmt beim Slicing das Zerteilen der Grafik in passende Einzelteile und die Erzeugung der Tabellenstruktur innerhalb der HTML-Datei. Ihre Aufgabe besteht eigentlich nur noch aus dem Markieren der für die Bedienung notwendigen Bereiche des Bilds, ähnlich der Erzeugung der Imagemap-Hotspots und der Zuweisung der Hyperlink-Adresse des Slices.

Die Slice-Darstellung lässt sich über den Befehl *Slices>Slice einblenden* ein und ausschalten, alternativ lässt sich die Darstellung in der Werkzeug-Palette steuern. Erzeugt werden die Slices mithilfe des Slice-Werkzeugs aus der Werkzeug-Palette. Das Auswählen und Ändern erfolgt über das Werkzeug *Slice-Auswahl* aus der Werkzeug-Palette.

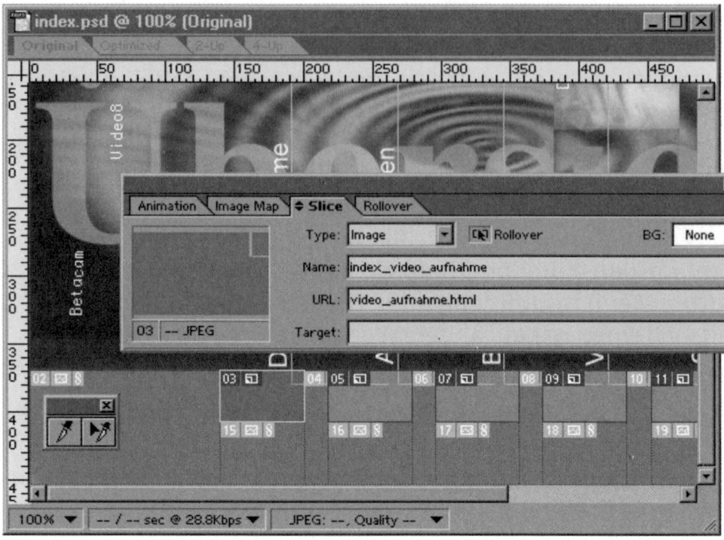

Die Slice-Darstellung innerhalb des Dokumentenfensters

Abb. 6.17:

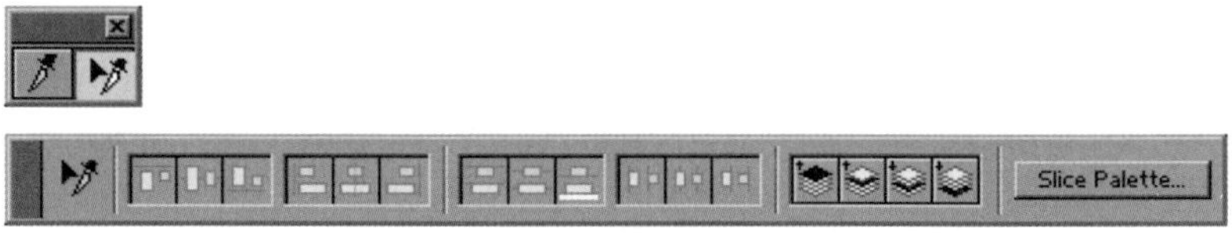

Die Slice-Werkzeug-Optionen

Abb. 6.18:

Um ein bißchen Praxis zu bekommen, öffnen Sie die Datei *kap06/site_start/index.psd* der CD-ROM und erstellen ein Menü für die Navigation dieser zukünftigen Webseite.

Ein Menü mit Slicing-Technik

1. Markieren Sie nun mithilfe des Slice-Werkzeugs den zukünftigen Menüpunkt. Sobald Sie das Slice-Werkzeug das erste Mal auf ein Bild anwenden, erstellt Image Ready ein Autoslice über die gesamte Grafik.

2. Wechseln Sie nun zum Slice-Auswahl-Werkzeug und aktiven Sie durch einen Doppelklick auf das eben erstellte Slice die Slice-Palette.

3. Tragen Sie nun einen passenden Namen unter *Name* ein. Im Feld *URL* tragen Sie den gewünschten Hyperlink ein. Das Feld *Ziel* lassen Sie erst einmal frei, und den *Typ* belassen Sie auf Bild.

4. Wiederholen Sie die Schritte 2-4 für die restlichen Menüpunkte.

5. Speichern Sie das Original zur weiteren Verwendung.

6. Testen Sie Ihr Ergebnis mit dem Befehl *Datei>Vorschau in.*

7. Mit dem Exportieren der optimierten Version wird das Bild automatisch in die Slices unterteilt und die HTML-Tabelle für die Webseite generiert. Image Ready gibt den Namen für die Webseite den Dokumentenname vor. Aktivieren Sie den Schalter HTML speichern, um das Generieren des Webseite zu aktivieren. Aktivieren Sie den Schalter *Bilder speichern*, um das Slicing zu aktivieren. Da Sie das komplette Menü erzeugen wollen, lassen Sie den Schalter *Nur ausgewählte Slices speichern* inaktivert. Speichern Sie nun die Seite.

Ändern eines Slicing-Menüs

1. Öffnen Sie die Originaldatei mit der Erweiterung **.psd* und nehmen Sie Ihre Änderungen vor.

2. Speichern Sie die Änderungen an der Originaldatei.

3. Testen Sie die Änderungen mit dem Befehl *Datei>Vorschau in.*

4. Mit dem Befehl *Datei/HTML aktualisieren* öffnen Sie einen Dialog, der Sie auffordert, die zu aktualisierende HTML-Datei auszuwählen. Wenn Sie an Ihrer Grafik nur die Slicing-Informationen (URL, Ausmaße und Position des Slices) geändert haben, reicht es, nur die HTML-Datei zu aktualisieren. Wenn Sie allerdings den Bildinhalt geändert haben, sollten Sie den Schalter Bilder speichern aktivieren.

Rollover

Unter Rollover-Effekten versteht man Webgrafiken, die mithilfe von Script-Sprachen (Javascript, JScipt) auf die Position der Maus und auf Mausklicks verschiedene Verhaltensweisen zeigen. Der wohl bekannteste Rollover-Effekt ist die Änderung der Grafik beim Überfahren des Mauszeiger.

Rollover-Effekte basieren auf der Slicing-Technik, denn erst, wenn alle Grafikabschnitte (z.B. Menüpunkte) als separate Grafiken vorliegen, können sie individuell auf Mausinteraktionen reagieren. Rollover werden in der Rollover-Palette erzeugt und verwaltet. Hier können Sie einzelne Slices mit unterschiedlichen Verhalten versehen und über Ebenen-Effekte und Ebenen-Optionen mit entsprechendem Aussehen zum Verhalten versehen.

Im Folgenden werden Sie die Menüpunkte des Menüs aus dem Punkt *Slicing* mit einem Rollover- und Klickverhalten versehen. Das heißt, dass sich die Menüpunkte bei Überrollen und Anklicken mit der Maus in ihrem Erscheinen ändern.

Bevor Sie mit dem Anlegen von Rollover-Verhalten beginnen, sollten Sie mit der Gestaltung der zukünftigen Webseite fertig sein. Wenn Sie nach dem Anlegen von Rollover-Verhalten die Position, Skalierung oder andere Parameter ändern, wirken sich diese Änderungen nur auf den Rollover-Status *Normal* bereits erstelltem Rollover-Verhalten aus. Alle anderen Verhalten wie z.B. *Over, Down,* usw. müssen per Hand angepasst werden.

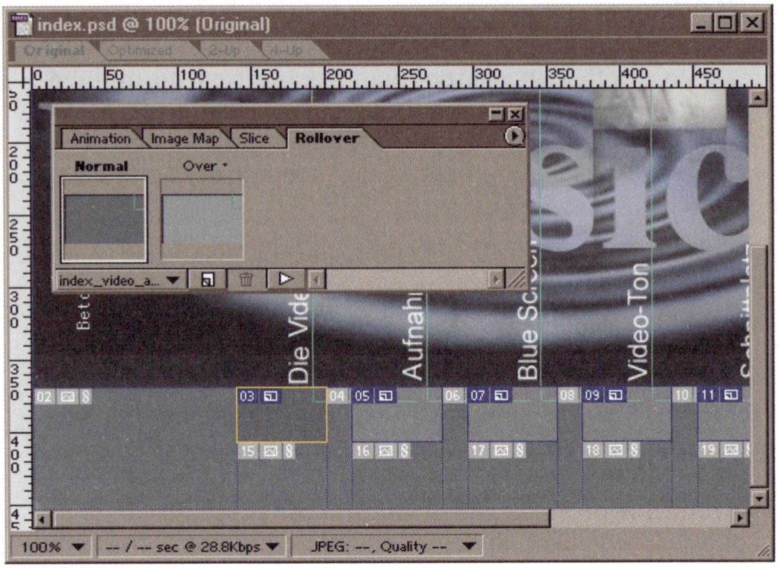

Abb. 6.19: Dokument in Slice-Ansicht mit Rollover-Palette

Ein Menü mit Rollover-Effekten versehen

1. Öffnen Sie Ihre Originaldatei des Menüs aus dem Punkt *Slicing*.
2. Schalten Sie die Ansicht der Slices ein.
3. Wählen Sie mit dem Slice-Auswahl-Werkzeug aus der Werkzeug-Palette den Slice des Menüpunkts *Home*.
4. Doppelklicken Sie den gewählten Slice. Es öffnet sich die Slice-Pallete, wechseln Sie zur Rollover-Palette.
5. In der Rollover-Palette wird nun der Slice als Miniatur dargestellt. Falls das gesamte Dokument als Miniatur dargestellt wird, ändern Sie die Darstellung in den Paletten-Optionen. Mit dem Befehl *Neuer Status* aus dem Palettenmenü erstellen Sie einen neuen Status. Image Ready fügt einen Status mit dem Verhalten *Über* in die Palette ein. Falls der neue Status nicht angewählt ist, tun Sie dies durch Anklicken.

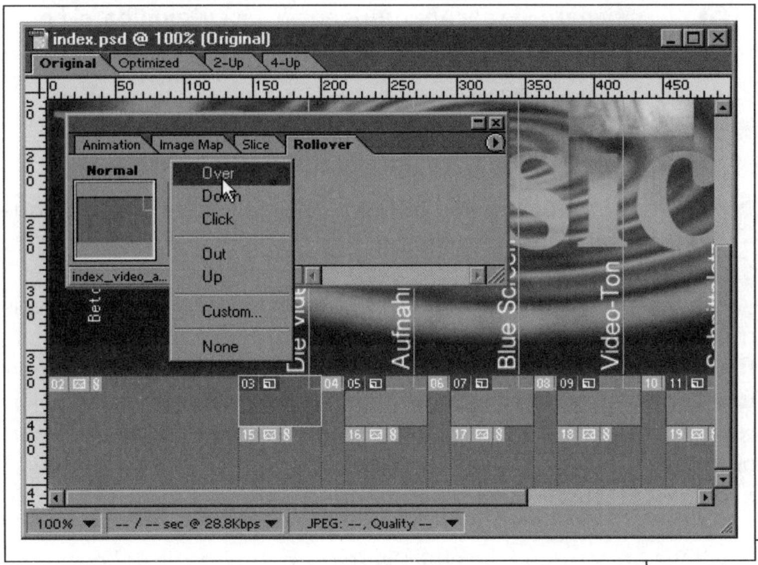

Hier wird der Status des Rollover-Effekts eingestellt

Abb.6.20

6. Wählen Sie in der Ebenen-Palette den Effekt *Abgeflachte Kante innen* der Ebene *Home but* an. Ändern Sie den Schalter *Oben* auf *Unten*. Nun erscheint der Schalter *Home* gedrückt.

7. Wechseln Sie nun wieder zur Rollover-Palette und erstellen Sie einen neuen Status. Image Ready fügt eine Kopie des letzten Status in die Ebenen-Palette ein. Klicken Sie auf den neuen Verhaltensnamen, in diesem Fall *unten,* und wählen Sie aus dem Menü den Punkt *Mausklick*.

8. Wählen Sie nun in der Ebenen-Palette die Ebene *Home text* an und fügen Sie den Effekt *Farbfüllung* der Ebene hinzu. Damit der Text beim Anklicken gelb aufleuchtet, ändern Sie im Effekt die Farbfüllung entsprechend.

9. Wiederholen Sie die Schritte 3-8 für die nächsten beiden Menüpunkte.

10. Testen Sie Ihr Ergebnis mit Befehl *Datei>Vorschau in*.

11. Speichern Sie die Änderungen an der Originaldatei (.psd) mit dem Befehl *Datei>Speichern*.

12. Mit dem Befehl *Datei>Optimierte Version speichern* erstellt Image Ready nun die HTML-Datei mit der die Einzelbilder zusammenfassende Tabelle nebst Javascript-Code zur Steuerung der Rollover-Effekte und teilt die Menügrafik in ihre Einzelteile.

Wenn Sie mit diesem Wissen über Rollover in Image Ready experimentieren wollen, und das sollten Sie tun, denken Sie daran, dass für die Rollover-Effekte nur Änderungen an den Ebenen-Optionen und den Ebenenfiltern aufgezeichnet werden. Wenn Sie einen Filter auf eine Ebene anwenden oder aber in einer Ebene zeichnen oder Grafikteile einkopieren, ändern sich damit das Erscheinungsbild jedes Status.

Tipp

Bevor Sie Änderungen an einer Datei vornehmen, die Rollover enthält, sollten Sie davon eine Sicherheitskopie erstellen.

Ändern von Rollover-Effekten

1. Öffnen Sie die Originaldatei (.PSD) und schalten Sie die Ansicht der Slices mit dem Befehl *Slices>Slices* einblenden ein.

2. Achten Sie bei der Arbeit an Rollover-Effekten darauf, dass Ihre Änderungen an der Grafik auch mit dem Status des Rollovers korrespondieren. Es kann leicht passieren, dass Änderungen an der Grafik vornimmt, dabei aber das Umschalten auf den eigentlich gemeinten Status vergisst. Übersieht man diesen Fehler, wird die Rollover-Grafik bei der Interaktion merkwürdig reagieren.

3. Testen Sie die Änderungen mit dem Befehl *Datei>Vorschau in*.

4. Speichern Sie die Änderungen an der Originaldatei.

5 Mit dem Befehl *Datei/HTML aktualisieren* öffnen Sie einen Dialog, der Sie auffordert, die zu aktualisierende HTML-Datei auszuwählen. Wenn Sie an Ihrer Grafik nur die Slicing-Informationen (URL, Ausmaße und Position des Slices) geändert haben, reicht es, die HTML-Datei zu aktualisieren. Wenn Sie allerdings den Bildinhalt geändert haben, sollten Sie den Schalter *Bilder speichern* aktivieren.

Die neuen Tools von Photoshop 6.0

7

Im Überblick

Photoshop-5-Benutzer werden es sofort bemerken – die Benutzeroberfläche hat sich mit Photoshop 6.0 in vielen Teilen verändert – und das zum Positiven. So sind die Menü-Optionen und die Palettenverwaltung übersichtlicher strukturiert und für den Anwender intuitiver bedienbar. Die augenscheinlichste Erneuerung von Photoshop 6.0 ist die Möglichkeit, über Zeichen-Werkzeuge innerhalb der Werkzeug-Palette Vektorgrafiken zu erstellen. Ganz neu ist auch die kontextsensitive Menüleiste, die sich direkt unterhalb der gewohnten Menüleiste befindet und so einen schnellen Zugriff auf sämtliche Werkzeug-Optionen der einzelnen Werkzeuge gewährt. Auch die Ebenen-Palette hat ein paar sehr schöne Erneuerungen erfahren. So können beispielsweise Ebenen der Übersichtlichkeit halber in Set-Ordnern gruppiert werden; dieser Gruppe kann eine gemeinsame Farbe zugewiesen werden. Text braucht jetzt nicht mehr über das Dialogfeld bearbeitet zu werden, sondern kann direkt auf der Grafik editiert werden.

Für die Optimierung von Webgrafiken hat sich auch eine ganze Menge bei Image Ready getan.

Im folgenden Abschnitt erhalten Sie eine Gesamtübersicht über die Neuerungen von Photoshop 6.0.

Neue Benutzeroberfläche

Befehle können über die kontextsensitive Menüleiste für Werkzeug-Optionen direkt aufgerufen werden. Sie befindet sich unterhalb der Menüleiste. Häufig genutzte Paletten können in einer Palettensammlung organisiert und abgelegt werden. Das Dialogfeld für Öffnen und Speichern von Dateien hat sich erweitert. Dateien können in unterschiedlichen Formaten über intuitivere Befehle aufgerufen und abspeichert werden. Sie können die Maßeinheiten jetzt wechseln, ohne dazu die Voreinstellungen ändern zu müssen.

Mit Photoshop Vektorformen kreieren

Über das Aufklapp-Menü in der Werkzeugleiste können Sie verschiedene Vektorformen – *Rechteck, gerundetes Rechteck, Ellipse, Polygon, Linie* und *benutzerdefinierte Form* – auswählen. Die erstellte Grundform ist über die kontextsensitive Menüleiste auf vielfältigste Art editierbar. Über die aus Illustrator oder InDesign bekannten Pathfinder-Kommandos wie *Schnittmenge bilden, Hinzufügen, Abziehen* etc. können Sie aus den Grundformen interessante, beliebig komplexe Formen erzeugen. Diese neu entworfenen Formen können in einer Formen-Palette abgelegt und jederzeit wieder aufgerufen werden.

Vektortext direkt auf der Grafik bearbeitbar

Text kann direkt auf der Grafik erstellt und über die kontextsensitive Menüleiste bearbeitet werden. Außerdem gibt es eine neue Text-Palette, die aus Vektor-Programmen bekannt ist und neue Schrift-Optionen bietet. Selbst nach Transformationen bleibt der Text jetzt jederzeit editierbar.

Vektorbasierte Masken erstellen

Die Vektor-Werkzeuge von Photoshop 6.0 beinhalten ein neues Tool, das die Erstellung editierbarer Formen ermöglicht, mit denen Bereiche eines Bilds freigestellt werden können. Die Beschneidungspfade können wie andere Vektorpfade mit den Werkzeugen *Direktauswahl, Ankerpunkt hinzufügen* und *Ankerpunkt entfernen* verändert werden. Um eine Mischung aus scharfen und weichen Maskenkanten zu erzeugen, werden die Beschneidungspfade mit Rastermasken kombiniert.

Einzelne Bildebenen können mit den Beschneidungspfaden maskiert werden.

Ebenen – erweiterter Funktionsumfang und übersichtlichere Organisation
Für eine übersichtliche Ebenenorganisation können die Ebenen in farbige Sets innerhalb eines angelegten Ordners gruppiert werden. Die Zahl der neu eingefügten Ebenen ist jetzt unbegrenzt. Ebenen-Effekte können per Drag & Drop auf andere Bildebene innerhalb der Ebenen-Palette übertragen werden. Wie schon in anderen Adobeprogrammen wie beispielsweise bei InDesign möglich lassen sich einzelne Ebenen vor ungewollten Veränderungen schützen. Ebenestrukturen lassen sich für den Export als PDF- oder TIFF-Datei erhalten.

Problemlose Füllungen
Sie können eigene Pinsel, Verläufe, Formen, Muster und Formate erstellen und innerhalb des Preset-Managers verwalten. Die für den späteren Gebrauch vordefinierten Elemente können Sie jederzeit erweitern, löschen und weitergeben.

Über die angelegte Bibliothek können Verläufe, Muster und Vollfarben aufgerufen und über Inhaltsebenen auf andere Ebenen übertragen werden. So brauchen keine neuen Ebenen erstellt oder gelöscht werden, und die gewählten Füllungen sind jederzeit austauschbar.

Ebenen-Optionen speichern und laden

Verschiedene Ebenen-Optionen mit den zusätzlich neuen Ebenen-Effekten wie *Glühen, Abschrägen* etc. sowie den Überblendmodi und Transparenz können jetzt innerhalb eines Dialogfelds erstellt und gespeichert werden und mit der neuen Formate-Palette jederzeit aufgerufen werden.

Erweiterte PDF-Unterstützung und PostSript-Ausgabe
Mit Photoshop 6.0 sind Möglichkeiten für PDF-Dateien erweitert worden. Komplexe PDF-Dateien können mit Duplexfarben, Volltonfarbkanälen und Transparenz erstellt werden. Sie können die vektorbasierten Text- und Grafikelemente auflösungsunabhängig exportieren und auch kleinste Bild-Details und -Text scharf auf Postskript-Druckern ausgeben. Photoshop-Dateien können jetzt mit Anmerkungen versehen und dann in Adobe Acrobat überarbeitet werden.

Notizzettel für Grafiken
Eine Art Notizzettel als Gedächnisstütze oder zur Dokumentation für Kunden oder Kollegen kann mithilfe des Symbols *Anmerkungen* in der Werkzeug-Palette an die gerade bearbeitete Grafik angeheftet werden. Ein solcher Notizzettel kann aus einem eingegebenen Text bestehen oder auch aus einer eigens erstellten Audio-Datei.

Genaues Freistellen-Werkzeug
Das Freistellen-Werkzeug befindet sich jetzt als unabhängiges schnell zugängliches Symbol innerhalb der Werkzeug-Palette und nicht mehr bei den Auswahlrahmen im Aufklapp-Menü.

Bei der Freistellung eines Bildbereichs lässt sich die Perspektive eines Fotos korrigieren. So kann ein schlechter Scan aufbereitet werden, indem Verzerrungen im Bild verringert werden.

Mit Liquify Bilder interessant verzerren

Ein Bild kann über das Aufrufen des neuen Dialogfelds *Liquify* über eine interaktive Bearbeitungsweise extrem verzerrt werden, wodurch neue kreative Bildbearbeitungsmöglichkeiten entstehen.

Verbessert Extrahieren
Komplexe Bildbereiche und feinste Details im Bild können automatisch mit den neuen Werkzeugen zum Hervorheben und Bereinigen von Kanten isoliert und maskiert werden.

Erweiterte Unterstützung von Aktionen

Die Möglichkeiten für Aktionen haben sich erweitert. Beispielsweise kann die Auswahl von Werkzeug-Optionen als Aktion gespeichert werden. Bildordner können per Drag & Drop zum zugehörigen Symbol (*Droplets*) bewegt werden und die Aktion starten.

Soft-Proofing und Druckvorschau
Sie können die Farbwiedergabe durch das im Menü enthaltenen Soft-Proofing für die Bildschirmwiedergabe oder der Druckausgabe kontrollieren. Zudem lässt sich mit Photoshop 6.0 die Wiedergabe für die Druckausgabe in der Grafikvorschau einsehen.

Verbesserungen für die Erstellung von Web-Grafiken

Slice-Werkzeuge

Sie können das Slicing-Verfahren direkt in Photoshop 6.0 vornehmen und brauchen dafür nicht mehr nach Image Ready zu springen. Die Optimierungseinstellungen für die einzelnen Slices können Sie ebenfalls bereits in Photoshop durchführen und die Datei dann als HTML-Tabelle ausgeben.

Vereinfachter Wechsel nach Image Ready 3.0
Einen schnelleren Wechsel zwischen den Programmen Photoshop und

Image Ready ermöglicht das in der Werkzeug-Palette integrierte Symbol *Wechseln zu*.

Erstellung von Schaltflächen für das Web
Mit den neuen Vektorzeichen-Werkzeugen und Ebenen-Formaten können Sie auf einfache Weise Schaltflächen, Navigationsleisten und andere Web-Elemente für das Internet erstellen.

Verwalten von Slices
Slices lassen sich speichern, jederzeit wieder aufrufen und für die Grafik erneut festlegen. Slices lassen sich damit besser verwalten. Sie können auch Slices zu Gruppen zusammenfassen, z.B. Slices, die Schaltflächen enthalten.

Automatisiertes Slicing
Sie können den verschiedenen Ebenen Rollover-Effekte zuweisen und dann das Slicing von Image Ready ausführen lassen. Ein späteres Nacharbeiten auf einer Ebene wird automatisch erkannt und entsprechend angepasst.

Einführung des Rollover-Formats

Sie können Rollover-Zustände mit Ebenen-Effekten als Rollover-Formate in der Formate-Palette von Image Ready abspeichern und jederzeit wieder abrufen.

Gewichtete Optimierung

Nun ist es zusätzlich möglich, Optimierungseinstellungen für schwierige Web-Bilder auch anhand der Farb-Kanäle durchzuführen.

Verbesserte Image-Maps

Mithilfe der neuen Werkzeuge *Rechteck*, *Ellipse* und *Polygon* haben Sie mehr Möglichkeiten für das Erstellen von Bildbereichen für Image Maps in Image Ready dazu gewonnen. Den einzelnen Bereichen können Sie zusätzlich Rollover-Effekte und URLs zuweisen.

Gute Zusammenarbeit mit Adobe GoLive gewährleistet

Sie können URLs in Photoshop oder Image Ready festlegen und sie in Adobe GoLive weiter bearbeiten und verwalten. Weiter können Sie auch bearbeitete URLs in der Originaldatei aktualisieren. Photoshop-Dateien können in Adobe GoLive ohne vorheriges Konvertieren in Web-Formate eingefügt und dort optimiert werden. Der HTML-Code von Photoshop und Image Ready ist mit dem von Adobe GoLive kompatibel. Dazu lässt sich in Image Ready über das Dialogfeld *Optimiert speichern als* eine entsprechende Einstellung setzen.

Photoshop-6.0-Neuerungen im Detail

Benutzeroberfläche mit schnellen Zugriffsmöglichkeiten

Wie schon im Überblick erwähnt, fällt beim ersten Starten der neuen Photoshop-Version als Erstes die neue Benutzeroberfläche ins Auge. Die neue kontextsensitive Menüleiste gleich unterhalb der gewohnten Menüleiste und auch die farbig gewordene Ebenen-Palette mit ihren vielen neuen Symbolen verändern die gewohnte Photoshop-Erscheinung. Aber alle Neuerungen in der Oberfläche sind der verbesserten Organisation und Zugriffsmöglichkeit verschrieben, sodass sich nach dem ersten Schrecken ein Erleichterungsgefühl breit machen wird.

Die kontextsensitive Menüleiste

Die kontextsensitive Menüleiste für die Werkzeug-Optionen ist eine echte Errungenschaft, zumal sie sich als schmale, Platz sparende Leiste gleich unterhalb der konventionellen Menüleiste dem Auge immer optisch offen präsentiert (sie lässt sich jedoch auf Wunsch auch frei positionieren). So werden hier für jedes Werkzeug die entsprechenden Optionen aufgeführt, die über Aufklapp-Menüs immer feinere Bearbeitungsschritte ermöglichen.

Leichter Zugriff zu den Werkzeug-Optionen über die neue kontextsensitive Menüleiste

Abb. 7.1:

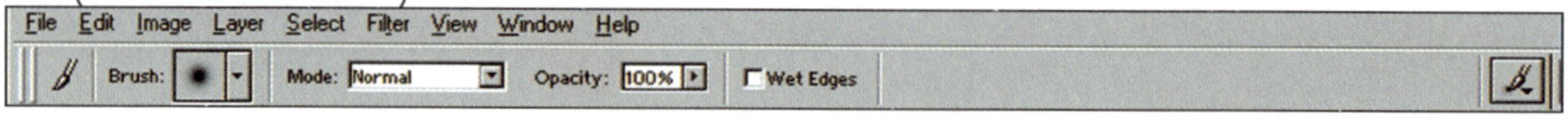

Tipp

Für die neuen Vektorzeichen und Auswahl-Werkzeuge stehen die Boole,schen Operationen wie *Hinzufügen und Abziehen* in der Leiste zu Verfügung. Eine Umrandung kann hier festgelegt werden, und für das Werkzeug *Frei Transformiren* können jetzt numerische Werte eingegeben werden. Für die Bewegen- und Pfad-Komponente lassen sich jetzt *Ausrichtungsoptionen* in der kontextsensitiven Menüleiste eingeben.

Werkzeug-Optionen in der kontextsensitive Menüleiste vereint

Anhand des Pinsel-Werkzeugs soll hier die Zusammenführung von verschiedenen Paletten für die Photoshop-Werkzeuge erläutert werden. Bisher waren die Pinsel-Optionen auf zwei Paletten verteilt. In Photoshop 6.0 werden die entsprechenden Werkzeug-Optionen und Pinselgrößen und -eigenschaften in der kontextsensitiven Menüleiste zusammengeführt. Diese Vereinfachung trifft auch für sämtliche anderen Werkzeuge der Werkzeug-Palette zu. Kontextsensitive Menüleiste bedeutet hier, dass die Optionen je nach ausgewähltem Werkzeug ihre Einstellungs-Optionen wechseln. In der kontextsensitiven Menüleiste können Sie beispielsweise auch eigene Pinselspitzen erstellen und dem Bestand hinzufügen. Sowohl über die Menüleiste als auch über den Preset-Manager können Sie jederzeit auf die Pinselsammlung zugreifen.

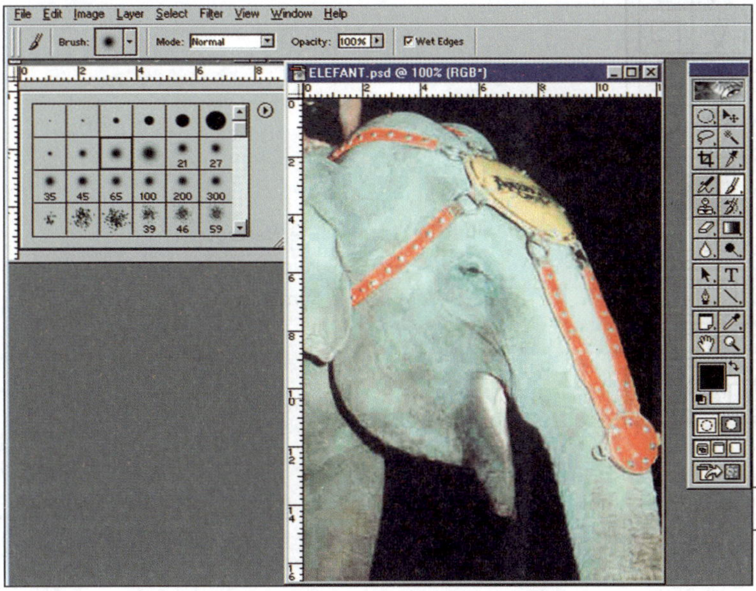

Die kontextsensitive Menüleiste führt alle Optionen des in der Werkzeug-Palette angeklickten Symbols auf

Abb. 7.2:

Neue Symbole in der Werkzeug-Palette

Neu sind die Symbole für die verschiedene Vektorformen, die sich über ein Aufklapp-Menü in ihrer Gesamtheit zeigen. Für Anmerkungen steht ein Symbol für den schriftlichen Notizzettel und ein Lautsprecher-Symbol für die Tonaufzeichnung zur Verfügung. Das Freistellen-Werkzeug hat jetzt ein eigenes Feld in der Werkzeug-Palette erhalten.

Innerhalb der verschiedenen Aufklapp-Menüs werden die Symbole mit Namen und Zugriffstasten aufgeführt.

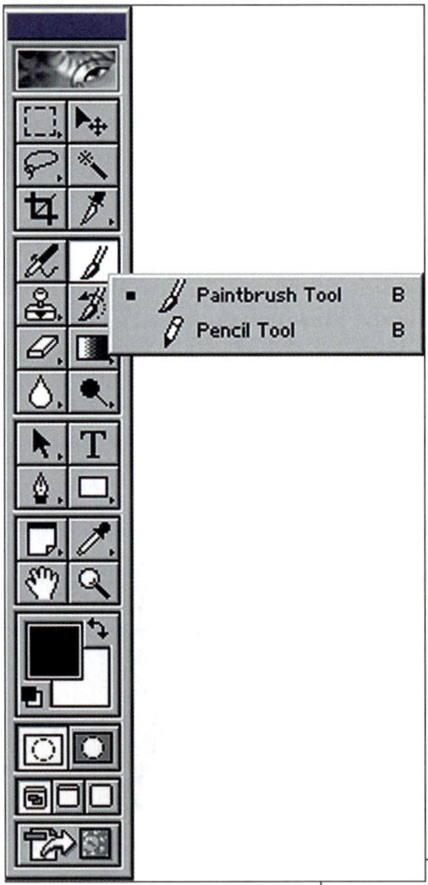

Die Werkzeug-Palette mit neuen Symbolen

Abb. 7.3:

Die Zeichen für die Grundformen von Vektor-Elementen im Aufklapp-Menü der Werkzeug-Palette

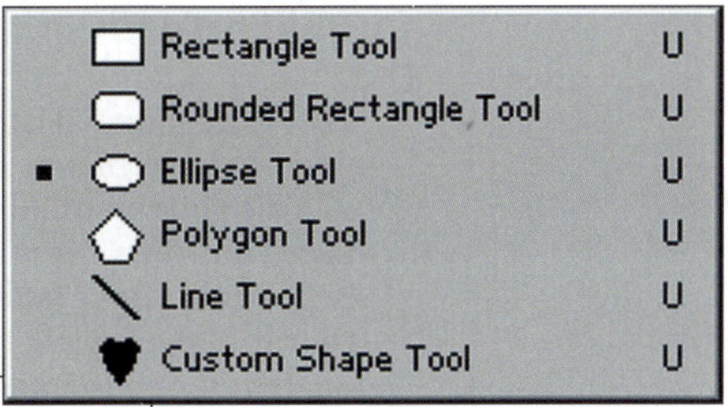

Abb. 7.4:

Das Aufklapp-Menü für das Erstellen von schriftlichen oder auch gesprochenen Kommentaren

Abb. 7.5:

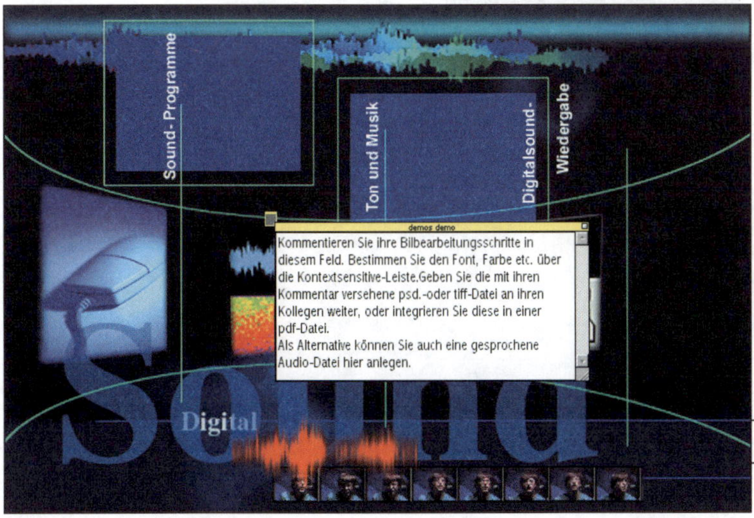

Schriftlicher Kommentar, beispielsweise für die eigene Gedächtnisstütze oder zum Erklären von Bearbeitungsschritten für den Kollegen

Abb. 7.6:

Vektorformen mit Photoshop 6.0

Mit Photoshop 6.0 ist es erstmals möglich, auflösungsunabhängige Vektorformen zu erstellen. Über die Werkzeug-Palette lassen sich die einzelnen Grundelemente – *Rechteck*, *Ellipse*, *Polygon* und *Linie* – aufrufen. Diese können für Ebenen, Vektormasken (auch als Beschneidungspfade für Ebenen bezeichnet) oder für Pixelzeichnungen angewendet werden. Über die Symbole *Hinzufügen*, *Abziehen*, *Schnittmenge bilden* und *Entfernen* in der kontextsensitive Menüleiste lassen sich diese Grundformen zu komplexeren Formen kombinieren. Diese lassen sich dann über das neue Direktauswahl-Werkzeug in der Werkzeug-Palette auswählen und bearbeiten. Auch in der Zusammenarbeit mit den Pfad-Werkzeugen können Sie mit Ziehen von einzelnen Ankerpunkten die Vektor-Elemente individuell neu formen. Die erstellten Formen können Sie als benutzerdefinierte Elemente in einem seperaten Bestand speichern. Wahlweise lassen sich diese Formen auch über den Preset-Manager speichern und mit Mausklick jederzeit wieder aufrufen.

Mit den Symbolen *Hinzufügen*, *Abziehen*, *Schnittmenge bilden* und *Entfernen* der kontextsensitiven Menüleiste lassen sich die Grundformen auf vielfältige Art kombinieren

Abb. 7.7:

Über die Werkzeug-Optionen der kontextsensitiven Menüleiste können Sie die Formen detaillierter definieren. Sie haben die Wahl zwischen Füllung, geformter Ebene und Arbeitspfad. Über ein Aufklapp-Menü können Sie sich beispielsweise für die Ellipsenform entscheiden, dann, ob die Größe fest, kreisförmig, proportional ist, oder von der Mitte aus aufgezogen wird. Bevor Sie mit dem Erstellen einer Grundform beginnen, sollten Sie das Ebenen-Format, den Überblend-Modus und die Deckkraft für die Ebene einstellen.

In der Werkzeug-Palette haben die Direktauswahl-Werkzeuge für die Bearbeitung von Vektorgrafiken eine eigene Schaltfläche erhalten

Abb. 7.8:

Bestand erweitern

In der Leiste *Werkzeugoption* gibt es zudem das Aufklapp-Menü *Form* mit den frei gezeichneten Vektorformen *Stern*, *Mondsichel*, *Herz*, etc., die über die Pfad-Werkzeuge weiter bearbeitet werden können und deren Bestand mit Ihren eigenen Kreationen beliebig erweiterbar ist.

Der beliebig erweiterbare Bestand für frei gezeichnete Vektorformen

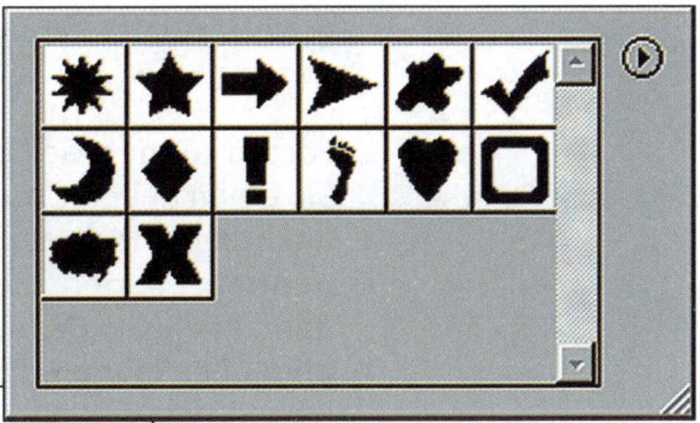

Abb. 7.9:

Neuerungen in der Pfad-Palette

Über die neuen Symbole in der Pfad-Palette, in der unteren Leiste angeordnet, lassen sich die Vektor-Formen nun einfacher als Auswahl erstellen und die Farbe für Kontur und Fläche zuweisen.

Optionen für das Füllen und das Erstellen eines Pfads sind jetzt auch in der Pfad-Palette durch Symbole aufrufbar

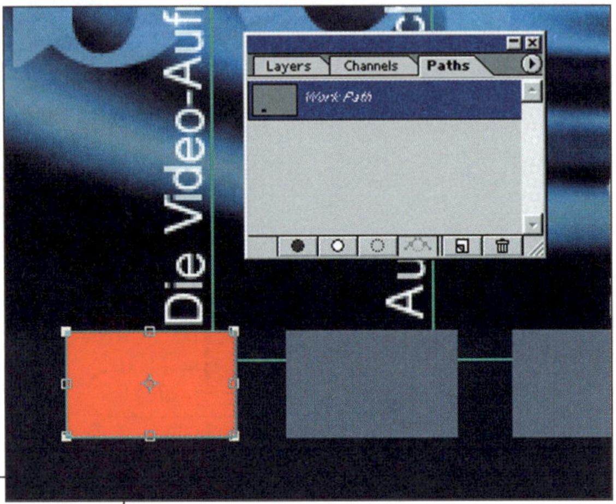

Abb. 7.10:

Neuerungen im Bereich der Ebenen

Die neue Ebenen-Palette – übersichtlich strukturiert

In der Ebenen-Palette hat sich eine ganze Menge getan. Nun ist die Anzahl der Ebenen aufgestockt worden, nämlich unendlich viele.

Fortan können Sie Ebenen in Gruppen zusammenfassen, indem Sie einen neuen Ordner aus der Symbolleiste der Ebenen-Palette anklicken und diesen mit einem entsprechenden Oberbegriff benennen. Ebenen, die thematisch zusammengehören, werden dann in diesen Ordner gezogen. So haben Sie einen guten Überblick über Ebenen, die in einem inhaltlichen Zusammenhang stehen. Sie können nach Belieben den Ordner öffnen, um Änderungen an einzelnen Ebenen vorzunehmen, und wieder schließen. Weitere Übersichtlichkeit lässt sich dadurch schaffen, dass den Ebenen und den Ordnern Farben zugewiesen werden können.

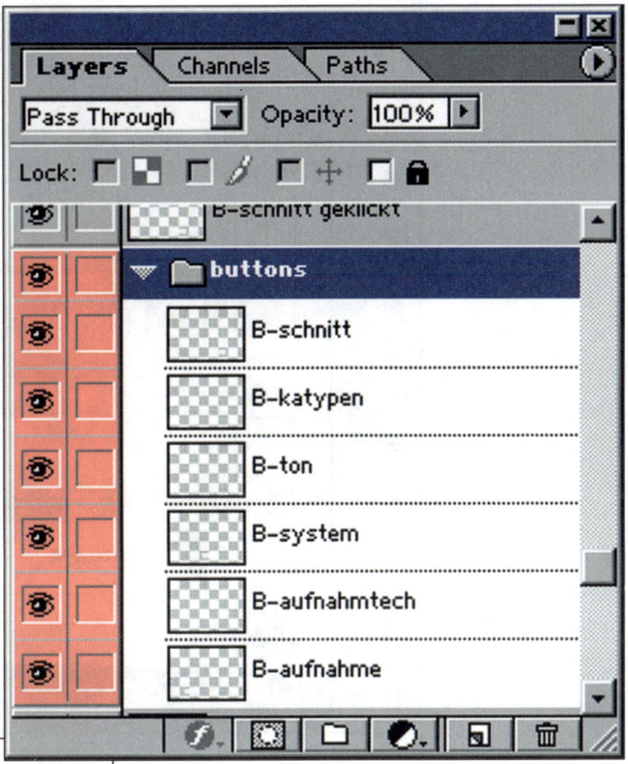

Die neue farbige Ebenen-Palette mit der Möglichkeit, Ebenen innerhalb eines Ordners zu verwalten

Abb. 7.11:

Gemeinsame Features für die Ebenengruppen

Auf die Ebenengruppen lassen sich alle Ebenenmasken und Beschneidungspfade sowie die Transparenz gleichzeitig anwenden.

Ebenen sperren

Die auf den Ebenen vorgenommenen Einstellungen können Sie durch die Option *Sperren* mit dem entsprechenden Symbol in der oberen Ebenen-Paletten-Leiste schützen.

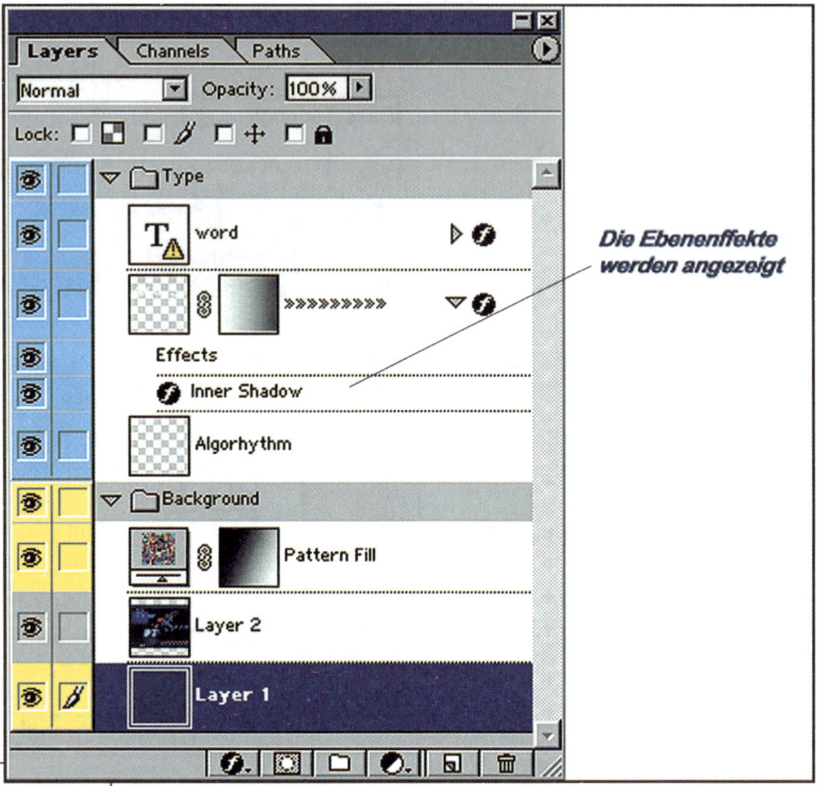

Die angewendeten Effekte werden über ein Aufklapp-Menü angezeigt

Abb. 7.12:

Eben-Effekte auf andere Ebenen übertragen

Das umständliche Kopieren und Einfügen von Ebenen-Effekten bleibt aus. Die einzelnen Ebenen-Effekte können jetzt sehr einfach per Drag & Drop anderen Ebenen zugewiesen werden. Sollen diese wieder gelöscht werden, ziehen Sie die Ebenen-Effekte auf das Papierkorb-Symbol der Ebenen-Palette.

Tipp

Möchten Sie wissen, welche Effekte Sie auf eine Ebene angewendet haben, klicken Sie auf das kleine schwarze Dreieck links vom *Ebeneneffekt*-Symbol und eine Auflistung der Effekte wird angezeigt.

Anzeigen der Ebenen-Effekte über die Ebenen-Palette

Mit Doppelklick auf das Symbol *Ebeneneffekte* in der Ebenen-Palette öffnet sich ein Dialogfeld *Ebenenformate*, wo Sie die Eigenschaften nach Ihrem Wunsch neu einstellen können.

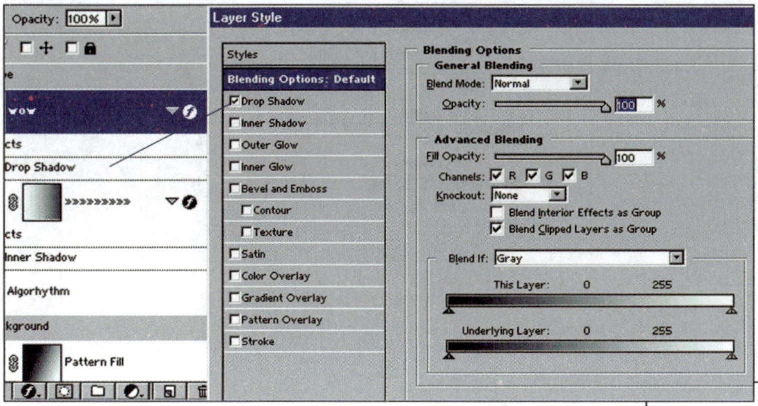

Das Aufrufen des Dialgofelds für die Ebenen-Effekte ist auch über die Effekt-Symbole der Ebenen-Palette möglich

Abb. 7.13:

Tipp

Öffnen Sie eine Gruppe, um alle zugehörigen Ebenen anzuzeigen. Übertragen Sie Ebenen-Effekte per Drag & Drop auf andere Ebenen. Die Effekte werden sofort von der Zielebene übernommen.

Das neue Dialogfeld für die Ebenen-Effekte

Das Dialogfeld für die Ebenen-Effekte hat sich erheblich erweitert und optisch stark verändert. Photoshop 6.0 bietet eine Menge Erneuerungen für die Gestaltung mit Ebenen-Effekten. Für einige Effekte wurden neue Effekt-Optionen geschaffen; darüber hinaus wurden eine Reihe gänzlich neuer Effekte eingeführt. Zudem besteht jetzt die Möglichkeit, Ebenen-Effekte als Vorlagen für den späteren Gebrauch zu speichern.

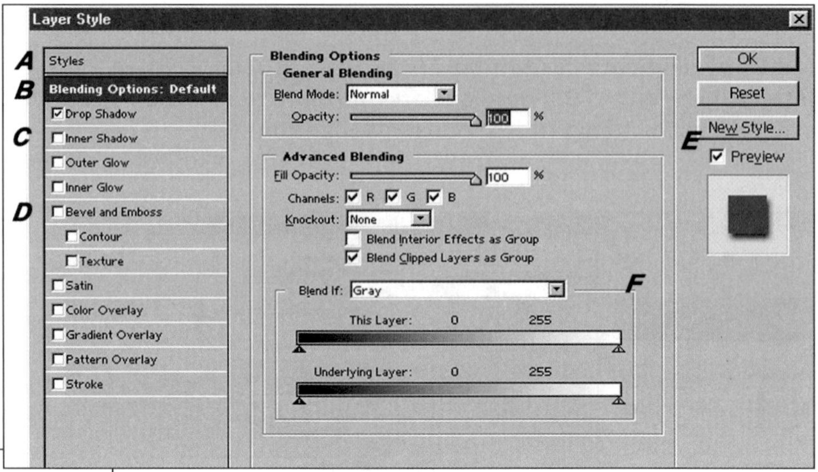

Abb.7.14: Das Dialogfeld *Ebenenformat*

A Ein Klick auf diese Schaltfläche blendet den Ebenenformat-Bestand ein.

B Hier können Sie einen Überblendmodus als Teil eines Ebenen-Effekts festlegen, und die Attribute als Format speichern.

C Aktivieren Sie die Ebenen-Effekte, die in Ihrem Entwurf enthalten sein sollen.

D Klicken Sie auf einen Ebenen-Effekt, um deren Optionen einzublenden.

E Mit Klick auf *Neu* werden Ihre Einstellungen als separates Ebenenformat abgespeichert.

F Gestalten Sie Farb-, Verlaufs- und Muster-Füllungen separat, oder kombinieren Sie die Einstellungen für interessante Effekte.

Im Vorschaumodus können Sie Ihre vorgenommen Einstellungen verfolgen.

Eine Übersicht, welche Effekte auf die gewählte Ebene angewendet wurden, erhält man im Dialogfeld Ebenenformat. Um weitere Effekte einzusetzen, klicken Sie an entsprechender Stelle in der Auflistung. Durch einen Klick auf den Effektnamen kann dann die Optionen eingeblendet und eingestellt werden.

Mit Photoshop 6.0 wurden die Effekte *Kontur*, *Überzug* (Vollfarbe, Muster oder Verlauf) und *Satinbezug* eingeführt; vorhandene Effekte wurden in den Möglichkeiten ausgebaut. Außerdem wurden Überblend- und Transparenzeinstellungen integriert; diese werden mit dem Ebenenformat gespeichert.

Außerdem steht nun bei vielen Effekten ein spezieller Kontur-Effekt zur Verfügung, mit dem die Form einer abgeflachten Kante, das Aussehen eines Satinbezugs etc. verfeinert werden kann.

Die neuen Ebenen-Effekte

Der Effekt Kontur

Konturen können mit einer Stärke von bis zu 250 Pixeln auf Vektor- und Rasterobjekte angewendet werden. Photoshop 6.0 entscheidet anhand des Objekts, welche Konturform angewendet wird. Eingestellt werden kann die Position der Kontur, der Überblendmodus und die Deckkraft und die Füllmethode (Vollfarbe, Verlauf oder Muster).

Der Effekt Überzug (Vollfarbe, Muster oder Verlauf)

Isolierte Füllungen können aus einer Vollfarbe, einem Verlauf oder einem Muster erstellt werden. Füllungen können aber ebenso über die Deckkraft und den Überblendmodus zur Erzielung besonderer optischer Effekte gesteuert werden.

Der Effekt Satin

Mit dem Effekt *Satin* wird ein Interferenzmuster erstellt, das von der Form einer Ebene abhängt. Dieses bewirkt einen auffälligen metallischen Glanz oder einen Glüh-Effekt.

Überblend-Optionen
Mit den *Überblend-Optionen* wird das Zusammenwirken des Ebenenformats mit darunter liegenden Ebenen gesteuert. Ein Ebenenformat kann z.B. so anlegt werden, dass darunter befindliche Ebenen komplett oder teilweise ignoriert werden. Beim partiellen Ignorieren vermischt sich ein Effekt mit den Ebenen, die in der Hierarchie unter der aktiven Ebene liegen. Dies kann z.B. bei der Erstellung transparenter Buttons nützlich sein. Das Überblenden lässt sich auch auf bestimmte Kanäle beschränken, sodass das Ebenenformat nur Auswirkungen auf die vorgegebenen Farbkomponenten hat und die Übrigen unangetastet lässt.

Erweiterte Ebenen-Effekte

Der Effekt Schlagschatten / Schatten nach innen
Umfang und Intensität lässt sich bei Schlagschatten und innerem Schatten festlegen.

Der Effekt Schein nach außen und innen
Bei *Schein*-Effekten sind folgende Optionen hinzugekommen: Grad der Störung, Intensität und Umfang. Darüber hinaus kann eine Verlaufsfarbe für beide Scheintypen vorgegeben werden.

Der Effekt Abgeflachte Kante / Relief
Folgende Kantentechniken tauchen erstmals mit Photoshop 6.0 auf: *Glätten*, *Hart meißeln* und *Weich meißeln*. Des Weiteren ist die Erzeugung von Texturen, Rändern und Metallic-Effekten möglich.

Das Anwenden von Ebenenformaten

Nach der Erstellung können Sie einen Ebenen-Effekt als Format abspeichern und später nach Bedarf darauf zurückgreifen. Ebenenformate funktionieren wie ungespeicherte Ebenen-Effekte, das heißt, Änderungen an einer Ebene werden ohne Beeinträchtigungen automatisch übernommen. Adobe Photoshop legt Formate in einer vorab erstellten Bibliothek ab. Sie können mit dem Preset-Manager jedoch auch eine eigene Sammlung anlegen. Die Bibliotheken sind per Klick über den Preset-Manager, im Menü der Formate-Palette und auf der kontextsensitiven Menüleiste für die Werkzeug-Optionen (sobald ein Vektorzeichen-Werkzeug aktiviert wurde) abrufbar. Außerdem sind sie mit Adobe Image Ready kompatibel. Sie können also eine Photoshop-Sammlung in Adobe Image Ready öffnen und umgekehrt.

Vorlagen anwenden:

Sie erstellen Text, Formen oder andere Objekte und klicken auf eine Vorlage auf der Formate-Palette. Sie können aber auch ein Vektorzeichnen-Werkzeug aktivieren, ein Ebenenformat aus der kontextsensitiven Menüleiste mit Werkzeug-Optionen auswählen und mit dem Zeichnen beginnen. Adobe Photoshop wendet dann die Vorlage an, während Sie zeichnen. Die Kombination aus Ebenenformaten und den neuen Zeichen-Werkzeugen eröffnet Print- und Web-Designern gleichermaßen ein weites Feld an kreativen Möglichkeiten bei einem hohen Maß an Effizienz.

Erweiterung der Ebeneneinstellungen

Die Möglichkeiten der Ebeneneinstellungen, auch Inhaltsebenen genannt, mit denen Farb- und Tonwertkorrekturen an Bildern vorgenommen werden können, ohne deren Pixel im Original zu verschieben, sind in Photoshop 6.0 weiter ausgebaut worden.

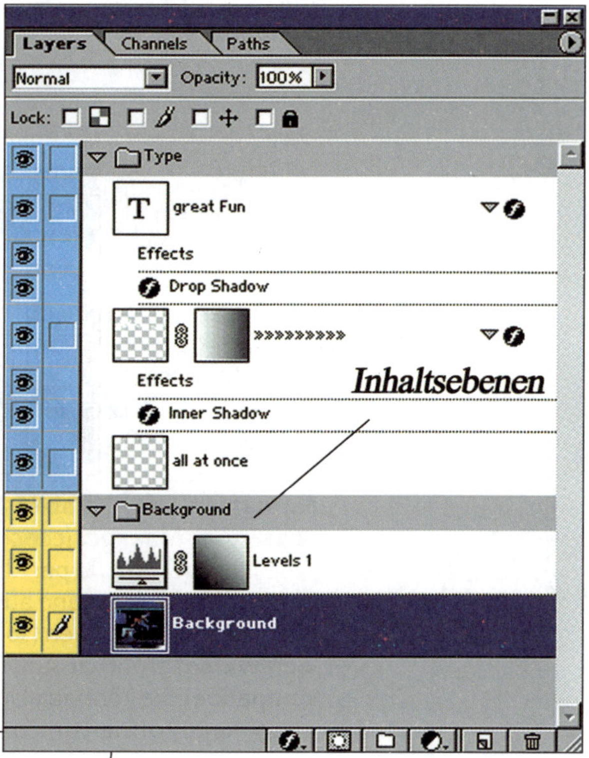

Mit den Ebeneneinstellungen, auch Inhaltsebenen genannt, lassen sich beispielsweise Tonwertkorrekturen durchführen, ohne das Originalbild zu verändern

Abb. 7.15:

Optisch werden die Inhaltsebenen durch ein kleines Symbol, dessen Größe einstellbar ist, gekennzeichnet. Beliebig viele Inhaltsebenen können auf ein Bild für die Bearbeitung angewendet werden. Wenn sich z.B. zeigt, dass für eine Tonwertanpassung die Anwendung der Gradiationskurve für eine Situation sich als besser geeignet herausstellt als die vorher angewendete Tonwertkorrektur, muss die Inhaltsebene nicht mehr gelöscht werden, sondern kann über den Befehl *Ebene austauschen* ausgewechselt werden.

Auch können auf die Inhaltsebenen jetzt Ebenenmasken angelegt werden.

Darüber hinaus verfügt das Programm über einen neuen Einstellungstyp: *Verlaufskarte*. Auf der Grundlage der Luminanzwerte einer Grafik wird dabei ein Verlauf erstellt. Mit diesem Merkmal lassen sich Schwarzweiß- oder Farboriginale in Grafiken mit stufenlosen Farbübergängen umwandeln. Die Verlaufskarte ergänzt die bereits zur Verfügung stehenden Einstellungstypen: *Tonwert*, *Farbbalance*, *Helligkeit/Kontrast*, *Farbton/Sättigung* und *Kanalmixer*.

Ein Verlaufsfeld kann auch als Inhaltsebene fungieren. Alle Verlaufsbestände in *Preset/Verläufe* stehen dafür zur Verfügung.

Abb.7.16:

Preset-Manager

Über den Preset-Manager im Menü *Bearbeiten* erhalten Sie einen sofortigen Zugang auf die Bestände für Pinsel, Verläufe, Formen, Konturen und Muster, die mit Photoshop 6.0 geliefert werden. Diese Bestände können Sie mit den selbst entworfenen Kreationen beliebig aufstocken.

Die Preset-Bestände stehen Ihnen überall dort per Mausklick zu Verfügung, wo sie genutzt werden wie z.B. auf der kontextsensitiven Menüleiste für die Werkzeug-Optionen und der Format-Palette im Dialogfeld für die Verläufe. Sie können neue Elemente jederzeit speichern und über die genannten Möglichkeiten laden.

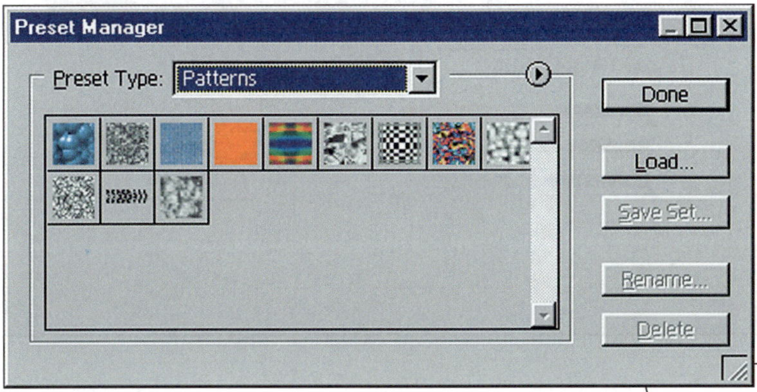

Über den Preset-Manager lassen sich sämtliche Bestände aufrufen

Abb. 7.17:

Presets für Verläufe und Muster

In der neuen überarbeiteten Verlaufspalette lassen sich neue Verläufe in verschiedenartigen Variationen erzeugen, ohne dass die Originale verändert werden. Sie können einzelne Verläufe für die spätere Verwendung abspeichern und innerhalb des Verlaufsdialogs neu überarbeiten. Neue Optionen in der Verlauf-Palette sind *Verläufe mit Störungen*.

Gleiches gilt für das Erstellen von eigenen Mustern. Muster können mit Namen versehen werden und über die kontextsensitive Menüleiste wie über den Preset-Manager geladen werden.

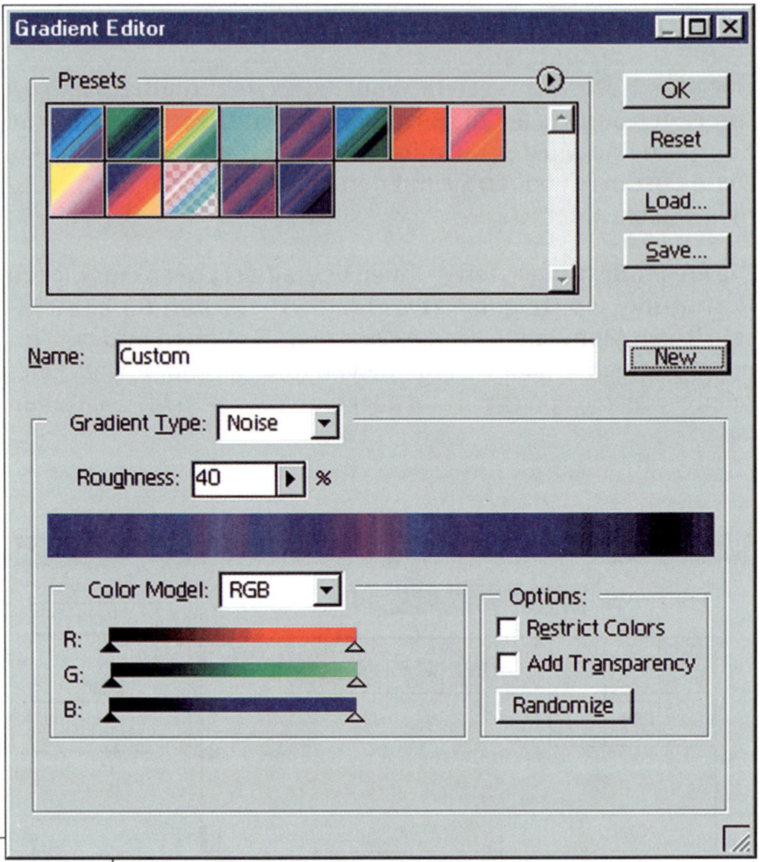

Abb. 7.18: Verschiedene Verläufe können gleichzeitig auf eine Datei angewendet werden

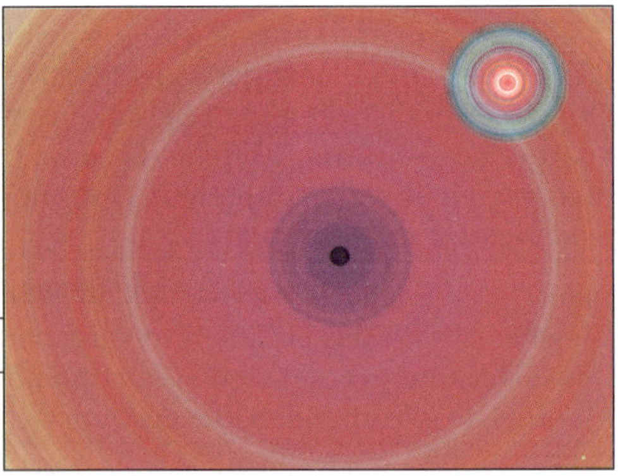

Abb. 7.19: Ein neuer Verlauf kann editiert werden, ohne dass das Original davon berührt wird

Vektortext in Photoshop 6.0

Mit Adobe Photoshop 6.0 können Sie – ohne ein anderes Programm zur Hilfe nehmen zu müssen – Vektortext in Bilder einbinden. Dadurch können scharfe Textkanten mit Bilddaten ausgeben werden und ein Höchstmaß an Qualität erzielt werden. Neue Schriften-Optionen führen darüber hinaus zur Verbesserung des Erscheinungsbilds von Text. Im nächsten Abschnitt (*Erweiterte Text-Optionen*) wird auf die neuen Möglichkeiten detailliert eingegangen. Besonders hervorzuheben ist, dass auch nach Anwendung von Text-Optionen – selbst nach Verzerrung des Textes durch Drehung oder Verbiegen – der Vektorcharakter des Textes erhalten bleibt, sodass der Text weiterhin uneingeschränkt editiert werden kann. Die Kombination aus klarem Vektortext und Rasterbilddaten eröffnet somit beim Gestalten neue Möglichkeiten.

Der Text lässt sich auch noch nach dem Transformieren ohne Qualitätsverlust beliebig editieren

Abb. 7.20:

Erweiterte Text-Optionen

Für die Formatierung eines Textes bezüglich seiner einzelnen Zeichen wie auch seiner Absätze stellt Photoshop 6.0 ein umfassendes Repertoire an Optionen zur Verfügung. Eingestellt werden die Texteigenschaften über die Paletten *Zeichen* und *Absatz*, ähnlich wie bei anderen Adobe-Programmen wie Illustrator oder InDesign. Folgende neue Optionen stehen zur Auswahl:

- Mit Photoshop 6.0 können alle Variationen, die OpenType-Schriften bieten, genutzt werden (Versalien, Kapitälchen, Hoch- und Tiefstellen). Bei Nicht-OpenType-Schriften werden diese Attribute nachgeahmt.

- Einzelne Zeichen können individuell gefärbt werden und in vertikaler und horizontaler Richtung skaliert werden. Ebenso möglich ist ein Hoch- und Tiefstellen von Zeichen sowie das automatische Erstellen von Ligaturen und Frakturzeichen.

- Neue Absatz-Optionen: *Ausrichtung*, *Auto-Zeilenabstand*, *Abstand davor und danach*, *übersetzende Zeichensetzung*, *Zeileneinschübe*. Darüber hinaus kann ein Minimal-, Maximal- und Idealwert für *Laufweite*, *Kerning*, und *Skalierung* festgelegt werden.

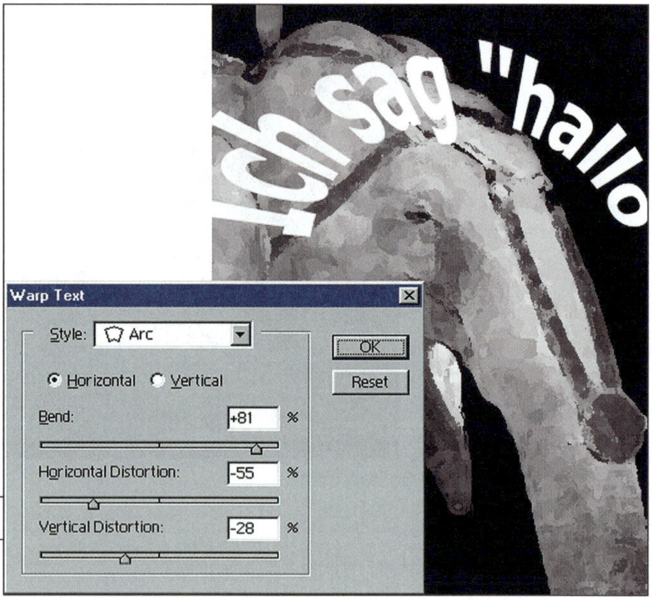

Abb. 7.21: Es gibt für den Vektortext vorgefertigte Transformationsformen, die über ein Dialogfeld noch verfeinert werden können

Einzelne Buchstaben oder Wörter im Text können auch nach dem Transformieren editiert werden.

Abb. 7.22

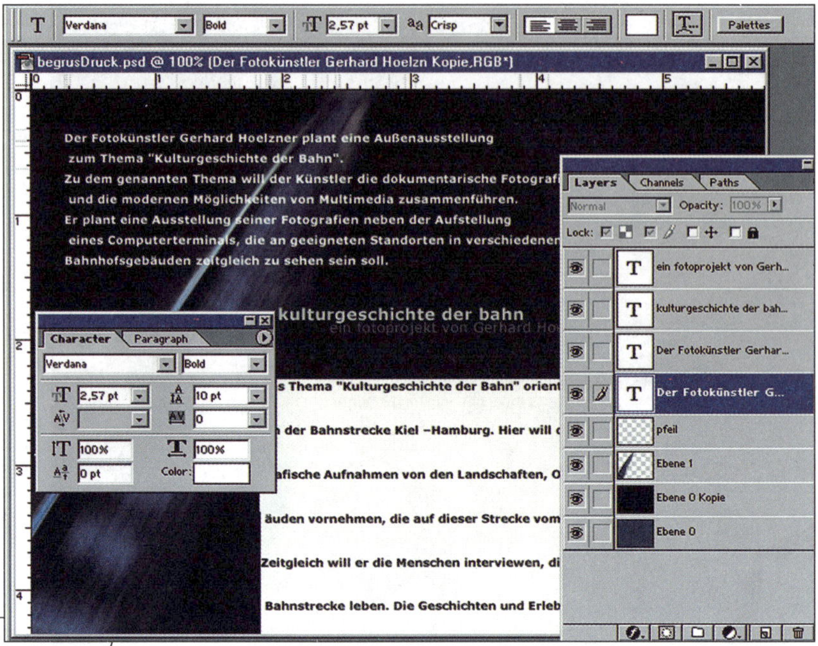

Die Text-Optionen von Photoshop sind erheblich erweitert worden

Abb. 7.23:

- Adobes neuste Generation an Zeilensetzern findet in Photoshop 6.0 seine Verwendung. Dabei wird unterschieden zwischen dem All-Zeilen-Setzer, der mehrere aufeinander folgende Zeilen im Ganzen betrachtet, um den optimalen Umbruch zu berechnen, und dem Ein-Zeilen-Setzer, der sich beim Umbrechen auf eine Zeile beschränkt. Die Trennung einer bestimmten Zeichenfolge kann gezielt unterdrückt werden.

- Neue Möglichkeiten der Gestaltung wird durch die Möglichkeit geboten, Text beliebig drehen und verzerren zu können, ohne dass seine Editierbarkeit dadurch verloren geht.

Formatieren in Photoshop ist jetzt keine Pein mehr, sondern lässt der Gestaltung Flügel wachsen

Abb. 7.24:

Adobe Image Ready 3.0 unterstützt alle Text-Optionen aus Adobe Photoshop 6.0.

Der lebendige Umgang mit diesen neuen Text-Werkzeugen wird im Kapitel *Kreativer Gestalten mit Schrift* erläutert.

Weitere Verbesserungen

Liquify

Mit dem Befehl *Liquify* können in einem Bild bestimmte Bereiche ausgewählt und über die Befehle *Interaktives hinzufügen, Entfernen, Drehen* und *Vergrößern und verkleinern* je nach Bedarf verzerrt werden. Die Verzerrungen sind über ein über das Bild gelegtes Raster gut steuerbar und erlauben eine präzise Bearbeitung. Die Stärke der Veränderung im Bild entspricht der Bildidee; sie kann von kleinerem wie von größerem Ausmaß sein. Bestimmte Bereiche des Bilds können durch Sperren vor Veränderungen geschützt und die Art der Veränderung über die Wahl der Pinselgröße bestimmt werden. Den zu verändernden Bereich können Sie über Einzoomen nah herangeholen, sodass kleinste Änderungen sichtbar werden. Mit dem Befehl *Liquify* können Sie auf diese Weise eine spannende Bildgestaltung realisieren.

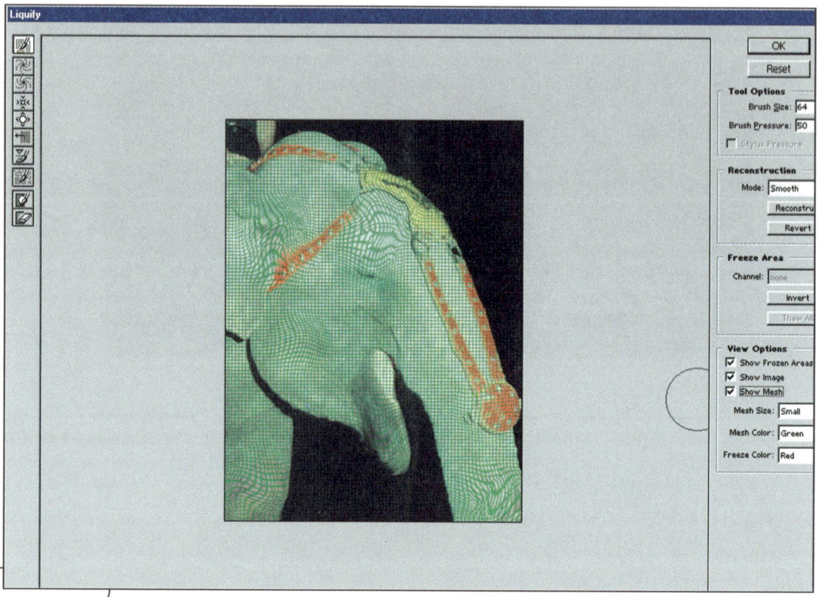

Verzerren im Dialogfeld *Liquify*

Abb. 7.25:

Extrahieren

Der Befehl *Extrahieren* Abb.2.22: Der Einsatz der Werkzeuge *Verzerren* und *Bewegungsunschärfe*

eignet sich für das Auswählen von Bereichen eines Bilds mit feinen Details wie das Fell von Tieren oder die Haare von Menschen. Der Befehl wurde mit Photoshop 5.5 bereits eingeführt und hat in der neuen Version einige weitere Features erhalten. So kann über die neuen Befehle *Hervorheben, Kanten maskieren* und *Verfeinern der Maske* noch schneller und eleganter ein exaktes Auswählen von Bildelemente erarbeitet werden.

Nach Füllen des Bildbereichs können Sie in der Vorschau den Auswahlbereich kontrollieren. Bei Bedarf können Sie innerhalb der Vorschau mit den Befehlen *Maskieren von Kanten* und *Verfeinern der Maske* die Auswahl weiter verbessern. Kanten können hier geglättet, einzelne Bereiche gefüllt und entfernt werden.

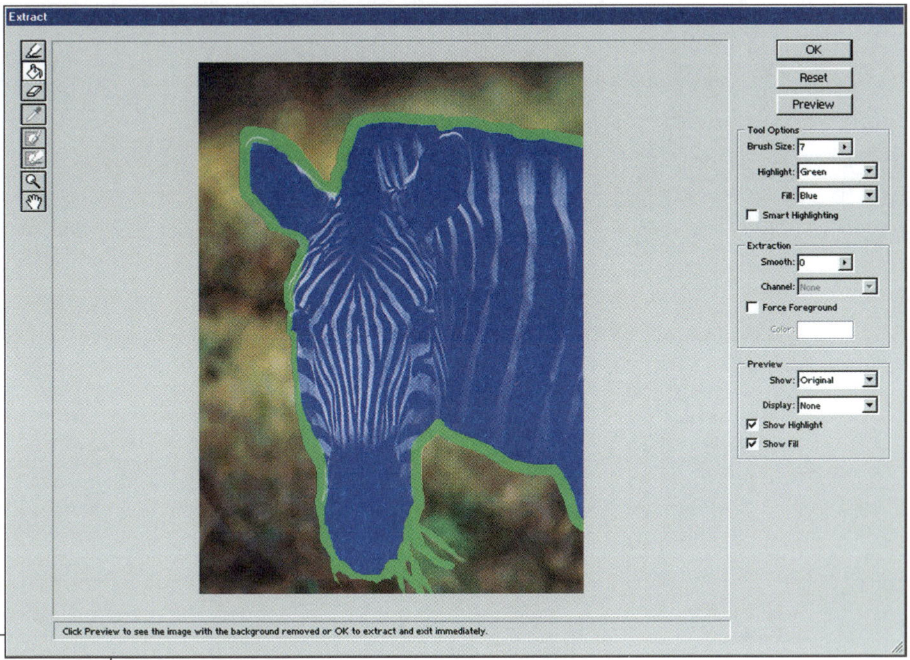

Abb. 7.26:

Das Tier-Motiv wird mit seinen feinen Details über den *Extrahieren*-Dialog vom Hintergrund getrennt

Technische Voraussetzungen/ Bildmaterial/sonstige Medien

8

Überlegungen zur Zielplattform

Bei einer Web-Produktion sollte man sich im Vorfeld überlegen, wer die Webseiten betrachten und nutzen soll. Durch die diversen unterschiedlichen Plattformen mit einer Vielzahl unterschiedlicher Browser-Software, welche auch noch in verschieden (älteren) Versionen anzutreffen sind, wird die Erstellung von Webseiten nicht gerade vereinfacht. Eine Webseite welche auf allen Systemen gleich aussieht, müsste also auf einen kleinen gemeinsamen Nenner an genutzter Technologie zurückgreifen, die allerdings der Gestaltung einer Webseite nicht allzu viele Möglichkeiten lässt (trotz all dieser Einschränkungen wird sich die Webseite von System in leichten Variationen präsentieren).

Der kleinste gemeinsame Nenner sollte heute bei einer Auflösung von 800 x 600 Pixel und einer Darstellung von 256 Farben liegen. Wollen Sie auch noch ältere Notebooks/Laptops einschließen, so sollten Sie von Auflösung von 640 x 480 Pixel ausgehen und Ihre Webseiten auch mit 16 Farben und im Graustufen-Modus zu testen.

Betriebssysteme

Windows

Die Windows-Plattform ist mit ihren verschieden Versionen die am stärksten vertretene Fraktion im Internet. Die meisten Privatanwender und Firmen nutzen dieses Betriebssystem, das in der Regel auf Personal-Computern mit Intel-, AMD-oder Cyrics-Prozessoren installiert ist.

Verbreitete Windows-Versionen:

- Windows 3.1
- Windows 95, 98
- Windows NT
- Windows 2000

Vertretene Browser:

- Netscape Communicator
- Microsoft Internet Explorer

Apple MacIntosh

Die zweitgrößte Fraktion bildet die Mac OS-Plattform. Dieses Betriebssystem ist auf Apple-MacIntosh-Rechnern oder Klones mit 6800-, Power-PC- oder G3-, G4-Prozessoren installiert. Dieses Betriebssystem ist bei Privatanwendern und Firmen, die im Bereich Bildverarbeitung/Typografie arbeiten, sehr beliebt.

Verbreitete Versionen:

- Mac OS 7-10 ?

Vertretene Browser:

- Netscape Communicator
- Microsoft Internet Explorer
- Cyberdog

Unix/Linux

Die drittgrößte Fraktion ist die der Unix-Derivate, dazu zählen zum Beispiel Linux, Solaris etc. Sie sind auf unterschiedlichsten Hardware-Plattformen zu Hause. Man findet dieses Betriebssystem hauptsächlich im wissenschaftlichen Bereich als Client-Rechner.

Auswahl an Unix-Derivaten:

- Solaris
- Linux
- SGI
- HP

Vertretene Browser:

Für die meisten Unix-Derivate steht der Netscape Communicator zur Verfügung. Der Internet Explorer steht auf diesen Plattformen nicht zur Verfügung.

Monitore / Grafikkarten

Eines der größte Probleme beim Web-Design ist die Darstellung auf den unterschiedlichen Monitor/Grafikkarten-Kombinationen. Sie können dieses Phänomen in großen Computerabteilungen der Kaufhäuser beobachten, wenn die dort ausgestellten Monitore dieselbe Bildschirmschoner-Software darstellen. Hierbei sieht man allerdings nur die Unterschiede der Bildschirm/Grafikkarten-Kombination, da das benutzte Betriebssystem in der Regel Windows sein wird. Die Unterschiede der Farbräume würden krasser ausfallen, wenn auch noch verschiedene Plattformen im Spiel wären.

Ferner muss man bedenken, dass nicht jeder Anwender die neuste am Markt vorhandene Hardware nutzen kann. Im Internet werden auch ältere Systeme genutzt, deren Leistungsfähigkeit in Bezug auf Farbtiefe und Auflösung nicht so groß ist.

Farbtiefen:

- 1-Bit-Farbe – Schwarz/ Weiß
- 4-Bit-Farbe – 16 Graustufen oder 16 Farben
- 8-Bit-Farbe – 256 Graustufen oder 256 Farben
- 16-Bit-Farbe – 65.536 Farben
- 24-Bit-Farbe – ca. 16,7 Millionen Farben
- 32-Bit-Farbe – ca. 16,7 Millionen Farben plus 8-Bit-Graustufen-Maske (Alpha-Kanal)

So richtig deprimierend wird es, wenn Sie viel Phantasie und Mühe in eine wunderschöne farbige Grafik gesteckt haben und diese dann auf einem Schwarz/Weiß- oder 4-Bit (16 Farben)-System wiedergegeben wird. Das sieht dann gar nicht gut aus, leider können Sie nichts anderes tun, als es hinzunehmen.

Ein Hauptproblem ist also die nicht gleiche Farbdarstellung auf verschiedenen Computerbildschirmen. Um die Sache noch etwas komplizierter zu gestalten, werden die vorhandenen Probleme noch durch unterschiedliche Gamma-Werte der verschiedenen Computer-Plattformen verstärkt. Der Gamma-Wert beschreibt die Helligkeit und Kontrast eines Computerbildschirms. Ein Mac-System stellt dieselbe Webseite dunkler dar als ein PC-basiertes System.

Durchschnittliche Gamma-Werte verschiedener Computersysteme:

Mac-Bildschirme	Gamma 1,8
SGI-Bildschirme	Gamma 1,7
PC-Bildschirme	Gamma 2,5

Wenn man dann die Darstellung auf Fernsehbildschirmen hinzunimmt, so ergibt sich eine nahezu unübersehbare Vielfalt an möglichen Darstellungsfehlern.

Da Sie keine Möglichkeit haben, die Kalibrierung das Zielsystems zu beeinflussen, hier zwei allgemeine Tipps, um diese Art von Darstellungsproblemen zu mildern.

1. Sehr wichtig sind Kontrast und Helligkeitsverteilung der Grafik. Wenn Sie eine Grafik mit optimal eingestellter Helligkeitsverteilung und Kontrast erstellen, haben Sie in der Regel weniger Probleme mit unterschiedlicher Farbwiedergabe und differierenden Gamma-Werten.

2. Wählen Sie Farbzusammenstellungen, die kritisch auf Unterschiede in den Gamma-Werten reagieren.

Farben

Um Farben auf einem Computersystem darzustellen, gibt es zwei grundsätzlich verschiedene Verfahren. Auf älteren Systemen, die 8-Bit-Farbe oder weniger unterstützen, werden Paletten mit entsprechender Anzahl an Farben benutzt. Für ein System mit 8-Bit-Farbtiefe wären das 256 Farben für die Palette, bei 4-Bit-Farbetiefe sind nur 16 Farben in der Palette. Neuere Systeme unterstützen 24-Bit-Farbtiefe, hier werden die Farben nach den RGB-System errechnet.

Indizierte Paletten

Eine indizierten Palette kann bis zu 256 Farben (8-Bit-Farbe) enthalten. Soll eine Farbe dargestellt werden, die nicht in der Palette vorhanden ist, wird sie mithilfe von Dithering simuliert. Diesen Vorgang nennt man auch Browser-Dithering. Jede Betriebssystemplattform benutzt leider eine eigene Palette zur Darstellung von 8-Bit-Farbe.

Ansicht in RGB und mit adaptiver Palette

Abb. 8.1:

Abb. 8.2: Ansicht mit Windows-System- und mit Mac-System-Palette

Abb. 8.3: Ansicht mit Web-Palette

Wenn Sie eine weitgehende Kontrolle über die Farbdarstellung zu behalten, müssen Sie sich auf wenige Farben beschränken. Um ein Browser-Dithering zu vermeiden, sollten Sie nur Farben aus der browserunabhängigen Farb-Palette wählen. Dies macht natürlich den meisten Sinn bei Neuentwürfen, da Sie hier frei in der Farbwahl sind. Wenn Sie allerdings bestehende Entwürfe umsetzen müssen, sollten Sie die bestehenden Farben in leichten Variationen unter 8-Bit-Bedingungen zu testen, um so den besten Kompromiss zwischen Farbverschiebung und Browser-Dithering zu erreichen.

JPEG-Bilder werden unter 8-Bit-Systemen je nach Bild mehr oder weniger stark gedithert. Es gibt keine Möglichkeit, mit browserunabhängigen Farben zu arbeiten, da das JPEG-Format mit seinem Kompressionsalgorithmus Daten vernichtet.

RGB

Bei diesem System werden Farben durch Mischen von 8-Bit-Anteilen der Farben Rot, Grün und Blau dargestellt. 3 x 8-Bit ergeben 24-Bit-Farbe, also ca. 16,7 Millionen Farben.

Farbmischung aus den Farben Rot, Grün und Blau

Abb. 8.4:

Eine Zwitterrolle spielen Systeme mit 16-Bit-Farbtiefe, sie besitzen zwar eine erheblich höhere Anzahl zur Verfügung stehender Farben als 8-Bit-Systeme, aber eben nicht alle möglichen Farben, diese werden wiederum durch Dithering dargestellt. Außerdem scheinen die browserunabhängigen Farben nicht vorhanden zu sein. Trotzdem ist die Darstellung von wesentlich höherer Qualität als bei der 8-Bit-Darstellung, da das Dithering wesentlich dezenter ausfällt und nicht so häufig nötig wird. Sie sollten aus den oben genannten Gründen auf keinen Fall unter 16-Bit-Systemen Grafiken entwickeln.

Entwickeln Sie nie unter einem 16-Bit-System eine neue Grafik.

Tipp

Bei der Produktion für 24-Bit-Systeme brauchen Sie sich also keine Sorgen wegen des Browser-Ditherings zu machen. Sie können uneingeschränkt das JPEG-Format benutzen und beim GIF-Format beliebige Paletten verwenden.

Browserunabhängige Farben

Unter browserunabhängigen Farben, auch bekannt als Websafe-Colors oder Browserfarben, versteht man Farben, die in den Paletten aller Plattformen und Browsern vorhanden sind. Diese Farben werden während der Darstellung von Grafiken auf 8-Bit-Systemen nicht gedithert. Farben, die nicht in der Palette enthalten sind, werden mittels Dithering dargestellt, diese Vorgang bezeichnet man auch als Browser-Dithering. Deshalb werden sie auch als sichere Farben bezeichnet, sie sollten überall gleich aussehen. Dieses Verhalten bezieht sich – wie gesagt – auf die Darstellung auf 8-Bit-Systemen, bei 16- und 24-Bit-Systemen spielen die browserunabhängigen Farben keine Rollen, da dem Browser durch das System genügend Farben zur Darstellung zur Verfügung gestellt werden und so das Dithering vermieden wird.

Abb. 8.5: Die browserunabhängige Palette

Wenn Sie nun denken: „Was soll's, ich arbeite doch nur für 24-Bit-Systeme", können Sie, ohne sich Gedanken zu machen, weiterarbeiten und mit viel Glück holt Sie das Thema nicht wieder ein. Allerdings können Sie sich und Ihrem unzufriedenen Auftraggeber, der sich Ihre Ergebnisse nun leider auf einem Notebook mit einer 8-Bit-Farbtiefe anschaut, nicht erklären warum die Bilder auf den Webseiten so grottenschlecht aussehen.

Woran erkennt man denn browserunabhängige Farben, werden Sie zu Recht fragen. Diese Palette wurde, wie Sie sich denken können, nicht nach künstlerischen Erfordernissen gestaltet, sondern nach mathematischen Gesichtspunkten erzeugt.

Wenn Sie sich die RGB-Werte der browserunabhängigen Farben anschauen, wird Ihnen auffallen, dass die Werte immer Kombinationen aus den Zahlen 00, 51, 102, 153, 204 und 255 bestehen. In der hexadezimalen Schreibweise fallen die Werte 00, 33, 99, CC und FF mehr auf. Daraus ergibt eine Palette mit 216 Farben, die auf allen Systemen zu finden sind.

Tipp

Benutzen Sie, wenn es möglich ist, die adaptive Palette und verlassen Sie sich auf das Browser-Dithering.

24-Bit- kontra 8-Bit-Darstellung bei adaptiver Palette

Abb. 8.6:

24-Bit- kontra 8-Bit-Darstellung bei browserunabhängiger Palette

Abb. 8.7:

24-Bit- kontra 8-Bit-Darstellung bei JPEG-Format

Abb. 8.8:

Dateiformate

Eine Gemeinsamkeit aller im Web verwendeten Dateiformate ist die Datenkompression. Alle anderen Formate, mit denen Sie vielleicht gearbeitet haben, sich durch ihre Größe nicht für das Internet als Übertragungsmedium eignen.

Die meisten Dateiformate verwenden Kompressionsalgorithmen die mit einem gewissen Datenverlust einhergehen. Das bedeutet, dass die Abbildungsqualität des komprimierten Bilds leidet. Dieser Umstand hört sich schrecklich an, wirkt sich aber in der Praxis nicht so gravierend aus, da wir nicht für den Druck, sondern fürs Internet produzieren.

Im Internet sind zwei Formate, JPEG und GIF, die Formate mit der weitesten Verbreitung. Das heißt, dass diese Formate von allen Web-Browsern dargestellt werden können. Der Hauptunterschied dieser beiden Dateiformate ist die nutzbare Farbtiefe. Das JPEG-Format unterstützt 24-Bit-Farbe (16,7 Millionen Farben), während das GIF-Format nur bis zu 8-Bit-Farbe (256 Farben) unterstützt.

Außerdem existiert seit nicht allzu langer Zeit ein drittes Bildformat fürs Internet, das PNG-Format. Das PNG-Format vereinigt die Fähigkeiten des GIF- und JPEG-Formats in sich und bietet darüber hinaus noch weitere interessante Features wie 8-Bit-Transparenz. Leider wird das PNG-Format nur von den neusten Browsern unterstützt und dabei werden dann die interessanten Features wie 8-Bit-Transparenz nicht unterstützt. Zurzeit sollte man sich über die Zielplattform der anstehenden Produktion Gedanken machen, bevor das PNG-Format als Dateiformat gewählt wird.

Im Folgenden werden die beiden Datei-Formate und ihre Einsatzbereiche einzeln vorgestellt. Dieser Abschnitt beleuchtet die Vor- und Nachteile der beiden Formate und bietet Entscheidungskriterien für die Wahl des geeigneten Datei-Formats für einen bestimmten Bildtyp, der den besten Kompromiss zwischen Wiedergabequalität und Dateigröße darstellt.

GIF

Das GIF-Dateiformat wurde in den späten 80er Jahren für CompuServe entwickelt. Dieses Dateiformat wurde speziell für den Online-Datenaustausch zugeschnitten. Diese Dateiformat komprimiert Grafiken wunderbar und ist bedingt auch für die Wiedergabe von Photos geeignet. Am besten arbeitet des GIF-Format mit Grafiken, Logos, Cartoons und Illustrationen, die zumeist flächige Bildinhalte enthalten.

Das GIF-Format verwendet das so genannte LZW-Kompressionsverfahren an, das von Lempel-Ziv und Welch für die Firma Unisys entwickelt wurde. Firmen wie Netscape oder Adobe, die Programme herstellen, die das GIF-Format unterstützen, müssen Lizenzgebühren an die Firma Unisys zahlen. Endanwender wie Entwickler oder Betrachter der Webseiten müssen keine Lizenzgebühren zahlen. Es gab oder gibt immer wieder Spekulationen, dass das GIF-Format wegen der Lizenzgebühren weniger verbreitet sei. Das scheint aber nicht der Fall zu sein, da das Ersatzformat PNG nicht die Verbreitung findet, wie anfangs angenommen. Das von GIF erreichte Verhältnis aus Wiedergabequalität und Dateigröße wird vom PNG-Format nicht oder nur teilweise erreicht.

Der beim GIF-Format verwendete Kompressionsalgorithmus ist verlustfrei. Wenn Sie also ein Bild nur mit den in der Palette enthaltenen Farben kreieren, auf Kantenweichzeichung verzichten und dieses Bild speichern, tritt kein Informationverlust und somit kein Qualitätsverlust ein. Da man in Regel allerdings im RGB-Modus, also mit 16,7 Millionen Farben arbeitet, muss das Bild, bevor es als GIF-Bild gespeichert wird, in der Farbtiefe reduziert werden. Dabei tritt natürlich ein Informationsverlust auf.

GIF-Varianten

Es gibt zwei Varianten des GIF-Formats:

- **GIF87a**: Diese Variante unterstützt Transparenz und Interlacing.
- **GIF89a**: Diese Variante unterstützt Transparenz, Interlacing und Animation.

Die gebräuchlichsten Browser, wie der Internet Explorer und Netscape Navigator, unterstützen beide Variationen des GIF-Formats. Der Unterschied zwischen den beiden Varianten kommt in der Praxis allerdings nicht mehr zum Tragen, da man heute nur noch von enthaltenen Features spricht:

- Gewöhnliches GIF
- Interlaced GIF
- Transparentes GIF
- Animated GIF

GIFs für Illustrationen

Das GIF-Format ist für Wiedergabe von Grafiken besser geeignet als für Fotografien. Mit Grafiken sind hier Logos, Illustrationen oder Cartoons gemeint. Diese Bildtypen enthalten in der Regel mehr einfarbige Flächen als Fotografien. Diese einfarbigen Flächen sind für den im GIF-Format verwendeten Kompressionsalgorithmus besser zu komprimieren als die ständig wechselnden Farben von Fotografien. Da der GIF-Kompressionsalgorithmus verlustfrei arbeitet, werden Logos oder Illustrationen mit wenigen Farben im GIF-Format ohne Qualitätsverlust wiedergegeben.

Abb. 8.9: Zwei Illustrationen im GIF-Format

GIFs für Photos

Obwohl das GIF-Format sicherlich für Grafiken besser geeignet als für Fotografien, spricht im Prinzip nichts gegen die Verwendung des GIF-Formats bei Fotografien. Es sogar sein, dass Sie auf des GIF-Format für Fotografien angewiesen sind. Wenn Sie nämlich ein Foto mit Transparenz- oder Animations-Effekten versehen möchte, kommen Sie nicht um das GIF-Format herum, da das JPEG-Format diese Features nicht zur Verfügung stellt. Je nach Fotografie müssen Sie allerdings Qualitätseinbußen in Kauf nehmen.

Tipp

Vermeiden Sie das GIF-Format für die Darstellung von Fotografien.

Abb. 8.10: Eine Fotografie im GIF-Format

Farbtiefen

Das GIF-Format lässt Farbtiefen von 1-Bit-Farbe (schwarz/weiß) bis 8-Bit-Farbe (256 Farben) zu. Die Farbtiefe gibt also an wie viele Farben in einem Bild vorhanden sein können. Allgemein kann man sagen, dass je weniger Farben ein GIF-Bild enthält, die Datei umso kleiner ist. Bei der Erstellung einer GIF-Datei ist es also Ihre Aufgabe, die kleinste Dateigröße zu ermitteln, bei der die Qualität der Grafik gerade noch akzeptabel ist. Ist eine im Bild enthaltene Farbe nicht in der aktuellen Palette enthalten, wird diese Farbe mittels Dithering simuliert.

Abb. 8.11: Farben, die nicht in der aktuellen Palette enthalten sind, werden durch Dither-Muster simuliert

Farbzuordnung (color mapping)

Mit der Farbzuordnung werden die Farben beschrieben, die einem GIF-Bild zugeordnet werden. Sie können auf ein GIF-Bild Paletten mit unterschiedlichen Farbzuordnungen anwenden, um die Bildqualität zu beeinflussen. Die in der Palette enthaltenen Farben können dabei aus dem Bild selbst stammen oder aber vorher separat festgelegt werden. Wenn die Farben aus dem Bild selbst stammen, ist diese eine adaptive (flexible) Palette. Da die Palettenfarben aus dem Bild selbst stammen, kommen sie den Farben im Bild am nächsten. Sie können aber auch auf vorher festgelegte Paletten zurückgreifen, wie zu Beispiel die browserunabhängige Palette oder die System-Palette. Wenn Sie zum Beispiel die browserunabhängige Palette benutzen, vermeiden Sie das Browser-Dithering auf 8-Bit-Systemen. Allerdings fällt dann zumeist die Wiedergabequalität der Grafik stark ab, weil die Farben in der Palette wenig oder auch gar nichts mit den Farben der Grafik zu tun haben.

Es ist also wichtig, ein Verständnis dafür zu entwickeln, wie sich die Anzahl der Farben auf die Größe und Qualität der GIF-Grafik auswirkt. Mit der Zeit entwickeln Sie ein Gefühl dafür, was geht und was nicht akzeptabel ist, um schnell gute Grafiken zu erstellen, die aber dennoch schnell geladen werden.

Gegenüberstellung der RGB-Darstellung und der adaptiven Palette

Abb. 8.12:

Abb. 8.13: Gegenüberstellung der Windows- und der webunabhängigen Palette

Ein Blick auf die Testgrafiken lässt erkennen, dass die adaptive Palette die besten Ergebnisse ergibt. Wird das Bild auf 8-Bit-Systemen angeschaut, werden die Farben, die in der Browser-Palette nicht enthalten sind, mithilfe des Ditherings simuliert, allerdings sieht die Version mit der browserunabhängigen Palette noch schlechter aus, da Farben in der Palette nichts mit denen des ursprünglichen Bilds zu haben. In den meisten aller Fälle ist es also besser, eine adaptive Palette zu verwenden. Dem Publikum mit einem 24-Bit-System wird die beste machbare Qualität geboten, während das 8-Bit-Publikum durch das automatische Browser-Dithering eine noch akzeptable Qualität zu sehen bekommt.

Abb. 8.14: Anzeige auf einem 8-Bit-System mit adaptiver Palette und mit Web-Palette

Interlaced GIF

Jedem, der schon einige Zeit vor dem Web-Browser im Internet verbracht hat, sind die Interlaced-GIFs schon einmal über den Weg gelaufen. Interlaced-GIFs sind Bilder, die sich nach und nach auf dem Bildschirm aufbauen und so über die Zeit an Schärfe gewinnen. Dieser Vorgang passiert natürlich zur Ladezeit.

Tipp

Vermeiden Sie das Interlaced GIF-Format für umfangreiche Rollover-Menüs.

Da das Interlaced-GIF im Gegensatz zum konventionellen GIF mehr Speicher beansprucht, wird es auch langsamer geladen. Der Dateizuwachs liegt im Bereich von 3-10 Prozent.

Diesen Effekt sollte man hauptsächlich bei Bedienelementen wie Menüs oder Buttons vermeiden, die mit Rollover-Effekten arbeiten. Der Effekt kann hier, zumindest bei den Bildvariationen, die die Rollover-Effekte realisieren, vom Benutzer gar nicht gesehen werden, da die Bilder im Hintergrund geladen werden. Da Effekt nur beim Laden der GIF-Bilder zu sehen ist, würde hier nur unnötig die Ladezeit erhöht werden.

Transparent GIF

Wer sagt das alle Bilder immer nur vier gerade Kanten haben müssen? Mit dem Transparent-GIF können Sie Grafiken erstellen, die unregelmäßig geformte Kanten besitzen. Im GIF-Format können Sie eine Farbe definieren, die später während der Anzeige im Browser mit dem Bildhintergrund ausgetauscht wird. So können Sie den Eindruck einer transparenten Grafik erzeugen.

Es gibt zwei unterschiedliche Arten von Transparenz: 1-Bit-Transparenz und 8-Bit-Transparenz. 8-Bit-Transparenz wird auch als Alpha-Kanal-Transparenz bezeichnet und unterstützt bis 256 verschiedene Stufen der Durchsichtigkeit. 8-Bit-Transparenz wird zum Beispiel bei den Dateiformaten PSD, TGA und PNG-32 verwendet. Webbrowser unterstützen 8-Bit-Transparenz nicht, jedenfalls nicht ohne spezielles Plugin. GIF unterstützt 1-Bit-Transparenz, was die gestalterischen Möglichkeiten zwar arg einschränkt, aber es lassen sich damit ganz ansehnliche Effekte erstellen.

Transparentes GIF-Bild vor Browserhintergrund

Abb. 8.15:

Animated GIF

Das Animated GIF wird auch als Multi-Block-GIF bezeichnet, da mehrere Bilder als separate Blöcke innerhalb einer einzelnen GIF-Datei abgelegt werden. Die Bilder werden im Browser wie eine Diashow hintereinander abgespielt. Fürs Internet sind Animated GIFs deshalb so interessant, weil Sie schon während des Downloads mit dem Abspielen beginnen können und nicht erst den Download der gesamten Animation abwarten müssen. Sie können Effekte wie Transparenz und Interlacing auf die GIF-Animation anwenden. Darüber hinaus können Sie für jedes einzelne Bild die Dauer der Anzeige einstellen.

Da die am weitesten verbreiteten Browser, wie z.B. Internet Explorer und Netscape Navigator, das Animated GIF ohne Plugin unterstützen, brauchen Sie sich keine Sorge über die Kompatibilität zu machen.

Die Dateigröße einer GIF-Animation setzt sich einfach aus der Summe der Dateigrößen der Einzelbilder zusammen, die in der Animation Verwendung finden.

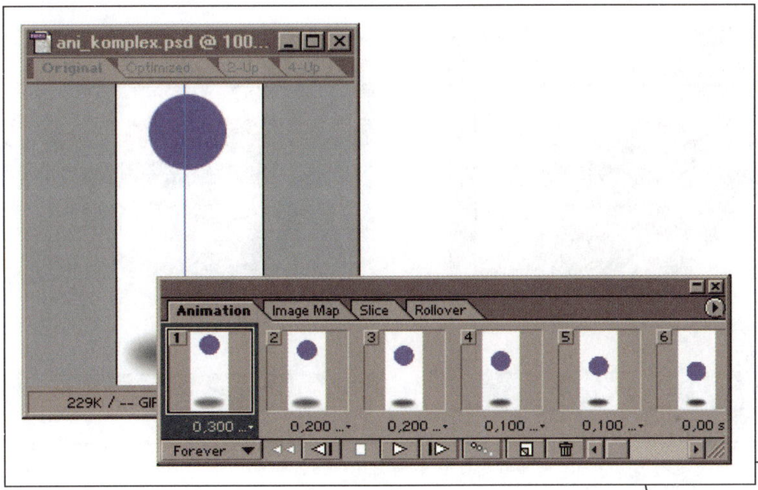

Abb. 8.16: Sequenzen einer GIF-Animation

JPEG

Das JPEG-Format ist die 24-Bit-Alternative zum 8-Bit-GIF-Format. Dieses Format ist damit prädestiniert zur Wiedergabe von Fotografien oder Grafiken, die großflächige Farbverläufe enthalten. Alle Farben können ohne Dithering im Browser dargestellt werden, solange das System die 24-Bit-Wiedergabe unterstützt. Sie müssen beim JPEG-Format nicht auf eine Palette mit einer beschränkten Anzahl an Farben zurückgreifen, die Farben werden vielmehr nach dem RGB-Prinzip errechnet. Hierbei stehen jeweils 8-Bit für jede der drei Grundfarben Rot, Grün und Blau zur Mischung jeder beliebigen Farbe aus 16,7 Millionen Farbtönen.

Abb. 8.17: JPEG- und GIF-Fotografie

Das JPEG-Format ist speziell auf die Kompression von Fotografien und ähnlichen Bildern ausgelegt. Dieser Kompressionsalgorithmus sucht nach Bildbereichen mit weichen Farbveränderungen. Je mehr dieser leichten Farbveränderungen im Bild vorkommen, desto besser fällt der Kompressionsgrad aus. Dieses können Sie sehr einfach testen, indem Sie eine kontrastreiche Fotografie im JPEG-Format optimieren. Wenn Sie nun das Bild mit den Gaußschen Weichzeichner bearbeiten, können Sie beobachten, wie die Dateigröße bei zunehmender Weichzeichnung abnimmt.

Tipp

Vermeiden sie das JPEG-Format für flächige Illustrationen.

JPEG- kontra GIF-Illustration

Abb. 8.18

Bei Bildern die also mehr einfarbige Flächen als Farbverläufe enthalten, wird das Bild eher schlecht komprimiert oder aber die Darstellungsqualität leidet sehr stark durch Artefakt-Bildung. Es entstehen gerade in einfarbigen Flächen Muster, die einen Teil der Verluste der Kompression ausmachen. Das JPEG-Format ist also ein verlustbehaftetes Dateiformat. Das heißt, dass während der Kompression Bildinformationen unwiederbringlich vernichtet werden. Der Kompressionsgrad ist im Gegensatz zum GIF-Format einstellbar. So ist es möglich, den Kompressionsgrad auf des Bild abzustimmen, um so den Qualitätsverlust in Grenzen zu halten.

Abb. 8.19: JPEG- kontra GIF-Strichzeichung

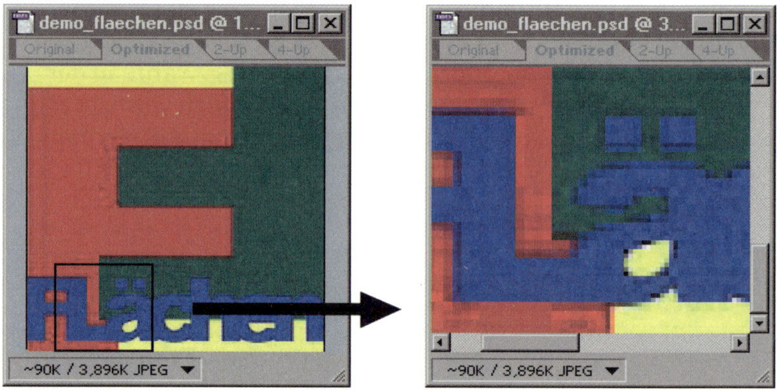

Abb. 8.20: Diese Vergrößerung zeigt die Artefakte, die sich während der JPEG-Komprimierung einstellen

Progressive JPEG

Ursprünglich wurden progressive JEPGs von Netscape eingeführt und haben schnell Unterstützung in allen wichtigen Browsern gefunden. Diese Art JPEG erlaubt größere Kompressionsraten und verfügt über Features wie Interlacing, ähnlich dem GIF-Format.

Tipp

Vermeiden Sie das progressive JPEG-Format für umfangreiche Rollover-Menüs.

Die Kompressionsstufen *low* und *medium*

Abb. 8.21:

Die Kompressionstufen *high* und *maximum*

Abb. 8.22:

ICC-Profile

Für die korrekte Farbwiedergabe unterstützt das JPEG-Format ICC-Profile. Es gibt Browser, die ICC-Profile unterstützen. In Photoshop eingebettete ICC-Profile bleiben so in JPEG-Dateien erhalten.

PNG

Als viel versprechendes neues Format fürs Internet gibt es dann noch das PNG-Format (Portable Network Graphics). Dieses Format ist mit einer formellen Empfehlung des W3C (World Wide Web Consortium) abgesegnet und wird über kurz oder lang Unterstützung in allen wichtigen Browsern finden.

Die wichtigsten Merkmale

- Das PNG-Format arbeitet mit einem verlustfreien Kompressionsalgorithmus, das bedeutet, dass Bilder in diesem Format ohne Verlust an Bildqualität bearbeitet und gespeichert werden können.
- Im Gegensatz zu den Formaten GIF und JPEG ist man beim PNG-Format nicht auf eine Farbtiefe eingeschränkt. Das PNG-Format kann in 8-Bit-, 24-Bit- und 32-Bit-Farbtiefe abgespeichert werden.
- Es wird 1-Bit-Transparenz sowie 8-Bit-Transparenz von PNG-Format unterstützt. Die 1-Bit-Transparenz hat wohl überall Unterstützung gefunden, während die 8-Bit-Transparenz in allen Browsern bisher nur über extern zu installierende Plugins Unterstützung findet.
- Die 8-Bit-Variante, PNG-8, unterstützt alle Features, wie zum Beispiel Interlacing und Transparenz, die von GIF-Format her bekannt sind. Das PNG-8-Format arbeitet wie das GIF-Format mit indizierten Paletten zur Farbwiedergabe.
- Die 24-Bit-Variante, PNG-24, unterstützt alle Features, wie zum Beispiel Interlacing, die von JPEG-Format her bekannt sind. Das PNG-24-Format arbeitet mit dem RGB-Modell zur Farbwiedergabe.

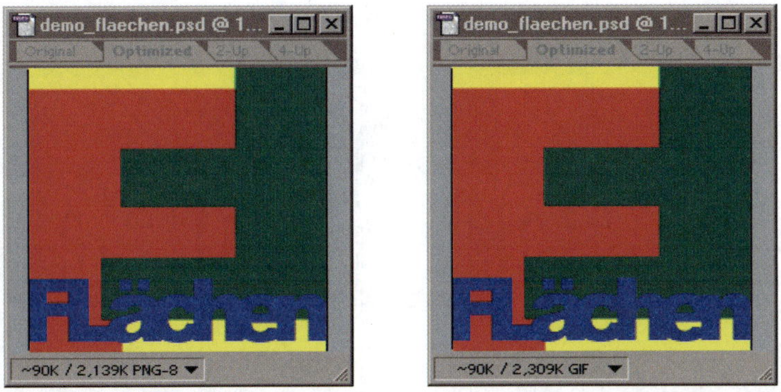

PNG- kontra GIF-Illustration

Abb. 8.23:

PNG- kontra GIF-Fotografie

Abb. 8.24:

Abb. 8.25: PNG-Strichzeichnung kontra GIF-Strichzeichnung

Datei- und andere Namen

Ein großes Problem, besonders wenn mehrere Personen an der Produktion einer Website beteiligt sind, ist das Vergeben von Namen für Ebenen, Slices und Dateien. Wenn Sie allein arbeiten, wird Sie das Problem nicht sofort ereilen, aber wenn es Sie dann trifft, kann es Sie unter Umständen viel Zeit kosten herauszufinden, welche Datei mit welcher Ebene oder Slice korrespondiert. Es gibt viele Leute, die voll oder zum großen Teil auf die automatische Vergabe von Bezeichnern setzen. Mit anderen Worten: PSD-Dateien mit Ebenennamen wie *Ebene1* bis *Ebene42* sind für die spätere Wartung die reine Hölle. Besonders, wenn mehrere Personen an einer Datei arbeiten.

Mit ein paar Regeln lassen sich diese Probleme umgehen. Spätere Änderungen müssen nicht mit einen Rätselraten über die Struktur der Photoshop-Datei beginnen. Nachstehend beschreibe ich die auftretenden Probleme und die Möglichkeiten, diese zu umgehen. Diese Hinweise sind eher Vorschläge, da viele Systeme zur Verwaltung von so genannten Bezeichnern möglich sind und in Abhängigkeit von verwendeten Betriebssystemen und Arbeitsstil variieren.

Dateinamen

Die Regeln für die Vergabe von Dateinamen ist stark betriebssystemabhängig. Allein die Länge der Dateinamen variiert stark von Betriebssystem zu Betriebssystem. Auch die erlaubten Zeichen sind stark unterschiedlich. Neben den Dateisystemen der verschieden Betriebssystemen, auf denen wiederum die Webserver arbeiten, werden HTML-Seiten auch gern auf CD-ROMs vertrieben. Diese besitzen wieder eigene Dateisysteme mit eigenen Regeln zur Benennung von Dateien.

Betriebssystem	Anzahl Zeichen	Nicht erlaubte Zeichen
Windows 95, 98, 2000, ME	256	\ / : * ? ◄ ► | oder Punkte am Namensbeginn
Mac	31	:
Unix	256	/
CD-Dateisystem (Windows)	64	\ / : * ? ◄ ► | oder Punkte am Namensbeginn
CD-Dateisystem (Mac)	31	:

Benennungsregeln für Dateinamen

Wenn eine Website von mehreren Personen bearbeitet wird, die verschiedene Plattformen zur Produktion einsetzen ist das häufigste Problem die Auswahl der benutzten Zeichen innerhalb der Dateinamen. Die Problemkinder sind dabei die Sonderzeichen wie die Leerzeichen, Umlaute u.a.

Eine besondere Falle stellen Leerzeichen bei der Weiterverarbeitung von HTML-Seiten dar. Die Hauptschwäche des Leerzeichens ist, wie der Name schon sagt, von Natur aus nicht direkt, sondern nur an dem mehr oder weniger großen Zwischenraum zwischen den Zeichen erkennbar zu sein. Wenn man Leerzeichen in den Dateinamen zulässt, öffnet man einer üblen Fehlerquelle die Tür: aufeinanderfolgende Leerzeichen. Aufeinanderfolgende Leerzeichen wird wohl hoffentlich niemand bewusst einsetzen, sie können aber durch Tippfehler in den Code gelangen. Die daraus resultierenden Fehler sind teilweise schwer einzugrenzen, weil man sich buchstäblich die Augen aus dem Kopf schaut. Deshalb mein Tipp, ersetzen Sie das nicht lesbare Leerzeichen durch einen Unterstrich (Unterstrich_statt Leerzeichen).

Das nächste Problem sind die Umlaute (ä, ö, ü, Ä, Ö, Ü 7und ß). Sie sind zwischen den Plattformen nicht kompatibel, das heißt, sie werden nicht korrekt wiedergeben. Das macht Dateiverzeichnisse und Links schwer lesbar und im übelsten Fall werden Dateien noch der Portierung schlicht nicht gefunden. Umlaute haben in Dateinamen also nichts zu suchen. Ersetzen lassen sich durch Konstruktionen wie ä = ae, ü = ue usw.

Als Nächstes folgt die Groß/Kleinschreibung. Sie wird im Prinzip von allen gängigen System unterstützt, allerdings mit folgenreichen Unterschieden:

- Mac und Windows unterstützen Groß/Kleinschreibung, unterscheiden aber nicht zwischen einem groß und einem klein geschriebenen Namen. *BILD.GIF* und *bild.gif* bezeichnen ein und dieselbe Datei. Die Groß/Kleinschreibung ist also nicht signifikant.

- Unix unterstützt ebenfalls die Groß/Kleinschreibung, unterscheidet allerdings zwischen groß und klein geschriebenen Namen. *BILD.GIF, bild.gif* und *Bild.gif* sind drei verschiedene Dateien. Das heißt, die Groß/Kleinschreibung ist signifikant.

Die Groß/Kleinschreibung sollten Sie aus den Dateinamen ebenfalls verbannen. Sie tragen nicht viel zur Lesbarkeit bei und sind eine große Fehlerquelle. Die Falle der Groß/Kleinschreibung liegt in der Tatsache, dass die Web-Produktion in Regel auf Mac- oder Windows-System geschieht, die Webserver aber überwiegend auf Unix-Systemen arbeiten. So kommt es häufig vor, dass beim Test der Website auf dem lokalem System alles in Ordnung ist, der Test auf dem eigentlichen Webserver auf viele nicht gefundene Seiten und Bilder herausläuft.

Alle übrigen Sonderzeichen wie zum Beispiel /,\, <,>, §, etc. haben in Dateinamen haben aus zwei Gründen nichts zu suchen.

1. Sie werden nicht von allen Betriebsystemen in deren Datei-Systemen unterstützt.
2. Wenn sie unterstützt werden, ist die Darstellung nicht immer gleich.

Übrig bleiben für Dateinamen also a-z, 0-9, Bindestrich und Punkt. Bindestrich und Punkt sollten nicht an erster Stelle stehen. Wenn Sie Dateien nach diesen Regeln benennen, werden Sie keine Problemehaben.

Wie aus der Tabelle zu erkennen ist, leidet die beliebteste Plattform, der Mac, leider unter einer recht knappen Dateinamenlänge. Im alltäglichen Leben und bei kleineren von Hand angelegten Websites kann man gut mit 31 Zeichen auskommen. Allerdings sollten Sie nicht vergessen, dass effektiv 27 Zeichen übrig bleiben, da vier Zeichen für die Dateiendung (der Punkt und drei Zeichen Dateiendung) bereits indirekt vergeben sind.

Tipp

Wenn es möglich ist, sollten Sie Dateinamen nicht länger als 27 Zeichen wählen und nur die Zeichen a-z, 0-9, Bindestrich und Punkt benutzen.

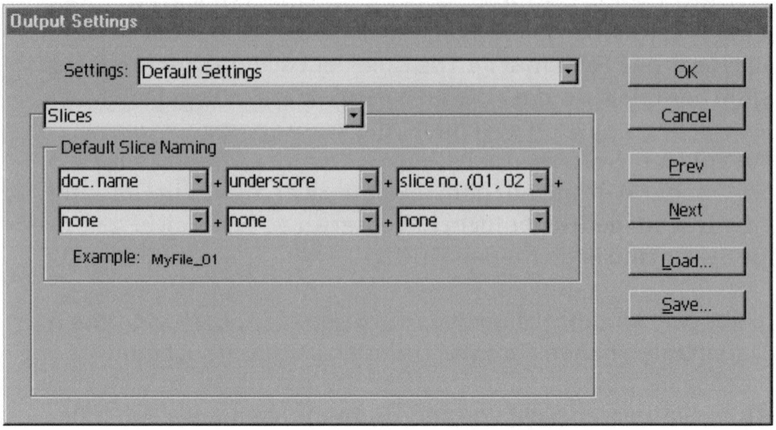

Abb. 8.26: Die Voreinstellung der Dateinamen-Erzeugung für Slices

Eigentlich sollen Dateinamen kurz und prägnant sein. Gleichzeitig sollen sie aber sprechend sein, um eine einfache Assoziation auf den Dateiinhalt oder Funktion der Datei zuzulassen. Diese beiden Anforderungen unter einen Hut zu bekommen, ist von Fall zu Fall mehr oder weniger schwer. Bei einer Website mit wenigen Rubriken werden in der Praxis weniger Probleme auftreten als bei einem Webshop, der einen umfangreichen Katalog in Internet stellt.

Bei großen Webshops werden in der Regel die Katalogseiten nicht per Hand angelegt, sondern von Datenbank-System generiert oder on the fly erzeugt. Es gibt Shop-Systeme, die Dateinamen mit numerischen Systemen benutzen, andere generieren die Datei aus den in der Datenbank hinterlegten Rubriknamen. Das eigentliche Problem entsteht häufig, wenn auf Unix- oder Windows-Systemen erzeugte Shops auf CD-ROM oder Mac-Systeme kopiert werden sollen. Dateien, die einem Verzeichnis liegen, müssen einen eindeutigen, für diese Verzeichnis einmaligen Namen besitzen. Wenn nun aber der Dateiname im Windows-Unix-Dateisystem auf den ersten 27 Stellen nicht eindeutig ist, hat man auf Mac-Systemen ein Problem. Je nach Software, die zum Kopieren/Brennen der Website benutzt wird, tritt das Problem früher oder später auf. Jede Kopier/Brenner-Software muss eventuell zu lange Dateinamen auf die zulässige Länge konvertieren. Wenn das Programm diese Konvertierung still und leise im Hintergrund erledigt, wird Sie das Problem allerdings erst beim Testen des Ergebnisses ereilen. Bilder und HTML-Seiten mit zu langen Dateinamen werden nicht mehr gefunden. Die Mehrheit der Programme gibt allerdings eine Warnung vor der Konvertierung aus.

Ebenen-Namen

Die Benennung der Ebenen in Photoshop und Image Ready sehr freizügig. Sie können alle Zeichen verwenden und Ebenennamen können doppelt vorkommen. Ein Ebenenname kann aus bis zu 60 Zeichen bestehen.

Wenn Photoshop-Dateien gemeinsam auf Mac- und Windows-Systemen bearbeitet werden, stellt sich allerdings wieder das Problem mit Umlauten, diese werden zwischen den Systemen nicht richtig dargestellt und führen so zu einer schlechten Lesbarkeit der Ebenennamen. Lassen Sie Umlaute weg und verfahren Sie hier so, wie Sie es bei den Dateinamen gelernt haben.

Ähnlich wie bei Dateinamen sieht es mit dem Leerzeichen aus. Es ist schlecht lesbar und kann zu Fehlerquellen führen. Lassen Sie es aus oder ersetzen Sie es durch einen Unterstrich.

Tipp

Wenden Sie auf Ebenennamen dieselben Regeln wie für Dateinamen an.

Machen Sie Gebrauch von den in Photoshop 6.0 neu hinzugekommenen Sets, um Ihre Ebenen strukturiert zu verwalten. Ellenlange Ebenen-Paletten, die jeden Bildschirm in der Vertikalen sprengen, sind passé. Wenn Sie zum Beispiel an einer Menüleiste arbeiten, gruppieren Sie alle Elemente, die zu einem Button gehören, in einem Set. Wenn Sie nun noch das Set so benennen, dass die Funktion aus dem Namen erkennbar wird, z.B *but_video*, haben Sie auch den Grundstein für eine strukturierte Slice-Benennung gelegt.

Mithilfe der Sets lassen sich also Gruppen von Elementen zusammenfassen. Tun Sie das und Sie werden sich in Ihren Photoshop-Dokumenten viel besser zurechtfinden, besonders wenn die Ebenenanzahl steigt.

Slice-Namen

Bei den Slice-Namen sollten Sie immer Hinterkopf behalten, dass aus den Slice-Namen später die Dateinamen für Bilddateien, die mit den Slices korrespondieren, generiert werden. Es ist leider nicht möglich, alle verfügbaren Zeichen in den Slice-Namen einzubauen. Image Ready prüft die Eingabe nicht, so ist es unter Windows möglich, einen Backslash (\) in den Slice-Namen einzugeben, der Backslash ist aber in Windows-Dateinamen nicht erlaubt. Die maximale Anzahl der Zeichen im Slice-Namen ist auf 255 Zeichen begrenzt.

Die Generierung der Slice-Namen können Sie über den Dialog *Ausgabe-Einstellungen>Slices* einstellen. Für den täglichen Gebrauch ist die Voreinstellung, die den Dokumentennamen und die Slice-Nummer mit einem Unterstrich zu den Slice-Namen verbindet, eine sinnvolle Einstellung.

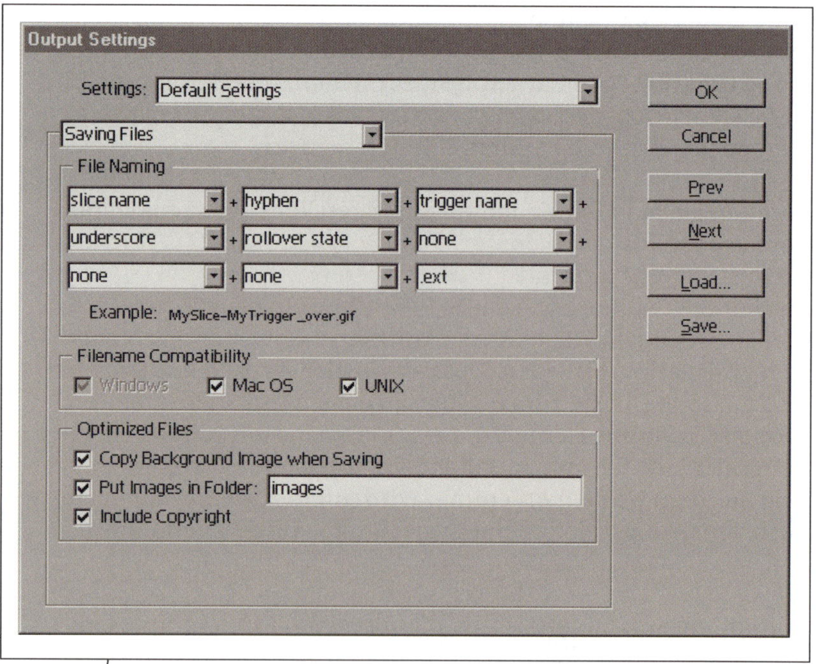

Abb. 8.27: Die Voreinstellung der Slice-Erzeugung

Wie schon gesagt, werden aus dem Slicenamen die späteren Dateinamen für die verwendeten Rollover-Zustände generiert. Schon aus diesem Grund sollten Sie die Benennungsregeln für Dateien auch für Slices zu Grunde legen. Diese Dateinamen-Generierung können Sie in dem Dialog *Ausgabe-Einstellungen> Dateien speichern* einstellen. Diese sind als Vorgabe zu sehen, Sie sollten auf alle Fälle alle User-Slices entsprechend benennen.

Tipp

Wenden Sie auf Slice-Namen dieselben Regeln wie die für Dateinamen an.

Innerhalb dieses Dialogs können Sie festlegen, zu welchen Betriebssystemen die Dateinamen kompatibel sein sollen. Diese Einstellung bestimmt, wie lang Dateinamen sein dürfen und welche Zeichen sie enthalten dürfen. Schauen Sie sich hierzu die Tabelle *Benennungsregeln für Dateinamen* nochmals an.

Je nachdem, wie die von Image Ready oder Photoshop erstellten Webseiten weiterverarbeitet werden sollen, ist sinnvoll, alle Slices individuell zu benennen. Wenn Sie als HTML-Editor Adobe Golive 5.0 verwenden, brauchen Sie die Slices nicht unbedingt zu benennen, da Sie Bilder nicht von Hand in die Webseite einbauen müssen und die von Image Ready erstellte Interaktivität in GoLive weiter genutzt werden kann. Andere Editoren benutzen eigene Funktionen, um Interaktivität in Webseiten zu realisieren und können mit dem Image Ready-Code nichts anfangen. Hier sind Sie auf eine gute Benennung der Bilddateien angewiesen, um die Funktionalität in diesen Editoren wieder zu realisieren.

Bildmaterial

Für die Gestaltung von Webseiten ist man immer auf brauchbares Bildmaterial angewiesen. Vieles lässt sich in der Regel selbst erstellen. Es gibt aber immer wieder Momente, in denen sich das benötigte Bildmaterial nicht selbst erstellen lässt. Dieses gilt meistens für fotorealistisches Bildmaterial. Mit Landschaftsaufnahmen im Hintergrund lassen gut Stimmungen erzeugen, Architekturaufnahmen, z.B. Brücken, sind durch ihren Symbolwert immer wieder beliebt. Um zu diesem Bildmaterial zu gelangen, gibt mehrere Wege. Sie können mit der Kamera (digital oder herkömmlich) losgehen und geeignete Objekte fotografieren. Wenn die Objekte Ihrer Begierde nicht in Reichweite sind, z.B. die Golden Gate Bridge, werden Sie wahrscheinlich die Reproduktion einer schon erstellten Fotografie bevorzugen, alternativ können Sie natürlich auch nach San Francisco fliegen, aber ob das Ihr Kunde bezahlt ...? Im Folgenden möchte ich keine Tipps für gute Motive geben, sondern das Bildmaterial nach den technischen Quellen einteilen und die Qualitätsgrenzen der einzelnen Verfahren darstellen.

Scanner

Der Scanner ist wohl das am meisten genutzte Gerät, um Bildmaterial zu reproduzieren. Die für die Web-Produktion geeigneten Geräte sind schon für unter 400 DM erhältlich. Wenn Sie nur fürs Web produzieren, benötigen keinen High-End-Scanner mit einer Auflösung jenseits der 1.000 dpi. Achten Sie beim Kauf eher auf akzeptable Farbwiedergabe und Schnelligkeit des Geräts.

Beim Scanen von Bildmaterial im Schwarz/Weiß- oder Graustufen-Format brauchen Sie nicht unbedingt die volle Auflösung Ihres Geräts ausnutzen. Damit der Scan auf einer Webseite noch komplett darstellbar bleibt, müssen Sie die Bildgröße zumeist erheblich verkleinern.

Bei Farbvorlagen sollten Sie die Auflösung etwas höher wählen, da selbst nach der Verkleinerung auf Web-Größe das Bild doch schärfer erscheint. Machen Sie hierzu am besten einmal eigene Versuchsreihen mit Ihrem Gerät.

Die bisher angestellten Überlegungen gehen von der Annahme aus, dass das Bildmaterial von guter Qualität ist und nicht retuschiert werden soll. Wenn umfangreiche Nachbearbeitungen bei dem Bildmaterial anstehen, sollten Sie die Auflösung höher wählen, um so mehr Material für eine feinere Ausführung der Retusche zur Verfügung haben.

Digital-Kamera

Immer beliebter, weil technisch immer besser, werden die digitalen Kameras. Fotomaterial aller Art lässt damit schnell und kostengünstig erstellen. Die Qualitätsunterschiede sind bei den am Markt erhältlichen Geräten sehr groß, allein der Preis von ein paar hundert bis mehrere tausend Mark zeigt die große Bandbreite der Geräte.

Für eine ernsthafte Anwendung kommen nur Kameras in Frage, die eine Auflösung von mindestens 1 Million Pixel, so genannte Megapixel-Kameras. Das ist meiner Meinung nach die unterste Grenze, besser ist eigentlich, wenn die Kamera über 2 Millionen Pixel pro Aufnahme liefert. Da die meisten Kameras das aufgenommene Bildmaterial komprimieren, meist wird ein JPEG- oder ähnliches Format zur Komprimierung genutzt, geht doch ein Teil der Schärfe verloren und Ausschnitte aus den Aufnahmen werden nach der Vergrößerung leicht unscharf. Im schlimmsten Fall treten die Artefakte der Komprimierung stark hervor und machen so das Bildmaterial unbrauchbar.

Für die Dokumentation aller möglichen Motive ist die Digital-Kamera wohl am besten geeignet, da das Bildmaterial vor Ort schon auf seine Brauchbarkeit kontrollierbar ist und die Produktionskosten durch den Wegfall der Chemie sehr kostengünstig sind.

Nicht sehr geeignet ist die Digital-Kamera zur Aufnahme von bewegten Objekten, sie ist auch für Schnappschüsse nur bedingt geeignet. Eine normale Kamera ist immer sofort schussbereit, eine Digital-Kamera hat bisher immer noch eine gewisse Wartezeit. Diese Wartezeit ist von Typ zu Typ unterschiedlich.

Ganz und gar ungeeignet ist die Digital-Kamera für Sequenzen mit zeitlich kurzen Abständen. Mit der normalen Kamera ist es mithilfe eines automatischen Filmtransports (Winder) möglich, in zeitlich sehr kurzen Abständen Aufnahmen zu machen und so Bewegungs-Sequenzen darzustellen. Die Digital-Kameras benötigen eine gewisse Zeit für das Komprimieren und speichern der

Bilddaten. Einige Kameras bieten immerhin die Möglichkeit, zwei Aufnahmen schnell hintereinander zu schießen, schnell bedeutet in diesem Zusammenhang aber immer noch 1,5 - 3 Sekunden.

Foto-CD

Die Foto-CD ist Prinzip nichts anderes als ein digitalisierter Film einer herkömmlichen Kamera. Sie können so vorhandenes Kamera-Equipment weiter einsetzen, ohne auf mit Verlust behaftete Scans Ihrer Fotos angewiesen zu sein. Allerdings bietet die Foto-CD von einer Aufnahme mehrere Qualitätsstufen an. Die erreichbare Qualität ist von all diesen Möglichkeiten natürlich die Beste. Man kann somit sagen, dass die Foto-CD eine Schnittstelle zur auf Chemie basierenden Fotografie darstellt. Allerdings sind die Verbrauchskosten im Vergleich zur Digital-Fotografie um einiges höher.

Internet

Natürlich können Sie auch das Internet für Ihre Bildrecherche nutzen. Hier gibt es vielfältige Quellen für Webseiten-Elemente wie Buttons und Linien, aber auch Fotomaterial lässt sich auftreiben. Die Qualität diese Materials ist sehr unterschiedlich. Viel des Materials, das kostenlos angeboten wird, ist von einer nicht brauchbaren Qualität, das kostenlose Material von guter Qualität ist meist schon weit verbreitet, sodass es abgegriffen wirkt, wenn es Verwendung findet. Allerdings findet man unter dem technisch schlechten Material die ein oder andere Anregung für eigene Entwicklungen.

Es gibt im Internet allerdings auch kommerzielle Angebote, in Form von interaktiven Bilddatenbanken. Hier können Sie zu meist mithilfe von Suchbegriffen eine Vorauswahl treffen. Wenn Sie fündig geworden sind, können Sie das Material online ordern und erhalten meist Stunden später eine Freischaltung auf einen FTP-Server oder das Gewünschte wird per E-Mail zugestellt.

Kunstprojekte im Netz

9

Website für Fotokünstler

In diesem Website-Projekt sollen künstlerische Ideen und Arbeiten des Hamburger Fotokünstlers Gerhard Hoelzner in Form einer Website präsentiert werden. In dem vorliegendem Kapitel werden dafür zunächst die einzelnen Bildbearbeitungsschritte mit Photoshop 6.0 wiedergegeben. In den folgenden Kapiteln geht es dann um die Weiterbearbeitung mit Image Ready, um die erarbeiteten Screens auf lebendige Weise im Web erleben zu können. Dort werden komplexere Methoden für die Herstellung von Rollover-Effekten, bewegten Bild- und Text-Animation und die ausgefeilte Slicing-Technik vorgestellt.

Ziel der Website

Der Foto-Künstler Gerhard Hoelzner arbeitet mit dem Medium Fotoinstallation und Sachfotografie. Auf seiner Website möchte er eine von ihm im Jahr 1995 ausgestellte Fotoinstallation präsentieren und eine noch in der Planung begriffene Projektidee vorstellen. Des Weiteren soll eine Auswahl von Fotos aus unterschiedlichen Themenbereichen auf seiner Site zu sehen sein.

Navigation und Aufteilung auf einzelne Seiten

Die Website des Fotokünstlers gliedert sich in insgesamt sechs Seiten:

1. Begrüßungsseite mit Navigationsleiste
2. Ausstellungsseite *Ikone & Adonis* mit Bildern
3. Zweite Ausstellungsseite zu *Ikone &Adonis* mit Textinformation zur Ausstellung, die von Site 2. aufgerufen wird.
4. Vorstellung der neuen Idee *Projekt Bahn* in Form einer Infoseite
5. Vorstellen der Gestaltungsidee für die Site *Projekt Bahn*
6. Bildergalerie mit Bildern verschiedener Themenbereiche des Künstlers

Die Startseite

Über die Startseite gelangt der Besucher zunächst zu den weiteren Sites. Auf den folgenden Sites, die dann jeweils ein Projekt vorstellen, werden die Bild-Buttons als Navigationsleiste weiter aufgeführt.

Navigationsleiste für die Startseite

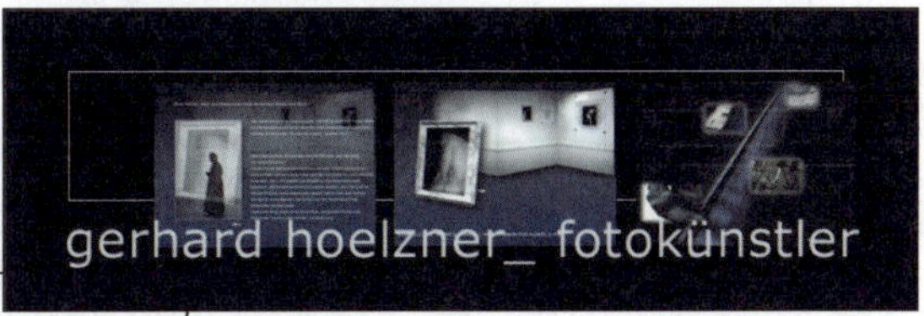

Abb. 9.1:

Darstellung der Raumsituation der Ausstellung

Für die Ausstellung *Ikone & Adonis*, die als Gemeinschaftsprojekt mit einer befreundeten Künstlerin in den bizarren Räumlichkeiten einer ehemaligen Holzfabrik in Kiel stattfand, gibt es von den Ausstellungsräumen selbst kein Fotomaterial. Um dem Besucher der Website dennoch die Raumsituation der Ausstellung näher zu bringen, werden wir den Raumeindruck aus dem vorliegendem Fotomaterial des Künstlers erschaffen.

Darstellung der Raumsituation einer Ausstellung

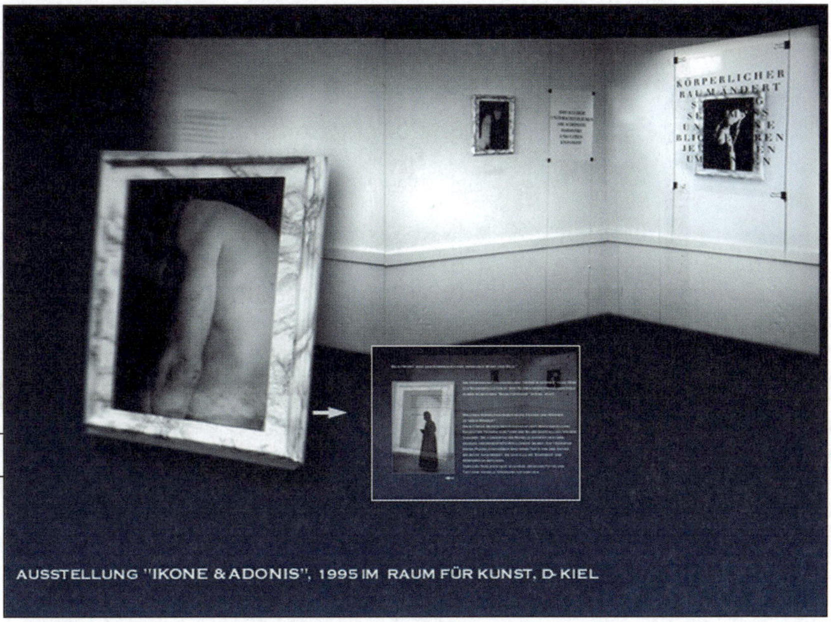

Abb. 9.2:

Als Ausgangsmaterial für die symbolhafte Darstellung der Ausstellungssituation dienen zwei Aufnahmen, die neben den ausgestellten Fotografien viel von den Wänden zeigen, vor denen die Bilder gehängt waren.

Erstellen Sie eine neue Datei mit einer Breite von *480 Pixeln*, einer Höhe von *580 Pixeln* bei einer Auflösung von *72 Pixel/Inch* und schwarzer Hintergrundfläche im RGB-Modus.

1. Öffnen Sie das Bild *ikone1.psd* aus dem Ordner *k9_works*. Verkleinern Sie die Bildgröße auf 6 cm Breite und 8,78 cm Höhe. Wählen Sie den Zeichenstift aus der Werkzeug-Palette und setzen Sie die Ankerpunkte, um den Ausschnitt von der Wand mit dem Bild ohne Boden mit auszuwählen.

2. Erstellen Sie eine Auswahl über die Pfade-Palette und schalten Sie den Pfad aus. Kopieren Sie die Auswahl und setzen Sie sie in die neu erstellte Datei ein.

3. Duplizieren Sie die Ebene *Ikone* und rufen Sie nacheinander für beide Ebenen die Befehle *Bearbeiten / Transformieren / Verzerren* und *Skalieren* auf und ziehen Sie die Ankerpunkte, sodass ein räumlicher Eindruck entsteht.

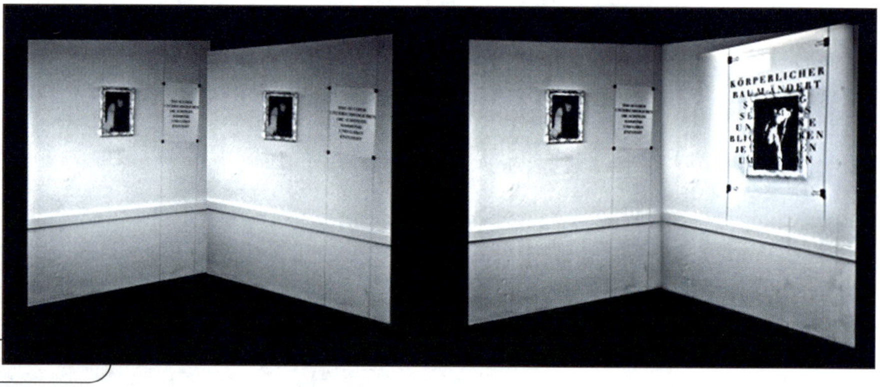

Abb.9.3:

Die beiden Wände werden mit den Transformieren-Befehlen *Verzerren* und *Skalieren* aneinander angeglichen

4 Rufen Sie das Bild *ikone2.psd* aus dem Ordner *k09_works* auf, verkleinern Sie es auf die Breite von *5 cm* und die Höhe von *7,42 cm* bei einer Auflösung von *72 dpi*. Erstellen Sie eine *weiche Auswahl* und ziehen Sie die Auswahl auf die neu erstellte Wand.

5 Reduzieren Sie die Wandteile auf eine Ebene, indem Sie die Ebenen gruppieren und *Gruppierte Ebenen auf eine Ebene reduzieren* aufrufen.

6 Wählen Sie den *Zeichenstift* aus der Werkzeug-Palette und setzen Sie die Ankerpunkte (bei gleichzeitig gedrückter ⇧-Taste werden die Linien zu den Ankerpunkten gerade), sodass die überstehenden Teile übergangen werden. Erstellen Sie eine Auswahl über die Pfad-Palette mit einer *weichen Auswahlkante von einem Pixel*, schalten Sie den Pfad aus und kehren Sie die Auswahl um. Löschen Sie die überstehenden Wandstücke.

7 Retuschieren Sie unerwünschte Bilddetails mit dem Stempel-Werkzeug und zu stark hervortretende Ränder mit dem Filter *Gaußscher Weichzeichner*.

Jetzt sind zwei Wandteile fertig und ein Bild wurde auf die rechte Fläche montiert. Jetzt soll noch ein weiteres Wandstück hinzugefügt werden.

8 Ziehen Sie das Bild *ikone2.psd* per Drag & Drop in die Datei. Rufen Sie auch hier die Befehle *Bearbeiten>Transformieren>Verzerren* und *Skalieren* auf und bearbeiten Sie das Bild mit Ziehen an den Ankerpunkten, sodass ein räumlicher Eindruck entsteht.

Abb. 9.4: Die dritte Ausstellungswand wird montiert

9 Überstehende Flächen werden über das Setzen von Ankerpunkten mit dem *Zeichenstift* und dem Befehl *Auswahl erstellen* über die Pfade-Palette gelöscht. Auch werden hier wieder störende Details mit dem Stempel-Werkzeug und dem Gaußschen Weichzeichner retuschiert.

Die Ausstellungswand ist im Prinzip fertig. Für den dynamischen Eindruck werden jedoch noch einige Maßnahmen der Verfeinerung vorgenommen.

Retuschieren von überflüssigen Details

10 Um die beschriftete Fläche der rechten Wand wird eine weiche Auswahl gezogen, die Auswahl kopiert und auf die äußere Ecke der linken Wand gesetzt. Sämtliche Wandstücke und Wanddetails werden auf eine Ebene reduziert.

11 Ein Stück der äußeren linken Wand wird mit Kante ausgewählt und der Filter *Weichzeichner>Bewegungsunschärfe* aufgerufen. Die Einstellungen für die Bewegungsunschärfe können Sie dem nachfolgenden Bild entnehmen.

Die äußere linke Bildkante wird weichgezeichnet, um einen dynamischen Bildeindruck entstehen zu lassen

Abb. 9.5:

Bilder in Bilderrahmen in den Raum setzten

Die Bilder der Ausstellung sollen den Besuchern auf der Website präsentiert werden. Dafür wird ein großes Bild in den Vordergrund gesetzt. Mit einemMausklick auf kleine Zahlen-Buttons links am Bilderrahmen wechseln die Bilder im Bilderrahmen.

Dafür wird zunächst das Bild *ikone.psd* aus dem Ordner works_09 geöffnet.

12 Isolieren Sie das Bild im Bilderrahmen zunächst von der weißen Hintergrundfläche mit dem Zeichenstiftverfahren. Skalieren Sie das Bild auf eine Bildgröße, sodass es in seiner Erscheinung zwar groß, aber sich kompensatorisch noch harmonisch in die Gestaltung einfügt. Korrigieren Sie eventuell überstehende Ränder mit einer kleinen weichen Werkzeugspitze und dem Radiergummi-Werkzeug. Ziehen Sie das Bild in den Website-Screen.

13 Ein Teil des äußere linken Bildrahmens wird ebenfalls mit den Einstellungen der Bewegungsunschärfe versehen: *Winkel* = -9, *Distanz* = 11.

Um den Eindruck entstehen zu lassen, dass sich das Bild gegen die Wand lehnt, wird es mit dem Transformieren-Befehl *Drehen* leicht nach rechts gedreht.

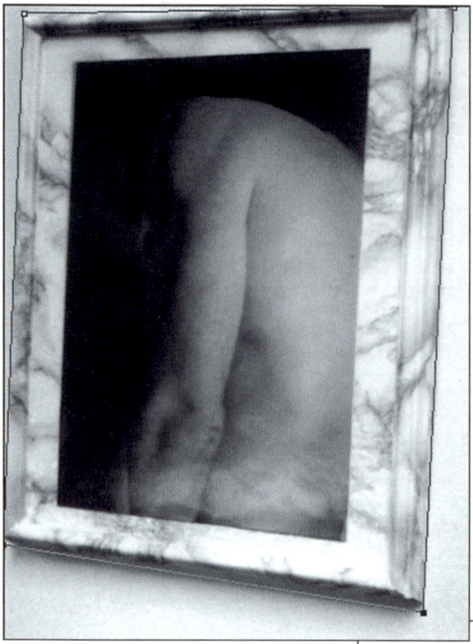

Das Bild bildet den Anfang für eine dynamische Bilderschau

Abb. 9.6:

Um den räumlichen Eindruck noch weiter zu verbessern, werden für die bereits vorhandenen Bildelemente *Schlagschatten* erstellt.

Raumeindruck mit Schlagschatten verstärken

14 Markieren Sie die Ebene *großesBild* und rufen Sie den Befehl *Ebene>Effekte>Schlagschatten* auf. Die Einstellungen für den Schlagschattendialog sind folgende: *Modus* = Multiplizieren, *Deckkraft* = 75 %, *Winkel* = 120, *Distanz* = 12, *Weichzeichnen* = 20, *Intensität* = 0.

15 Ziehen Sie den Schlagschatten-Effekt auf die Ebene *Ausstellungswände*, sodass die Wände den gleichen Schatten erhalten. Skalieren Sie die Wände auf 95 %.

Farbverlauf statt schwarzem Hintergrund

Erstellen Sie einen linearen Farbverlauf. Rufen Sie eine neue Ebene auf und erzeugen Sie einen Verlauf von Schwarz nach Mittelblau, den Sie über den gesamten Screen aufziehen. Ersetzen Sie diese Fläche mit der bestehenden schwarzen Hintergrundfläche. Bei der Wahl der Verlaufsfarben sollten Sie auf die Farb-Palette der Webfarben zurückgreifen. Sie können die Web-Farb-Palette über das kleine schwarze Dreieck rechts innerhalb der Farb-Palette aufrufen. In diesem Beispiel wurde der Farbverlauf mit dem browserunabhängigen Blauton *003366* und Schwarz erstellt. Beispiel: *wand2.jpg* und *wand1.psd* im Ordner *k9_works*.

Letzte Schritte

Ein hinweisender Text (siehe *adoniss2.psd*) wird in Großbuchstaben und mit modernem Schriftfont in kleiner Schriftgröße erstellt. Des Weiteren wird ein Pfeil hinzugefügt, der bei einem Mausklick zur nachfolgenden Seite führt, die dann nähere Textinformationen zur dargestellten Ausstellung enthält. Die Navigationsleiste wird in minimierter Größe links unten im Screen platziert.

Slicing auf Screen anwenden

Jetzt wenden Sie das Slicing-Verfahren auf die adonis-Datei an. Weitere Einzelheiten zum Slicing-Verfahren erfahren Sie in den Kapiteln *Technische Voraussetzungen / Bildmaterian / sonstige Medien* und *Arbeiten mit Image Ready im Detail*.

1. Öffnen Sie die Datei *adoniss2.psd*, um das Verfahren nachzuvollziehen. Öffnen Sie die Datei *adonis-slice.psd* als Vergleich.

2. Wählen Sie das Slicing-Werkzeug der Werkzeug-Palette. Ziehen Sie über die einzelne Bildbereiche, in die Sie ein Benutzer-Slice erstellen möchten (hier das Bild im Bilderrahmen, der Bild-Button und der Text). Die übrigen Bereiche werden automatisch zu Auto-Slices.

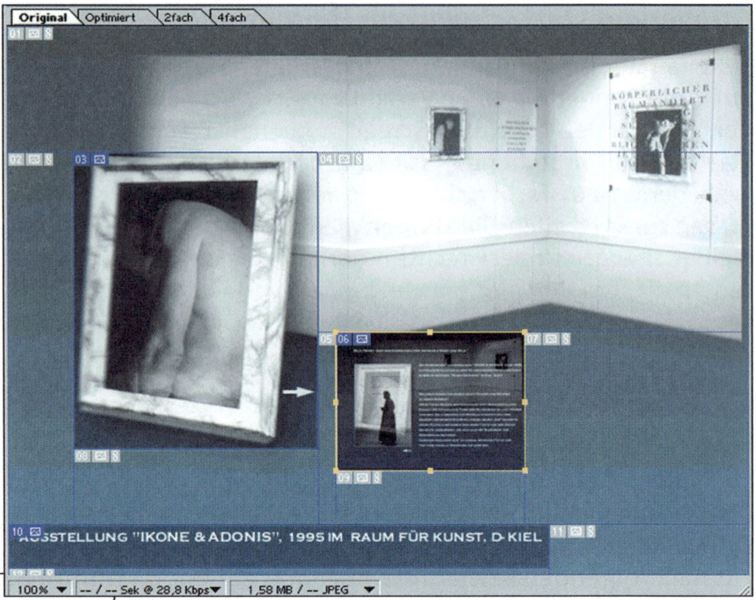

Slicing-Verfahren am Adonis-Screen

Abb. 9.7:

Um das Slice nächträglich zu transformieren bzw. zu skalieren, benutzen Sie das *Slice-Auswahl-Werkzeug* der Werkzeug-Palette. Ziehen Sie dann an den Eck- oder Seitengriffen auf die gewünschte Slice-Größe. Wenn Sie das Slice löschen möchten, wählen Sie es mit dem Slice-Auswahl-Werkzeug aus und drücken die [Entf]-Taste.

Slice-Typ festlegen

3 Legen Sie jetzt den *Slice*-Typ fest. Dafür klicken Sie auf die Registerkarte *Slice*, um die Slice-Palette anzuzeigen. Wählen Sie für dieses Beispiel für alle Benutzer-Slices den Typ *Bild* aus. Wählen Sie *Hintergrund>HG ohne* und klicken Sie unter *Präzision* auf *Proportionen erhalten*. Der Name für das Slice wird automatisch festgelegt. Sie können ihn jedoch in den Slice-Voreinstellungen unter *Datei>Voreinstellungen* ändern. Als *URL* geben Sie die HTML-Seite des Screens *adonis.psd* an.

Optimieren der Bild-Slices

4 Wählen Sie mit dem Slice-Auswahl-Werkzeug ein Slice bzw. bei zusätzlich gedrückter [⇧]-Taste gleichzeitig mehrere Slices aus. In diesem Anwendungsbeispiel wählen Sie den *adonisslice3* aus (großes Foto im Bilderrahmen).

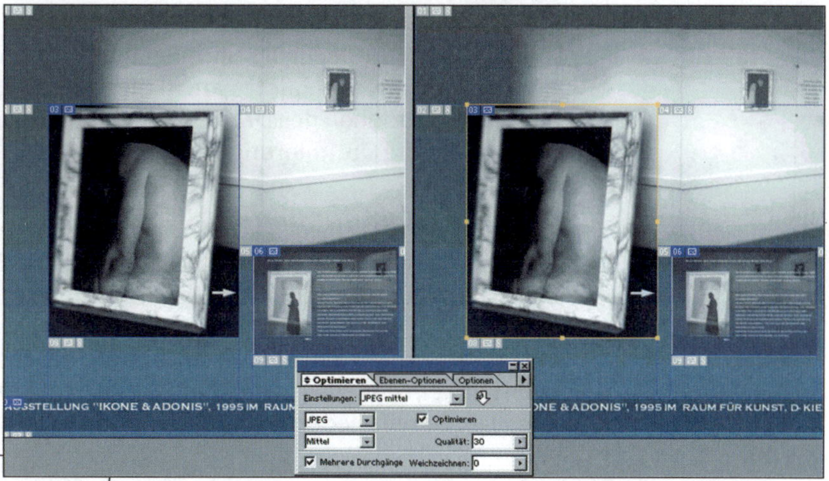

Optimierungseinstellung bei zweifacher Ansicht: Vergleich einer Optimierungseinstellung mit dem Originalbild

Abb. 9.8:

5 Wählen Sie die *Optionen* in der Optimieren-Palette. Für das Bild im Rahmen entscheiden wir uns für das mittelstarke Komprimierungsverfahren im Dateiformat JPEG, ein Kompromiss für ein gute Bildwiedergabe des Halbtonbilds bei noch akzeptabler Ladezeit.

6 Für den Bild-Button *adonisslice 6* können Sie die Optimierungseinstellungen des Bilds im Rahmen per Drag & Drop (Neu) kopieren. (Alt: Wählen Sie das Slice mit den zu kopierenden Optimierungseinstellungen aus und ziehen Sie das Droplet-Symbol aus der Optimieren-Palette auf das Bild-Button-Slice.)

Verbinden von Slices

7 Verbinden Sie die Hintergrundbild-Slices zu Sets, um dieselben Optimierungseinstellungen zu verwenden. Wählen Sie dafür mit dem Slice-Auswahl-Werkzeug und gedrückter ⇧-Taste die Slices des Hintergrundmotivs mit Farbverlauf aus. Rufen Sie über den Menüpunkt *Slices* den Befehl *Slices zusammenfügen* auf.

8 Wenden Sie für das Slice-Set die Komprimierung über die Optimieren-Palette an. In diesem Fall können Sie auch über Ziehen des Droplets des Bild-Buttons auf das Slice-Set die Optimierung festlegen.

Rollover-Effekt für Bild-Button

Wenn der Anwender mit der Maus über den Bild-Button fährt, der durch Klick zur Informationsseite für die Ausstellung führt, verwandelt sich der Button-Zustand in ein verwischtes Bild. Dieses Verfahren wird in diesem Abschnitt kurz beschrieben. Der Rollover-Effekt in der Praxis wird dann im Kapitel *Arbeiten mit Image Ready im Detail* wieder aufgegriffen und im Detail erläutert.

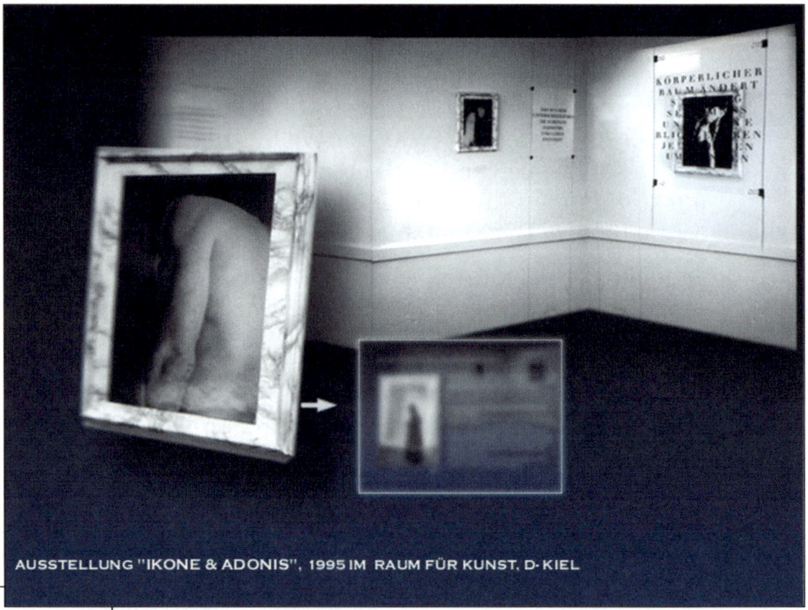

Abb. 9.9: Rollover-Zustand des Bild-Buttons

9 Wählen Sie *das Slice-Auswahl-Werkzeug* aus der Werkzeug-Palette und markieren Sie das Slice des Bild-Buttons.

10 Blenden Sie die Registerkarte *Rollover* ein. Die erste Miniatur zeigt den Button in ihrem aktuellen Status *Normal* an. Klicken Sie auf das Symbol *Neu* unten in der Rollover-Palette. Ein Duplikat des Buttons erscheint, darüber steht das Wort *Über*.

11 Wählen Sie *Ebenen einblenden*. Duplizieren Sie die Ebene des *Bild-Buttons* und benennen Sie diese mit *rollover*. Wählen Sie den Filter *Weichzeichnen/Gaußscher Weichzeichner* mit dem Radius 1,2, um einen zweiten Zustand des Buttons zu erhalten. Der Rollover-Status *Über* in der Rollover-Palette ist jetzt weichgezeichnet.

12 Schauen Sie sich den eben kreierten Rollover-Effekt in der Vorschau an. Klicken Sie dafür in der Rollover-Palette zuerst auf die Miniatur *Normal* und dann auf *Über*. Die Veränderungen können Sie im Hauptfenster verfolgen.

Die optimierte Datei speichern

13 Zum Schluss wählen Sie *Datei>Optimierte Version speichern*. Geben Sie der neuen Datei im Dialogfeld *Optimierte Version speichern* den Namen *Webpage.html*. Aktivieren Sie die Optionen *HTML speichern* und *Bilder speichern*. Klicken Sie auf *Speicher*n. In Image Ready werden alle optimierten Bilder sowie eine HTML-Datei mit dem gesamten erforderlichen Code gespeichert.

14 Schauen Sie sich die neu erzeugte Webpage in der Vorschau in Ihrem Browser an. Wählen Sie dafür den Menüpunkt *Datei>Vorschau in* oder starten Sie Ihren Browser und öffnen anschließend die Datei *webpage.html*.

Sie können nun die erste Site des Hamburger Künstlers im Browser betrachten. Detailinformationen über das Slicing-Verfahren und die Wahl der richtigen Optimierungseinstellungen lesen Sie im Kapitel Arbeiten mit *Image Ready im Detail* nach.

Gestaltung der Infoseite zur Ausstellung

Mit einem Mausklick auf den mittleren großen Bild-Button rechts neben dem Bild im Rahmen der Website gelangt der Besucher zur Informationsseite für die Fotobildausstellung.

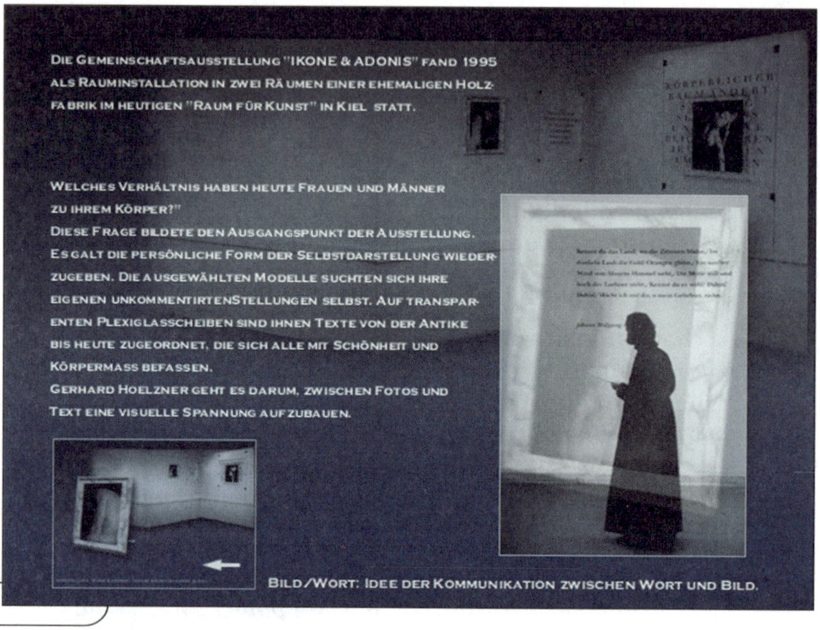

Abb. 9.10: Die zweite Seite zur Ausstellung enthält den informativen Teil zur Ausstellung

Im Wesentlichen entspricht die Gestaltung der Informationsseite der ersten Ausstellungsseite. Da diese Seite aber zum größten Teil Text enthält und für den Besucher der Website gut lesbar sein soll, wurde das Bildelement *Ausstellungswand* mit der Deckkraftregelung in den Hintergrund eingeblendet und auf diese Weise in seinem Kontrast stark zurückgenommen.

Für die bildhafte Unterstützung beim Lesen des Informationstextes zur Ausstellung wurde eine kleinere Bildmontage in den Vordergrund des Screens integriert. Sie ist leicht in den Hintergrund eingeblendet, um nicht vom Lesen des Infotextes abzulenken. Diese Bildmontage besteht aus zwei Fotos: Das eine enthält die Darstellung einer dem Bild zugewandten Frau und das zweite Bild enthält das Motiv, das schon auf der ersten Seite für die Bilderschau genutzt wurde. Die Fotos sind durch Deckkraftregelung weich ineinandergeblendet. Auf dieser Seite wurden die Navigationsleiste fortgelassen, weil sie nur in einem direktem Zusammenhang zur ersten Ausstellungsseite mit der Bilderschau steht. So enthält dieser Screen lediglich den als Bild-Button transformierten Screen der ersten Seite, der durch den Zurück-Pfeil auf das Ende dieses Themas hinweist.

Slicing für die Adonis-Infoseite

Für das Screen *adonis.psd* gehen Sie beim Slicing-Verfahren im Wesentlichen genauso vor wie beim zuvor beschriebenen Screen *adoniss2.psd*. Vergleichen Sie Ihre Einstellungen mit der Datei *adoniss3.psd* und der Webpage *adoniss2.html*. Detailinformationen über das Slicing-Verfahren und die Optimierungseinstellungen erhalten Sie in den Kapiteln *Image Ready im Überblick* und *Arbeiten mit Image Ready im Detail*.

Imagemaps und Animation für die Startseite

Die Startseite der Website für den Hamburger Fotokünstler besteht aus einer Navigationsleiste mit Bild-Buttons, einem Textblock mit Namen des Künstlers und der spielerisch aufgefassten einleitenden Überschrift. Die Bild-Buttons der Navigationsfläche sind als Imagemaps angelegt. Eine Besonderheit dieser Seite ist der Start einer Bild-Animation, wenn der Website-Besucher mit der Maus über den Namen des Künstlers fährt. In diesem Abschnitt lernen Sie in Form einer Schnellanweisung das Erstellen von Imagemaps kennen. Detaillierte Informationen zu diesem Thema erfahren Sie im Kapitel *Arbeiten mit Image Ready im Detail*. Ebenfalls werden Sie in diesem Kapitel in das Geheimnis der bewegten Bilder eingewiesen.

Imagemaps – die versteckte Navigation

1 Öffnen Sie die Datei *portraet.psd*. Erstellen Sie Slices für das Schriftbild und für den Hintergrund und führen Sie die Optimierungsschritte für die einzelnen Slices durch. Beachten Sie, dass für die bevorstehende Animation das GIF-Format Voraussetzung ist.

2. Markieren Sie eine Ebene in der Ebenen-Palette, für die Sie ein Imagemap festlegen wollen, in unserem Beispiel eine Ebene der Bild-Buttons. Klicken Sie auf die Registerkarten der Ebenen-Optionen, um die Palette einzublenden. Der Name der ausgewählten Ebene erscheint (*button1*).

3. Klicken Sie auf die Option *Imagemap* und wählen Sie die Form *Rechteck*. Für die Verknüpfung geben Sie die URL *http://www.webpage.html* ein.

4. Wiederholen Sie diese Schritte für die anderen Button-Ebenen. Die Adressen der Buttons erscheinen in blauer Schrift unterhalb der Ebenennamen. Die Imagemaps sind fertig.

Animation für die Startseite

Für die Starseite soll eine Animation erstellt werden. Hier werden verschiedene Bilder in Bewegung gesetzt. Die Vorgehensweise erfahren Sie im Kapitel *Arbeiten mit Image Ready im Detail*.

Kunstprojekt Bahn und Kulturgeschichte

Projektvorstellung des Hamburger Fotokünstlers

Der Fotokünstler Gerhard Hoelzner plant eine Außenausstellung zum Thema *Bahn und Kulturgeschichte*.

Zum dem Thema will der Künstler die dokumentarische Fotografie und die modernen Möglichkeiten von Multimedia zusammenführen. Hoelzner möchte zudem dieses Projekt im Internet vorstellen.

Das Projekt *Bahn und Kulturgeschichte* konzentriert sich zunächst auf einen vorher noch festzulegenden Bahnstreckenabschnitt. Hier will der Künstler fotografische Aufnahmen von den Landschaften, Objekten und Gebäuden vornehmen, die auf dieser Strecke vom Zug aus zu sehen sind. Zeitgleich will er die Menschen interviewen, die entlang dieser Bahnstrecke leben. Die Geschichten und Erlebnisse der Menschen, die zum Teil schon seit Generationen an dieser Strecke leben, sprechen den Zeitaspekt *Kulturgeschichte* an, der Teil der Idee ist an. Aus den Interviews will der

Künstler kurze markante Sätze und einzelne Worte herausfiltern, die eine Verbindung zu seinen Fotografien darstellen

Projekt-Ziel

Der Blick eines sich im Zug befindenden Reisenden aus dem Fenster soll simuliert werden. Anhand von gesprochenem und geschriebenem Text sollen zeitgleich Fragmente der Erinnerungen von Leuten auftauchen, die an diesem Teil der Strecke leben und früher einmal gelebt haben.

Projekt-Idee

Auf der ersten Seite der Website des Hamburger Künstlers wird das Projekt inhaltlich vorgestellt. Die aufgeführten Navigationsbuttons führen von der kurzen Biografie des Fotokünstlers hin zu der Vorstellung eines vorausgegangenen Fotoprojekts und zu dem aktuell geplantem Multimedia-Projekt .

Der Hintergrund dieser Website ist aus Textfragmenten zusammengesetzt. Diese sind den Interviews entnommen. Die Schriften sind einzelnd anklickbar.

Im Vordergrund ist eine hintereinander liegende Fotoreihe zu sehen. Die vorderen Fotos sind größer und deutlich zu erkennen als die weiter hinten platzierten Fotos, die zunehmend kleiner und unschärfer werden. Die räumliche Situation durch Darstellung von Tiefenschärfe gibt die Situation der abfahrenden Bahnstrecke in Form von Zeit und Geschwindigkeit wieder.

Die Funktionen im Einzelnen:

- Bei Rollover über die Fotos verändern sich die Worte im Hintergrund.
- Bei Mausklick auf die Fotos taucht ein längerer Text im Vordergrund auf, das Bild tritt dahinter zurück.
- Bei Mausklick auf die einzelnen Worte im Hintergrund erscheint ein Foto in vergrößerter Darstellung im Vordergrund.

Kurze Zusammenfassung der Projektplanung

- Das Projektziel und die Projektidee wurden ausformuliert. Die Projektidee beinhaltet bereits die Navigation.
- Entwurf für die Projektseite Bahn und Kulturgeschichte
- Erstellen der Texte
- Entwerfen eines Hintergrundbilds
- Platzieren und Bearbeiten der Fotos
- Einbinden in Image Ready
- Entwurf für die Begrüßungsseite des Künstlers
- Entwurf für die weitere Projektseite
- Erstellen der Webseite mit einem Website-Editor

Die Umsetzung

Die Gestaltung für die Begrüßungsseite

Zunächst wird die Begrüßungsseite für das geplante Projekt erstellt. Diese soll einen kurzen Einblick für das bisher noch als Idee formulierte Projekt geben.

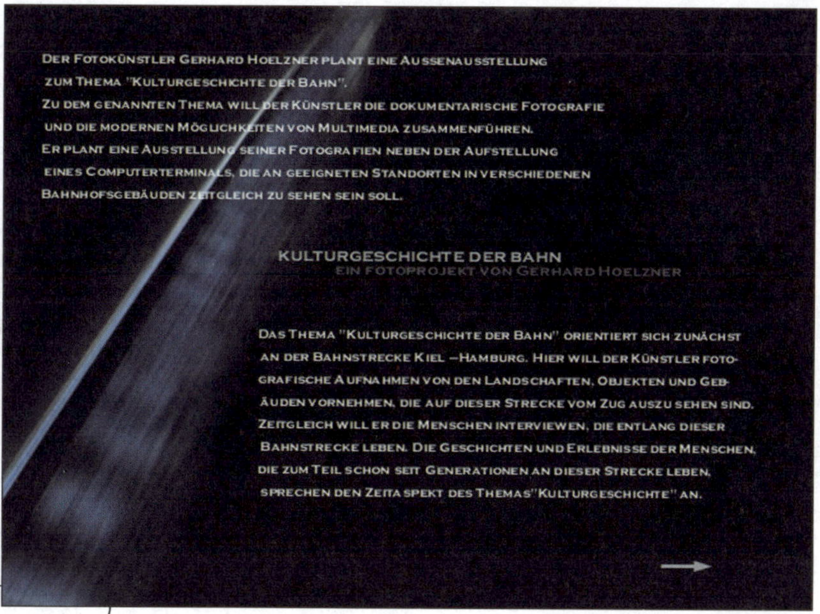

Abb. 9.11: Die Begrüßungsseite für das zweite Projekt enthält die Projektinformation

Erstellen Sie eine neue Datei mit den Werten *640 Pixel* für die Breite und *480 Pixel* für die Höhe. Die Auflösung beträgt *72 Pixel/Inch* und die Hintergrundfläche ist schwarz. Benennen Sie die Datei mit *bahnpr1*.

Die fliegende Bahnschiene

Die Hintergrundfläche ist schwarz, sie wird durchkreuzt von einer diagonal durch das Bild laufenden, blau eingefärbten Bahnschiene, deren räumlicher Eindruck durch die Unschärfe im rechten oberen Teil entsteht.

Die grobe Auswahl der Bahnschiene aus einem eingescanntem Foto wurde mit dem *Zeichenstift* der Werkzeug-Palette durch das Setzen von Ankerpunkten festgelegt; das Erstellen der Auswahl erfolgte in der Pfad-Palette. Das ausgewählte Motiv wurde schließlich kopiert und in den Screen *bahn* eingefügt. Mit Radiergummi und feiner weicher Werkzeugspitze wurden die erst noch groben Ränder geglättet. Für den optisch wirkungsvollen Eindruck erfolgte das Einfärben mit dem Dialog *Farbton/Sättigung* und der Einstellung *Kolorieren* . Die Anwendung des Weichzeichnungsfilters *Bewegungsunschärfe* bringt dem Motiv dann die gewünschte Dynamik.

Die Begrüßungsseite für das Projekt Bahn enthält den Informationstext und die Überschriften für das Thema sowie den Namen des Künstlers. Ein Pfeil nach rechts fordert den Besucher zum Weiterklicken auf. Die Navigation führt zur Hauptseite des Projekts.

Screengestaltung für die Website-Idee

Die Simulation des Blicks eines Reisenden, der aus dem Fenster eines Zuges schaut, ist die Idee dieser Website. Die an dem Reisenden geradezu vorbeifliegenden Ausschnitte von Landschaften, Häuser und andere Objekte sollen bildhaft wiedergegeben werden.

In diesem Kapitelabschnitt werden die Bildbearbeitungsschritte näher erläutert. So werden hier die eingescannten Fotos transformiert, mit leuchtenden Rändern versehen und mit Ebenenmasken im Ausschnitt verändert. Ausgesuchte Textfragmente werden hinzugefügt. Die Umsetzungsmöglichkeiten der wechselnden Bewegung von Text und Bild werden im *Arbeiten mit Image Ready im Detail* eingehend besprochen.

Vorbeigleitende Bildeindrücke aus einem Zugfenster

Abb. 9.12:

Schwebende Bilder

Es gelten die gleichen Werte der Begrüßungsseite für die neu zu erstellende Datei. Zunächst wird das Bahnschienenmotiv der Begrüßungsseite mit Copy & Paste in die Datei *bahnpr2* eingefügt, dessen Hintergrundfläche ansonsten ebenfalls schwarz ist.

1. Öffnen Sie nacheinander die Fotos *paris.psd, mauer.psd, stuhl.psd* und *skulptur.psd* aus dem Ordner *k9_works*. Verringern Sie die Auflösung auf *72 dpi* und bringen Sie die Bilder auf eine ähnliche Bildgröße über den Befehl *Bearbeiten>Transformieren>per Eingabe* oder über das Einschalten der Umrahmen-Box in der kontextsensitiven Leiste. Die Fotos sollten am Ende ca. 25 Prozent ihrer Ausgangsmaße besitzen. Fügen Sie die skalierten Bilder mit Drag & Drop als eigene Ebenen in die Datei *bahmpr2* ein.

2. Mit den Transformieren-Befehlen *Drehen* und *Neigen* können Sie den Schwebezustand erzielen. Wählen Sie die Ebenen mit den Fotos nacheinander auf, erstellen Sie eine Auswahl über die Tastenkombination Strg/A und rufen Sie die Transformieren-Befehle auf. Experimentieren Sie auch mit den Möglichkeiten der verschiedenen Griffpunkte.

3. Die Bilder werden anschließend über den Transformieren-Befehl für den gewünschten Effekt individuell skaliert.

Die Bilder werden mit den Transformations-Befehlen *Drehen* und *perspektivisch Verzerren* in einen Schwebezustand befördert

Abb. 9.13:

4 Mit dem Ebenen-Effekt *Schein nach außen* wird den Fotos nacheinander mit Drag & Drop ein weißer Lichtschein hinzugefügt. Folgende Dialogeinstellungen für den Effekt wurden angewendet: *Farbe* = Weiß, *Modus* = Normal, *Deckkraft* = 75 %, *Weichzeichnen* = 15, *Intensität* = 46.

Abb.9.14: Ein Space-artiger Eindruck entsteht mit Hinzufügen eines weißen Lichtscheins

Textfragmente einfügen

5 Die einzelnen Textauszüge wurden in Microsoft Word geschrieben und werden über Copy & Paste als einzelne Textebene nach Photoshop exportiert. Über das Schriftmenü werden der Schriftfont und die Schriftgröße in Photoshop für die Screen-Gestaltung neu bestimmt.

6 Die Textfragmente werden hinter die Bilder über den gesamten Screen verteilt.

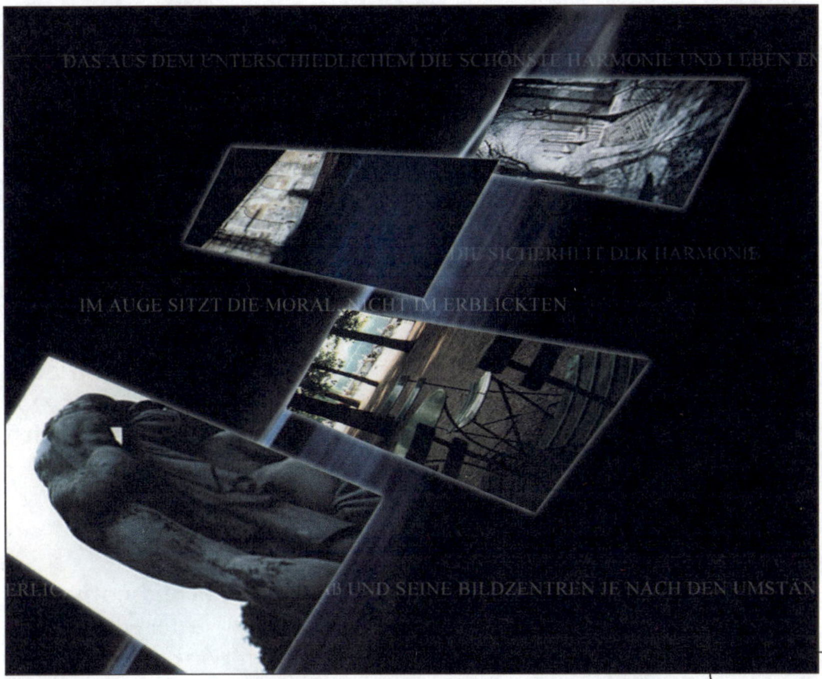

Die Texte wurden aus Microsoft Word exportiert und in Photoshop dem Design angepasst

Abb. 9.15:

Ebenmasken erstellen

Für die einzelnen Ebene werden jetzt nacheinander über die Ebenen-Palette Ebenenmasken erstellt

7. Markieren Sie eine Ebene mit einem transformierten Foto und erstellen Sie eine Auswahl mit dem Auswahlrechteck und einer Auswahlkante von 5 Pixeln in Form eines länglichen Rechtecks.

8. Kehren Sie die Auswahl um. Rufen Sie über das Symbol *Ebenenmaske hinzufügen* ganz unten in der Ebenen-Palette eine Ebenenmaske für die ausgewählte Ebene aus.

9. Füllen Sie die umgekehrte Auswahl über den Befehl *Bearbeiten>Fläche füllen>Schwarz 100%.*

10. Markieren Sie das Bild-Symbol links von dem Ebenenmasken-Symbol einer Fotoebene und rufen Sie den Filter *Weichzeichnen/Gaußscher Weichzeichner* auf. Stellen Sie den Wert für den *Radius* auf *1,7 Pixel* ein.

11 Wiederholen Sie diese Schritte für sämtliche Fotos auf den einzelnen Ebenen. Für die einzelnen Ebenen werden nacheinander über die Ebenen-Palette die Ebenenmasken erstellt und auf die Bildmotive der Gaußsche Weichzeichner angewendet.

- Für das Foto *stuhl* wird zusätzlich die Sättigung um +23 über den Dialog *Farbton/Sättigung* erhöht.

- Für das Foto *skulptur* wird vor Erstellung einer Ebenenmaske der Effekt *Schein außen* wieder gelöscht und die *Deckkraft* des Motivs auf 77 % gesetzt. Auf der Ebenenmaske wird zusätzlich der Filter *Bewegungsunschärfe* aufgerufen, der *Winkel* auf -7 und die *Distanz* auf *38 Pixel* eingestellt.

- Für das Foto *paris* wird auf das Bildmotiv statt des Gaußschen Weichzeichners der Filter *Bewegungsunschärfe* mit einem *Winkel* von *42°* und einer *Distanz* von *14 Pixel* angewendet.

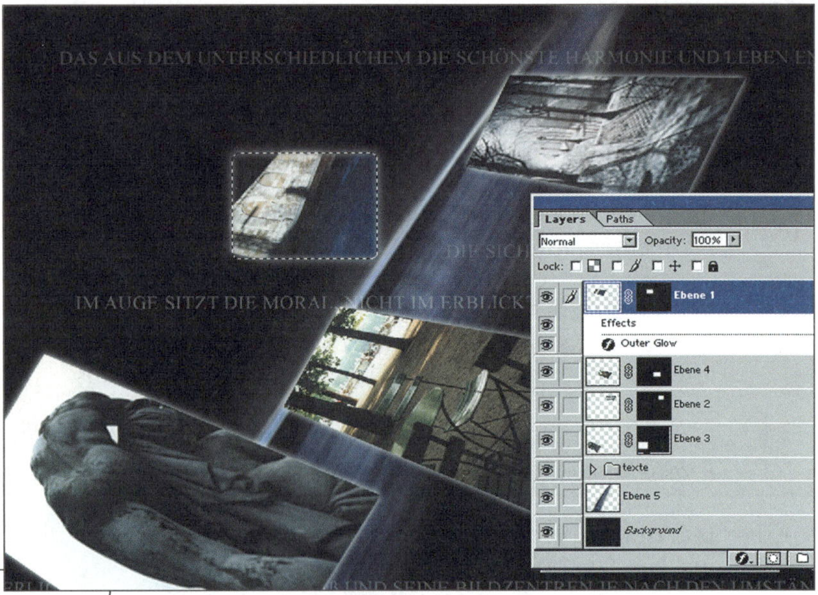

Abb. 9.16: Erstellung von Ebenenmasken für die einzelnen Fotos

Den Ebenen wird eine Ebenenmaske zugewiesen

Abb. 9.17:

Bildvariante

Für die Bildidee entstanden am Anfang eine ganze Menge Bildvariationen. Zum Schluss wurde entschieden, welche der Bildideen dem Künstlers am nächsten steht. Der nachfolgende Screen stand in enger Konkurrenz zum Auserwählten. Die Idee mit den Fensterausschnitten überzeugte schließlich.

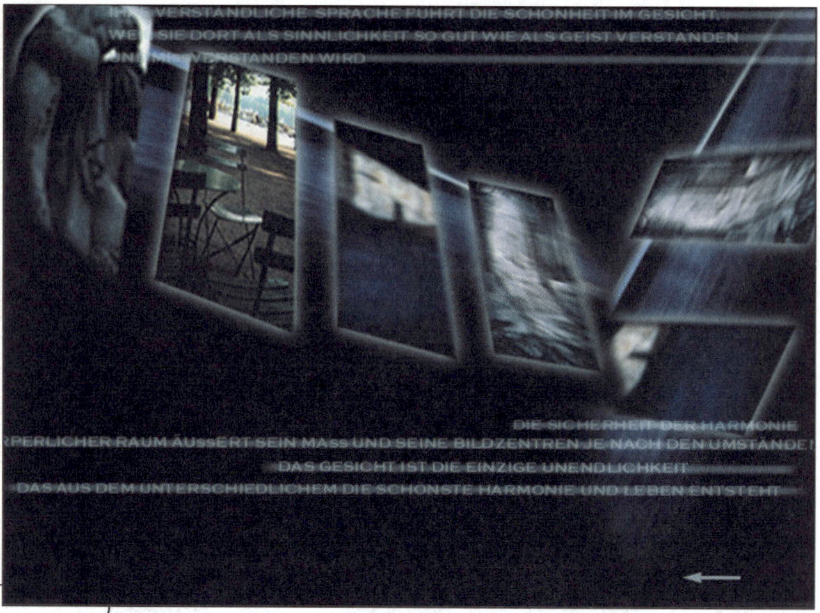

Abb. 9.18: Variante für die Projekt-Website

Fotogalerie im Netz

Der Website des Hamburger Künstlers soll eine Online-Galerie einer Auswahl seiner Fotos hinzugefügt werden.

Die Zusammenstellung zu einer Online-Präsentation ist mit Photoshop eine Leichtigkeit geworden: Photoshop holt sich die Fotos aus dem gewählten Ordner und setzt die Bilder in vorzüglicher Geschwindigkeit zu einer ansehnlichen HTML-Seite zusammen.

Bis es zu diesem Schritt gekommen ist, bedarf es allerdings noch etwas Vorarbeit, denn die Bilder müssen ja erst einmal digitalisiert werden. Diese Arbeitsschritte werden im folgenden Abschnitt erläutert.

Der Scan

Der Scan wird vorbereitet

Schon beim des Scannen können sich unansehnliche Bildfehler einschleichen. Staub auf der Glasplatte eines Flachbettscanners kann Ihnen viel Arbeit für das Nachretuschieren bereiten. Darum ist es ratsam, das Glas mit einem Antistatik-Pinsel zu reinigen. Fingerabdrücke lassen sich z. B. durch das Tragen von Baumwollhandschuhen aus dem Fotofachgeschäft vermeiden.

Montieren der Vorlage

Vorlagen aus beidseitig bedrucktem, dünnen Papier, beispielsweise aus einer Zeitschrift, hinterlegen Sie am besten mit einem schwarzem Tonpapier, sodass die Schrift der Rückseite nicht durchscheinen kann. Damit das Bild nicht schief aufliegt, arbeiten Sie am besten mit Vorlagenhalter. So sparen Sie sich das Ausrichten nachträglich in Photoshop, das wiederum zu einer Verschlechterung der Bildqualität führen kann.

Scanauflösung für das Web

Die Ermittlung einer angemessenen Bildschirmauflösung für das Web ist einfach, da die Menge der von einem Monitor darstellbaren Informationen festgelegt ist. Außerdem steht das Verhältnis von Breite zu Höhe fest. Mit folgender Formel ermitteln Sie die Auflösung für die Bildschirmwiedergabe:

Auflösung = Vertikale Monitorauflösung (in Pixel) / den kleineren Wert der Abmessungen des Originals

Wenn Sie also ein Foto mit den Maßen 5 x 7 Zoll (12,5 cm x 18,5 cm) für eine Internetpräsentation scannen wollen, das auf einem Monitor mit einer Auflösung von 1.024 x 768 Pixel bildfüllend wiedergegeben werden soll, benötigen Sie eine Auflösung von ca. 154 ppi (768 / 5 = 153,6). Das Bild gescannte Bild hätte damit nämlich eine Größe von 1.078 x 770 Pixel. Beim Scannen von Fotos für das Web sollten Sie jedoch berücksichtigen, dass viele WWW-Besucher im Besitz eines Monitors mit einer Auflösung von nur 640 x 480 Pixel sind.

Methoden der Bildoptimierung

Im folgenden Abschnitt werden die Methoden der Bildoptimierung vor dem Scan innerhalb eines Scan-Programms erläutert. Diese Möglichkeiten der Bildoptimierungen werden auch in Photoshop angeboten. Es ist anzuraten, die notwendigsten Optimierungseinstellungen vor dem Scannen festzulegen; in Photoshop haben Sie nachträglich noch die Chance, mit Erhalt einer Originaldatei über Datei-Kopien, weitere Detailkorrekturen vorzunehmen.

Bilder optimieren

Viele Scan-Programme bieten automatische Funktionen für die Bildoptimierung an. Sie brauchen die Vorlage lediglich zu charakterisieren und über ein Menü die richtige Beschreibung auswählen wie *Landschaft*, *Porträt* oder *Überbelichtet*.

Automatische Tonwertkorrektur

Die automatische Tonwertkorrektur eines Scan-Programms sucht zuerst die hellste und die dunkelste Stelle im Bild und setzt diese auf Weiß beziehungsweise auf Schwarz. Die weiteren Tonabstufungen verteilen sich zwischen diesen beiden Werten. In der Druckausgabe sind 256 Abstufungen (8 Bit) pro Farbe möglich, viele Scanner können aber mehr als 256 Abstufungen für jede der drei Farben Rot, Grün und Blau erkennen. Sie können dies an der Angabe zur Farbtiefe, die mit 30 Bit oder mit 36 Bit angegeben ist (10 Bit beziehungsweise 12 Bit pro Farbe) erkennen. Aus den eingelesenen Farben errechnet die Software dann die optimalen 256 Abstufungen.

Manuelle Tonwertkorrektur-Tonwertspreizung

Für die manuelle Einstellung des Tonwertumfangs arbeiten Sie mit dem *Histogramm* im Dialogfeld *Tonwertkorrektur*. Es zeigt die Verteilung der Bildinformationen über die 256 Abstufungen, und zwar zum einen gemeinsam für Rot, Grün und Blau und je einmal für jede Farbe getrennt. Zur Korrektur ziehen Sie die Regler bei Bildern mit einem normalen Tonwertumfang für jede Farbe getrennt links und rechts im Histogramm auf den Punkt, an denen die ersten Bildinformationen liegen. So legen Sie wie bei der automatischen Tonwertkorrektur den hellsten und den dunkelsten Punkt im Bild fest. Beim Scannen kann das Scan-Programm dann die tatsächlichen Abstufungen im Bild über die gesamten 256 Stufen verteilen, und es bleiben keine Bereiche ungenutzt. Diese Art der Tonwertspreizung ist aber nicht bei Bildern zu empfehlen, die keine dunklen Stellen (Tiefen) oder keine hellen Bereiche (Lichter) enthalten.

Optimieren mit der Gradationskurve

Die Arbeit mit der Gradationskurve eignet sich vor allem dazu, Helligkeits- und Kontrastkorrekturen in den mittleren Tönen vorzunehmen.

Bilder sind oft in den Mitteltönen zu hell oder zu dunkel. Arbeiten Sie mit einem einfachen Helligkeitsregler, ändern sich sämtliche Werte im Bild. Dies hat zur Folge, dass entweder in den dunklen oder hellen Bereichen des Bilds Informationsverluste auftreten. Mit der Gradiationskurve haben Sie die Möglichkeit, nur in den Mitteltönen Veränderungen vorzunehmen, die hellen und dunklen Bereiche bleiben davon unberührt. Dazu setzen Sie auf der Kurve im Dialogfeld der Gradiationskurve an verschiedenen Positionen Punkte (nicht mehr als drei), die Sie dann in den hellen bzw. in den dunklen Bereich verschieben können. Je nach Bildmotiv ergibt sich eine nach oben oder nach unten gewölbte Kurve. Die Gradiationskurve lässt sich für alle Farben gemeinsam oder für jede Farbe separat verändern. Dadurch haben Sie die Möglichkeit, auch Farbstiche zu korrigieren, indem Sie beispielsweise eine Farbe verstärken und eine andere zurücknehmen.

Festlegen des Schwarz- und Weißpunkts

Sie können den Schwarz- und den Weißpunkt eines Bilds zusätzlich über ein Werkzeug definieren, das in den verschiedenen Scan-Programmen oft in Form einer Pipette dargestellt wird. Sie klicken damit jeweils in die hellsten und in den dunkelsten Bereich des Bilds, der dann auf Weiß beziehungsweise auf Schwarz gesetzt wird. Hat das Bild keine Tiefen (High-Key-Bild), setzen Sie nur den Weißpunkt und lassen Sie den Schwarz-Punkt unkorrigiert. Bei einem Bild ohne Lichter (Low-Key-Bild) machen Sie es umgekehrt. Die automatische Tonwertkorrektur muss bei der manuellen Korrektur vorher deaktiviert werden.

Scharfzeichnen von Scans

Bilder werden durch das Scannen zumeist etwas unscharf, sodass Sie es mit den entsprechenden Funktionen des Scan-Programms schärfen sollten. Beim Scharfzeichnen erhöht das Programm den Kontrast zwischen benachbarten Bildpunkten, sodass der Eindruck eines schärferen Motivs entsteht. Wenn der Befehl *Unscharf maskieren* innerhalb des Scan-Programms vorhanden ist, sollten Sie immer nur benutzen, wo tatsächlich Kontraste im Bild vorhanden sind. Andere Scharfzeichnungsfunktionen schärfen im gesamten Bild, sodass es oft zu kontrastreich und grobkörnig wird. Sie können den Befehl *Unscharf maskieren* auch nach dem Scannen in Photoshop mit dem *Scharfzeichnungsfilter* nachträglich anwenden.

Im Dialogfeld *Unscharf maskieren* definieren Sie drei Werte: *Stärke, Radius* und *Schwellenwert*. Die *Stärke* regelt, wie stark der Kontrast erhöht wird, und mit dem *Radius* legen Sie fest, in welchem Umfang die Kontraständerung erfolgt. Der *Schwellenwert* definiert schließlich, wie hoch der Kontrast im Original sein muss, damit eine Schärfung stattfindet. Als brauchbarer Anhaltspunkte für die drei Parameter haben sich in der Praxis folgende Werte erwiesen: *Stärke* = 80 bis 300, *Radius* = 0,5 bis 3, *Schwellenwert* = 2 bis20.

Bilder optimieren: *Gradiationskurve*, Fotografie: Gerhard Hoelzner

Abb. 9.19:

Retusche mit Störungsfilter

Die Fotos sind nun eingescannt, und die entsprechenden Optimierungseinstellungen sind von Ihnen vorgenommen worden. Die Fotos wurden nach Photoshop importiert. Wenn noch Störungen wie Staubpartikel im Bild vorhanden sind, rufen Sie unter *Filter*>Störungsfilter den Befehl *Staub- und Kratzer entfernen* auf.

Für Fotogalerie vorbereiten

- Wenn Sie Schwarz-Weiß-Fotos im RGB-Modus gescannt haben, wechseln Sie in den *Graustufenmodus* über *Bearbeiten>Modus.*

- Rufen Sie nacheinander die einzelnen Fotos für die Web-Galerie auf, und bringen Sie diese auf die gleiche Bildgröße.

- Mit dem Befehl *Für das Web speichern* optimieren Sie über die Einstellungen des Dialogfelds nacheinander die Fotos für die Fotogalerie. Falls sich die Fotos insgesamt sehr ähneln, speichern Sie Ihre Optimierungseinstellung über das Feld *Setting speichern* und wenden Sie diese gleichermaßen auf die folgenden Fotos an.

Aktion aufzeichnen

Sie können die aufeinanderfolgenden Arbeitsschritte für die Vorbereitung der Fotos auch über die Aktionen-Palette speichern und anschließend den Ordner wählen, auf den die Aktion für die Bilder angewendet werden soll.

So erzeugen Sie eine Aktion:

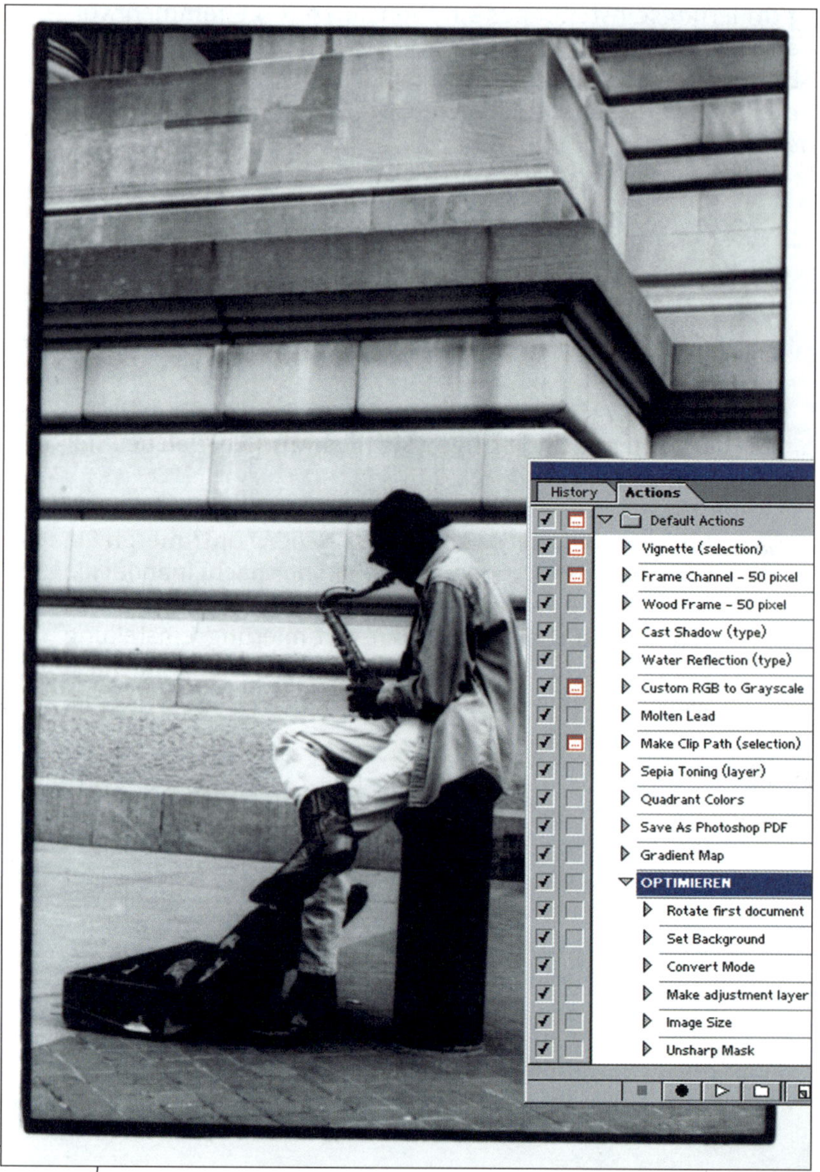

Abb. 9.20: Eine Aktion aufzeichnen, Fotografie: Gerhard Hoelzner

- Um eine *Aktion aufzuzeichnen*, rufen Sie über die Aktionen-Palette den Befehl *Neue Aktion* auf und benennen sie.
- Klicken Sie das Symbol *Aktion starten* in der unteren Leiste der Aktionen-Palette an.
- Beginnen Sie anschließend mit den aufeinanderfolgenden Arbeitsschritten.
- Wenn die Bearbeitung abgeschlossen ist, klicken Sie auf das Symbol *Aufzeichnung beenden*. Sie können nun diese Aktion auf die einzelnen Fotos anwenden. Öffnen Sie die Fotos und klicken Sie auf das *Aktion-Starten*-Symbol in der Aktionen-Palette, oder rufen Sie die Aktion über den Befehl *Datei>Stapelverarbeitung* auf. Diese können Sie dann auf sämtliche Fotos eines Ordners anwenden.

Die Aktion läuft daraufhin sämtliche gespeicherten Bearbeitungsschritte nacheinander durch.

Automatisieren – Erstellen der Web-Galerie

Nachdem nun alle Bilder vorliegen, geht es nun darum, sie in Form einer Online-Galerie präsentieren zu können.

Speichern Sie die Fotos alle in einem Ordner und bereiten Sie einen Zielordner für die Erstellung einer Web-Galerie vor.

- Rufen Sie den Befehl *Datei>Automatisieren>Web Photo Galerie* auf
- Legen Sie im entsprechenden Dialogfeld den Stil der Web-Galerie fest. Mit Photoshop 6.0 sind einige neue Möglichkeiten dazu gekommen. In einer Vorschau können Sie die mögliche Darstellung des Browsers betrachten.

- Über den Menüpunkt *Optionen* können Sie weitere Formen der Gestaltung Ihrer Website-Galerie festlegen. Tragen Sie über die Option *Banner* beispielsweise den Namen des Fotografen und das Datum ein und setzen Sie den Font und die Schriftgröße fest. Über die Option *Galerie-Bilder* können Sie die Komprimierungseinstellung im JPEG-Format und die Skalierung der Bilder festlegen.

- Zum Schluss geben Sie den Quell- und Zielordner an.

Daraufhin erstellt Photoshop automatisch die entsprechenden HTML-Tags für die Präsentation im Netz. Der Browser wird nach dem Durchlaufen der automatischen Website-Erstellung aufgerufen, und Sie können sich die Bilder Ihrer Galerie anschauen. In Ihrem Zielordner befindet sich jetzt die Seite *index.htm*, und je nach Wahl der Voreinstellungen zudem die Seite *framset.htm*. Weiter befinden sich hier der Ordner *pages* für die HTML-Seiten der Fotos in Einzelschau, der Ordner *thumbnails* für die anklickbaren Foto-Miniaturen und der Ordner *images* für die Bilder der Online-Präsentation.

Web-Galerie – online

Abb. 9.21:

Die fertige Web-Galerie befindet sich im Ordner *K9_works/galerie* auf der CD-ROM. Doppelklicken Sie auf die Datei *index.htm*, und die Webgalerie wird in Ihrem Browser geöffnet.

Wichtiger Hinweis: Beachten Sie, dass alle Fotografien des Künstlers Gerhard Hoelzners urheberrechtlich geschützt sind. Diese Fotografien sind hier für Demonstrationszwecke eingesetzt worden. Jede anderweitige Nutzung als das Nachvollziehen der Übungen ist nur mit schriftlicher Einwilligung seitens des Künstlers gestattet. Die Adresse des Künstlers erfahren Sie über den Verlag.

Arbeiten mit Image Ready im Detail

10

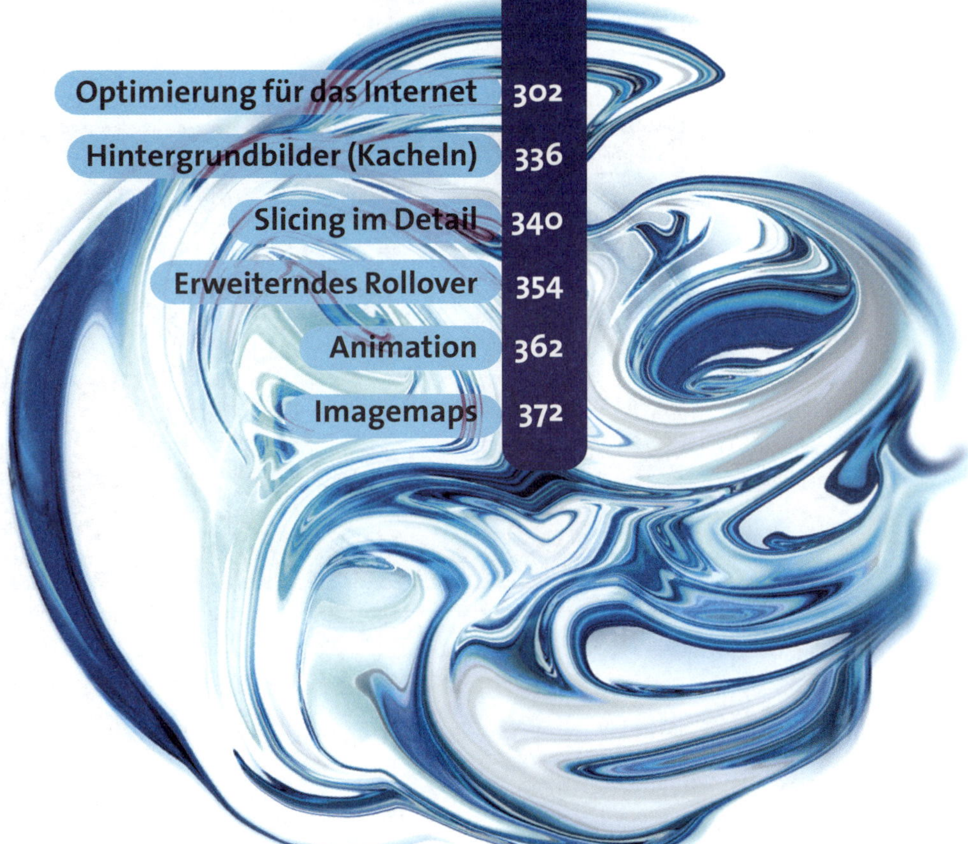

Optimierung für das Internet

Allgemeines zu Optimierungsmöglichkeiten

Während des Entwurfs und der Produktion einer Website sollten Sie bei jedem Schritt das Ladeverhalten in Hinterkopf haben. Es ist nicht allein die Farbtiefe oder -anzahl oder das gewählte Dateiformat, das das Ladeverhalten von Webseiten beeinflusst. Da heute fast keine Website ohne auf Javascript beruhende Effekte basiert, können auch schlecht gewählte Slicing-Bereiche das Ladeverhalten einer Webseite drastisch verschlechtern. Man muss sich bei grafischen Text die Frage stellen, ob denn ein bißchen weniger Antialising auf der Webseite nicht auch ausreicht.

Image Ready unterstützt die Optimierung für die Web gängigen Dateiformate GIF-, JPEG- und PNG-Format. Durch das mehrfach teilbare Dokumentenfenster lassen sich verschiedene Optimierungsmethoden in ihren Ergebnissen gegenüberstellen. Da für jede optimierte Version die Dateigröße und die sich daraus ergebende Ladezeit angezeigt werden, ist schnell die optimale Optimierung für die gegebene Grafik gefunden.

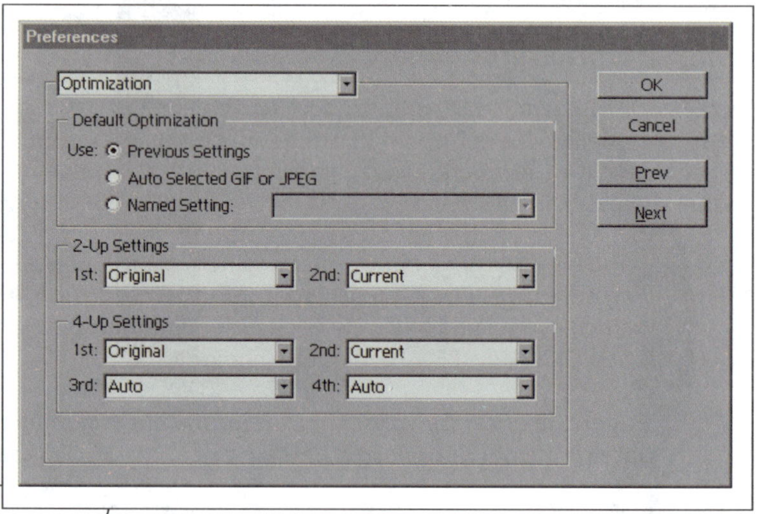

Abb. 10.1: Die Optimierungseinstellungen

Benannte Optimierungseinstellungen

Image Ready verwaltet Optimierungseinstellungen in Sets und mehrere solcher Sets als Grundlage zur Verfügung. Sie können diese Sets bearbeiten, neu erstellen und zur weiteren Verwendung abspeichern. Für den Anfang einer Optimierung kann man durch Ausprobieren mithilfe der Mehrfachdarstellung herausfinden, welches Dateiformat für die vorliegenden Grafik das Beste ist.

Die Sets finden Sie auf der Optimieren-Palette unter *Einstellungen*. Speichern und Löschen können Sie die Einstellungen mit den Befehlen *Einstellungen speichern* und *Einstellungen löschen* im Menü der Optimieren-Palette. Die benannten Einstellungen werden standardmäßig im Ordner *Adobe Photoshop 6.0 Settings/Optimize* Ihrer Photoshop-Installation abgelegt.

Die Einstellungen können auch als Droplet gespeichert werden. Droplets stellen kleine Programme dar, die per Drag & Drop Dateien mit den Voreinstellungen an Image Ready sendet und bearbeiten lässt. Benutzen Sie das Pfeil-Symbol (1) rechts neben dem Feld *Einstellungen*, um die aktuellen Einstellungen als Droplet zu speichern.

Automatische Optimierung

Im Menü der Optimieren-Palette finden Sie den Punkt *Auf Dateigröße optimieren*. Sie können hier ein gewünschte Dateigröße vorgeben und die Optimierung dann von Image Ready vornehmen lassen.

1. Wählen Sie unter *Beginnen mit* zwischen *Aktuelle Einstellungen*, um damit zu starten, oder *GIF/JPEG automatisch wählen*, wobei Image Ready nach einer Bildanalyse zwischen GIF- oder JPEG-Format entscheidet.

2. Tragen Sie unter *Gewünschte Dateigröße* die maximale Dateigröße der optimierten Version ein.

3. Klicken Sie auf *OK* oder drücken Sie die [↵]-Taste, um Image Ready die Optimierung vornehmen zu lassen.

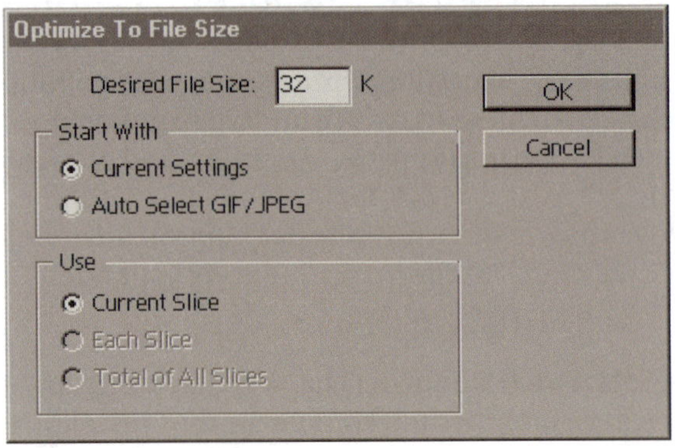

Dialog der automatischen Optimierung

Abb. 10.2:

Bildbereich-Optimierung mit Kanälen

Neu in Photoshop 6.0 ist die Möglichkeit, mithilfe von Kanälen Bildbereich für die Optimierung zu bestimmen. Auf diese Bildbereiche können dann bestimmte Optimierungsoptionen mit eigenen Einstellungen angewendet werden. Da die Bildbereiche mithilfe von Kanälen bestimmt werden, ist man so nicht auf rechteckige Bereiche festgelegt, sondern kann beliebige Bereiche für die Optimierung wählen.

Kanäle können nur in Photoshop angelegt und bearbeitet werden. Einmal angelegte Kanäle können allerdings in Image Ready für die Optimierung benutzt werden.

Je nach Datei-Format, das für die Optimierung gewählt wird, stehen unterschiedliche Optionen für die Kanal-Optimierung zur Verfügung.

GIF-Format

- *Lossy-Faktor*: arbeitet nicht zusammen mit *Transparenz*, *Interlaced* und den Dither-Typen *Pattern* und *Noise*.
- *Palette*
- *Dither*: Arbeitet nur mit dem Typ *Diffusion*.

JPEG-Format

- *Qualität*

PNG-8-Format

- *Palette*

- *Dither*: Arbeitet nur mit dem Typ *Diffusion*.

PNG-8-Format

Für das PNG-24-Format stehen keine Optionen zur Verfügung.

Um dieses Verhalten zu demonstrieren, habe ich eine Datei mit einem vielfarbigen Verlauf angelegt. Für die Kanal-Optimierung haben ich zwei Kanäle mit jeweils einer ovalen Form in Photoshop angelegt. Wenn Sie die Beispieldatei öffnen, wechseln Sie in die *Optimiert-Ansicht*. Nur hier sehen Sie die Optimierungs-Effekte. Am deutlichsten erkennen Sie den Effekt der Kanal-Optimierung, wenn Sie das GIF-Format wählen und die Farben in der Palette stark beschränken. Bei 16 Farben wird aus dem Bild eine richtig schöne Balkengrafik. Nun wird das Dithering in dem durch den Kanal bestimmten Bereich sehr gut erkennbar.

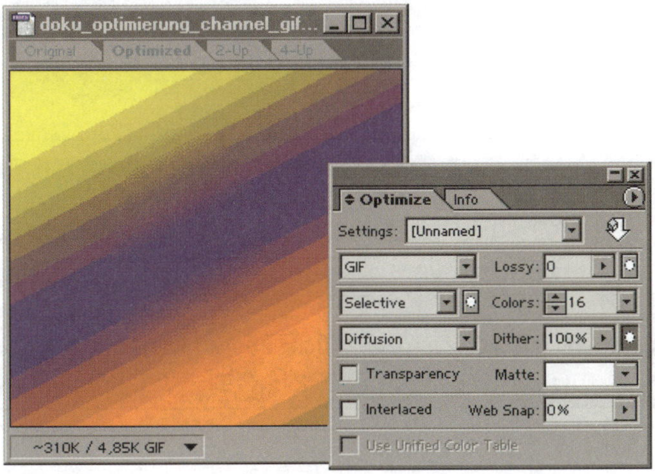

Abb. 10.3: Kanal-Optimierung anhand eines GIF-Bilds

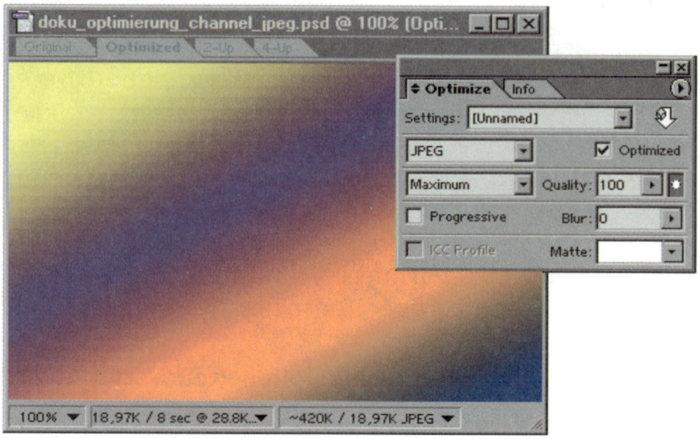

Abb. 10.4: Kanal-Optimierung anhand eines JPEG-Bilds

Ein Klick auf das Kanal-Symbol neben der Optimierung-Option öffnet einen Dialog. Hier wird der Kanal bestimmt, der für die Opitmierung dienen soll. Je nach Optimierungs-Parameter wird hier die Parameter für den maskierten sowie für den unmaskierten Bereich durch einen Doppelslider eingestellt. *Maximum* steht für den maskierten Bereich und Minimum steht für *unmaskierten* Bereich.

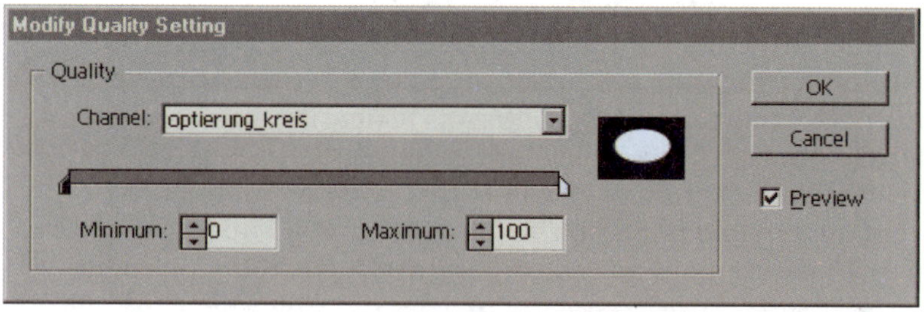

Abb. 10.5: Dialog zur Einstellung der JPEG-Komprimierung für die Kanal-Optimierung

Wahl des Dateiformats

Es gibt keine absoluten Kriterien, die über das geeignete Dateiformat entscheiden. Der Erfolg einer Komprimierung hängt vielen Faktoren wie zum Beispiel Farb-, Ton- und Grafik-Informationen und deren Variationen und Kombinationen ab. Sehr allgemein kann man sagen, dass Halbtonbilder wie Fotos besser im JPEG-Format, Vektorgrafiken und Text besser im GIF-Format komprimiert werden. Das PNG-Format ist nur in Sonderfällen wie Halbtonbildern mit mehrstufiger Transparenz interessant.

GIF

Das GIF-Format unterstützt 8-Bit-Farbe und Hintergrundtransparenz, es hat seine Stärke bei der Komprimierung von Flächen. Details bei feinen Strichen und Text bleiben bei der Komprimierung erhalten. Das GIF-Format wird als verlustfreie Komprimierung angesehen, da ein mehrfaches Abspeichern die Bildqualität nicht beeinträchtigt. Wenn allerdings ein Bild mit 24-Bit-Farbe auf dem GIF-Format optimiertwird, tritt eine Farbreduzierung auf. Aus Farbläufen entstehen flächige, scharf begrenzte Farbabstufen, die mit optional einstellbarem Dittering ganz oder teilweise abgefangen werden können.

PNG-8

Das PNG-8-Format unterstützt 8-Bit-Farbe und Hintergrundtransparenz, es hat seine Stärke bei der Komprimierung von Flächen. Details bei feinen Strichen und Text bleiben bei der Komprimierung erhalten. Das PNG-8-Format wird als verlustfreie Komprimierung angesehen, da ein mehrfaches Abspeichern die Bildqualität nicht beeinträchtigt. Das PNG-8-Format hat komplexere Komprimierungsmethoden als das GIF-Format und erreicht so, je nach Bildinhalt, 10 bis 30 Prozent kleinere Dateien gegenüber dem GIF-Format. Bilder mit sehr wenigen Farben und großen Flächen ergeben allerdings im GIF-Format kleinere Dateien. Wenn allerdings ein Bild mit 24-Bit-Farbe auf dem PNG-8-Format optimiert wird, tritt eine Farbreduzierung auf. Aus Farbläufen entstehen flächige, scharf begrenzte Farbabstufen, die allerdings mit optional einstellbarem Dittering ganz oder teilweise aufgefangen werden kann.

Die Unterstützung des PNG-8-Formats ist im Web nicht sehr weit verbreitet, bis auf wenige Sonderfälle bietet sich eher die Verwendung des GIF-Formats an.

PNG-24

Das PNG-24-Format unterstützt 24-Bit-Farbe und Hintergrundtransparenz. Details bei feinen Strichen und Text bleiben bei der Komprimierung erhalten. Das PNG-24-Format wird als verlustfreie Komprimierung angesehen, da ein mehrfaches Abspeichern die Bildqualität nicht beeinträchtigt. Da das PNG-24-Format dieselben Methoden zur Dateikomprimierung hat wie das PNG-8-Format, fällt die Dateigröße im Gegensatz zum JPG-Format größer aus.

Das PNG-24-Format unterstützt abgestufte Transparenz-Effekte. Mit 256 Transparenzabstufungen können weiche Übergänge vom Bildrand zur Webseite erzeugt werden. Abgestufte Transparenz wird nicht von allen Browsern unterstützt, die das PNG-Format unterstützen.

Die Unterstützung des PNG-24-Formats ist im Web nicht sehr weit verbreitet, bis auf wenige Sonderfälle bietet sich eher die Verwendung des JPEG-Formats an.

JPEG

Das JPEG-Format unterstützt 24-Bit-Farbe und eignet sich zum Komprimieren von Bildern mit einer großen Skala und feinen Unterschieden in Farbton und Helligkeit, wie sie in Halbtonbildern (Fotos) zu finden sind.

Da bei der JPEG-Komprimierung je nach eingestellten Komprimierungsgrad mehr oder weniger Daten vernichtet werden, und sich nach wiederholtem Speichern die Qualität verschlechtert, spricht man hier von einer verlustreichen Komprimierung. Je nach Komprimierungsgrad werden Details aus dem Bild gelöscht, und somit ist das JPEG-Format für Vektorgrafiken weniger geeignet. An Kanten entstehen je nach Komprimierungsgrad mehr oder weniger ausgeprägte gekräuselte Muster. Diese Muster lassen sich ganz oder teilweise unter Verlust der Schärfe des Bilds mit Weichzeichnungsfiltern unterdrücken.

GIF-Datei optimieren

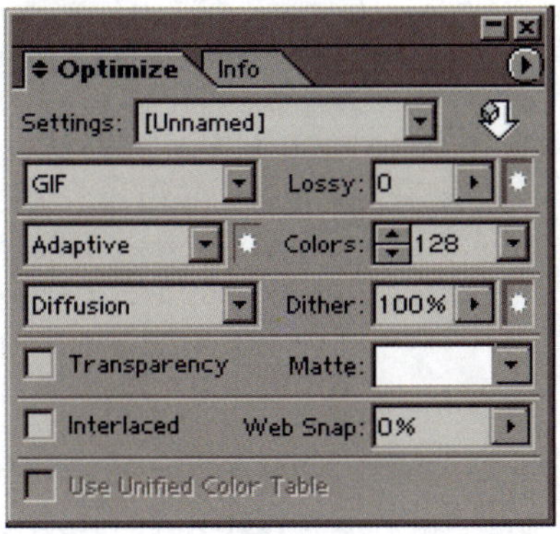

Die Optimieren-Palette für das GIF-Format

Abb. 10.6:

1. Wählen Sie im Dateiformat-Popup (1) das *GIF-Format*.

2. Die Option *Lossy* (2) verkleinert die Datei durch Entfernung von Pixeln aus dem Bild. Sie können mit Werten mit zwischen 5 bis 50 Prozent die Dateigröße zwischen 5 bis 40 Prozent verkleinern, ohne dass es zu einer maßgeblichen Verminderung der Bildqualität führt. Die Option *Lossy* (2) kann nicht zusammen den Dither-Algorithmen *Störungsfilter* oder *Muster* verwendet werden.

3. Wählen Sie die gewünschte Farb-Palette. Mehr dazu weiter unten unter *Farb-Paletten*.

4. Um die Anzahl der Farben im Bild zu begrenzen (und somit die Dateigröße zu verkleinern), wählen Sie unter *Farbe* (4) aus dem Popup grob die Anzahl der im Bild verwendeten Farben vor oder justieren den Wert mithilfe des Sliders oder manueller Eingabe.

5. Wenn sich in der optimierten Version mangels Farben aus Verläufen Flächen ähnlich dem Posterize-Effekts bilden, können Sie das mit einem Dither-Muster kompensieren. Sie können zwischen den drei Dither-Typen *Muster, Diffusion* und *Störungsfilter* wählen. Wenn Sie ein Bild bearbeiten, das aus Slices besteht, kommt nur der Dither-Algorithmus *Störungsfilter* in Frage, da bei diesem Dither-

Algorithmus die Ränder der Slices nicht hervortreten. Wählen Sie einen Dither-Typ aus dem Popup (5). Sie können die Stärke des Ditherings über den *Dither* (6) mit dem Slider oder manuell eingeben. Je stärker der Dither-Effekt, desto größer wird die GIF-Datei.

6 Mit dem Schalter *Transparenz* (7) aktivieren oder deaktivieren Sie die Hintergrundtransparenz. Bei aktivierter Transparenz (7) bleiben vollständig transparente Pixel des Originals transparent erhalten, nicht hundertprozentig transparente Pixel werden mit der gewählten Hintergrundfarbe hinterlegt.

7 Über das Feld *Hintergrund* (8) stellen Sie die Hintergrundfarbe der Webseite ein. Diese Farbe wird genutzt, wenn Sie zum Beispiel die *Transparenz* (7) deaktiviert haben. Nun werden alle transparenten Pixel auf die in *Hintergrund* (8) gewählte Farbe gesetzt. Hiermit wird eine Hintergrundtransparenz für eine bestimmte Hintergrundfarbe simuliert.

8 Ist der Schalter *Interlaced* (9) aktiviert, wird das Bild während Ladens im Browser in verringerter Auflösung angezeigt. Diese Verhalten lässt die Wartezeit für den Benutzer kürzer erscheinen, vergrößert allerdings den Dateiumfang. Diese Option sollte nicht im Zusammenhang mit Rollover-Effekten verwendet werden. Zumindest alle Bilder, die nicht den Status *Normal* besitzen, sollten diese Option nicht nutzen. Erstens wird der Effekt von Benutzer nicht gesehen, weil die Bilder in der Regel im Hintergrund geladen werden und zweitens würde sich der Mehrbedarf an Speicher durch die vielen Variationen eines Slices vervielfachen.

9 Mit dem Feld *Webausrichtung* (10) wird über einen Slider oder manuell ein Wert vorgegeben, der bestimmt, wann Farben automatisch zur nächstgelegen Farbe in der Web-Palette gezogen werden. Mit *Webausrichtung* kann der Browserdithering vermieden werden. Je höher der gewählte Wert ist, desto mehr Farben werden in Web-Palettenfarben konvertiert.

10 Benutzen Sie den Befehl *Datei>Optimiert-Version speichern*, um das Bild im GIF-Format zu speichern.

Verwenden Sie das GIF-Format für Illustrationen, aber nicht für Fotografien.

Tipp

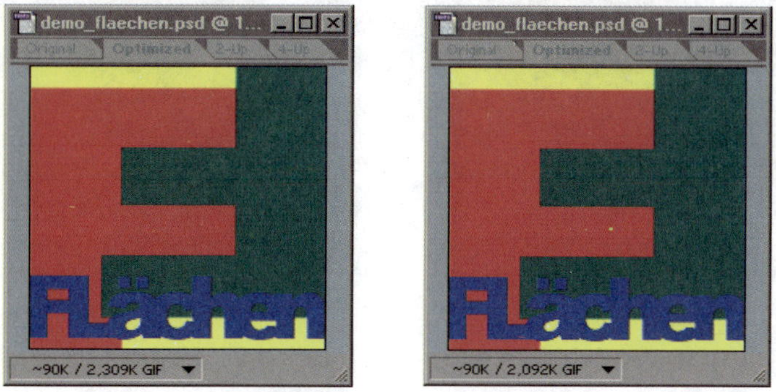

GIF-Illustration mit 256 und 32 Farben ohne Dither, adaptive Palette

Abb. 10.7:

GIF-Illustration mit acht und vier Farben ohne Dither, adaptive Palette

Abb. 10.8:

GIF-Fotografie mit 256 und 128 Farben ohne Dither, adaptive Palette

Abb. 10.9:

GIF-Fotografie mit 64 und 32 Farben ohne Dither, adaptive Palette

Abb. 10.10:

GIF-Strichzeichnung mit 256 und 64 Farben ohne Dither, adaptive Palette

Abb. 10.11:

GIF-Strichzeichnung mit vier und zwei Farben ohne Dither, adaptive Palette

Abb. 10.12:

GIF-Fotografie mit 64 und 32 Farben mit diffusion Dither, adaptive Palette

Abb. 10.13:

GIF-Fotografie mit 16 und acht Farben mit diffusion Dither, adaptive Palette

Abb. 10.14:

PNG-8-Datei optimieren

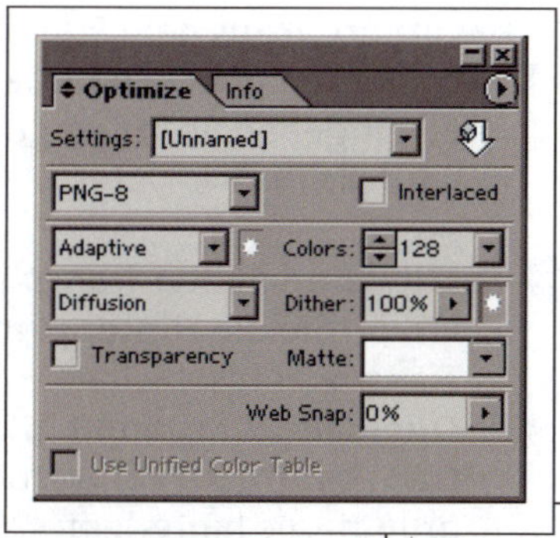

Die Optimieren-Palette für das PNG-8-Format

Abb. 10.15:

1 Wählen Sie im Menü *Dateiformat* (1) das PNG-8-Format.

2 Ist der Schalter *Interlaced* (2) aktiviert, wird das Bild während Ladens im Browser in verringerter Auflösung angezeigt. Diese Verhalten lässt die Wartezeit für den Benutzer kürzer erscheinen, vergrößert allerdings den Dateiumfang. Diese Option sollte nicht im Zusammenhang mit Rollover-Effekten verwendet werden. Zumindest Bilder, die nicht den Status *Normal* besitzen, sollten diese Option nicht nutzen. Erstens wird der Effekt von Benutzer nicht gesehen, weil die Bilder in der Regel im Hintergrund geladen werden und zweitens würde sich der Mehrbedarf an Speicher durch die vielen Variationen eines Slices vervielfachen.

3 Wählen Sie im Menü *Farb-Paletten* (3) die gewünschte Farb-Palette. Mehr zu Farb-Paletten siehe weiter unten.

4 Um die Anzahl der Farben im Bild zu begrenzen (und somit die Dateigröße zu verkleinern), wählen Sie unter *Farbe* (4) grob die Anzahl der im Bild verwendeten Farben vor oder justieren den Wert mithilfe des Sliders oder manueller Eingabe.

5 Wenn sich in der optimierten Version mangels Farben aus Verläufen Flächen ähnlich dem Posterize-Effekts bilden, können Sie das mit einem Dither-Muster kompensieren. Sie können zwischen den drei Dither-Typen *Muster*, *Diffusion* und *Störungsfilter* wählen. Wenn Sie ein Bild bearbeiten, das aus Slices besteht, kommt nur der Dither-Algorithmus *Störungsfilter* in Frage, da bei diesem Dither-Algorithmus die Ränder der Slices nicht hervortreten. Wählen Sie einen Dithertyp aus dem Popup (5). Sie können die Stärke des Ditherings über den Dither (6) mit dem Slider oder manuell eingeben. Je stärker der Dither-Effekt ,desto größer wird die PNG-8-Datei.

6 Mit dem Schalter *Transparenz* (7) aktivieren oder deaktivieren Sie die Hintergrundtransparenz. Bei aktivierter Transparenz (7) bleiben vollständig transparente Pixel des Originals transparent erhalten, nicht hundertprozentig transparente Pixel werden mit der gewählten Hintergrundfarbe hinterlegt.

7 Über das Feld *Hintergrund* (8) stellen Sie die Hintergrundfarbe der Webseite ein. Diese Farbe wird genutzt, wenn Sie zum Beispiel die *Transparenz* (7) deaktiviert haben. Nun werden alle transparenten Pixel auf die in *Hintergrund* (8) gewählte Farbe gesetzt. Hiermit wird eine Hinter-grundtransparenz für eine bestimmte Hintergrundfarbe simuliert.

8 Mit dem Feld *Webausrichtung* (9) wird über einen Slider oder manuell ein Wert vorgegeben, der bestimmt, wann Farben automatisch zur nächstgelegen Farbe in der Web-Palette gezogen werden. Mit *Webausrichtung* kann der Browserdithering vermieden werden. Je höher der gewählte Wert ist, desto mehr Farben werden in Web-Palettenfarben konvertiert.

9 Benutzen Sie den Befehl *Datei>Optimiert-Version speichern*, um das Bild im PNG-8-Format (.PNG) zu speichern.

Tipp

Verwenden Sie das PNG-8-Format für Illustrationen, jedoch nicht für Fotografien.

PNG-Fotografie mit 256 und 128 Farben, ohne Dither, adaptive Palette

Abb. 10.16:

Abb. 10.17: PNG-Fotografie mit 64 und 32, ohne Dither, adaptive Palette

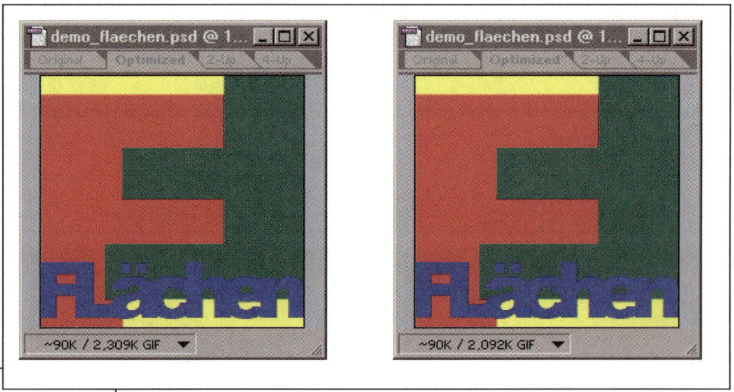

Abb. 10.18: PNG-Illustration mit 64 und 32 Farben, ohne Dither, adaptive Palette

Abb. 10.19: PNG-Illustration mit acht und vier Farben, ohne Dither, adaptive Palette

PNG-Strichzeichnung mit 16 und acht Farben, ohne Dither, adaptive Palette

Abb. 10.20:

PNG-Strichzeichnung mit vier und zwei Farben, ohne Dither, adaptive Palette

Abb. 10.21:

PNG-24-Datei optimieren

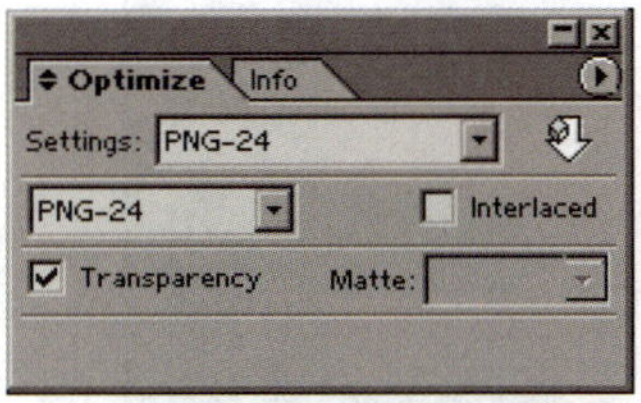

Die Optimieren-Palette für das PNG-24-Format

Abb. 10.22:

1 Wählen Sie im Menp *Dateiformat* (1) das PNG-24-Format.

2 Ist der Schalter *Interlaced* (2) aktiviert, wird das Bild während Ladens im Browser in verringerter Auflösung angezeigt. Diese Verhalten lässt die Wartezeit für den Benutzer kürzer erscheinen. Hierbei kann sich die Dateigröße drastisch vergrößern. Diese Option sollte nicht im Zusammenhang mit Rollover-Effekten verwendet werden. Zumindest Bilder, die nicht den Status *Normal* haben, sollten diese Option nicht nutzen. Erstens wird der Effekt vom Benutzer nicht gesehen, weil die Bilder in der Regel im Hintergrund geladen werden, und zweitens würde sich der Mehrbedarf an Speicher durch die vielen Variationen eines Slices vervielfachen.

3 Mit dem Schalter *Transparenz* (3) aktivieren oder deaktivieren Sie die Hintergrundtransparenz. Bei aktivierter Transparenz (3) bleiben transparente Pixel des Originals transparent erhalten.

4 Über das Feld *Hintergrund* (4) stellen Sie die Hintergrundfarbe der Webseite ein. Diese Farbe wird genutzt, wenn Sie zum Beispiel die *Transparenz* (3) deaktiviert haben. Nun werden alle transparenten Pixel auf die in *Hintergrund* (4) gewählte Farbe gesetzt.

5 Benutzen Sie den Befehl *Datei>Optimiert-Version speichern*, um das Bild im PNG-24-Format (.PNG) zu speichern.

Tipp Bevorzugen Sie das JPEG-Format für die Wiedergabe von Fotografien, benutzen Sie es nicht für die Wiedergabe von Illustrationen.

Abb. 10.23: Optimierung einer PNG-24-Illustration

Abb. 10.24: Optimierung einer PNG-24-Fotografie

Abb. 10.25: Optimierung einer PNG-24-Strichzeichung

JPEG-Datei optimieren

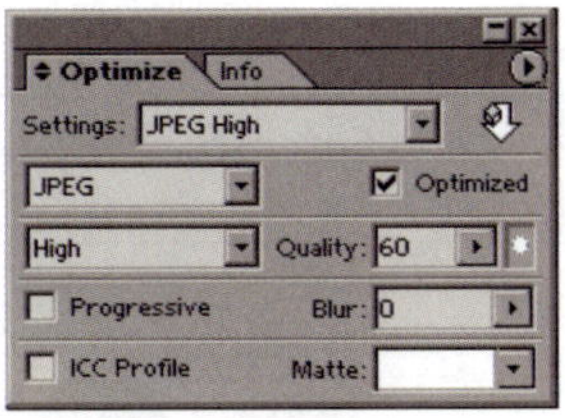

Abb. 10.26: Optimieren-Palette für das JPEG-Format

1 Wählen Sie unter *Dateiformat* (1) das *JPEG-Format*. Standardmäßig ist der Schalter *Komprimieren* (2) aktiviert, dieses führt zu einer noch kleineren Dateigröße, ist aber weniger kompatibel. Sollten Sie Probleme bei der Anzeige der JPEG-Dateien haben, deaktivieren Sie diese Option.

2. Stellen Sie nun dem Komprimierungsgrad ein. Hierzu können Sie grob bei *Qualität* (3) den Komprimierungsgrad einstellen. Feiner lässt sich der Komprimierungsgrad über das Feld *Qualität* (4) manuell oder per Slider einstellen.

3. Wählen Sie *Mehrere Durchgänge* (5), wenn das Bild während des Ladens schichtweise angezeigt werden soll. Diese Option erfordert die Option *Komprimieren* (2), diese wird automatisch aktiviert, wenn *Mehrere Durchgänge* (5) gewählt wird. Diese Art von JPEG-Format wird als Progressive JPEG-Datei bezeichnet. Progressive JPEG-Dateien benötigen etwas mehr Speicher als normale JPEG-Dateien. Diese Option sollte nicht im Zusammenhang mit Rollover-Effekten verwendet werden..

4. Zur weiteren Komprimierung und zur Kantenglättung können Sie unter *Weichzeichnen* (6) einen Weichzeichnungsgrad einstellen. Je mehr Details durch die Weichzeichnung verloren gehen, desto kleiner wird die Dateigröße. Die Option wendet einen Effekt an, der mit dem Filter *Gaußscher Weichzeichner* identisch ist.

5. Es gibt Browser, die ICC-Profile unterstützen. In Photoshop eingebettete ICC-Profile bleiben so in JPEG-Dateien erhalten. Diese Option steht nur zur Verfügung, wenn die Bilder in Photoshop im Photoshop-Format erstellt worden sind. Aktivieren Sie den Schalter *ICC Profile* (7), wenn Sie diese einbetten möchten.

6. Sollte Ihr Bild Transparenzen aufweisen, können Sie unter *Hintergrund* (8) die Hintergrundfarbe der Webseite eingeben, diese wird dann mit der Transparenz ausgetauscht. Hiermit wird eine Hintergrundtransparenz simuliert, da das JPEG-Format keine Hintergrundtransparenz unterstützt.

7. Benutzen Sie den Befehl *Datei>Optimiert-Version speichern*, um das Bild im JPEG-Format (.JPG) zu speichern.

Tipp

Benutzen Sie das JPEG-Format für die Wiedergabe von Fotografien und nicht für die Wiedergabe von Illustrationen.

Abb. 10.27: JPEG-Illustration mit *maximum*- und *high*-Qualität

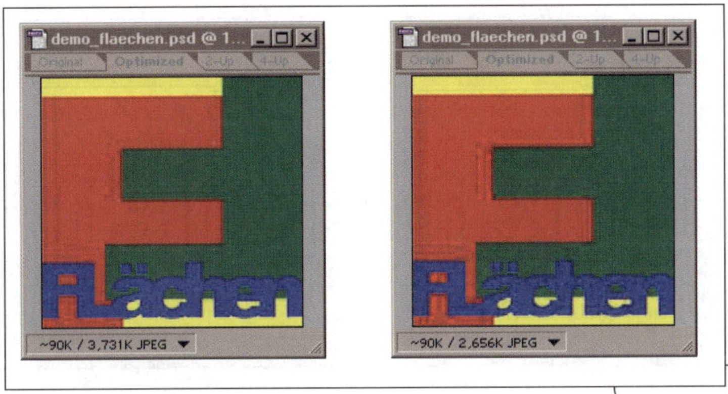

Abb. 10.28: JPEG-Illustration mit *medium*- und *low*-Qualität

Abb. 10.29: JPEG-Fotografie mit *maximum*- und *low*-Qualität

JPEG-Fotografie mit *medium*- und *low*-Qualität

Abb. 10.30:

JPEG-Strichzeichnung mit *maximum*- und *high*- Qualität

Abb. 10.31:

JPEG-Strichzeichnung mit *medium*- und *low*-Qualität

Abb. 10.32:

Die Farbpaletten-Option

Die für das GIF- und PNG-8-Format wichtigen Farbtabellen werden in Image Ready in der Farbtabellen-Palette dargestellt. Die dem GIF- oder PNG-8-Bild zugrunde liegende Farbtabelle kann hier bearbeitet und abgespeichert werden.

Die Farbtabellen-Palette

Abb. 10.33:

Die Farbtabellen

Image Ready stellt sieben Farbtabellen per Voreinstellung zur Verfügung:

1. *Perzeptiv*: Hierbei wird eine Farbtabelle erzeugt, die den Farben den Vorzug gibt, die vom menschlichen Auge besser wahrgenommen werden. Die Bilder mit dieser Farbtabelle erscheinen vielfach brillanter, allerdings können bei Logos Farbverschiebungen auftreten, die nicht erwünscht sind.

2. *Selektiv*: Die selektive Farbtabelle wird ähnlich der perzeptiven Farbtabelle erstellt, nur dass hier mit einem breiteren Farbumfang gearbeitet wird und Web-Farben Vorrang gewährt wird. Die mit dieser Farbtabelle erzeugten Bilder weisen in der Regel die größte Farbtreue auf, weshalb diese Farbtabelle standardmäßig gewählt ist.

3 *Adaptiv*: Bei der Erzeugung dieser Farbtabelle werden die Farben aufgenommenn die am häufigsten im Bild vertreten sind.

4 *Web*: Das ist die 216-Farben-Standard-Palette, in der die Farben der 8-Bit-Palette von Windows und Mac enthalten ist. Benutzen Sie diese Farbtabelle, wenn Sie auf Systemen, die nur 8-Bit-Farbe unterstützen das Browserdithering vermeiden wollen. Unter ungünstigen Umständen vergrößert diese Farbtabelle die Dateigröße.

5 *Eigene*: Mit dieser Option können Sie aktuelle Farbtabelle fixieren. Die aktuelle perzeptive, selektive oder adaptive Farbtabelle wird bei Veränderungen des Bilds nicht mehr aktualisiert.

6 *Windows*: Die standardmäßige 8-Bit-Farbtabelle der Windows-Betriebssysteme.

7 **Mac OS**: Die standardmäßige 8-Bit-Farbtabelle der Macintosh-Betriebssysteme.

Wenn Sie zu einem früheren Zeitpunkt schon eigene Farbtabellen abgespeichert haben, erscheinen diese ebenfalls in diesem Menü.

Tipp

Bevorzugen Sie die Palettentypen adaptiv, selektiv und perzeptiv für eine bessere Farbtreue.

Die selektive, perzeptive Palette in der Anwendung

Abb. 10.34:

Die Web-Palette und adaptive-Palette in der Anwendung

Abb. 10.35:

Die Windows/Mac Os-Palette in der Anwendung

Abb. 10.36:

Bearbeiten der Farbtabellen

In der Farbtabellen-Palette haben Sie Übersicht über die in der optimierten Version (GIF- oder PNG-8-Format) des aktuellen Bilds verwendeten Farben. Ferner können Sie hier neue Farben in die Tabelle aufnehmen und sie wieder löschen. Es ist möglich, ausgewählte Farben zu webkompatiblen Farben zu verschieben oder Farben vor dem Löschen aus der Farbtabelle zu schützen.

Wenn das Originalbild Paletten-Farben enthält, werden auch diese hier angezeigt. Werden mehrere Slices mit unterschiedlichen Paletten gewählt, wird statt der Palette die Meldung *Gemischt* angezeigt.

Wenn während der Bearbeitung Farben aus dem Bild gelöscht werden, wird die Farbe auch aus der Farbtabelle entfernt. Dieses Verhalten können Sie steuern, indem Sie entweder ausgewählte Farben fixieren oder aber mit dem Palettentyp *Eigene* arbeiten.

Sortieren

Um sich einen Überblick über den Farbbereich zu verschaffen, können Sie die Farbanordnung nach *Farbton*, *Luminanz* oder *Häufigkeit* sortieren. Die Sortierung nach *Häufigkeit* bietet einen interessanten Anzusatz für eine manuelle Palettenoptimierung.

Die Optionen zur Sortierung finden Sie im Menü der Farbtabellen-Palette.

- *Sortieren nach Farbton:* Die Farben von Rot an aufsteigen sortiert.
- *Sortieren nach Luminanz*: Die Farben werden nach Helligkeit sortiert.
- *Sortieren nach Häufigkeit:* Die Farben werden nach der Häufigkeit ansteigend sortiert.
- *Unsortiert*: Stellt die ursprüngliche Reihenfolge der Farben während der Entstehung des Bilds wieder her.

Einfügen neuer Farben

Solange die maximale Anzahl von Farben pro Palette (245 oder 255 mit Transparenz) nicht erreicht wurde, können Sie neue Farben der Palette hinzufügen. Um eine neue Farbe einzufügen, klicken Sie auf das Symbol *Neue Farbe* der Farbtabellen-Palette, oder wählen Sie neue Farbe aus dem Menü der Farbtabellen-Palette.

Auswählen von Farben

Sie können eine oder mehrere Farben direkt in der Palette auswählen oder dafür die Pipette aus der Werkzeug-Palette benutzen. Halten Sie für Mehrfachauswahlen innerhalb der Farbtabelle entweder die [Strg]-oder [⇧]-Taste gedrückt. Während einer Mehrfachauswahl mit der Pipette im Bild steht nur die [⇧]-Taste zur Verfügung.

Um alle Farben auszuwählen, benutzen Sie den Befehl *Alle Farben auswählen* aus dem Menü der Farbtabellen-Palette.

Sie können alle Farben eines Bildbereichs auswählen, in dem Sie mit dem Auswahl-Werkzeug aus der Werkzeug-Palette einen Bereich markieren und den Befehl *Alle Farben in Auswahl wählen* aus dem Menü der Farbtabellen-Palette anwenden.

Wenn Ihr Bild webkompatible Farben enthält, können Sie diese mit dem Befehl *Alle Web-kompatiblen Farben auswählen* markieren. Alle anderen Farben markieren Sie dem Befehl *Alle nicht Web-kompatiblen Farben auswählen*.

Wenn Sie herausfinden wollen, in welchen Bildbereichen eine Farbe aus der Farbtabelle vorkommt, klicken Sie diese Farbe in der Farbtabelle an und halten die Maustaste gedrückt. Nun werden die Bereiche mit dem Vorkommen der gewählten Farbtabellen-Farbe in der optimierten Ansicht invertiert dargestellt. Auch diese Option ist ein interessanter Ansatz zur Optimierung der Dateigröße über die Farbtabelle.

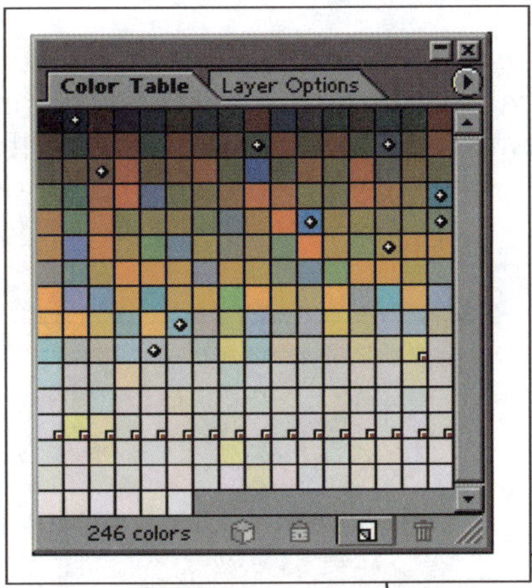

Abb. 10.37: Die Farbtabellen-Palette

Bearbeiten von Farben

Doppelklicken Sie auf eine Farbe in der Farbtabelle, um sie zu bearbeiten. Wenn Sie eine Farbe in der Farbtabelle bearbeitet haben, werden die betreffenden Bereiche in der optimierten Version des Dokumentenfenster geändert. Die Farbe erhält ein schwarzes Rauten-Symbol.

Fixieren von Farben

Um das Löschen oder Dithering von Farben innerhalb der Anwendung zu verhindern, können Sie Farben innerhalb der Farbtabelle fixieren. Ausgewählte Farben werden mithilfe des Fixieren-Symbols oder aber mit dem Befehl *Gewählte Farben fixieren/lösen* aus dem Menü der Farbtabelle-Palette fixert oder gelöst. Außerdem können alle fixierten Farben mit *Alle Farben lösen* gelöst werden.

Verschieben zur Web-Palette

Farben der Farbtabelle können zur nächsten Web-Palettenfarbe gezogen werden. Diese Verschiebung können Sie mit dem *Web-Paletten*-Symbol oder dem Befehl *Web-Verschiebung für gewählte Farben/Verschiebungen widerrufen* aus dem Menü der Farbtabelle-Palette aktiveren und deaktivieren. Außerdem können mit *Verschiebung widerrufen für alle Farben* alle Web-Verschiebungen deaktiviert werden.

Dithering

Dithering simuliert die Darstellung eines großen Farbumfangs mit wenigen zur Verfügung stehenden Farben mithilfe von Musterbildung. Diese Muster sollten im günstigsten Fall nicht als solche erkannt werden, sondern als Farbton oder Graustufe.

Ohne Dither und mit *Diffusion*-Dither

Abb. 10.38:

Abb. 10.39: *Pattern*-Dither und mit *Noise*-Dither

Viele der im Internet dargestellten Bilder sind mit 24-Bit-Farbe hergestellt. Doch viele im Internet benutzte Rechner unterstützen diese Farbtiefe nicht, sondern im schlimmsten Fall nur 16 oder 256 Farben. Die Bilder enthalten also viele Farben, die auf den Systemen gar nicht zur Verfügung stehen, diese Farben werden nun mithilfe des Ditherings simuliert. Dabei wird, um zum Beispiel eine Fläche nicht vorhandenes Orange darzustellen, eine feines Muster aus Gelb und Rot erstellt. Das Verhältnis der im Dither verwendeten Farben zueinander entscheidet dabei über den Farbton (mehr gelbes Orange, mehr rotes Orange).

Diese Simulation hängt natürlich etwas von Betrachtungsabstand und den Abbildungseigenschaften des verwendeten Monitors ab. Wird das Bild auf einem Bildschirm mit relativ kleiner Bildschirmdiagonale und hoher Auflösung betrachtet, entgeht das Dither-Muster dem Auge eher, als wenn ein Monitor mit relativ großer Bildschirmdiagonale und geringer Auflösung benutzt wird.

Bei der Produktion von Webbildern unterscheidet man zwischen Anwendungs- und Browserdithering.

Anwendungsdithering

Anwendungsdithering tritt bei der Produktion von PNG-8- und GIF-Bildern innerhalb von Image Ready auf, wenn versucht wird, Farben darzustellen, die im Originalbild vorhanden sind, aber nicht in der von Ihnen bestimmten Palette der optimierten Version. Innerhalb von Image Ready haben Sie direkten Einfluss auf das verwendete Muster und den Farbbereich des Ditherings.

Vorschau und Steuerung des Anwendungsditherings

Bei GIF- und PNG-8-Bildern können Sie das Anwendungsdithering im Fenster der optimierten Version anzeigen. Die verwendete Dither-Methode wird dabei von Ihnen bestimmt. Im Menü *Dithering-Algorithmus* finden Sie drei verschieden Dither-Methoden.

- *Kein Dither*: Es wird kein Dithering in der optimierten Version benutzt.

- *Diffusion*: Hierbei wird ein Zufallsmuster erzeugt und das Dithering über angrenzende Pixel gestreut. Sie können den Grad des Ditherings über den Regler *Dither* steuern. Durch die Streuung über die Pixel entstehen bei Slicing-Kompositionen Ränder, die die einzelnen Slices entlarven. Um das zu verhindern, fassen Sie Slices zusammen oder – wenn dieses wegen vorhandener Rollover-Effekte nicht möglich sein sollte – weichen Sie auf den Dither-Algorithmus *Störungsfilter* aus.

- *Muster*: Bei dieser Methode wird ein rasterartiges Quadratmuster erzeugt, um nicht vorhandene Farben zu simulieren.

- *Störungsfilter*: Diese Methode ähnelt dem Dither *Diffusion*. Hier wird ein Zufallsmuster erzeugt, bei dem allerdings auf eine Streuung über die Pixel verzichtet wird. Bei diesem Dither-Algorithmus kann der Grad des Ditherings nicht über den Regler *Dither* eingestellt werden. Diese ist der einzige Algorithmus, der für Slicing-Bilder geeignet ist, da er die Slice-Kanten nicht hervortreten lässt.

Gehen Sie immer sparsam mit Dither-Effekten um. Je mehr Dithering ein Bild enthält, desto größer ist die optimierte Version. Besonders bei Farbverläufen in 8-Bit-Farb-Bildern kommen Sie aber um ein Dithering nicht herum, es sei denn, Sie mögen flächige Farbabstufungen in Ihrem Bild. Wenn das Bild nicht als Slice-Komposition dargestellt werden soll, verwenden Sie lieber den Dither-Algorithmus *Diffusion*, da dieser eine Einstellung des Dither-Grads zulässt und somit eine Möglichkeit der Dateigrößen-Optimierung gibt. Ist das Bild eine Slicing-Komposition, steht einzig der *Störungsfilter* als Dither-Algorithmus zur Verfügung, da dieser Algorithmus die Slice-Kanten nicht hervortreten lässt.

Tipp

Verzichten Sie nach Möglichkeit auf ein Dithering oder wenden Sie es nur sehr sparsam an.

Dateigröße im Verhältnis zum angewandten Dithering bei GIF-Bildern, 64 Farben, Dither *Diffusion 0 %* und *50 %*

Abb. 10.40:

Dateigröße im Verhältnis zum angewandten Dithering bei GIF-Bildern, 64 Farben, Dither *Diffusion 100 %*, Dither *Noise*

Abb. 10.41:

Dateigröße im Verhältnis zum angewandten Dithering bei PNG-Bildern, 64 Farben, Dither *Diffusion 0 %* und *50 %*

Abb. 10.42:

Abb. 10.43: Dateigröße im Verhältnis zum angewandten Dithering bei PNG-Bildern, 64 Farben, Dither *Diffusion 100 %*, Dither *Noise*

Browserdithering

Wenn auf einem System, das 8-Bit-Farbe (256 Farben) unterstützt, GIF-, PNG-8-, und JPEG-Bilder angezeigt werden, und sollen sie Farben enthalten, die nicht in der Browser-Palette enthalten sind, werden diese Farben mithilfe des vom Browser erstellten Ditherings simuliert. Diese Browserdithering kann zusätzlich zum im Bild enthaltenen Anwendungsdithering auftreten.

Wenn Sie bei Ihrer Produktion davon ausgehen, dass das Zielpublikum mit 24-Bit-Farb-Systemen ausgerüstet ist, brauchen Sie sich im Prinzip keine weiteren Gedanken zum Browserdithering machen. Aber da man im Allgemeinen die Wünsche seiner Kunden nicht kennt, sollte man sich mit dieser Materie auskennen. Außerdem verschafft es ein Verständnis dafür, wie die Browser mit Farben umgehen.

Deutlich sichtbares Browserdithering im ersten Bild, zweites Bild mit Web-Palette

Abb. 10.44:

Vorschau des Browserdithering

Um das Browserdithering zu testen, müssen Sie die Voreinstellungen der Grafikkarte innerhalb des Betriebssystem ändern. Stellen Sie hierzu die Farbtiefe der Bildschirmanzeige auf 8-Bit-Farbe (256 Farben) ein. Glücklich sind hier die Besitzer eine Zweitrechners oder Notebooks, denn es ist schon recht lästig, unter 256 Farben an Bildern zu arbeiten, es kann schnell zu einem „Malen nach Zahlen" werden.

Wenn Sie nun ein Bild im Browser betrachten, das Farben enthält, die nicht in der vom Browser verwendeten Palette vorhanden sind, erzeugt der Browser ein Dither-Muster, das die nicht vorhandene Farbe simuliert. Wenn Sie das Dithering für diese Farbe unterdrücken wollen, verschieben Sie die Farbe mithilfe der Web-Farbverschiebe-Schalter in der Farbtabellen-Palette zur nächsten Web-Farbe. Das hat natürlich eine nicht unerhebliche Farbverschiebung zur Folge, die sich allerdings durch ein Anwendungsdithering in Grenzen halten lässt.

Eigene Dither-Muster

Sollten Sie allerdings nicht dem Farbton eines der drei Dither-Algorithmen nicht zufrieden sein, können Sie für eine oder mehrere ausgewählte Farben Dither-Muster selbst kreieren.

Abb. 10.45: Der Dialog für eigene Dithermuster

Mit dem Befehl *Filter>Sonstige Filter>Ditherbox* können Sie Für eine RGB-Farbe ein Dither-Muster erzeugen, dieses Dither benennen und abspeichern, um es später in anderen Bilder wiederzuverwenden.

1. Wählen Sie die zu füllende Ebene oder markieren Sie einen zu füllenden Bereich mit dem Auswahl-Werkzeug.

2. Wählen Sie die zu ditherende Farbe als Vordergrundfarbe mit der Pipette oder über die Farbregler.

3. Mit dem Befehl *Filter>Sonstige Filter>Ditherbox* öffnen Sie die *Ditherbox*, die sich in drei Spalten einteilen.

   - Die linke Spalte beherbergt die bereits erstellten Dither-Muster und deren Verwaltung im Menü *Sammlungen*. Sie können Sammlungen neu erzeugen, löschen, ändern und so Dither-Muster z.B. projektbezogen verwalten. Innerhalb einer Sammlung können Sie beliebig Dither-Muster neu anlegen, löschen, umbenennen und bearbeiten.

- In der Mitte befindet sich der Bearbeitungsbereich der Dither-Muster. Das Raster für das Dither-Muster können Sie über die Radio-Schalter *Rastergröße* in den Ausmaßen einstellen. Zur Bearbeitung des Rastermusters stehen unterhalb des Bearbeitungsbereichs *Stift*, *Pipette* und *Radierer* zur Verfügung. Darunter ist rechts die gewählte RGB-Farbe dargestellt (auf Doppelklick öffnet sich die Farbwahlbox). Im Feld daneben wird eine 1:1-Vorschau des Dither-Musters dargestellt. Ein Klick auf den Pfeil zwischen den beiden Feldern produziert im Vorschaufenster ein Dither-Muster. Wird in der Sammlung *Dither-Muster* die entsprechende Farbe angeboten, wird die nächste Entsprechung zur gewählten RGB-Farbe benutzt. Sind in der Sammlung keine Muster gespeichert, wird ein neues Muster erzeugt, das ungefähr der RGB-Farbe entspricht.

- In der rechten Spalte werden die zugrunde liegenden Paletten gespeichert. Wenn Sie Internet-Projekte bearbeiten, macht allerdings nur die Web-Palette Sinn. Nur mit ihr lässt sich das Browserdithering verhindern.

4. Erstellen Sie mit einem Klick auf den Pfeil ein *2 x 2*-Testmuster.

5. Wenn Ihnen das Ergebnis nicht gefällt, bearbeiten Sie das Muster mithilfe der Werkzeuge und der Radio-Schalter zur Rastergrößen-Wahl. Je kleiner Sie die Rastergröße wählen, desto kleiner ist die Gefahr einer sichtbaren Musterbildung.

6. Geben Sie dem Muster einen passenden Namen.

7. Klicken Sie auf *Füllen*, um das Muster auf die gewählte Ebene oder Ebenen-Auswahl anzuwenden.

Hintergrundbilder (Kacheln)

HTML-Seiten bieten die Möglichkeit, den Hintergrund mit kleinen Bildern aufzufüllen. Bei geschickter Musterwahl kann der Effekt eines endlosen Bilds entstehen. Im Internet finden man viele Sammlungen fertiger Hintergrundkacheln unterschiedlichster Qualität. Image Ready unterstützt Sie in der Erstellung eigener Hintergrundkacheln für unterschiedlichste Verwendungzwecke.

Es gibt leider nicht die absolute Methode zur Erzeugung von Hintergrundkacheln. Bis auf die rein manuelle Erstellung von Endlosmustern unterstützt Image Ready die Erstellung von Hintergrundkacheln.

Endlosmuster mit Randweichzeichung

Bei dieser Methode wird versucht, der Anschluss zur nächsten Kachel mithilfe von Weichzeichnung der Ränder zu verschleiern, um den Eindruck eines endlosen Musters zu erzeugen.

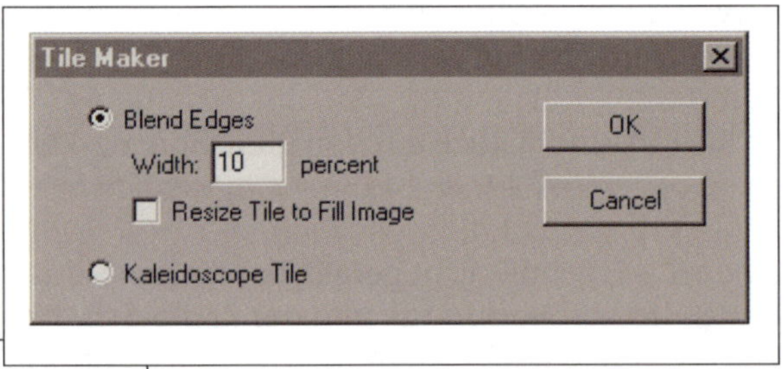

Abb. 10.46: Der Filterdialog zur Hintergrundkachel-Erstellung

1. Markieren Sie einen Bildbereich, der die Grundlage Ihres Hintergrundmusters bilden soll.
2. Wählen Sie den Befehl *Filter>Sonstige Filter>Kacheln erstellen*.
3. In diesem Dialog wählen Sie *Kanten verwischen*.
4. Geben Sie einen Wert unter *Breite* ein oder akzeptieren den Vorgabewert von *10 %*.
5. Klicken Sie auf *OK*.
6. Speichern Sie die Originalkachel ab.
7. Exportieren Sie eine optimierte Version.

Endloskacheln mit Kaleidoskop-Effekt

Bei dieser Methode wird der Ausschnitt in vier Quadranten unterteilt und diese so gegeneinander gespiegelt, dass ein kaleidoskopartiger Effkekt entsteht.

1. Markieren Sie einen Bildbereich, der die Grundlage Ihres Hintergrundmusters bilden soll.
2. Wählen Sie den Befehl *Filter>Sonstige Filter>Kacheln erstellen*.
3. In diesem Dialog wählen Sie *Kaleidoskop Kacheln*.
4. Klicken Sie auf *OK*.
5. Speichern Sie die Originalkachel ab.
6. Exportieren Sie eine optimierte Version.

Endloskacheln mit Verschiebe-Effekt

Mit diesem Filter können Sie sozusagen halbmanuell eine Endloskachel erstellen. Der Filter teilt das Bild in vier Quadranten ein, die so gegeneinander verschoben werden, dass die Innenkanten der Quadranten an die Außenseiten verschoben werden. Damit ist der Anschluss von Kachel zu Kachel realisiert. Sie müssen nun mithilfe der Retuschier-Werkzeuge den Anschluss von Quadrant zu Quadrant innerhalb der Kachel erstellen.

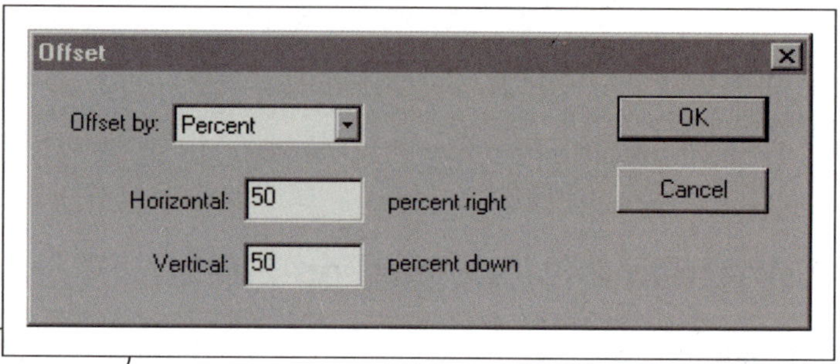

Der Dialog *Verschiebe-Effekt*

Abb. 10.47:

1. Markieren Sie einen Bildbereich, der die Grundlage Ihres Hintergrundmusters bilden soll.
2. Wählen Sie den Befehl *Filter>Sonstige Filter>Verschiebe-Effekt*.
3. Belassen Sie die Parameter bei *50 %*.
4. Klicken Sie auf *OK*.
5. Bearbeiten Sie die Kanten der Quadranten mithilfe der Retuschier-Werkzeuge, z.B. *Wischfinger* oder *Stempel*. Seien Sie vorsichtig und möglichst sparsam mit der Bearbeitung der Kachel in der Nähe der Kantenbereiche, damit die Anschlüsse von Kachel zu Kachel nicht wieder zum Vorschein kommen.

6 Speichern Sie das Original ab.

7 Exportieren Sie eine optimierte Version.

Endloskacheln testen und anwenden

1 Erstellen Sie ein neues Bild beliebiger Größe (10 x 10 Pixel reichen, wenn Sie nur die Kachel testen wollen). Bei einem vorhandenen Bild können Sie sich diesen Schritt natürlich sparen.

2 Öffnen Sie mit dem Befehl *Datei>HTML-Hintergrund* den Dialog zum Festlegen des Hintergrunds der aktuellen Datei.

3 Wählen Sie *Ansicht>Bild*.

4 Wählen Sie für Bild eine Kachel aus.

5 Klicken Sie auf *OK*.

6 Mit dem Befehl *Datei>Vorschau in* können Sie den Hintergrund im Browser testen.

Slicing im Detail

In Image Ready 3.0 ist der Layer-Slice neu hinzugekommen. Mithilfe dieses Slice-Typs sind Änderungen an Web-Grafiken erleichtert. Insbesondere bei Menüs, die häufig zur Navigation auf Webseiten eingesetzt werden, werden Änderungen vereinfacht.

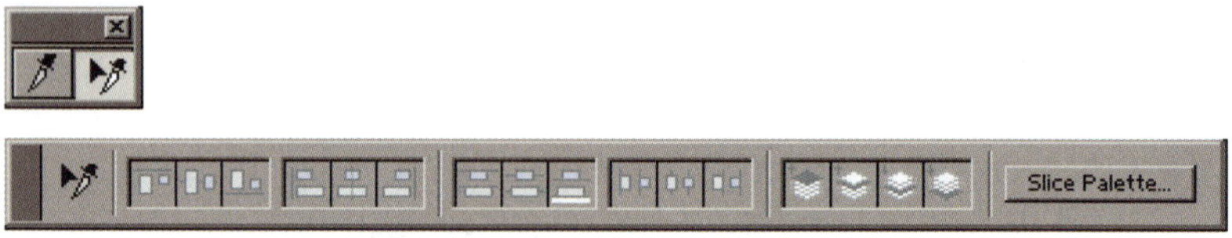

Abb. 10.48: Slice-Werkzeuge und deren Optionen

Slice-Typen

- *User-Slice:* Dieser Slice-Typ wird erstellt, wenn Sie mithilfe des Slicing-Werkzeugs, über eine Selektion oder über die Hilfslinien Slices erzeugen.
- *Layer-Based-Slice*: Mithilfe des Befehls *Layer>New Layer Based Slice* wird ein Slice erstellt, der alle Elemente der betreffenden Ebene einschließt.
- *Auto-Slice*: Slices dieses Typs werden von Image Ready selbst erstellt, wenn Sie einen User-Slice oder Layer-Based-Slice erstellen.

Slices können zu Gruppen zusammengefasst gelinkt werden. Dies ist besonders bei der Optimierung praktisch, um ähnliche Bildbereiche schnell gemeinsam zu optimieren. Alle Slices vom Typ *Auto* sind bei ihrer Erstellung gelinkt. Sie können ganze Slice-Gruppen auflösen oder einzelne Slices aus einer Gruppierung herauslösen.

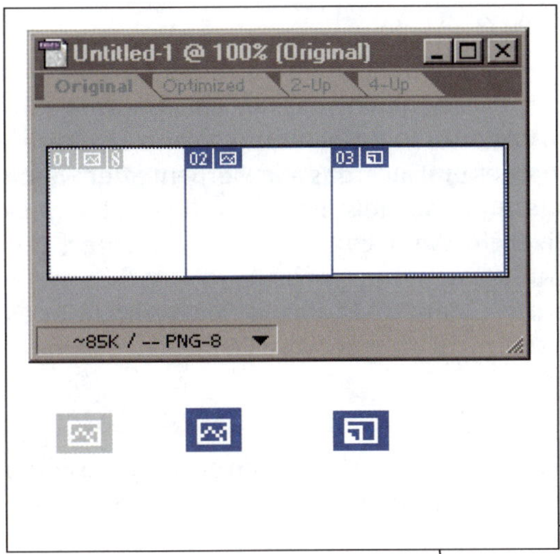

Auto-Slice, User-Slice und Layer-Slice

Abb. 10.49:

User-Slice

In der Regel werden Sie User-Slices wohl mit dem Slice-Werkzeug erstellen, es besteht allerdings auch die Möglichkeit, Slices aus einer Selektion oder mithilfe vorhandener Hilfslinien zu erstellen.

Bei umfangreichen Menüs ist die Kopierfunktion der Slices sehr arbeitssparend. Ferner ist es möglich, Slices gegeneinander auszurichten, überlappende Slices können in ihrer Schichtung angeordnet werden. Des Weiteren können Sie Slices teilen und wieder zusammenfügen. Selbstverständlich besteht die Möglichkeit, Slices abzuspeichern und wieder zu laden.

User-Slices können sich überlappen. Hiermit können Sie Hierarchie der Rollover-Effekte steuern. Wenn zum Beispiel ein Text mit den Rollover-Effekt *over* in Bild hineinragt, das selbst einen Rollover-Effekt *click* besitzt, dann soll ein Klick auf den das Bild überlagernde Text keinen Effekt hervorrufen. Dieses Verhalten wird erreicht, wenn der Slice des Textes über dem Slice des Bilds liegt. Wenn Sie mit überlappenden Slices arbeiten, sollten Sie bedenken, dass die Anzahl der später von Image Ready erstellten Bilder für die Webseite stark ansteigen. Wenn Sie sich das eben genannte Beispiel vor Augen führen werden Sie feststellen, dass das Bild nun nicht als eine Datei gespeichert werden kann, Image Ready muss es in zwei oder mehr Teile zerschneiden, um es in die Tabellenstruktur einzubauen.

Layer-Based-Slice

Dieser Slice-Typ ist interessant für Ebenen, die aus einem Element bestehen, und bei denen abzusehen ist, dass sie bald wieder geändert werden müssen, wie zum Beispiel Menüs. Wenn Sie diesen Befehl anwenden, entsteht ein Slice, das alle Elemente der Ebene genau einschließt. Allerdings schließt das nicht die von Ebenen-Effekten erzeugten Pixel ein. Wenn zum Beispiel ein Rechteck mit einem Schein nach außen versehen wird, und Sie versehen die Ebene des Rechtecks mit einem Layer-Based-Slice, wird nur das Rechteck eingeschlossen, nicht aber der vom Rechteck ausgehende Schein.

Tipp Verwenden Sie Layer-Based-Slices nur, wenn die dafür vorgesehen Effekte innerhalb des Slices angewendet werden, um Speicherplatz zu sparen.

Dieses Verhalten hat Konsequenzen für das in Regel folgende Rollover-Verhalten. Nehmen wir wieder unser Rechteck und machen es interaktiv. Im Normalzustand hat das Rechteck keinen Schein nach außen, nur beim Rollover-Effekt *over* wird der Schein erzeugt. Wenn nun der Effekt auf der Webseite ausgeführt wird, muss der Browser alle Bilder auf der Webseite austauschen, um den Effekt zu realisieren. Dieses Verhalten ist natürlich nicht wünschenswert, da unnötig viele Dateien übertragen werden und Speicherplatz verschwendet wird. Besser ist in diesem Fall die Benutzung eines User-Slices, das passend um den Effekt gelegt werden kann.

Benutzen Sie Layer-Based-Slices nur, wenn

1. sich ein Element auf der Ebene befindet,
2. sich alle Änderungen während der Rollover-Effekte innerhalb des Layer-Based-Slices abspielen oder
3. sich das Element während der Rollover-Effekte nicht bewegt.

Verstoßen Sie nur bewusst gegen diese Regeln, wenn Sie einen besonderen Effekt erzielen wollen. In allen anderen Fälle würde ein Verstoß das Ladeverhalten der späteren Webseite sehr schlecht beeinflussen.

Layer-Based-Slices lassen sich in User-Slices umwandeln.

Auto-Slice

Auto-Slices können zur Bearbeitung in User-Slices umgewandelt werden.

Optimierung während des Slicings

Während des Slicings bestehen drei Möglichkeiten, die Dateigröße der späteren Webseite klein zu halten:

1. Position und Ausmaße des Slices
2. Wahl des passenden Dateiformats für den Slice
3. Kachelung von Bildbereichen

Slicing in der Praxis

Im Folgenden werden Sie die Eingangsseite aus dem *Kapitel 9* in Slices aufteilen, die einerseits die Funktion der zukünftigen Webseite berücksichtigen und anderseits das Ladeverhalten der Webseite positiv beeinflussen, also die Dateigröße in Grenzen hält. Neben der Navigation soll das Slicing auf der zukünftigen Webseite die durch ein Rollover gesteuerte Animation berücksichtigt werden.

Abb. 10.50: Start des Slicing

1. Kopieren Sie die Datei *kap10/site_start/index.psd* in ein Verzeichnis Ihrer Wahl. Öffnen Sie die Datei und wechseln Sie in die Slice-Ansicht.

2. Als Erstes werden Sie Slices für die Buttons der weiterführenden Links anlegen. Wählen Sie den Layer *Bild Adonis2* aus den Set *bilder buttons*. Mit den Befehl *Layer>New Layer Based Slice* legen Sie einen Layer-Based-Slice an. Wenn Sie den Button später neu positionieren müssen, brauchen Sie den Slice nicht ebenfalls anzupassen, da er dem Ebeneninhalt folgt.

3. Innerhalb der Slice-Palette müssen Sie nun einen Namen für das Sllice vergeben. Dieser Name dient intern zur Identifizierung des Slices/Buttons, außerdem wird aus diesen Namen der Dateiname der Bilddatei erzeugt, indem die entsprechende Endung (*.gif, *.jpg) angehängt wird. Image Ready schlägt *index_03* vor. Da in der Regel die Bilder aller Seiten in einem Verzeichnis verwaltet werden, sollten Sie bei der Benennung also den Dokumentennamen als Präfix beibehalten, dann ist auch die Übersichtlichkeit innerhalb der Datei-Browser gewährleistet. Wenn Sie also in diesem Fall *03* streichen und dafür den betreffenden Layer-Namen *but_adonis2* dafür einsetzen, ist gewährleistet, dass der entstehende Dateiname für die Website einmalig ist.

4. Nun müssen Sie noch einen Name für die Zieldatei eingeben. Halten Sie sich an die im Kapitel *Technische Voraussetzungen / Bildmaterian / sonstige Medien* gegebenen Hinweise, dürfte nichts schiefgehen.

5. Das Target lassen Sie frei, da Sie momentan nicht innerhalb eines Frame-Sets arbeiten.

6. Bei den Punkten *Message* und Alt kommen Sie zu dem Teil der User-Informationen. Hier können frei formulierte Kurzhinweise für das entsprechende Bild auf der Webseite einsetzen. Der Inhalt von *Message* wird beim Rollover in der Statusleiste des Browsers eingeblendet. Der Inhalt von *Alt* wird während des Ladens des Bilds als alternativer Text anstelle des Bilds angezeigt.

7 Wiederholen Sie Punkt 2-6 für die restlichen Bild-Buttons.

8 Nun ist die Navigation der Webseite fertig gestellt. Sie können nun das Zwischenergebnis mit dem *Vorschau*-Befehl aus dem *Datei*-Menü testen.

9 Im nächsten Schritt wird das Slicing für die Animation und deren Steuerung erstellt. Da die Animation später durch ein Rollover über die Ebene *bilder* aus dem Set *titel* gestartet werden soll, erstellen Sie für diese Ebene einen Layer-Based-Slice und nennen diesen *index_anicontroll*. Das Feld *URL* lassen Sie frei, da ein Klick auf diese Ebene kein Ziel hat und nur zur Steuerung der Animation dient.

10 Für den Bildbereich, in dem die Animation stattfinden soll, erstellen Sie nun mit dem Slicing-Werkzeug einen User-Slice und nennen diesen *index_anistage*. Positionieren das Slice, sodass es die Elemente der Animation im Set *ani bilder* gerade einschließt. Das Feld *URL* lassen Sie frei, da ein Klick auf diese Ebene kein Ziel hat.

11 Nun brauchen wir noch ein Slice für die untere Textleiste. Diese soll später immer dann eingeblendet werden, wenn die Animation startet. Erstellen Sie wiederum ein User-Slice, das die Textleiste gerade einschließt und nennen Sie diesen Slice *index_anitext*.

Nun ist die Grundlage für die spätere Funktionalität in Form von Slices gelegt. Die nun folgenden Schritte dienen der Optimierung des Ladeverhaltens der späteren Webseite.

Abb. 10.51: Das Slicing ist fast fertig gestellt

Die Animation steht momentan zwischen zwei Bildern, die jeweils einen Verlauf enthalten, der in genau senkrechter Richtung verläuft. Da die Animation nur im GIF-Format vorliegen kann, sollten die angrenzenden Verläufe im selben Format optimiert und gespeichert werden, da sonst die Bildgrenzen stark hervortreten würden. Man kann viel Speicherplatz sparen, wenn man den Verlauf auf einen schmalen senkrechten Streifen reduziert und diesen später auf der Waagerechten solange aneinanderreiht, bis die ursprüngliche Größe wieder erreicht wird. So ist es möglich, die beiden Verlaufsflächen neben der Animation mit einer recht kleinen Datei zu erzeugen.

Bevor Sie die Slices bearbeiten können, müssen Sie die beiden Slices mit den Befehl *Slice>Unlink Slices* aus der Slice-Gruppe entfernen. Nun unterteilen Sie die Slices mit den Befehl *Slices>Divide Slices* in 10 Pixel breite Streifen. Nennen Sie den ersten Slice *index_verlauf_oben*.

Bei der späteren Weiterbearbeitung der Webseite im HTML-Editor wird der Datei-Quellen-Verweis der einzelnen Verlaufsstreifen auf dieselbe Datei gelegt und so die Optimierung realisiert. In Image Ready können Sie diese Optimierungstechnik leider nicht direkt kontrollieren.

Mit derselben Technik können Sie auch den oberen Verlaufsstreifen optimieren. Hier müssen Sie allerdings ein Slice erstellen, das die weiße Linie enthält, die sich nicht über die gesamte Bildbreite erstreckt. Nun kann der obere Bildbereich in 10 Pixel breite Streifen unterteilt werden. Nennen Sie den Slice mit der Nummer 75 *index_verlauf_unten*.

Damit ist das Slicing vollständig. Nun können Sie den Slices erforderlichen Dateiformate und Optimierungsoptionen zuweisen. Fangen Sie mit den Slices des oberen Verlaufsbereichs an. Für diese Verlaufs-Slices bietet sich das JPEG-Format an. Da keine scharfen Konturen innerhalb dieser Slices vorkommen, kann die Qualität auf 30 Prozent gesetzt werden, zusätzlich spart ein Weichzeichnen weiteren Speicherplatz, geben Sie bei *Blur* einen Wert von 0,5 ein.

Nun folgen die Slices die zwischen den Slices des oberen Verlaufs und dem Slice *index_anicontroll*. Selektieren Sie diese mit Slice-Auswahl-Werkzeug. Da diese Slices scharfe Konturen enthalten, müssen Sie die JPEG-Qualität hier höher wählen, tragen Sie einen Wert von 50 ein. Ein Weichzeichnen können wir hier nicht gebrauchen, belassen Sie den also auf 0.

Als Letztes wird nun der Animationsbereich optimiert. Da Animationen nur im GIF-Format erstellt werden können, sollten die umgebenden Slices dasselbe Format wie die Animation haben, um die Kanten der einzelnen Bilder nicht zu stark hervortreten zu lassen. Selektieren Sie alle Verlaufs-Slices und den Animations-Slice. Weisen Sie den Slices des GIF-Format zu, stellen Sie eine Farbanzahl von 90 ein. Bei diesem Wert wird das Dither noch nicht allzu stark sichtbar. Beim Dither wählen Sie den Typ Noise, dieser Dithertyp verhindert wiederum das Hervortreten der Kanten. Als Palette wählen *Perzeptual*. Die letzten Text-Slice am unteren Bildende optimieren Sie im JPEG-Format mit einer Qulität von 50 und 0 Weichzeichnen.

Wie vorhin schon erwähnt, müssen die Quelldateien der Verlaufsstreifen in einem HTML-Editor so angepasst werden, dass die Bilder der Slices 2 - 64 auf das Bild *index_sliced_verlauf_oben.jpg* und die Bilder der Slices 76 - 89 und 91 - 110 auf das Bild *index_sliced_verlauf_unten.jpg* verweisen. Anschließend werden die Bilder *index_02.jpg - index_64.jpg, index_76.jpg - index_89.jpg* und *index_91.jpg - index_110.jpg* gelöscht.

Abb. 10.52: Das Slicing ist fertig gestellt

Nach dieser zugegebenermaßen aufwendigen Handarbeit ist die Dateigröße von den in Image Ready angedrohten 131,9 KByte auf 61,8 KByte geschrumpft.

HTML-Text mit Image Ready

Das Layout aus dem vorigen Punkt basiert auf grafischen Elementen, es existiert kein HTML-Text. Mit Image Ready ist ebenfalls möglich, Tabellen-Zellen mithilfe von HTML-Befehlen einzufärben und mit HTML-Text aufzufüllen. Der Text kann später in einem HTML-Editor formatiert werden. In Image Ready kann nur die Ausrichtung horizontal wie vertikal vorgegeben werden. Bei der Verwendung von HTML-Text müssen Sie darauf achten, dass der Text nicht vor einem transparenten Hintergrund steht, da sonst der HTML-Text merkwürdigerweise nicht mit exportiert wird. Die Textlänge ist unabhängig von der Zellengröße auf 250 Zeichen begrenzt.

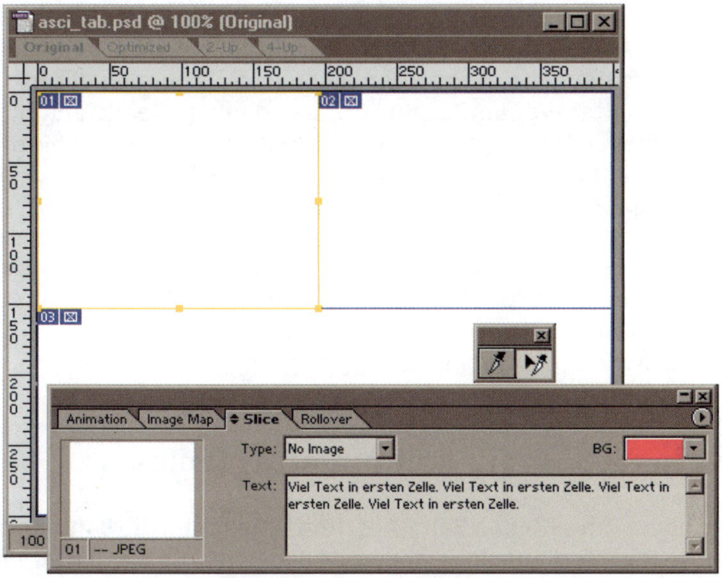

Die Slice-Definition einer Text-Zelle

Abb. 10.53:

Diese Ergebnisse dieser Funktionalität reichen durch ihre Begrenzungen nur für Vorbereitung zur Weiterverarbeitung in einem HTML-Editor. Als Beispiel schauen Sie am besten die Beispieldatei aus dem VERZEICHNIS k10_works/site_fertig/bahn.psd der CD an. Hier wurden als einzige grafischen Elemente die drei Fotos übernommen ,die als Link zu den weiterführenden Webseiten dienen. Die Texte stammen aus Slices, bei denen der Slice-Typ von *Image* auf *no Image* geändert wurde. Über Option *BG* können Sie die Hintergrundfarbe für die HTML-Tabellenzelle einstellen.

HTML-Text mit Bild kombinieren

Mithilfe eines kleinen Kniffs ist möglich, HTML-Text über ein Bild zu legen. Wie Sie auf der Intro-Seite des Bahn-Abschnitts sehen können, liegen dort mehrere Textblöcke über einer Grafik. Die Grafik selbst hat keine scharfen Konturen, sie könnte im JPEG-Format mit hoher Kompression gespeichert werden, wenn der Text nicht über der Grafik liegen würde. Der Text verhindert eine starke Kompression des Bilds wegen der Einbußen an Lesbarkeit. Es wäre also wünschenswert, den Text von der Grafik zu trennen. Realisiert wird dies, indem beim Speichern der Slices die Ebenen der Texte ausgeschaltet werden. Wenn Sie die von Image Ready erstellte Datei einem HTML-Editor bearbeiten, löschen Sie die Bilder, die unter dem Text liegen, aus den Tabellenzellen und setzen diese als Hintergrundbild in die jeweilige Tabellenzelle wieder ein.

Allerdings sind mit Bildern, die als Hintergrundbild in eine Tabellenzelle eingebunden sind, keine Rollover-Effekte möglich. Ältere Browser unterstützen diese Funktion leider nicht, in diesem Fall wird außer dem Text kein Bild angezeigt.

Vorbereitung für kombiniertes Rollover

Nachdem Intro für den Bahn-Abschnitts folgt nun die Bahn-Seite selbst. Hier werden später steuernde Bildelemente wiederum von anderen Bildelementen durch Rollover-Effekte gesteuert. Hier die Anforderungsliste der Funktionalität, die später durch Rollover-Effekte realisiert werden soll.

Abb. 10.54: Das Bahn-Dokument vor dem Slicing

1. Ein Überfahren der Texte soll diese mehr in den Vordergrund bringen, zum Beispiel durch einen Schein nach außen.

2. Ein Klick auf die Texte soll die Bilder vergrößern und darin einen Text darstellen.

3. Ein Überfahren der Bilder soll der Schein nach außen verstärkt werden.

4. Ein Klick auf die Bilder soll diese vergrößert darstellen.

Diese Verhaltensweisen müssen natürlich im Slicing berücksichtigt werden. Ein besonderes Augenmerk bei solchem wechselseitigen Rollover-Effekten sollten Sie auf die Benennung der entstehenden Slices legen. In solch einem Fall liegt besonders auf Mac-Systemen in der Kürze die Würze. Aufgrund der großen Anzahl an Zuständen für die Slices generiert Image Ready zum Teil recht lange Dateinamen. Wenn Sie zu lange Namen für die Slices vergeben, kann es vorkommen, dass die optimierte Version auf Mac-Systemen nicht vollständig gespeichert wird, weil die Eindeutigkeit der Bilddateinamen aufgrund der kurzen Dateinamen nicht mehr herzustellen ist. Für die Bahn-Seite sollten Sie es vollständig bei der automatischen Benennung belassen. Der später entstehende Javascript-Code ist dermaßen umfangreich, dass eine Bearbeitung von Hand kaum sinnvoll ist. Wenn Sie die Webseite später mit einem grafisch orientierten HTML-Editor weiterverarbeiten, können Sie die fehlenden oder ungenauen Bezeichner verschmerzen.

Während der folgenden Bearbeitung der Bahn-Seite werden Sie eine neue Eigenschaft der User-Slices kennen lernen. Wenn Sie die geforderte Funktionalität herstellen wollen, haben Sie das Problem, dass sich die Rollover-Bereiche überlappen. Bisher stellte ein Slice immer eine Bilddatei dar. Bei überlappenden Slices ist dies nicht möglich, nur der oberste Slice wird als eine Datei gespeichert. Darunter liegende Slices müssen in mehrere Teile zerlegt werden. Wenn Sie das Problem ohne überlappende Slices lösen wollten, so müssten Sie also viele kleine User-Slices erstellen und diese dann später alle mit den gewünschten Rollover-Effekten versehen, das kann in eine fehlerträchtige Sysiphusarbeit ausarten. Wenn Sie die Slices überlappen lassen, brauchen Sie nur einmal die Rollover-Effekte anlegen, Image Ready erstellt dann automatisch die entsprechenden Dateien und versieht diese mit den Rollover-Effekten.

Beginnen Sie mit dem Slicing:

1. Öffnen Sie die DATEI k10_works/site_slicing und lassen Sie sich alle Ebenen anzeigen.

2. Als Erstes erstellen Sie die Slices für die Bilder mithilfe des Slicing-Werkzeugs. So ist sichergestellt, dass die Bilder-Slices unterhalb der Slices der Texte liegen.

3. Als Nächstes erzeugen Sie die Slices für die Texte.

4. Erstellen Sie die Slices für die Menü-Bilder links unten im Bild. Verwenden Sie hierfür Sie Ebenen-Slices.

Aufgrund der großen Anzahl von Bildern pro Slice ergibt sich eine hohe Dateigröße des Projekts und somit eine lange Vorladezeit. Die große Anzahl an Bildern für diese Seite ergibt sich aus den überlappenden Rollover-Bereichen. Man sollte sich überlegen, ein solches Projekt doch lieber mit Flash oder Director zu erstellen. Es ließe sich dann eleganter und Platz sparender implementieren.

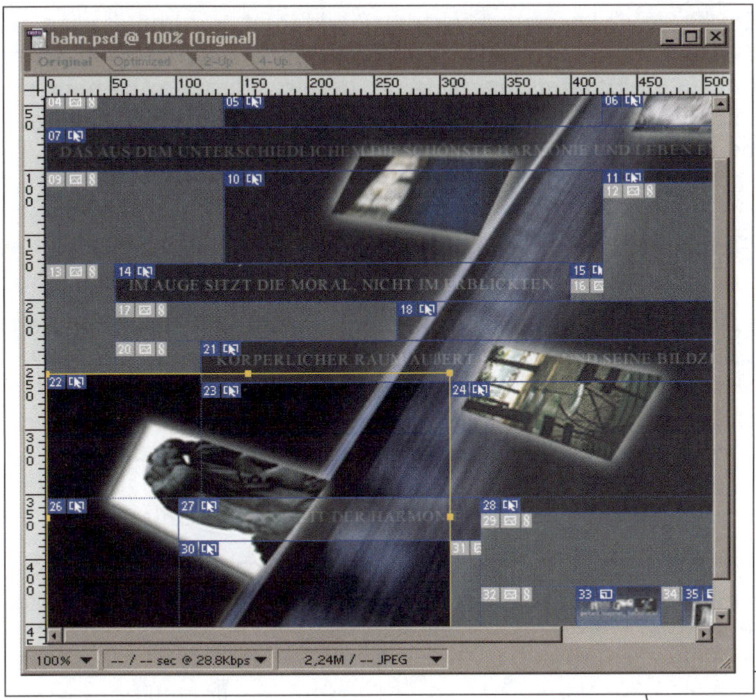

Abb. 10.55: Das Bahn-Dokument nach dem Slicing

Optimierung des Slicings

Bei genauer Betrachtung des Slicing-Ergebnisses fällt auf, dass viel Speicherplatz verschwendet wird. Ein Hauptproblem sind die Rollover-Effekte, die die Bilder betreffen. Sehen Sie sich einmal die Slices des oberen Bilds in Verbindung mit dem Slice für die obere Textzeile an. Wenn also der Benutzer mit der Maus über das Bild streicht, müssen, um den Effekt zu realisieren, drei Slices mit neuen Bildern versorgt werden. Zum einen die beiden relativ kleinen Slices, die den oberen Bereich des Bilds wiedergeben, zum anderen allerdings auch die gesamte Textzeile, obwohl nur ein kleiner Teil des Bilds in den Text hineinragt.

Dieses Verhalten ließe sich verbessern, indem Sie anfangen, die Slices der Textzeilen in entsprechende Teile zu zerlegen. Damit würde zwar die Anzahl der entstehenden Datei noch einmal vergrößern, aber die Teile würden kleiner ausfallen. Allerdings kann dies in einer gigantischen Arbeit ausarten, an deren Ende eine Datei steht, die nicht mehr sinnvoll zu warten ist.

Ein für Sie vielleicht unerwarteter Punkt setzt dem immer feineren Slicing dann eine Ende: Die Dateigröße der erzeugten HTML-Datei hat für die Darstellung der Bilder bereits biblische Ausmaße erreicht, sie liegt bei über 90 KByte, was das Ladeverhalten schon arg beeinflusst.

Erweiterndes Rollover

Bevor Sie mit den Arbeiten an den Rollover-Effekten beginnen, sollten Sie sich davon überzeugen, ob Sie nicht doch irgendetwas an Ihrem Layout vergessen haben oder noch nicht ganz Ihren Vorstellung entspricht. Wie schon im Kapitel *Image Ready im Überblick* erwähnt, kann es Sie unter viel Zeit kosten, wenn Sie während oder nach Anlegen der Rollover-Effekten Änderungen an den Ebeneninhalten vornehmen oder gar neue Layer anlegen.

Wenn Sie zum Beispiel in einer umfangreichen Menüleiste Rollover-Effekte wie *Over* und *Click* verwenden und nach dem Fertigstellen der Effekte feststellen, dass Sie einen Text vergessen haben und diesen nachträglich einbauen, müssen Sie aller Rollover-Verhalten außer *Normal* anpassen. Das Problem liegt darin, dass Sie den Text genau auf der Position eingeben können, an der der Text später erscheinen soll. Sie positionieren den Text also nach der Eingabe. Alle Rollover-Verhalten außer *Normal* kennen nur die erste Position, an der Text eingeben wurde, alle weiteren Bearbeitungen wie Positionierung gehen an ihnen vorbei. Das hat ein Springen des Textes während der Rollover-Ausführung zur Folge, wenn Sie nicht alle anderen Rollover-Verhalten anpassen.

Wenden wir uns wieder unserer Start-Seite aus dem vorhergehenden Punkt zu. Als Erstes müssen Sie Ebenen-Sichbarleit so herstellen, wie Grafik im Normalzustand erscheinen soll. Das heißt, dass Sie die Sichtbarkeit der Bilder, die nur während Animation sichtbar sein sollen, ausschalten müssen. Dieses sind alle Ebenen aus dem Set *ani bilder*.

Rollover Bild-Button

Als Nächstes folgt die Auswahl der Rollover-Effekte. Zu diesem Zeitpunkt können Sie am besten mit den Rollover-Effekten experimentieren, um die geeignete Auswahl an Effekten für diese Seite herauszufinden.

Wenn Sie Ihre Auswahl getroffen haben, sollten Sie nun zu jedem Slice den gewünschten Effekt definieren. Wenn der Effekt im Normalzustand nicht gesehen werden soll, schalten Sie den Effekt wieder aus, löschen ihn aber nicht. Sie könnten den Effekt natürlich auch löschen, nur wird dann die Palette während der Arbeit mit Rolover-Effekten etwas unübersichtlich, da je nach Verhalten der Slice einen Effekt hat oder auch nicht.

Abb. 10.56: Die Definition des Rollover-Effekts

In unserem Fall sollen bei den Bildern mit weiterführenden Links beim Überfahren mit der Maus ein Schein nach innen erzeugt werden, und beim Verhalten Down ein zusätzlicher *Satin*-Effekt hinzukommen.

1. Definieren Sie den Effekt mit den in der Abbildung angegebenen Parametern.

2. Kopieren Sie den Effekt auf die restlichen zwei Bild-Buttons.
3. Schalten Sie die Effekte für alle Bild-Buttons wieder aus.
4. Wählen Sie den Slice des ersten Bild-Buttons.
5. Erstellen Sie nun für diesen Slice mit dem Befehl *New State* aus dem Rollover-Paletten-Menü ein neuen Status. Standardmäßig wird *Over* als erster neuer Status in die Palette eingefügt.
6. Schalten Sie nun den Effekt *Inner Glow* für die entsprechende Ebene wieder ein.
7. Erstellen Sie nun erneut ein Rollover-Status. Standardmäßig wird der Status *Down* erstellt.
8. Schalten Sie nun den Effekt *Satin* für die entsprechende Ebene hinzu.
9. Schalten Sie in der Rollover-Palette wieder den Status *Normal* ein.
10. Verfahren Sie entsprechend mit den anderen zwei Bild-Buttons.

Sie können das Ergebnis Ihrer Arbeit in Image Ready testen, in dem Sie in der Werkzeug-Palette den Rollover-Preview einschalten. Alternativ können Sie natürlich auch die Vorschau im Browser Ihrer Wahl mit den Befehlen aus den *Datei*-Menü benutzen, hier haben Sie dann auch die Möglichkeit, die weiterführenden Links zu testen, natürlich nur, wenn diese Seiten auch schon existieren.

Rollover steuert Animation

Als Nächstes wenden wir uns der Steuerung der Animation zu. Bei dieser Gelegenheit haben Sie dann die Möglichkeit, eine einfache Animation zu erstellen. Beim Überfahren der Textleiste unter den Bild-Buttons soll die Animation gestartet werden. Die Animations zeigt als Erstes eine weitere Textleiste im unteren Bildbereich an, dann folgen in 0,5-Sekunden-Abständen die vier Bilder des Sets *ani bilder*.

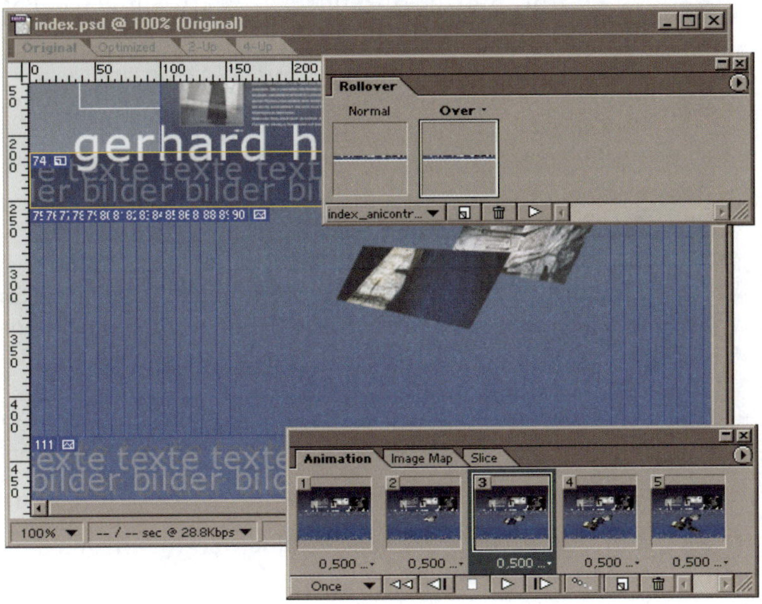

Die Definition des Rollover-Effekts und Anlegen der Animation

Abb. 10.57:

1. Wählen Sie den Slice *index_anicontroll.*
2. Erzeugen Sie den Rollover-Status *Over* für dieses Slice.
3. Schalten Sie die Sichtbarkeit der Ebene *ani_bilder* aus den Set *ani bilder* ein. Diese Ebene soll während der Animation immer sichtbar sein.
4. Wechseln Sie in die Animation-Palette.
5. Kopieren Sie aktuellen Frame mit dem Befehl *Frame kopieren* aus dem Animation-Paletten-Menü oder mit dem entsprechenden Symbol aus der Palette.
6. Schalten Sie die Sichtbarkeit der Ebene *ani3* aus dem Set *ani Bilder* ein.
7. Wiederholen Sie die Schritte 5 - 6, sodass die Bilder von oben nach unten auf den Bildschirm erscheinen.

8. Ändern Sie nun die Anzahl der Wiederholungen der Sequenz von *endlos* auf *einmal*.

9. Ändern Sie die Frame-Verzögerung für alle Frames auf 0,5 Sekunden.

Kombiniertes Rollover

Wenden wir uns nach diesem kurzem Ausflug in die Animation wieder der Bahn-Seite zu. Erinnern wir uns an den Anforderungskatalog.

1. Ein Überfahren der Texte soll diese mehr in den Vordergrund bringen, zum Beispiel durch einen Schein nach außen.

2. Ein Klick auf die Texte soll die Bilder vergrößern und darin einen Text darstellen.

3. Ein Überfahren der Bilder soll den Schein nach außen verstärken.

4. Ein Klick auf die Bilder soll diese vergrößert darstellen.

Bei der Verwirklichung dieser Anforderungen mit den Mitteln HTML und Javascript müssen leider Kompromisse in Kauf genommen werden. Wenn Sie sich das Slicing ansehen, werden Sie feststellen, dass zum Beispiel die Bilder auf die Rollover-Effekte bereits ansprechen, wenn die Maus diese noch gar nicht erreicht hat. Das liegt an der nicht rechteckigen Form dieser Bilder. Da Slices nun einmal immer eine rechteckige Form haben, bleiben Bereiche, die nicht vom Bild ausgefüllt werden, aber auf den Effekt ansprechen.

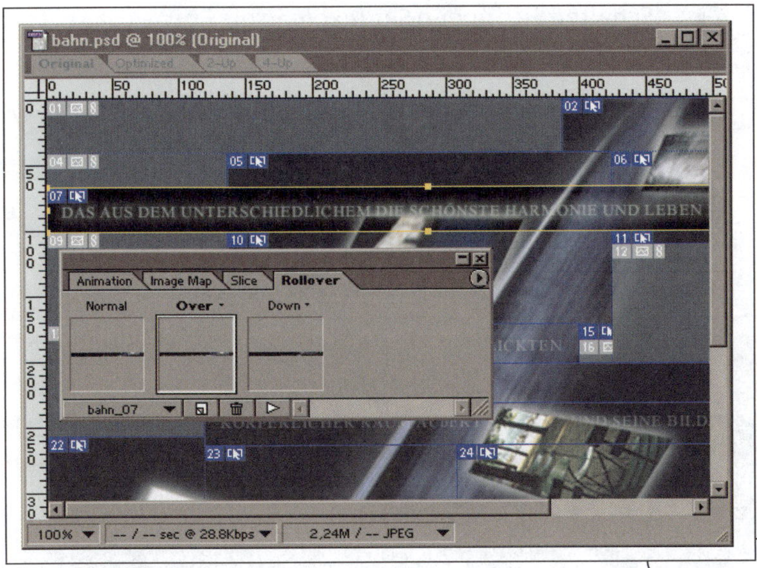

Die Definition des Rollover-Effekts einer Textzeile

Abb. 10.58:

Beginnen Sie nun mit der Definition der Rollover-Effekte.

1. Öffnen Sie die DATEI k10_works/site_rollover oder verwenden Sie Ihre eigene Datei aus dem vorigen Punkt *Vorbereitung* für kombiniertes Rollover.

2. Lassen Sie sich die Slices anzeigen und öffnen Sie die Rollover-Palette.

3. Wählen Sie mit dem Slice-Auswahl-Werkzeug den Slice der ersten Textzeile.

4. Erzeugen Sie in der Rollover-Palette einen *over*-Status.

5. Schalten Sie die erste Ebene aus dem Set *text ueber* ein.

6. Wechsel Sie in der Rollover-Palette in den Status *normal*.

7. Erzeugen Sie für dasselbe Slice einen *down*-Status in der Rollover-Palette.

8. Schalten Sie nun im Set *bilder* die Ebenen *bild1 klein* aus und *bild1 gross* ein.

9 Schalten Sie für den Set *text lang* die Ebene *Langer text eins* ein.

10 Wählen Sie die Ebene *bild2 gross* und erzeugen Sie einen *Satin*-Effekt, sodass der Text gut lesbar wird.

11 Wiederholen Sie die Schritte 3 - 10 entsprechend für die restlichen drei Textzeilen.

Abb. 10.59: Die Definition des Rollover-Effekts eines Bilds

Nun sind Punkt 1 und 2 der Anforderungsliste erfüllt. Beginnen Sie nun mit der Erfüllung der Punkte 3 und 4.

1 Wählen Sie den Slice des obersten Bilds mit dem Slice-Auswahl-Werkzeug.

2 Erzeugen Sie für diese Slice einen *over*-Status in der Rollover-Palette.

3 Wählen Sie aus dem Set *bilder* den Effekt *outer Glow* der Ebene *bild1 gross*.

4 Vergrößern Sie den Wert der Größe um 10 Pixel.

5 Wählen Sie in der Rollover-Palette der Status *normal*.

6 Erzeugen Sie für denselben Slice einen *down*-Status.

7 Schalten Sie aus dem Set *bilder* die Ebenen *bild1 klein* aus und die Ebene *bild1 gross* ein.

8 Wiederholen Sie die Schritte 1 - 7 für die restlichen drei Bilder.

Nachdem auch die Punkte 3 und 4 der Anforderungsliste erfüllt sind, müssen nur noch die drei Menü-Bilder links unten mit Rollover-Effekten versehen werden.

1 Wählen Sie das Slice des ersten Menü-Bilds.

2 Wählen Sie aus dem Set *menu* die Ebene *but index*.

3 Erzeugen Sie für diese Ebene den Effekt *Outer Glow*.

4 Wechseln Sie die Slice-Palette und tragen Sie den Dateinamen *index.html* in das *URL*-Feld ein.

5 Tragen Sie die Zeile *Zurück zur Startseite* in das Feld *Message* sowie in das Feld *Alt* ein.

Nun ist die Seite in Image Ready fertig gestellt. Speichern Sie Ihr Ergebnis. Bevor Sie es exportieren, sollten Sie die Slices noch optimieren.

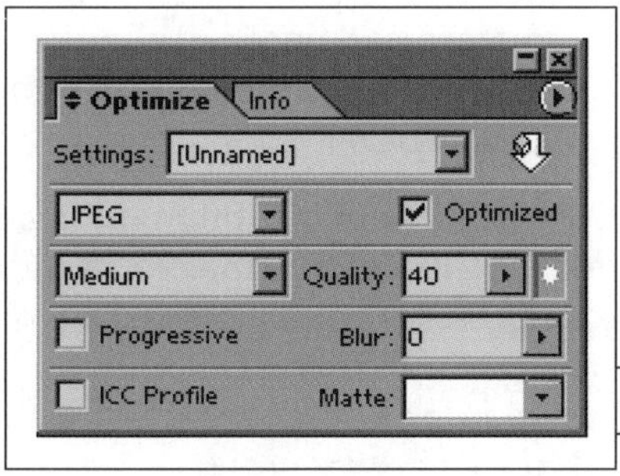

Die Optimierungs-Parameter

Abb. 10.60:

1 Wählen Sie alle Slice mithilfe des Slice-Auswahl-Werkzeugs.

2 Wechseln Sie zur Optimieren-Palette.

3 Wählen Sie als *Datei-Typ* das *JPEG-Format*.

4 Schalten Sei die Option *Optimiert* ein und wählen Sie eine *Qualität* von 40.

5 Lassen Sie die Optionen *Progressiv* und *ICC-Profile* deaktiviert. Der Wert der Option *Blur* bleibt bei 0. *Progressive* würe vielleicht ganz nett anzuschauen, treibt aber die Projektgröße unnötig in die Höhe.

Wenn Sie sich das Ergebnis der Optimierung anschauen, werden Sie sich über die angezeigten 35 KByte Dateigröße der optimierten Version freuen. Diese Freude ist aber völlig verfrüht. Image Ready zeigt hier leider nur die Summe der angezeigten Bilder. Die Bilder, die für die verschiedenen Rollover-Verhalten verantwortlich sind, fallen bei dieser Rechnung unter den Tisch. Genauso geht es der HTML-Datei, die mit ihren über 90 KByte nicht mit in die Rechnung eingeht, ein Verzicht auf die Erstellung von GoLive-kompatiblen bringt eine Ersparnis von etwa 25 KByte. Ein Blick in der Verzeichnis der erzeugten Bilder zeigt uns 145 Dateien mit 215 KByte. Alles in allem liegen wir bei über 300 KByte für eine Webseite.

Animation

Mit Image Ready ist es auf einfache Weise möglich, Animationen zu erstellen, als GIF-Animation oder als Quicktime-Film zu speichern und auf Webseiten zu veröffentlichen. Es können aber vorhandene GIF-Animationen oder Quicktime-Filme in Image Ready importiert und bearbeitet werden. Eventuelle vorhandene Tonspuren in Quicktime-Filmen gehen beim Importieren in Image Ready verloren.

GIF-Animationen können mit jedem Browser angezeigt werden, der das GIF-Dateiformat vollständig unterstützt, mir ist kein aktueller Browser bekannt, der dazu nicht in Lage ist. Allerdings sollte sich der Einsatz von GIF-Animationen auf kleine Filme beschränken, da der Speicherbedarf und somit die Übertragungszeit schnell zu groß werden.

Die Ebenen werden in Image Ready als eigenständige Elemente betrachtet. Sie können die Elemente einer Animation mithilfe der Befehle und Optionen der Ebenen-Palette (Sichtbarkeit, Position, Deckkraft, Füllmethode und Ebenen-Effekte) gestalten. Diese Änderungen wirken sich nur auf den aktuellen Frame aus. Durch Variation über Frames dieser Effekte entstehen Animations-Effekte. Das Anwenden einer Ebenenmaske auf eine Ebene wirkt sich auf alle Frames aus, in denen die Ebene vorliegt. Die Position der Maske lässt sich allerdings von Frame zu Frame variieren.

Änderungen an Ebenen, die sich auf die tatsächlichen Pixelwerte auswirken (wie Malen und Bearbeiten, Anpassen von Farbe und Tonwert, Anwenden der Transformieren-Befehle, Verwenden von Schrift und andere Bildbearbeitungsvorgänge), betreffen alle Frames der Animation, in denen die Ebene vorhanden ist.

Mit dem Befehl *Dazwischen einfügen* aus dem Animation-Palettenmenü lassen sich Animations-Sequenzen automatisch erzeugen. Diese als Tweening aus der Animationstechnik bekannte Methode erzeugt automatisch die gewünschte Anzahl Frame zwischen zwei vorhanden Frames. Wollen Sie einen Ball über das Bild rollen lassen, brauchen Sie nur einen Frame mit der Startposition des Balls und eine Frame mit der Endposition. Der Befehl *Dazwischen einfügen* erzeugt die von Ihnen gewünschten Anzahl Frames zwischen dem Start- und Endframe. Dabei wird automatisch die Position des Balls von Frame zu Frame neu berechnet. Dabei könnte sich auch die Farbe des Balls vom Startframe zum Endframe ändern.

Die Animation-Palette

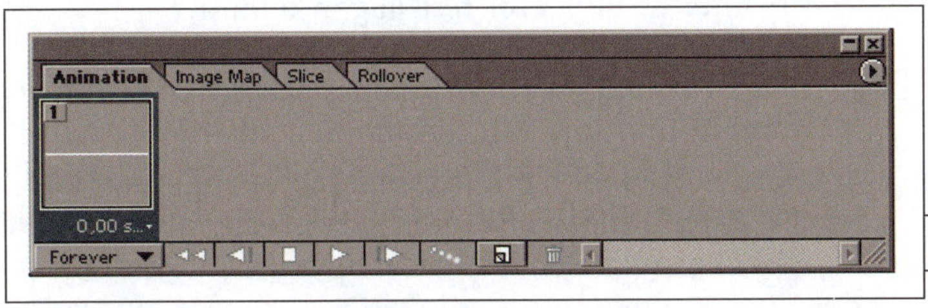

Abb. 10.61: Die Animation-Palette

Um die Animation-Palette anzuzeigen, wählen Sie den Befehl *Fenster>Animation einblenden* oder Sie lassen sich die Animation-Palette durch Klicken auf das Feld mit der Frame-Nummer in der Ebenen-Palette anzeigen.

Bei Beginn einer neuen Animation zeigt die Animation-Palette den Startframe der zukünftigen Animation. Innerhalb der Animation-Palette werden neue Frames angelegt, gelöscht, umgeordnet und die Optionen der einzelnen Frames eingestellt. Außerdem wird die Animation-Palette zur Steuerung der Vorschau verwendet.

Sollte die Animation während der Vorschau zu langsam laufen, um sich einen Eindruck zu verschaffen, blenden Sie kurzzeitig die Animation-Palette durch einen Klick auf den Verkleinerungsschalter der Palette aus.

Erstellen einer einfachen Animation

Im Folgenden werden Sie einen hüpfenden Ball als GIF-Animation erstellen.

1. Legen Sie eine neue Grafik mit Befehl *Datei>Neu* in den Ausmaßen 100 x 200 Pixel mit transparentem Hintergrund an.

2. Erstellen Sie mithilfe der Formwerkzeuge einen blauen Kreis und positionieren Sie ihn im oberen Bildbereich.

3. Wechseln Sie zur Animation-Palette und erzeugen Sie einen neuen Frame über den Befehl *Neuer Frame* aus dem Animation-Palettenmenü oder durch einen Klick auf den Schalter *Neuer Frame*.

4. Verändern Sie nun die Position des Kreises, sodass dieser im unteren Bildbereich zu liegen kommt.

5. Fügen Sie nun mit dem Befehl *Dazwischen einfügen* aus dem Animation-Palettenmenü acht Frames zwischen dem ersten und letzten Frame ein. Belassen dabei alle Parameter des Dialogs bis auf die Anzahl der einzufügen Frames bei ihren Werten.

6. Markieren Sie nun alle Frames innerhalb der Animation-Palette und kopieren Sie sie mit Befehl *Frames kopieren*.

7 Fügen Sie mit dem Befehl *Neuer Frame* einen Frame am Ende der Animation hinzu. Merken Sie sich die Nummer des eingefügten Frames, dieser hat nur eine Dummy-Funktion und wird im übernächsten Arbeitsschritt wieder entfernt.

8 Fügen Sie die kopierten Frames am Ende der Animation ein.

9 Löschen Sie den zuvor eingefügten Dummy-Frame mit dem Befehl *Frame löschen*.

10 Markieren Sie die von Ihnen einkopierten Frames. Klicken Sie auf den ersten Frame der auszuwählenden Frames und klicken Sie bei gedrückter ⇧-Taste auf letzten auszuwählenden Frame.

11 Mit dem Befehl *Frames umkehren* kehren Sie nun die Reihenfolge der ausgewählten Frames um.

12 Testen Sie nun die entstandene Animation mithilfe der Steuerungsfunktionen der Animation-Palette.

13 Testen Sie die Animation mit dem Befehl *Datei>Vorschau in*.

14 Speichern Sie die Originaldatei (.PSD) der Animation.

15 Mit den Befehl *Datei>Original exportieren* erzeugen Sie nun die GIF-Animation. Wählen Sie *Als Dateityp GIF (RD)*, vergeben Sie einen passenden Namen und speichern Sie die Animation.

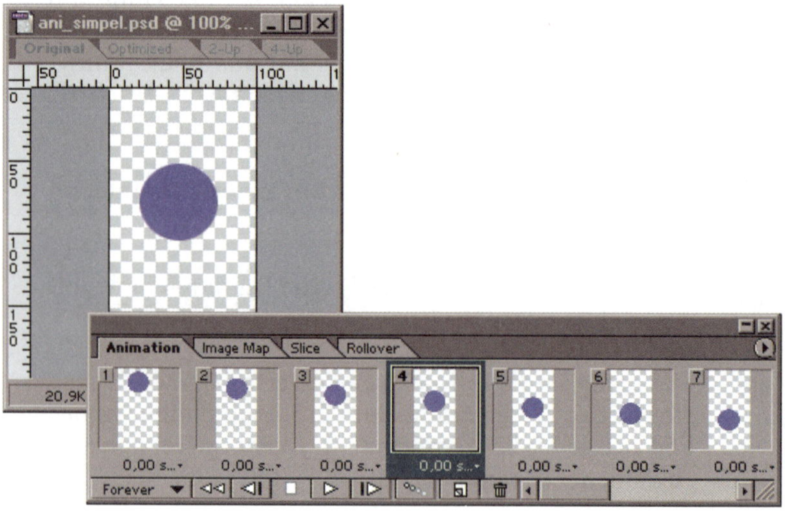

Die Animation in der Endphase der Arbeiten

Abb. 10.62:

Erstellen einer komplexen Animation

Der hüpfende Ball wirkt nicht ganz überzeugend. Wenn der Ball einen Schatten werfen würde, würde die Situation dem Betrachter klarer werden. Ein Schatten sollte, je näher der Ball dem Boden kommt, immer größer werden und an Dichte gewinnen.

Diese Schattenanimation können wir uns leider nicht von Image Ready generieren lassen, da wir für diesen Effekt die Ausmaße des Schattens ändern müssen. Da sich die Ausmaße eines Objekts bei Änderung allerdings in allen Frames ändert, müssen wir für jeden Frame eine eigene Schattenebene anlegen und auch selbst für die Anpassung der Ausmaße und Transparenz sorgen.

Als zweite Optimierung des Animationsablaufs steht eine Verbesserung des zeitlichen Verhaltens des Balls an. Wenn eine Gegenstand zur Erde fällt wird die Geschwindigkeit immer größer.

Hinzufügen eines animierten Schattens

1. Öffnen Sie die Ball-Animation und speichern Sie mit Befehl *Datei>Speichern unter* eine Kopie unter anderem Namen.

2 Wählen Sie in der Animation-Palette den ersten Frame nach der tiefsten Phase des Balls. Nun wählen Sie bei gedrückter [⇧]-Taste den letzten Frame und löschen alle gewählten Frames.

3 Den Schatten erstellen Sie mit des Ellipsen-Werkzeugs. Die Ausmaße der Ellipse sollten in der Waagerechten etwas größer als der Ball sein. Wenden Sie auf die Ebene nun den Befehl *Filter>Weichzeichungsfilter>Gaußscher Weichzeichner* mit einem Pixelradius von 5 Pixel an. Um das Positionieren zu erleichtern, erstellen Sie eine senkrechte Hilfslinie, die den Mittelpunkt des Kreises schneidet.

4 Wechseln Sie nun in der Animation-Palette den letzten Frame. Positionieren Sie den Schatten unterhalb des Balls, sodass der Mittelpunkt des Schattens den tiefsten Punkt des Balls berührt. Schalten Sie die Sichtbarkeit dieser Schatten-Ebene für diesen Frame aus.

5 Wechseln Sie zum ersten Frame. Schalten Sie die Sichtbarkeit der Schattenebene aus und benennen die Ebene in Schatten um. Diese Ebene stellt nun den Prototyp für die Schatten aller Frames dar.

6 Kopieren Sie die Schatten-Ebene und benennen Sie sie in *Schatten 1* um. Ändern Sie die Transparenz der Ebene auf *60 %*.

7 Wechseln Sie zum nächsten Frame. Kopieren Sie die Ebene *Schatten* und benennen Sie sie in *Schatten 2* um. Ändern Sie die Transparenz auf *65 %*.

8 Gehen Sie entsprechend für alle weiteren Frames vor.

9 Wenn damit fertig sind, hat jeder Frame eine eigene Schatten-Ebene mit über die Frames abnehmender Transparenz.

10 Nun muss noch die Größenänderung des Schattens über die Frames realisiert werden.

11 Wechseln Sie zum zweiten Frame in der Animation-Palette. Benutzen Sie den Befehl *Fenster>Info einblenden*, um die Info-Palette einsehen können.

12 Wählen Sie die Ebene *Schatten 2*. Verringern Sie die Ausmaße des Schattens mithilfe des Befehls *Bearbeiten>Transformieren>Per Eingabe* um 5 auf 95 % der Ausgangsgröße.

13 Wiederholen die Prozedur für jeden folgenden Frame.

14 Wenn Sie nun die Animation testen, kann es vorkommen, dass der Schatten ein klein wenig springt. Gehen Sie die Sequenz schrittweise durch und korrigieren Sie gegebenenfalls die Position des Schattens.

15 Wenn die Sequenz rund läuft, fügen Sie den nach dem letzten Frame einen neuen Frame ein und merken sich die Frame-Nummer zum späteren löschen des Dummy-Frames. Markieren Sie alle Frames bis auf den letzten und kopieren Sie sie mit Befehl *Frames kopieren*. Markieren Sie den letzten Frame der Sequenz und fügen Sie die kopierten Frames ein. Sie können nun den Dummyf-Fame löschen. Markieren Sie nun alle einkopierten Frames und wenden Sie den Befehl *Frames umkehren* an.

16 Speichern Sie die Originaldatei (.PSD) mit dem Befehl *Datei>Speichern*.

17 Testen Sie die Animation mit dem Befehl *Datei>Vorschau in*.

18 Exportieren Sie die Animation mit dem Befehl *Datei>Original exportieren*.

Optimieren des Zeitablaufs

1 Wählen Sie den ersten Frame der Animation. Wählen Sie aus dem Menü *Frame-Verzögerung* unterhalb der Frame-Miniatur, *andere* und geben eine Verzögerung von 0,3 Sekunden ein.

2. Wiederholen Sie den Vorgang mit den folgenden Frames/ Werten: Frame 2 und 3: *0,2*; Frame 4 und 5: *0,1*; Frame 16 und 17: *0,1*; Frame 18 und 19: *0,2*.

3. Speichern Sie die Originaldatei (.PSD) mit dem Befehl *Datei>Speichern*.

4. Testen Sie die Animation mit dem Befehl *Datei>Vorschau in*.

5. Exportieren Sie die Animation mit dem Befehl *Datei>Original exportieren*.

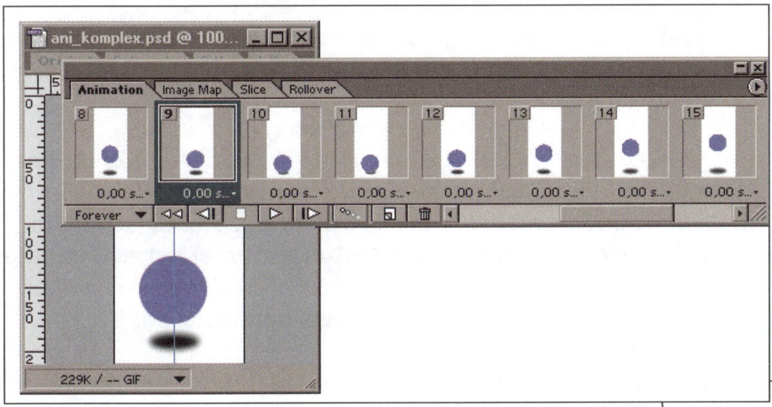

Die Animation in der Endphase der Arbeiten

Abb. 10.63:

Animationsspezifische Optimierung

Image Ready stellt zwei Verfahren zu Optimierung von Animationsdateien zur Verfügung. Die Optimierungseinstellungen erreichen Sie über das Animation-Palettenmenü mit Befehl *Animation optimieren*. Es öffnet sich ein Dialog mit zwei Schaltern.

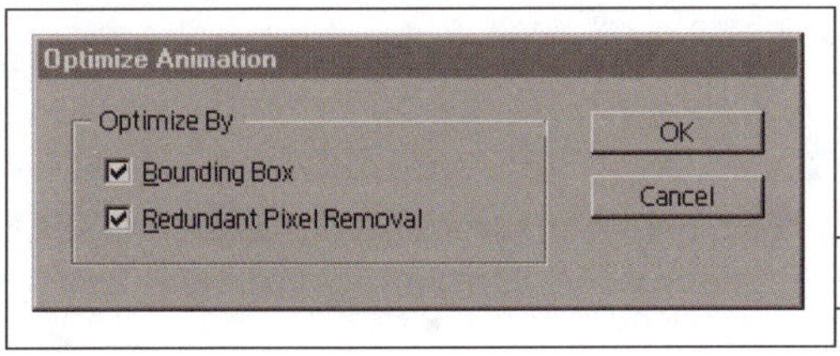

Der Dialog zur Optimierung der Animation

Abb. 10.64:

- *Begrenzungsrahmen*: Bei dieser Einstellung wird von Frame zu Frame nur der Bereich erhalten, der sich in Vergleich zum vorherigen Frame geändert hat. Durch diese Option verkleinert sich die Datei. Diese Option ist standardmäßig ausgewählt und auch empfohlen.

- *Entfernen redundanter Pixel*: Wenden Sie diesen Befehl an, um alle Pixel eines Frames, die im Vergleich vom vorherigen Frame unverändert geblieben sind, transparent zu machen. Diese Option ist standardmäßig ausgewählt und auch empfohlen.

Import einer GIF-Animation

Es ist mit Image Ready möglich, bestehende GIF-Animationen zu öffnen, zu bearbeiten und wieder als GIF-Animation oder Quicktime-Film zu exportieren.

Image Ready legt für jeden Frame einer importierten GIF-Animation eine Ebene an. Nachbearbeitungen an importierten GIF-Animationen sind deshalb kaum sinnvoll oder zumindest sehr aufwendig. Als eine sinnvolle Bearbeitung kann eigentlich nur die Veränderung der Optimierungseinstellung oder eine Konvertierung ins Quicktime-Format angesehen werden.

Um eine GIF-Animation in Image Ready zu importieren, benutzen Sie den Befehl *Datei>Öffnen*, alternativ lässt sich die zu importierende Datei aus dem Ordnerfenster in den Arbeitsbereich von Image Ready ziehen.

Import eines Quicktime-Films

Auch Quicktime-Filme können von Image Ready importiert werden. Wenn Sie über den Befehl *Datei>Öffnen* einen Quicktime-Film wählen, öffnet sich ein Dialog, in dem Sie die Frames bestimmen können, die Sie importieren möchten.

- *Von Anfang bis Ende* importiert alle Frames der Animation.

- *Nur ausgewählter Bereich* lässt Sie einen Bereich von Frames zum Import auswählen.

Mit *Beschränkt auf jeden* lässt sich die Anzahl der zu importierenden Frame begrenzen.

Auch bei Quicktime-Filmen ist eine weitere Bearbeitung, bis auf die Konvertierung als GIF-Animation, wenig sinnvoll.

Import eines Bilderordners

Wenn Sie eine Animation aus vorhanden Bildern erstellen wollen, unterstützt Sie Image Ready mit dem Befehl *Datei>Importieren>Ordner als Frame*.

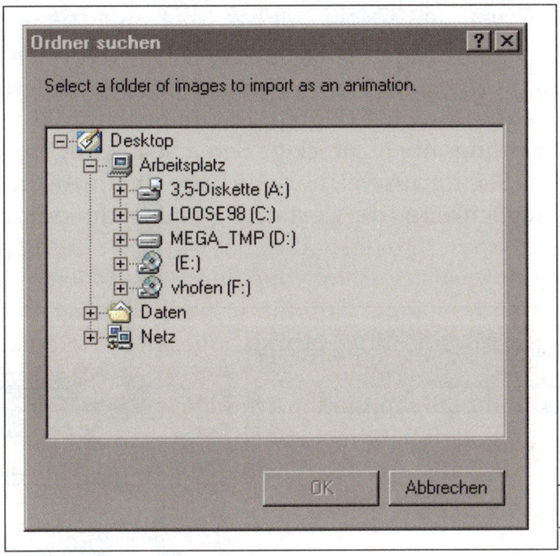

Der Dialog ermöglicht, Bilder eines Ordners als Frames in eine Animation zu laden

Abb. 10.65:

Legen Sie alle oder nur die Bilder, die an der Animation beteiligt sein sollen, in einem Ordner ab. Die Bilder sollten alle dieselben Ausmaße besitzen. Außerdem ist hilfreich, wenn sie in der richtigen Reihenfolge im Ordner vorliegen. Benennen Sie die Bilder mit einer alphabetischen oder numerischen Reihenfolge. Die Dateien werden nach dem erfolgreichen Import in der Animation-Palette als Frames und in der Ebenen-Palette als Ebenen angezeigt.

Um einen Ordner mit Bildern zu importieren wenden Sie den Befehl *Datei>Importieren>Ordner als Frames* an. In dem Dialog bestimmen Sie den zu importierenden Ordner.

Imagemaps

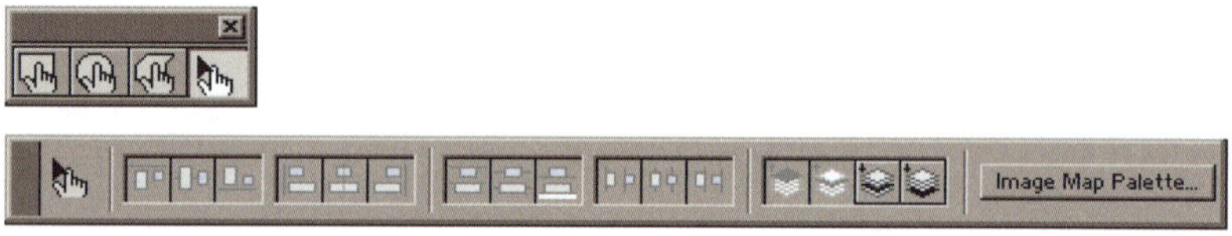

Die Ebenen-Werkzeuge mit Imagemap-Optionen

Abb. 10.66:

Imagemap bezeichnet die Möglichkeit, Bereiche eines Bilds auf einer Webseite mit Hyperlinks zu versehen. Dabei können die Bilder aus rechteckigen, polygonen und ovalen Formen bestehen. Imagemaps sind dem Slicing ähnlich. Sie bieten allerdings den Vorteil, nicht auf rechteckige Bereiche beschränkt zu sein. Wenn Sie allerdings nur rechteckige Bereiche benötigen, sollten auf Sie auf das Slicing ausweichen. Sie haben beim Slicing weitergehende Möglichkeiten der Gestaltung und Optimierung.

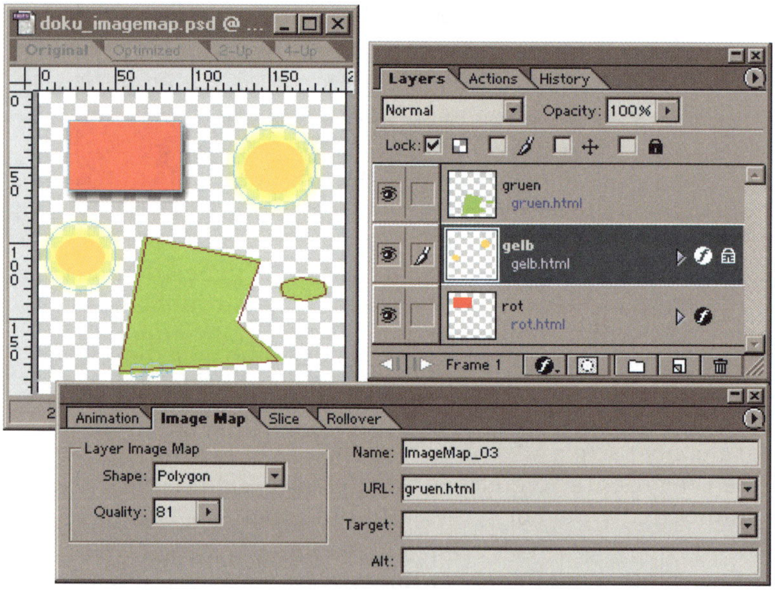

Die Ebenen-Palette mit Imagemap-Ebenen und Ebenen-Optionen

Abb.10.67:

Erstellen einer Imagemap

Eine Imagemap wird in der Ebenen-Palette definiert. Ein Hotspot (der Bereich im Bild, der durch Anklicken zu einem anderen Webdokument führt) der Imagemap muss sich immer auf einer Ebene befinden. Befinden sich die Elemente, die später zum Hotspot führen, auf zwei oder mehr Ebenen, so müssen diese Ebenen auf eine Ebene reduziert werden.

Image Ready kann sonst nicht die vollständige Form, die den Hotspot bilden soll, nicht erkennen. Es können sich dabei auch mehr als eine Form auf der Ebene befinden. Die Formen der verschiedenen Ebenen sollten sich nach Möglichkeit nicht überschneiden.

Es stehen Ihnen zwei Möglichkeiten zur Erstellung von Imagemap-Bereichen zur Verfügung: Einmal die manuelle Methode mithilfe der Imagemap-Werkzeuge und zum zweiten können Sie Ebenen-Imagemaps anlegen. Hierbei schließt Image Ready automatisch alle Elemente der betreffende Ebene separat ein. Sie erreichen den Befehl über das Ebenen-Menü. Im Folgenden werden Sie mithilfe des Imagemap-Werkzeugs ein Imagemap anlegen.

1. Erstellen Sie eine Grafik, die in ein Imagemap umgewandelt werden soll. Beachten Sie dabei die im vorhergehenden Absatz erklärten Regeln.

2. Wählen Sie eine Ebene, die in einen Hotspot umgewandelt werden soll. Achten Sie darauf, dass Sie nicht die Ebenen-Effekte auswählen, da Sie sonst nicht die Ebenen-Optionen in der Palette sehen. Aktiveren Sie nun den Schalter *Image Map*.

3. Wählen Sie eine Form in der Liste. Sie geben damit die Methode vor, mit der Image Ready die Form abtastet und welcher Formtyp dann in den HTML-Code eingetragen wird. Wenn sich mehrere unterschiedliche Formen auf einer Ebene befinden, sollten Sie entweder den Formtyp auf *Polygon* setzen oder die Formen über entsprechen Ebenen verteilen.

4. Tragen Sie die Ziel-URL in das Feld ein. Sie können hier relative wie absolute URLs verwenden, in dem Beispiel verwende ich eine relative URL. Schade ist hier, dass man hier kein Target-Frame angeben kann, dieses lässt nur nachträglich in HTML-Code ändern.

5. Testen Sie Ihr Ergebnis mit den Befehl *Datei>Vorschau in*.

6. Wenn Sie zufrieden mit dem Ergebnis sind, speichern Sie es mit dem Befehl *Datei>Speichern*.

7. Im vorletzten Schritt exportieren Sie die optimierte Version und lassen den HTML-Code erstellen mit den Befehl *Datei>Optimierte Version speichern*. Vergeben Sie einen Namen für die Grafikdatei. Aktivieren Sie den Schalter *HTML-Speichern*, um den HTML-Code zu generieren, und den Schalter *Bilder speichern*, um den Ablageort der Grafik zu bestimmen.

8. Überprüfen Sie sich Ihr Ergebnis in den gängigen Browser um die Darstellung und Funktion zu testen.

Ändern einer Imagemap

1. Öffnen Sie das Original (.PSD) und nehmen Sie Ihre Änderungen vor.

2. Speichern Sie die Änderungen an der Originaldatei.

3. Testen Sie die Änderungen mit dem Befehl *Datei>Vorschau in*.

4. Mit dem Befehl *Datei>HTML aktualisieren* öffnen Sie einen Dialog, der Sie auffordert, die zu aktualisierende HTML-Datei auszuwählen. Wenn Sie an Ihrer Grafik nur die Imagemap-Informationen (URL, Ausmaße und Position etc.) geändert haben, reicht es, nur die HTML-Datei zu aktualisieren. Wenn Sie allerdings den Bildinhalt geändert haben, sollten Sie den Schalter *Bilder speichern* aktivieren.

Zusammenarbeit mit Web-Editoren

11

Die von Image Ready und Photoshop erstellten Seiten sind für sich natürlich voll funktionsfähig. Zumeist werden Sie aber eher Grafikelemente erstellen als ganze Seiten. Diese Elemente enthalten, wenn Sie Rollover-Effekte eingesetzt haben, außer den Bildern die HTML-Tabelle, die die Bild-Slices auf der Webseite zusammenfügt, und den Javascript-Code, der die verschiedenen Zustände der Slices steuert.

Der HTML-Code sollte von allen HTML-Editoren gelesen und wiedergegeben werden. Anders sieht es mit den Javascript-Code aus. Er kann in der Regel nicht oder nur bedingt weiter verwendet werden. Einige grafisch orientierte HTML-Editoren bieten ihrerseits die Möglichkeit, Rollover-Effekte anzulegen. Wenn Sie mit Adobe GoLive 5.0 als HTML-Editor arbeiten, können Sie auf Image Ready aufbauen. Image Ready unterstützt die Erstellung von GoLive-kompatiblem Javascript-Code. Bei allen anderen Editoren können Sie nur die Bilder und den HTML-Code weiter bearbeiten.

Im Folgenden stelle ich Ihnen die Zusammenarbeit mit den beiden grafisch orientierten HTML-Editoren Adobe GoLive 5.0 und Macromedia Dreamweaver und einem beliebigen ASCI-Editor, in diesem Fall den frei erhältlichen VIM 5.3 (Vi Improfed).

Die folgenden Hinweisen sollen keine Bedienungsanleitung für die angesprochenen Programme darstellen, sondern vielmehr die Schnittstellen zu Photoshop/Image Ready beschreiben.

Adobe GoLive 5.0

GoLive ist ein grafisch orientierter HTML-Editor mit umfangreicher Site-Verwaltung. GoLive ermöglicht außer der Erstellung von Rollover-Effekten auch die Erstellung und Bearbeitung von Zeitachsen. Das heißt, Sie können mithilfe von HTML-Elementen, Bildern und anderen multimedialen Elementen Animationen erstellen.

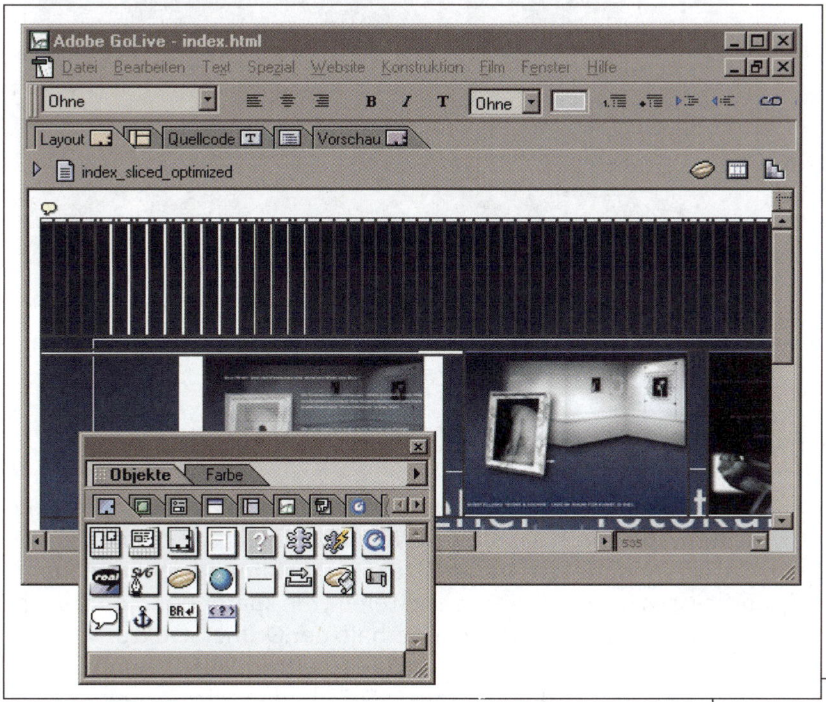

Abb. 11.1: Die Arbeitsfläche von GoLive

Image Ready konfigurieren

Wenn Sie Image Ready darauf konfiguriert haben, GoLive-kompatiblen Javascript-Code zu erzeugen, können Sie die in Image Ready erzeugten Rollover-Effekte in GoLive weiterbearbeiten. Sie können Image Ready im Dialog *Output-Settings>HTML*, den Sie über des *Datei*-Menü erreichen, anweisen, GoLive-kompatiblen Javascript-Code zu erzeugen. Hier können Sie auch entscheiden, ob in Javascript- und HTML-Code Bemerkungen eingefügt werden. Wenn Sie den HTML-Code nicht selbst bearbeiten wollen, schalten Sie die Erzeugung von *Comments* ab, dadurch verringert sich der Dateiumfang etwas.

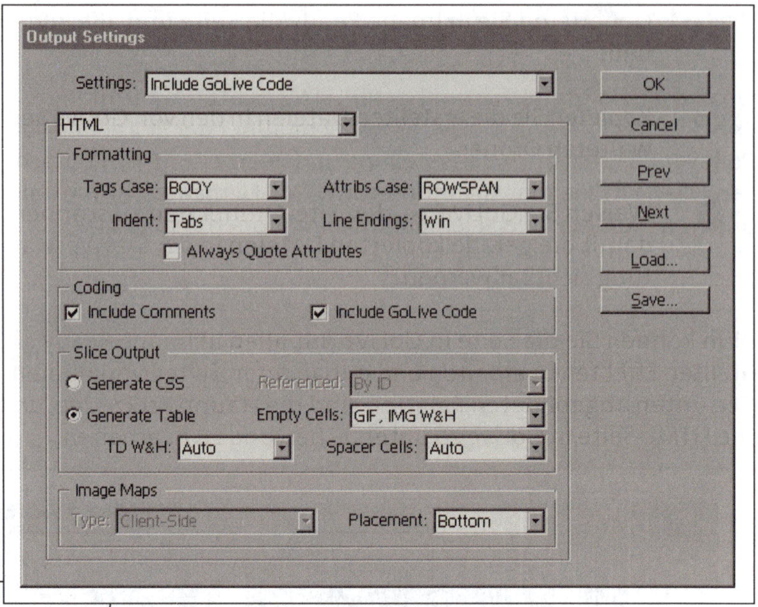

Abb. 11.2: Die HTML-Voreinstellungen für GoLive

Import einer kompletten HTML-Seite

Wenn Sie eine komplette Webseite in Image Ready erstellen und testen, speichern Sie die Test-Versionen nicht innerhalb der von GoLive verwalteten Ordner-Struktur. Da während des Erstellungsprozesses immer Dateien entstehen, die später dann doch nicht gebraucht und zu Leichen innerhalb der Ordnerstruktur werden. Zum Testen der in Image Ready erstellten Seiten legen Sie im selben Ordner, in dem Sie Ihre PSD-Dateien speichern, einen Test-Ordner zum Speichern der Seiten an. Löschen Sie von Zeit zu alle Dateien in diesem Ordner, den Inhalt können Sie ja jederzeit von Image Ready wieder generieren lassen. Besonders wenn Sie der Meinung sind, dass Ihre Arbeiten an der Seite in Image Ready abgeschlossen sind, und Sie den letzten Export aller Elemente durchführen wollen, sollten Sie den Test-Ordner komplett leeren, um sicher zu sein, dass nur aktuelle Dateien vorhanden sind.

Der Import der kompletten HTML-Seite in den GoLive-Ordner einmal schrittweise:

1. Löschen Sie alle Dateien in Ihrem Testordner.

2. Generieren Sie in Image Ready die Seite und alle Bilder neu.

3. Kopieren Sie die erstellten Dateien in den von GoLive verwalteten Ordner.

4. Weisen Sie GoLive an, den Site-Ordner neu zu scannen, damit die gerade kopierten Dateien in der Site-Verwaltung sichtbar werden.

Nun können Sie die Seite in GoLive mit allen in Image Ready erstellten Effekten bearbeiten und mit anderen Seiten verknüpfen. Die unten abgebildeten Paletten sind die Hauptwerkzeuge, um die HTML-Seite in GoLive zu untersuchen und zu bearbeiten.

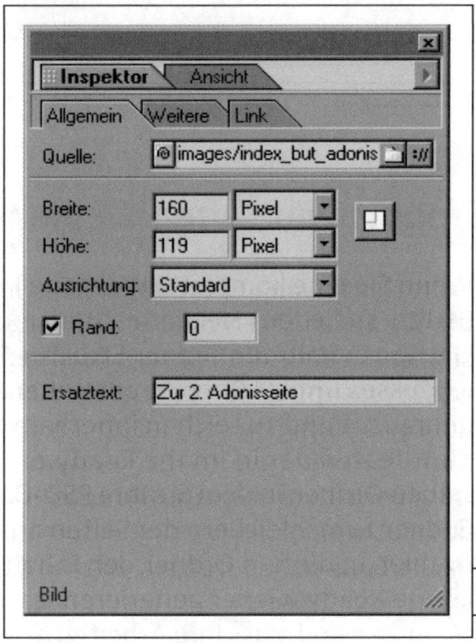

Abb. 11.3: Der GoLive-Objekt-Inspektor

Hier in der GoLive-Aktionen-Palette sollten Sie Ihre in Image Ready erstellten Rollover-Effekte wiederfinden.

Abb. 11.4: Die GoLive-Aktionen-Palette

Import von Seiten-Elementen

Wenn Sie in Image Ready zum Beispiel Bedienelemente erstellen, die Sie auf mehreren Seiten benutzen möchten, gibt es keinen sinnvollen Weg, die in Image Ready erstellte Interaktivität in Form von Javascript-Code nach GoLive zu exportieren. Besonders, wenn auf der Seite schon von GoLive erzeugter Code vorhanden ist, ist es nicht sinnvoll, wenn Sie versuchen, selbst bei vorhandenen Javascript-Kenntnissen, den von Image Ready erzeugten Code in das GoLive-Dokument einzukopieren. Dies betrifft also meistens nachträgliche Änderungen oder Verbesserungen einer bereits bestehenden Seite.

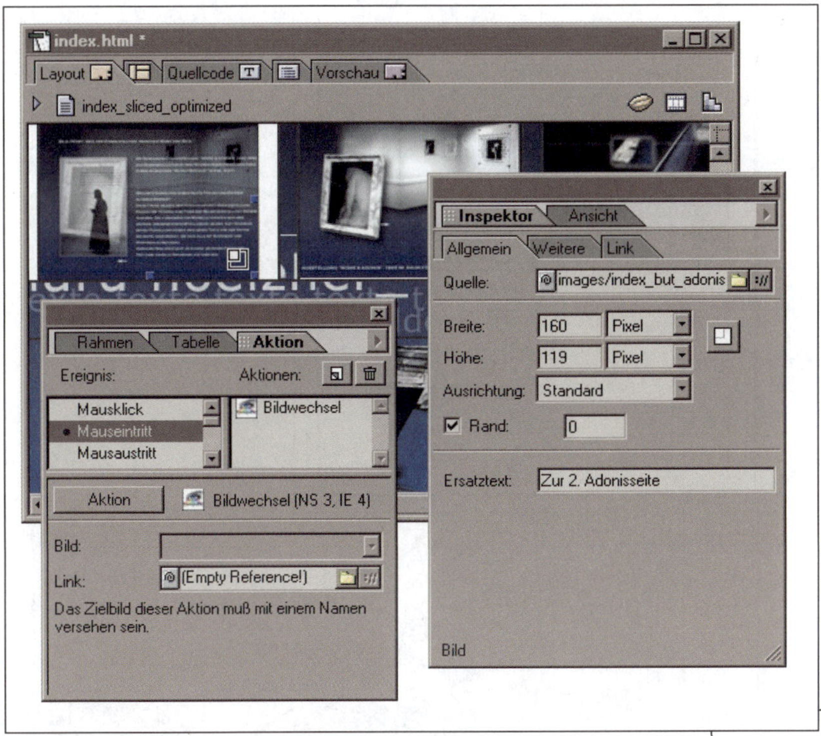

Abb. 11.5: Anlegen von Rollover-Verhalten in GoLive

In der Regel ist es am sinnvollsten, wenn Sie nur die erzeugten Bilder in das Bildverzeichnis der Site kopieren, diese dann mit GoLive in die Webseite zu integrieren und dabei die Rollover-Effekte wieder anzulegen.

Import von Bildern

GoLive 5.0 bietet die Möglichkeit, Bilder aus Photoshop-Dateien direkt zu importieren und optimieren. Mit dem Befehl *Datei>Importieren>Photoshop als HTML* öffnet sich ein Dialog, der dem aus Photoshop sehr ähnlich sieht.

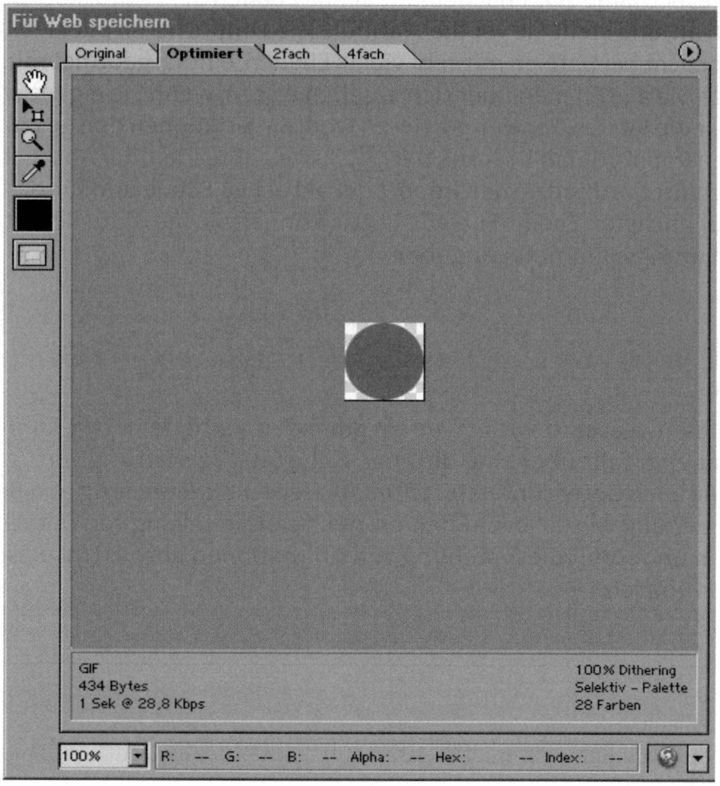

Abb. 11.6: Der Dialog zum Import von Photoshop-Ebenen

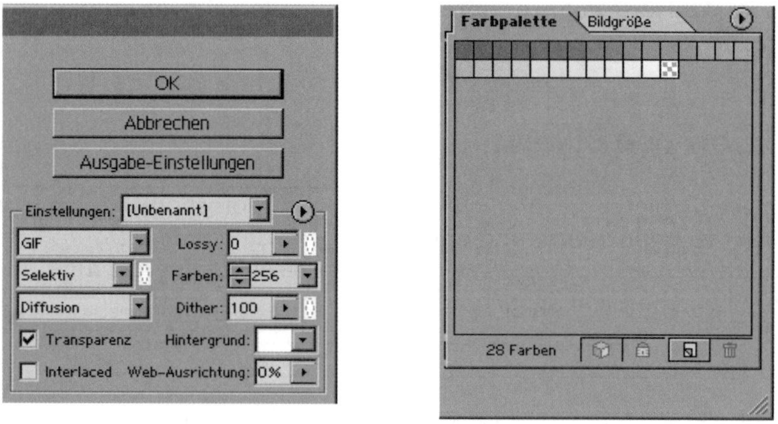

Abb. 11.7: Der Dialog zum Import von Photoshop-Ebenen, die Optimierungsparameter und Farbtabelle

Dieser Dialog zeigt nacheinander alle Ebenen der Photoshop-Datei an, und stellt Sie vor die Wahl, diese zu importieren oder nicht. Vorsicht bei Dateien mit sehr vielen Ebenen, einmal geöffnet müssen Sie alle Ebenen über sich ergehen lassen, wenn Sie eigentlich nur die letzte Ebene importieren wollten. Sie können den gesamten Import durch Drücken der Esc-Taste abbrechen, der Abbruch-Schalter verhindert den Import der aktuellen Ebene und führt Sie zur nächsten Ebene. Für jede Ebene können Sie individuelle Optimierungsparameter angeben.

Macromedia Dreamweaver

Dreamweaver ist wie GoLive ein grafisch orientierter HTML-Editor, der ebenfalls über eine umfangreiche Site-Verwaltung verfügt. Wie auch GoLive unterstützt Dreamweaver die Erstellung und Bearbeitung von Rollover-Effekten. Auch eine Erstellung von Zeitachsen und somit die Erstellung von Animationen auf DHTML-Basis ist möglich.

Abb. 11.8: Die Arbeitsfläche von Dreamweaver

Mit Dreamweaver können Sie nur den von Image Ready erstellten HTML-Code bearbeiten. Den Javascript-Code kann Dreamweaver nicht interpretieren, lässt den Code aber unangetastet.

Image Ready konfigurieren

Da Dreamweaver den Image Ready-Javascript-Code nicht interpretieren kann, sollten Sie die Erzeugung von GoLive-kompatiblen Javascript-Code ausschalten. Der Script-Code, der nun von Image Ready erstellt wird, ist wesentlich weniger umfangreich und für den nicht versierten Javascript-Programmierer übersichtlicher wegen der kürzeren Bezeichner. Außerdem lässt sich dieser kürzere Code auch besser löschen, das ist nicht ganz unwichtig, wenn Sie die Rollover-Effekte in Dreamweaver wieder nachbilden wollen. Dann ist der von Image Ready erzeugte Javascript-Code überflüssig und muss von Hand gelöscht werden, da es leider in Image Ready keine Möglichkeit gibt, die Erzeugung des Javascript-Codes gänzlich auszuschalten. Für die Orientierung bei dieser Handarbeit ist es nützlich, die Erzeugung von Bemerkungen innerhalb des HTML- und Javascript-Codes einzuschalten.

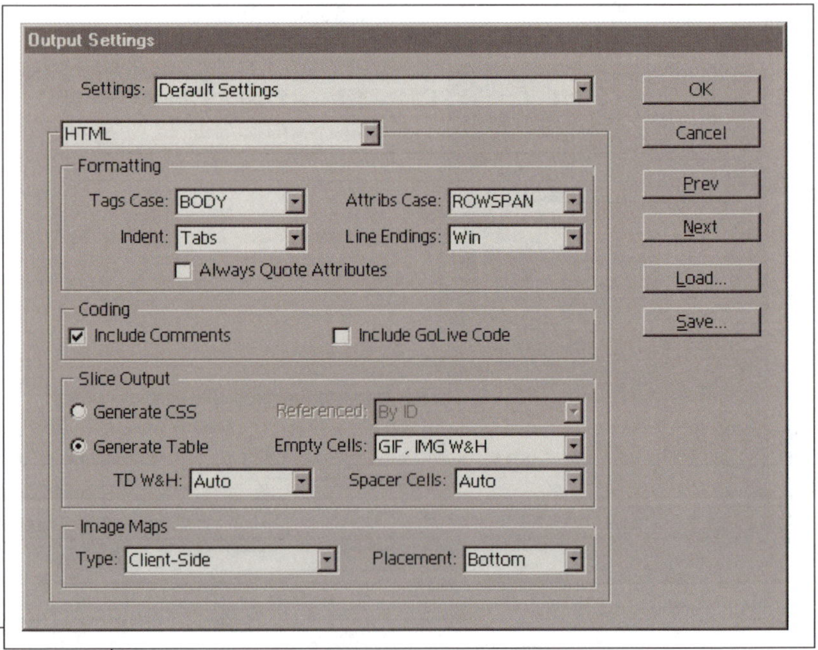

Abb. 11.9: Die HTML-Voreinstellungen für den Export für Dreamweaver

Import einer kompletten Seite unter Beibehaltung des Javascript-Codes

Kopieren Sie die Seite mit allen Bildern aus Ihrem Testordner in den von Dreamweaver verwalteten Site-Ordner. Aktualisieren Sie die Ansicht des Site-Fensters, um die kopierten Dateien sichtbar werden zu lassen. Nun können Sie die Webseite in Dreamweaver bearbeiten. Der von Image Ready erzeugte Javascript-Code von als benutzerdefinierter Code erkannt und in Ruhe gelassen.

Tipp

Erstellen Sie eine Kopie Ihrer Arbeitsdatei und löschen Sie alle Rollover-Verhalten daraus. Wenn Sie jetzt die HTML-Datei exportieren, wird kein Javascript-Code erzeugt.

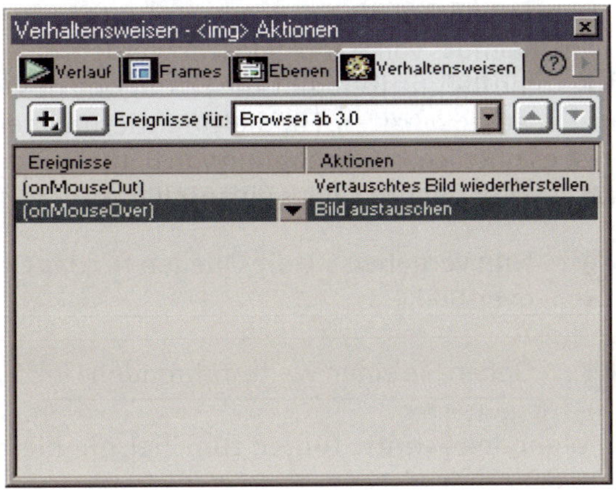

Abb. 11.10: Der Verhaltens-Inspektor in Dreamweaver

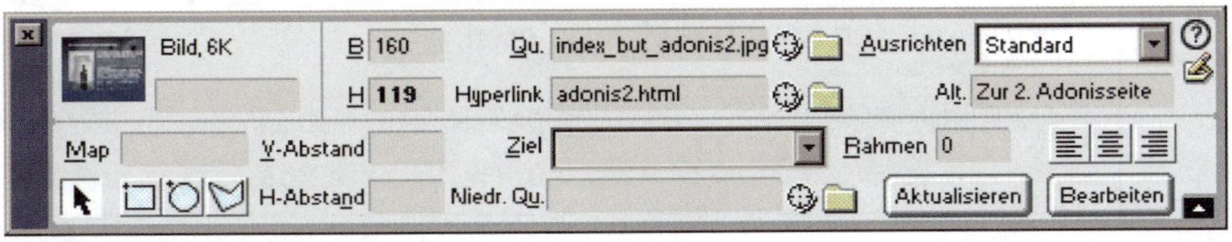

Abb. 11.11: Der Objekt-Inspektor in Dreamweaver

Austausch des Javascript-Codes

Verfahren Sie hierfür wie im vorigen Punkt. Wenn Sie die Webseite in Dreamweaver geöffnet haben, löschen Sie den Javascript-Code. Um den Script-Code aus den HEAD-Bereich der Webseite zu entfernen, lassen Sie ihn anzeigen und entfernen daraus die Symbole für den Script-Code und den für die Bemerkungen. Sie brauchen sich nicht die Mühe zu machen, die Definitionen der Rollover-Zustände innerhalb der Links zu löschen, da die Bilder samt Links aus der Tabelle entfernt werden müssen.

Um einen Rollover-Effekt wieder in die Webseite einzubauen, tun Sie Folgendes:

1. Löschen Sie das Bild, dessen Rollover-Effekt Sie neu einbauen wollen.
2. Öffnen Sie mit dem Befehl *Einfügen>Rolloverbild* den Dialog *Rolloverbild einfügen*.
3. Vergeben Sie einen passenden Bildnamen.
4. Nun vergeben Sie die Quellen für das Original- und Rollover-Bild.
5. Geben Sie einen weiterführenden Link für dieses Bild ein.

Die folgenden Schritte führen zum Ziel, nur hierbei brauchen Sie das Bild nicht zu löschen:

1. Wählen Sie das Bild, deren Rollover-Effekte Sie neu implementieren wollen.
2. Lassen Sie deren Verhaltensweisen in der Palette *Verhaltensweisen* anzeigen.
3. Löschen Sie alle Verhaltensweisen für diese Bild.
4. Nun können Sie mithilfe der Palette neue Verhaltensweisen für das Bild definieren.

Am einfachsten ist der Import in Dreamweaver, wenn Sie die Seite einmal duplizieren und aus dem Duplikat alle Rollover-Verhalten löschen. Sie ersparen sich das Löschen innerhalb von Dreamweaver.

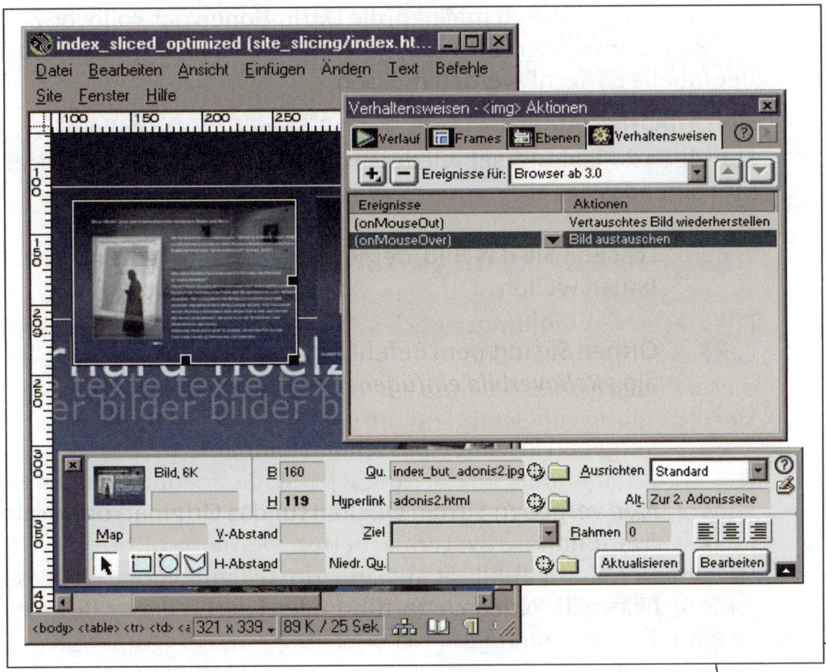

Das Definieren der Rollover-Effekte in Dreamweaver

Abb. 11.12:

Import von Seiten-Elementen

Wie schon bei GoLive macht hier nur der Import der Bilder für das Seiten-Element in den Bilderordnern der von Dreamweaver verwalteten Ordnerstruktur Sinn. Die Interaktivität in Form von Rollover-Effekten sollten Sie in Dreamweaver realisieren. Am einfachsten ist der Import in Dreamweaver, wenn Sie die Seite einmal duplizieren und aus dem Duplikat alle Rollover-Verhalten löschen.

ASCII-basierte Editoren

ASCII-Editoren oder HTML-Editoren, die HTML-Code-orientiert arbeiten, arbeiten naturgemäß am flexibelsten mit Image Ready zusammen. Allerdings wird hier das Maß an Flexibilität durch Ihre persöhnlichen Kenntnisse in HTML und Javascript begrenzt.

Image Ready unterstützt die manuelle Arbeit an dem erstellten HTML- und Javascript-Code durch sehr gute Formatierung. Die Formatierung ist natürlich von persönlichen Vorlieben geprägt, aber die Formatierung, insbesondere die Einbindung der Rollover-Zustände in die Links ist sehr übersichtlich eingerückt.

Image Ready konfigurieren

Für diesen Anwendungszweck schalten Sie die Erzeugung von GoLive-kompatiblen Code aus, für die manuelle Bearbeitung ist dieser Code zu unübersichtlich und vergrößert die Datei unnötig. Der Erzeugung von Bemerkungen sollten Sie einschalten.

Des Weiteren haben Sie die Möglichkeit, die Formatierung des HTML-Codes an Ihre Vorlieben anzupassen. Da Sie wahrscheinlich nicht auf einem Mac-System arbeiten werden, sollten Sie die Dateinamen-Kompatibilität auf Unix einstellen. Solange Ihre Projekte nicht auf CD-ROM gebrannt werden sollen, geraten Sie nicht so schnell in Benennungsschwierigkeiten.

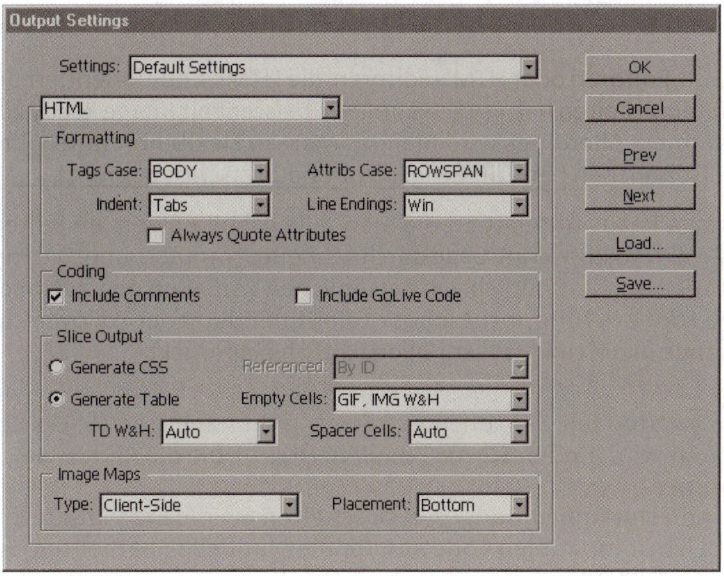

Abb. 11.13: Die HTML-Voreinstellungen für den ASCII-Export

Tipp

Erstellen Sie eine Kopie Ihrer Arbeitsdatei und löschen Sie alle Rollover- Verhalten. Wenn Image Ready jetzt die HTML-Datei exportiert, wird kein Javascript-Code erzeugt.

Struktur der HTML-Datei

Wenn Sie nicht vergessen, haben die Erzeugung von Bemerkungen innerhalb des HTML-Codes einzuschalten, können Sie sich daran grob orientieren, welche Teile Sie unbedingt in Ihre HTML-Datei kopieren müssen, um die Funktion zu gewährleisten.

Genau genommen handelt es sich um zwei Teile, in die die Datei durch die Image Ready-Bemerkungen eingeteilt wird. Zum einen der HEAD-Bereich, in ihm liegen die Javascript-Funktionen. Er wird in den Bemerkungen als Preload Script bezeichnet. Die Bezeichnung ist allerdings leicht irreführend, da hier nicht nur das Vorladen der Bilddateien definiert wird, sondern auch die Funktionen, die die Rollover-Funktionalität ermöglichen.

```
<!— ImageReady Preload Script (adonis2.psd) —>

<SCRIPT LANGUAGE=JavaScript>

<!—
```

Hier folgt der Javascript-Code:

```
// —>

</SCRIPT>

<!— End Preload Script —>
```

Im zweiten Teil, der von Image Ready mit ImageReady Slices benannt wird, finden Sie die Tabellenstruktur, die die Bildverweise enthält.

```
<!— ImageReady Slices (adonis2.psd) —>

<TABLE WIDTH=640 BORDER=0 CELLPADDING=0>
```

Hier folgt der HTML-Code der Tabellen-Definition:

```
</TABLE>

<!— End ImageReady Slices —>
```

Diese beiden Teile werden Ihnen auch über die Zwischenablage zu Verfügung gestellt (siehe nächster Punkt). Wenn Sie also einen rudimentären HTML-Code erstellen und an den bezeichneten Stellen den entsprechenden Code einkopieren, erhalten Sie eine funktionsfähige Webseite.

```
<HTML>

<HEAD>
```

Hier das Preload Script einfügen:

```
</HEAD>

<BODY>
```

Hier die Image Ready Slices einfügen:

```
</BODY>

</HTML>
```

Weiterverwenden des Javascript-Codes

Wenn Sie bestehende Seiten ändern möchten und den Javascript-Code von Image Ready weiter benutzen, ist oft wünschenswert oder auch nicht anders machbar, den bestehenden Code zu erweitern. Hier brauchen Sie im Prinzip nicht mehr tun, als die richtigen Zeilen zu kopieren. Schauen Sie sich den Javascript-Code im HEAD-Teil der HTML-Datei einmal an:

```
<SCRIPT LANGUAGE=JavaScript>

<!–

function newImage(arg) {

...

}


function changeImages() {

...

}


function preloadImages() {

...

}

// –>

</SCRIPT>
```

Es werden drei Funktionen erstellt, wobei sich nur die letzte Funktion *preloadImages()* ändert, wenn Bilder in die Seite eingebaut oder gelöscht werden. Die beiden anderen Funktionen könnten sogar in eine externe Datei ausgelagert werden und nur die Preload-Funktion müsste noch verbleiben.

```
function preloadImages() {

     if (document.images) {

          adonis1_adonis2_but_over =
          newImage(...);

          adonis1_index_but_over =
          newImage(images/adonis1_index_but-
          over.jpg);

          adonis1_bahn_but_over =
          newImage(images/adonis1_bahn_but-
          over.jpg);

          preloadFlag = true;

     }

}
```

Die Zeilen nach den *if(document.images)*, die einen *newImage()*-Befehl enthalten, sind für das Vorladen der Bilder verantwortlich und müssen also beim Austausch von Bildern mit Rollover-Verhalten ausgetauscht werden.

HTML- und Javascript-Code aus der Zwischenablage

Sie können HTML- und Javascript-Code über die Zwischenablage in Ihren HTML-Editor übertragen. Dabei stehen Ihnen unter den Menupunkt Edit/Copy HTML Code vier Möglichkeiten zur Verfügung:

1. *For all Slices*: Kopiert die komplette Tabellenstruktur in die Zwischenablage.

2. *For selected Slices*, wenn ein Slice ausgewählt ist: Kopiert nur den Bildverweis mit umgebenden HREF-Tag samt Rollover-Zustände.

3. *For selected Slices*, wenn mehrere Slices ausgewählt sind: Hier erstellt Image Ready eine Tabellen-Struktur, die die ausgewählten Slices beinhaltet.

4. *For Preloads*: Hier wird der Javascript-Code für den HEAD-Bereich in die Zwischenablage kopiert.

Der in die Zwischenablage kopierte Code wird natürlich nach den Vorgaben formatiert, die Sie im Dialog für HTML-Einstellungen vorgegeben haben.

Sound und Flash

12

Allgemeines zu Flash

Macromedia Flash 4.0 ist ein Programm zur Erstellung von interaktiven Animationen und Formularen für das Internet. Die von Flash erzeugten Dateien sind streamingfähig, das heißt, bevor die gesamte Datei im Browser geladen ist, kann die Animation bereits betrachtet werden. Das von Flash 4.0 erzeugte Dateiformat hat im Internet eine weite Verbreitung gefunden. Die Einbindung der Dateien in die Webseiten erfolgt über Plugins, die für alle wichtigen Plattformen erhältlich sind und für den Internet Explorer und den Netscape Communicator mitgeliefert werden.

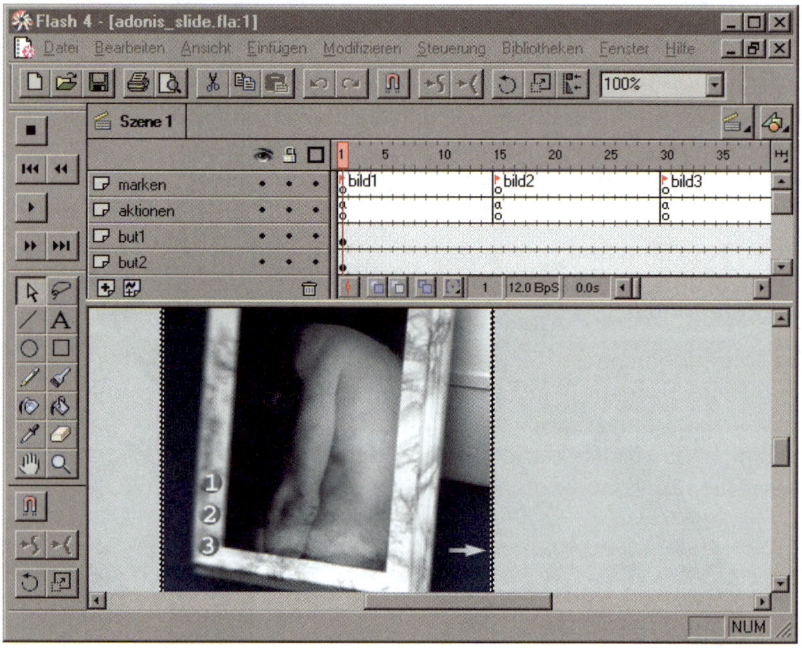

Abb. 12.1: Die Flash-Arbeitsumgebung

Flash produziert vektorbasierte Grafiken, dadurch wird klar, warum die SWF-Dateien so klein sind, selbst wenn sich die Animationslänge im Minutenbereich bewegt. Flash kann allerdings auch mit Pixel-Bildern etwas anfangen. Diese können in vielen Formaten in Flash importiert werden. Die Bilder können innerhalb von Flash skaliert, rotiert und verzerrt werden. Alle Pixel-Bilder werden später im JPEG- oder GIF/PNG-Format komprimiert. Sie können die Methode wählen und beim JPEG-Format auch die Qualität der Kompression einstellen.

Sound kann ebenfalls sehr effektiv und einfach in Flash eingebunden werden. Die Sounds werden während des Speicherns der Datei in das MP3-Format konvertiert und sind somit ebenfalls streamingfähig. Die Qualität der Komprimierung lässt sich für jeden Sound einzeln einstellen.

Ein Menü in Flash

Die Technik des Slicings lässt auch gut für die Erstellung von interaktiven Menüs innnerhalb von Flash gebrauchen. Da die Einbindung der Bilder und Sounds einfach per Drag & Drop funktioniert, ist es kein Problem, mit Flash ein interaktives Menü auf der Basis von Pixel-Bildern zu erstellen, ähnlich wie Sie es mit einem HTML-Editor schon getan haben. Im Folgenden werden Sie ein Menü in Image Ready erstellen, es für die Bedürfnisse von Flash slicen, exportieren und abschließend in Flash wieder zusammensetzen. Zum Schluss wird das Flash-Menü wieder in die HTML-Seite eingebunden.

Im Folgenden werden Sie eine Steuerung der Bildwechsel für die manuelle Slideshow auf der *adonis1*-Seite. Mit dem von Image Ready erstellbaren Rollover-Verhalten lässt sich die Steuerung der Bild nicht so intuitiv bedienen. Mithilfe von Flash werden Sie eine bessere Steuerung implementieren.

Slicing und Export für Flash

Jetzt werden Sie zuerst die Datei *adonis1.psd* mit einem Slicing versehen das der Erfordernissen der Weiterverarbeitung in Flash genügt. Das Slicing hierfür erfordert drei Schritte:

1. Das Slicing und Export des Flash-Hintergrundbilds und des Bildrahmens.
2. Das Slicing und Export der drei anzuzeigenden Bilder.
3. Das Slicing und Export der Schalter für den Bildwechsel.

Die drei Schritte werden nötig, weil wir die Bildelemente nicht nebeneinander anordnen, wie es auf der Webseite üblich ist. Hier werden die Bildelemente vielmehr wie in Photoshop in Ebenen übereinander angeordnet.

Tipp

Für einen hochwertigen Export für Flash nutzen Sie am besten das PNG-24-Format, um die 8-Bit-Transparenz zu nutzen.

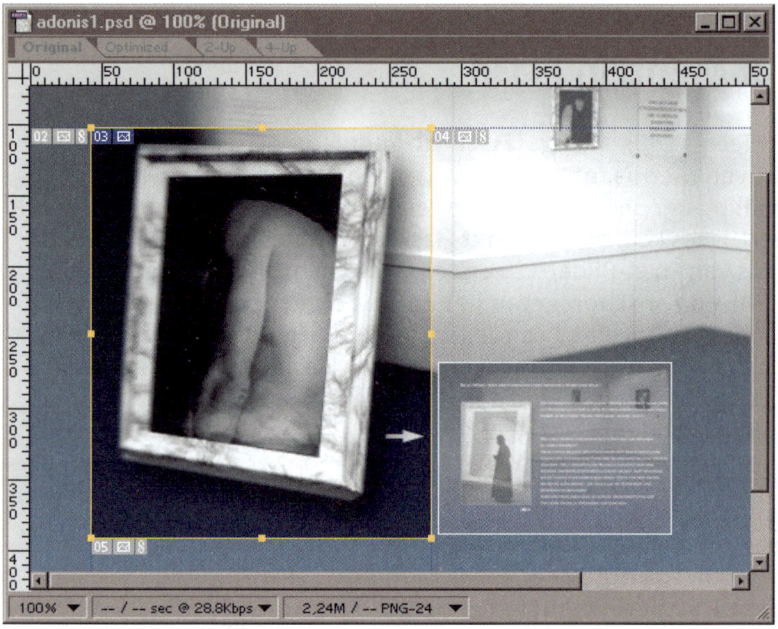

Der Arbeits-Slice

Abb. 12.2:

1. Schalten Sie zunächst alle Ebenen außer den Ebenen *bild2* und *bild3* ein.

2. Zuerst brauchen wir ein großes Slice, das später von dem Flash-Film eingenommen wird. Erstellen Sie einen Slice, der das Bild mit Rahmen und seinen Schatten einschließt. Der Name, den Sie für das Slice vergeben, spielt keine Rolle.

3. Stellen Sie die Optimierung für dieses Slice auf den Dateityp *PNG-24* ein und schalten Sie die Transparenz ein.

4 Schalten Sie nun alle Ebenen bis auf die Ebenen des Sets *hintergrund* und des Sets *etc* wieder aus.

5 Nennen den Slice *hintergrund*. Exportieren Sie nur diesen Slice und verzichten Sie auf die Erstellung des HTML-Codes, er wird bestimmt nicht benötigt.

6 Schalten Sie nun die Ebene *rahmen* aus dem Set *bilder* ein und alle anderen Ebenen aus.

7 Benennen Sie den Slice in *rahmen* um und exportieren Sie den Rahmen, wie Sie es bei dem Hintergrundbild getan haben.

8 Für eventuell folgende Arbeiten an den Flash-Film ist es sinnvoll, wenn Sie sich die Ausmaße und Position dieses Slices notieren, da im nächsten Arbeitsschritt das Slice verlorengehen wird. Am sichersten gegen Verlust ist die Notiz geschützt, wenn Sie diese im Copright-Info der PSD-Datei eintragen, natürlich nur, wenn Sie das Copyright-Info nicht schon benutzen.

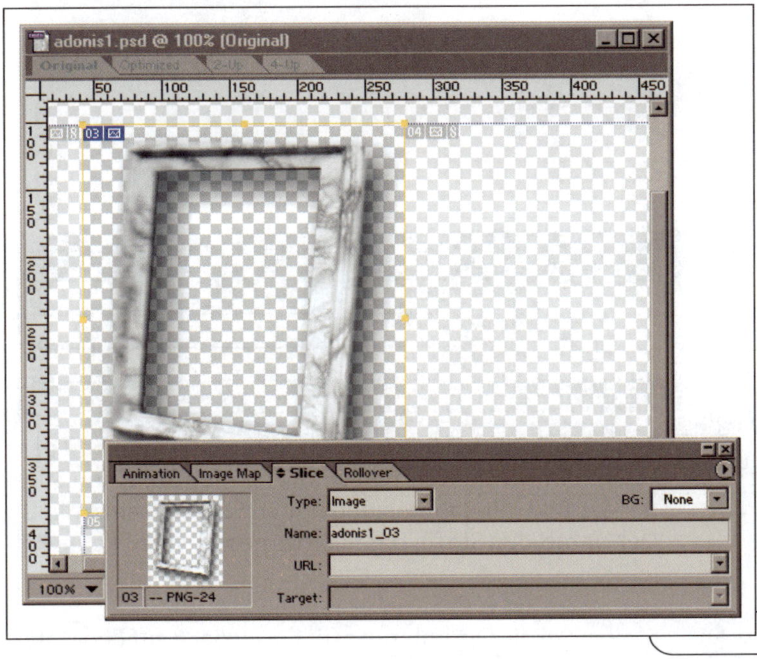

Der Rahmen ohne Hintergrund und Bild im Arbeits-Slice

Abb. 12.3:

Als Nächstes werden Sie nun die anzuzeigenden Bilder slicen und exportieren.

1. Verändern Sie den Slice in den Ausmaßen, sodass sie knapp, aber vollständig eingeschlossen werden.
2. Schalten Sie nun alle Ebenen bis auf die des ersten Bilds aus.
3. Benennen Sie den Slice in *bild1* um und exportieren Sie das erste Bild.
4. Verfahren Sie genauso mit den nächsten zwei Bildern.
5. Die genauen Ausmaße des Slices dieses Schrittes sind nicht so wichtig, als dass sie notiert werden müssten.

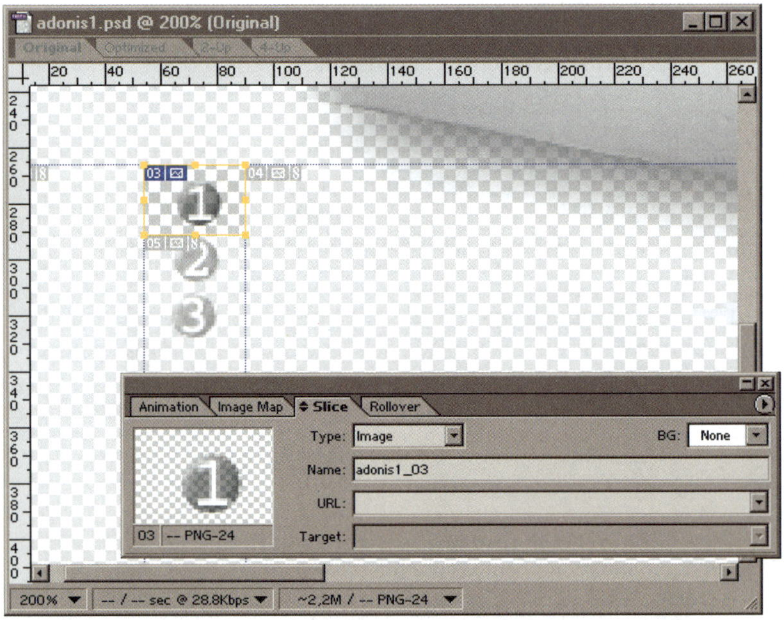

Ein Button wird gesliced

Abb. 12.4:

Als Letztes werden nun die Schalter für die Bildweiterschaltung exportiert.

1. Schalten Sie alle Ebenen bis auf die Ebenen des Sets *bildmenu* aus.
2. Slicen Sie nun den ersten Schalter knapp, aber vollständig.
3. Benennen Sie das nun das Slice in *but1*.
4. Duplizieren Sie diesen Slice, legen Sie ihn um den zweiten Button und nennen Sie diesen Slice *but2*.
5. Verfahren Sie mit dem dritten Schalter ebenso wie mit den zweiten Schalter.
6. Nun werden, um die verschieden Zustände der Schalter zu erhalten, wieder Rollover-Verhalten für die Schalter angelegt. Beim Überfahren des Schalters mit der Maus soll dieser eingedrückt erscheinen und beim Klick soll er sich rot färben.
7. Legen Sie alle Rollover-Verhalten für alle Schalter an, wie Sie es schon in den vorigen Kapiteln getan haben.
8. Exportieren Sie die Schalter.

Nun haben Sie alle Bildelemente für den Flash-Film beisammen und können mit den Zusammensetzen der Bildelemente in Flash beginnen.

Zusammensetzen der Bilder in Flash

Starten Sie nun Flash und ändern mit dem Befehl *Modifizieren> Film* die Ausmaße des Films auf die Werte, die Sie sich vom ersten Slice notiert haben. Nun werden die Bildelemente in Flash importiert.

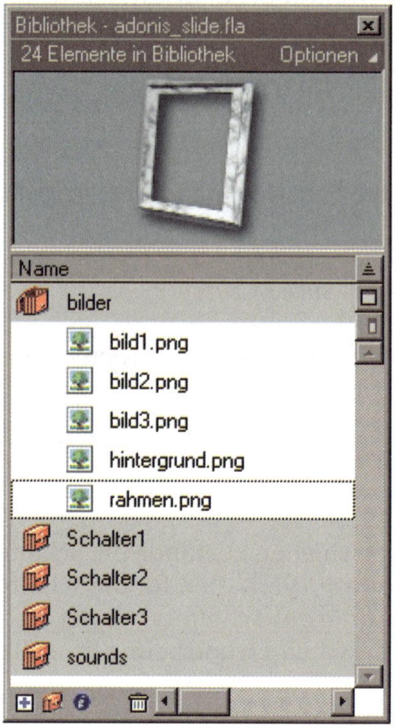

Abb. 12.5: Die Bibliothek von Flash

1. Öffnen Sie mit den Befehl *Fenster>Bibliothek* die Bibliothek des Films. Hier werden die importierten Bilder wieder auftauchen.

2. Öffnen Sie mit den Befehl *Datei>Importieren* den Dialog zum Import für Medien aller Art.

3. Gehen Sie in den Ordner, in dem Sie die Bildelemente gespeichert haben.

4. Markieren Sie alle erstellten Bilder und importieren Sie sie.

5. Nun erscheinen die Bilder in der Bibliothek und im Dokument.

6. Löschen sie alle im Dokument erschienen Bilder wieder.

7 Legen nun drei Ordner für die Schalter und einen Ordner für die übrigen Bilder an, und verteilen die Bilder sinngemäß auf die Ordner.

Nun werden die Bilder wieder zusammengesetzt. Jedes Element bekommt dafür seine eigene Ebene. Es wäre auch möglich, die Elemente auf einer Ebene anzuordnen, allerdings geht bei diesem Verfahren die Übersichtlich verloren.

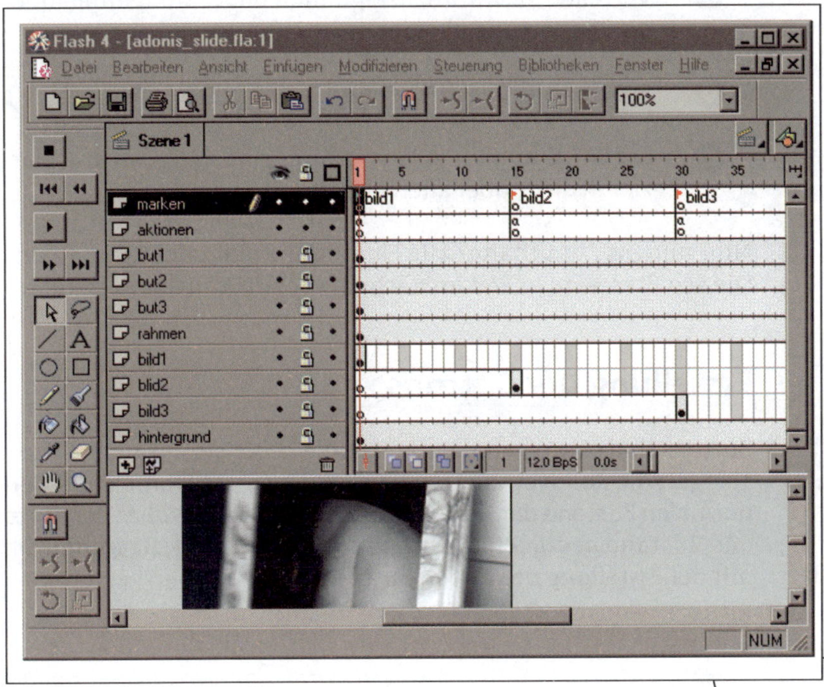

Die benötigten Spuren in der Zeitleiste

Abb. 12.6:

1 Benennen Sie die erste Ebene in *hintergrund* um.

2 Platzieren Sie auf dieser Ebenen nun das Bild *hintergrund.png*, sodass es den Filmhintergrund vollständig bedeckt.

3 Sperren Sie diese Ebene gegen ungewollte Bearbeitung.

4 Erstellen Sie nun über der Ebene *hintergrund* eine weitere Ebene mit den Namen *rahmen*.

5. Platzieren Sie den Rahmen auf der Ebene, in etwa so wie in Image Ready.
6. Sperren Sie diese Ebene ebenfalls.
7. Legen Sie für jedes anzuzeigende Bild ein Ebene an und platzieren Sie diese zwischen der Ebene für den Hintergrund und der für den Rahmen.
8. Verteilen Sie die anzuzeigenden Bilder sinngemäß über die Ebenen und platzieren Sie sie entsprechend.
9. Sperren Sie die Bildebenen.
10. Legen Sie nun für jeden Schalter eine Ebene an und platzieren diese über allen anderen Ebenen.

Nun sind bis auf Schalter alle Elemente wieder richtig platziert. Die Schalter werden erst im nächsten Schritt von Ihnen erstellt.

Erstellung der Buttons

Buttons sind eine eigene Symbolart, die Zeitleiste in einem Button spiegelt die Rollover-Zustände wider. Der erste Frame stellt den normalen Zustand dar, der zweite das Verhalten *darüber*, der dritte den Zustand *gedrückt* und letzte schließlich *aktiv*. Beginnen Sie mit der Erstellung des ersten Buttons.

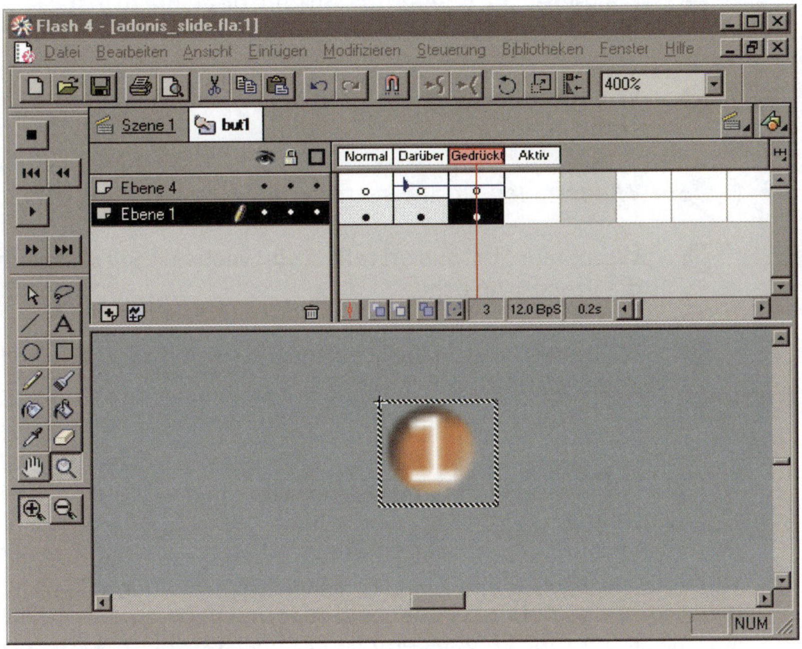

Der Button in gedrücktem Zustand

Abb. 12.7:

1. Erstellen Sie mit dem Befehl *Einfügen>Neues Symbol* einen neuen Button. Nennen Sie diesen *but1*, wählen Sie bei *Verhalten* die *Schaltfläche* aus.
2. Verschieben Sie den Button in den entsprechenden Ordner.
3. Doppelklicken Sie das Button-Symbol, um den Button zu bearbeiten.
4. Platzieren Sie das Symbol *but1.png* mithilfe des Objekt-Inspektor auf die Position x = 0, y = 0.
5. Erstellen Sie einen neuen, leeren Frame für den *über*-Zustand.

6. Platzieren Sie wiederum mithilfe des Objekt-Inspektors das Symbol *but1-over.png* auf die Position x = 0, y = 0.

7. Wiederholen Sie die letzten beiden Schritte für den Zustand *gedrückt*.

8. Wiederholen Sie alle Schritte für die restlichen Buttons.

9. Wenn alle Buttons erstellt sind, wechseln Sie wieder in die Szenen-Ansicht.

10. Platzieren Sie nun die Schalter wie sie im PSD-Dokument angeordnet sind.

Vorbereiten der Interaktivität

Da nun alle Bildelemente angeordnet sind, wenden wir uns der Erstellung der Funktionalität zu. Der Benutzer soll durch Klicken auf die Schalter das entsprechende Bild zu sehen bekommen. Um dieses Verhalten zu erreichen, legen wir drei Bereiche in der Zeitachse an, jeder Bereich zeigt alle Elemente außer den nicht angeforderten Bildern an. Wenn mit den Schaltern zwischen diesen Bereichen gewechselt wird, wird jedesmal das entsprechende Bild angezeigt.

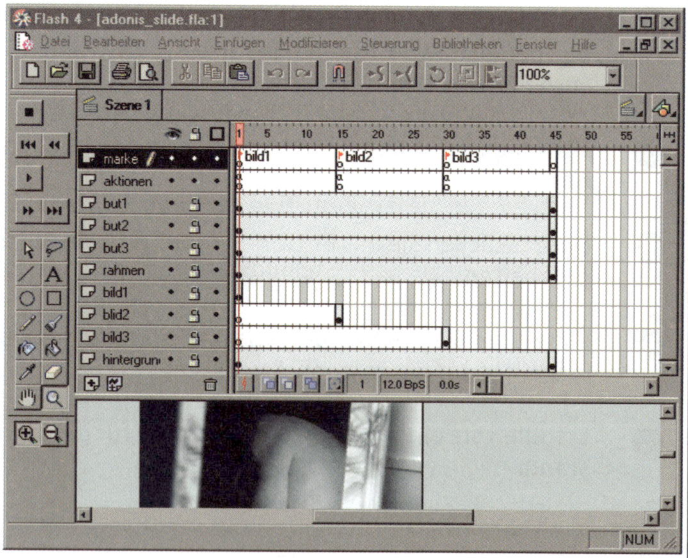

Abb. 12.8: Die benötigten Frames in der Zeitleiste

1. Wechseln Sie in die Szenen-Ansicht und erzeugen Sie zwei neue Ebenen, die Sie über allen anderen Ebenen anordnen.

2. Nennen Sie die oberste Ebene *marken*, die Ebene darunter *aktionen*.

3. Doppelklicken Sie den erste Bild der Ebene *marken*, um sich die Bildeigenschaften anzeigen zu lassen.

4. Geben Sie unter *Name* die Bezeichung *bild1* ein.

5. Erstellen Sie bei *Bild 15, 30* und *45* auf den Ebenen *marken* und *aktionen* einen Key-Frame.

6. Bezeichnen Sie Bild 15 mit *bild2* und Bild 30 mit *bild3*. Das letzte Bild dient nur der Lesbarkeit der Bezeichnungen der Bilds 30.

7. Wechseln Sie auf der Ebene *aktionen* in das erste Bild. Öffnen Sie die Bildeigenschaften mit einem Doppelklick. Nun wird eine Stop-Aktion unter *Aktionen* angelegt.

8. Wiederholen Sie den letzten Schritt für die Bilder 15 und 20.

9. Erstellen Sie nun bei Bild 45 für die Ebenen *bild1* bis *bild3* und *rahmen* ein Schlüsselbild.

10. Wiederholen Sie den letzten Schritt für die Ebene *hintergrund*.

11. Verschieben Sie das erste Bild der Ebene *bild2* auf Bild 15.

12. Verschieben Sie das erste Bild der Ebene *bild3* auf Bild 30.

Wenn Sie nun manuell zwischen den verschiedenen Marken wechseln, wird die Funktion schon erkennbar.

Einbinden der Aktionen und des Sounds

In diesem Schritt werden die Schalter ihre Funktion erhalten und mit Sound versehen. Die Funktion ist sehr einfach zu implementieren.

Sound können Sie in Flash im WAV-Format importieren, der Sound wird später beim Exportieren des SWF-Films in das MP3-Format konvertiert und dabei komprimiert, wobei Sie Kompressionsart und -grad wählen können. An Kompressionsmethoden stehen MP3, ADPCM und Raw zu Verfügung. In der Regel werden Sie MP3 wegen der besseren Soundqualität bei kleinerer Dateigröße wählen. Beim MB3-Verfahren können Sie global und für jeden Sound einzeln einstellen ob stereo in mono konvertiert werden soll, wie hoch die Bitrate sein soll (bestimmt im Wesentlichen den Kompressionsgrad) und die Qualität der Konvertierung.

Die Sounds für unser Projekt stammen aus der Flash-internen Bibliothek. Für den Zustand *über* habe ich den Sound *Plastikschalter – klein* gewählt und den Zustand *gedrückt* den Sound *Verschluss 35mm SLR*.

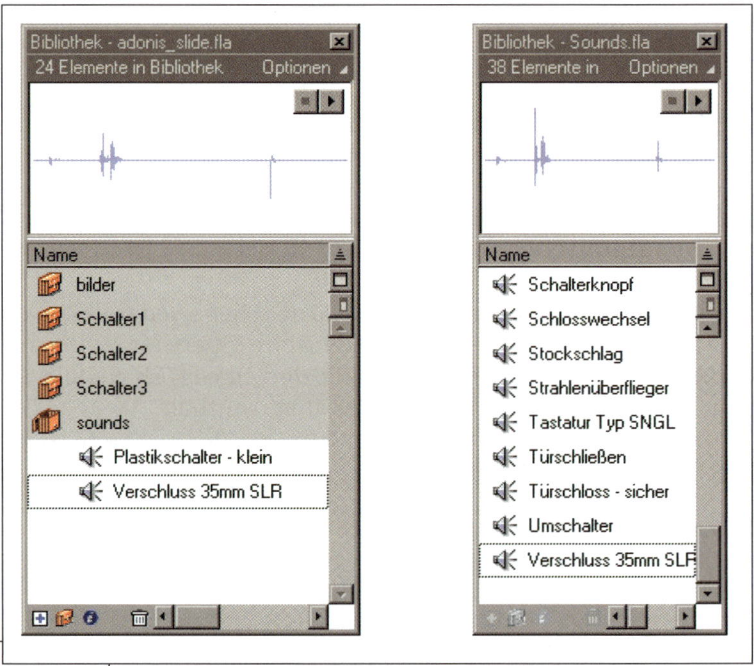

Abb. 12.9: Die Sounds in der Sound- und in der Film-Bibliothek

1. Lassen Sie sich mit dem Befehl *Bibliotheken>Sounds* die Flash-Sound-Bibliothek anzeigen.

2. Doppelklicken das Symbol *but1*, um den Button zu bearbeiten.

3. Erstellen Sie eine neue Ebene und fügen Sie für die Bilder 2 und 3 leere Schlüsselbilder ein.

4. Wählen Sie *Bild 2* und ziehen Sie aus der Sound-Bibliothek den Sound *Plastikschalter – klein* auf den Arbeitsbereich.

5. Wechseln Sie zu Bild 3 und wählen Sie diesmal den Sound *Verschluss 35mm SLR*.

6. Wechseln Sie in die Szenen-Ansicht und doppelklicken Sie den *but1* in der Arbeitfläche, um sich die Instanz-Eigenschaften anzeigen zu lassen. Im Tab *Aktionen* erstellen Sie eine *GoTo*-Aktion. Unter dem Punkt *Bild* wählen Sie im Pop-Menü *Bezeichnung wählen* die Datei *bild1*.

7. Wiederholen Sie die Schritte 2-6 für die restlichen zwei Buttons.

8. Erstellen Sie nun noch für die Sounds in der Film-Bibliothek einen Ordner mit den Namen *Sounds* und verschieben alle Sounds in diesen Ordner.

Sie können nun das Ergebnis Ihrer Arbeit mit den Befehl *Steuerung>Film testen* oder mit dem Befehl *Steuerung>Szene testen* ausprobieren.

Wenn Sie Ihre Seiten von Hand erstellen, ist für Sie der Menüpunkt *Datei>Veröffentlichen* interessant, hier wird eine HTML-Seite erzeugt, die die korrekte Einbindung des Plugin enthält.

Einbinden der Flash-Datei in die Webseite

Als letzter Schritt folgt die Einbindung des Flash-Film in die Webseite. In der Seite müssen allerdings noch für die weiterführenden Buttons die Rollover-Verhalten definiert werden. Die Funktionalität soll wieder dieselbe wie zuvor sein. Es dürfte für Sie kein Problem sein diese, Verhalten zu definieren.

Abb. 12.10: Die in GoLive eingebundene Flash-Datei

1. Stellen Sie den Slice wieder her, den Sie zu Anfang der Arbeiten erstellt und dessen Positionsangaben Sie hoffentlich notiert haben. Dieser Slice ist später der Container, der das Flash-Plugin auf der Webseite enthält.

2. Erstellen Sie Slices für die zwei kleinen Menü-Bilder und dem großen Bild, das später auf die *Adonis2*-Seite führt.

3. Erstellen Sie die Rollover-Verhalten zu den eben erstellten Slices, die die alte Funktionalität wiederherstellt.

4. Optimieren Sie die Slices entsprechend.

5. Exportieren Sie nun alle Slices und die HTML-Seite.

Nun muss nur noch das Bild in der HTML-Tabelle gegen den Flash-Film getauscht werden. Diese Arbeit kann mit allen HTML-Editoren erledigt werden. Im Folgenden werde ich die Einarbeitung des Flash-Film anhand von GoLive zeigen.

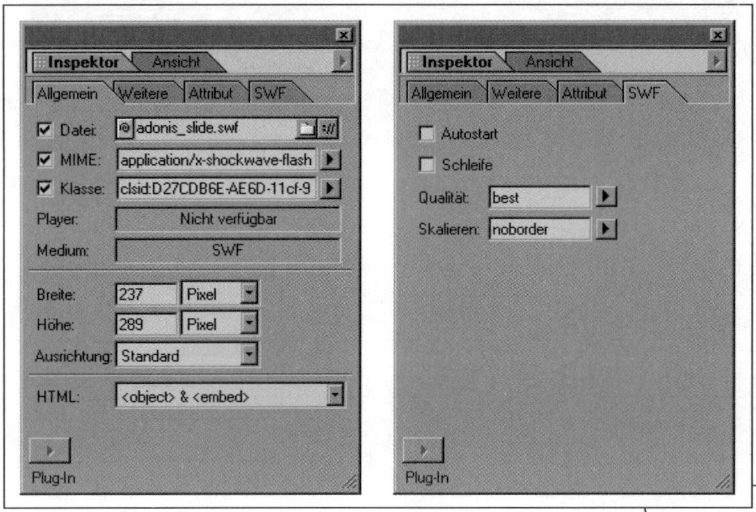

Die Parameter der Flash-Filmeinbindung

Abb. 12.11:

1. Öffnen Sie die gerade erstellte HTML-Seite mit GoLive.

2. Wählen Sie das Bild mit dem Rahmen und löschen Sie es.

3. Ziehen Sie aus der Objekte-Palette das SWF-Icon an die Stelle, an der sich zuvor das Bild befunden hat.

4. Wählen Sie das in der Tabelle befindliche SWF-Icon und stellen Sie in der Inspektor-Palette die Quelle im Punkt *Datei* auf den Flash-Film ein.

5 Schalten Sie bei *SWF* der Inspektor-Palette die Option *Schleife* und *Autostart* ab und setzen Sie die Option *Skalieren* auf *noborder*.

Nun ist die Seite fertig gestellt und kann im Browser getestet werden. Es kann vorkommen, dass trotz genauer Positionierung des Hintergrundbilds im Flash-Film das Bild gegenüber den anderen Bildern der HTML-Tabelle verschoben ist oder die Skalierung nicht genau stimmt, das lässt sich aber in Flash korrigieren.

Mit der Komprimierung der Sounds sollten Sie experimentieren, bis Sie einen passenden Kompromiss aus Klangqualität und Dateigröße herausgefunden haben.

Stichwortverzeichnis

E

F

G

H

I

J

K

L

M

T

U

V

W

Z